HENRY DAVID THOREAU

WALDEN

ODER VOM LEBEN IN DEN WÄLDERN

Aus dem amerikanischen Englisch von Wilhelm Nobbe und Regina Roßbach

KAMPA

Die Originalausgabe erschien 1854 unter dem Titel
Walden; or, Life in the Woods im Verlag Ticknor and Fields, Boston.
Die deutsche Erstausgabe erschien 1905 im Verlag Eugen Diederichs, Jena.
Die Übersetzung wurde für die vorliegende Ausgabe
von Regina Roßbach grundlegend überarbeitet.

Für den Blick hinter die Verlagskulissen:
www.kampaverlag.ch/newsletter

KAMPA POCKET
DIE ERSTE KLIMANEUTRALE TASCHENBUCHREIHE
Gedruckt auf säurefreiem und chlorfrei gebleichtem
Papier aus verantwortungsvollen Quellen, zertifiziert
durch das Forest Stewardship Council. Der Umschlag
enthält kein Plastik. Kampa Pockets werden klima-
neutral gedruckt, kampaverlag.ch/nachhaltig informiert
über das unterstützte CO_2-Kompensationsprojekt.

Veröffentlicht im Februar 2025 als Kampa Pocket

Hegibachstrasse 2, CH-8032 Zürich
info@kampaverlag.ch
GPSR-Kontakt: Schöffling & Co. Verlagsbuchhandlung GmbH,
Kaiserstraße 79, D-60329 Frankfurt am Main
info@schoeffling.de

Covergestaltung: Lara Flues, Kampa Verlag
Coverabbildung: © Shutterstock / d1sk
Satz: Tristan Walkhoefer, Leipzig
Gesetzt aus der Stempel Garamond LT / 3. Auflage 2025
Druck und Bindung: GGP Media GmbH, Pößneck
Auch als E-Book erhältlich
ISBN 978 3 311 15023 7

www.kampaverlag.ch

Inhalt

Sparsamkeit

Als ich die folgenden Seiten oder vielmehr den größten Teil davon schrieb, lebte ich allein im Wald, eine Meile von meinem nächsten Nachbarn entfernt in einer Hütte am Ufer des Walden Pond in Concord, Massachusetts, die ich selbst gebaut hatte, und verdiente meinen Lebensunterhalt nur durch meiner Hände Arbeit. Ich lebte dort zwei Jahre und zwei Monate. Jetzt nehme ich wieder am zivilisierten Leben teil.

Ich würde meine Angelegenheiten nicht so sehr der Kenntnis meiner Leser aufdrängen, wenn sich nicht meine Mitbürger so genau über meine Lebensweise erkundigt hätten, dass manche sie wohl als unverschämt bezeichnen würden. Ich selbst empfand es überhaupt nicht als unverschämt, sondern in Anbetracht der Umstände als sehr natürlich und angemessen. Die einen fragten, was ich gegessen, ob ich mich einsam gefühlt oder ob ich Angst gehabt hätte. Andere wollten wissen, welchen Teil meines Einkommens ich für wohltätige Zwecke verwendete, und wieder andere, die große Familien hatten, waren neugierig, wie viele arme Kinder ich unterstützte. Ich bitte deshalb diejenigen meiner Leser, die kein besonderes Interesse für mich fühlen, um Verzeihung, wenn ich versuche, einige dieser Fragen in diesem Buch zu beantworten. In den meisten Büchern wird das »Ich«, die erste Person, ausgelassen. Hier will ich sie beibehalten. Was den Egoismus betrifft, ist das der einzige Unterschied. Wir vergessen meist, dass es letzten Ende immer die erste Person ist, die redet. Ich würde nicht so viel über mich selbst sprechen, wenn es irgendeinen anderen Menschen gäbe, den ich ebenso gut kennen würde. Leider bin ich durch die Begrenztheit meiner Erfahrungen auf dieses Thema beschränkt. Außerdem verlange ich für meinen Teil von jedem Schriftsteller, dass er früher oder später einfach und ehrlich von seinem eigenen Leben berichtet, und nicht bloß von dem, was er über das Leben anderer gehört hat. Etwa so, wie er seinen Verwandten aus einem fernen Land berichten würde. Denn wenn er wirklich gelebt hat, so muss das in einem weit entfernten Land gewesen sein. Vielleicht sind diese Zeilen hauptsächlich an arme Studenten gerichtet. Meine übrigen Leser müssen sich die Stellen zusammensuchen, die zu ihnen passen. Ich hoffe, dass bei der Anprobe des Rocks niemand die Nähte ausdehnt, denn wem er passt, kann der Rock vielleicht gute Dienste leisten.

Ich möchte gern etwas sagen, was nicht so sehr für die Chinesen oder Sandwich-Insulaner gilt als für euch Neuengländer, die ihr diese Zeilen lest; etwas über eure Lage, hauptsächlich über eure äußeren Umstände oder Verhältnisse in dieser Welt, in dieser Stadt: welcher Art sie sind, ob sie notwendigerweise so schlecht sein müssen, wie sie sind, ob sie verbessert werden könnten oder auch nicht. Ich bin in Concord viel herumgekommen, und überall in den Läden, in den Büros und auf den Feldern machten die Bewohner auf mich den Eindruck, als ob sie auf tausend merkwürdige Weisen für ihre Sünden büßten. Ich habe gehört, dass Brahmanen sich zwischen vier Feuer setzen und in die Sonne starren oder sich kopfüber über Flammen hängen, dass sie »über ihre Schulter zum Himmel blicken, bis es ihnen unmöglich wird, ihre natürliche Stellung wieder einzunehmen, während durch die Verdrehung des Halses nur Flüssigkeiten in den Magen gelangen können«, dass sie ihr ganzes Leben an eine Baumwurzel gekettet verbringen, wie Raupen kriechend ungeheure Reiche ausmessen oder mit einem Bein auf einer Säule stehen. Aber selbst diese Äußerungen bewusster Reue sind kaum unglaublicher oder verblüffender als die Szenen, deren Zeuge ich täglich bin. Die zwölf Aufgaben des Herkules waren belanglos im Vergleich zu denen, die meine Nachbarn unternommen haben, denn er hatte nur zwölf davon, und dann war er fertig. Ich konnte dagegen niemals beobachten, dass diese Menschen ein Ungeheuer erschlugen oder einfingen, oder dass sie irgendeine Arbeit beendeten. Ihnen fehlte der Freund Iolaos, der mit glühendem Eisen den Hals der Hydra versengte. Darum wuchsen, sobald ein Kopf zerschmettert war, zwei neue nach.

Ich sehe junge Leute, meine Mitbürger, deren Unglück es ist, dass sie Farmen, Häuser, Scheunen, Vieh und Ackergerät geerbt haben. Denn solche Dinge sind leichter erworben, als an den Mann gebracht. Es stünde besser um sie, wären sie auf offener Weide geboren und von einer Wölfin gesäugt, denn dann würden sie klarer erkennen, wo das wahre Feld ihrer Tätigkeit liegt. Wer hat sie zu Sklaven des Bodens gemacht? Warum sollten sie sich von ihren sechzig Morgen Land ernähren, wenn ein Mensch doch nur dazu verdammt ist, sein Häufchen Staub zu essen? Warum sollten sie gleich nach der Geburt damit beginnen, ihr Grab zu schaufeln? Sie müssen ein Menschenleben führen, sich dabei mit all diesen Dingen abplagen und so gut vorwärtskommen wie möglich. Wie manche arme unsterbliche Seele kreuzte meinen Weg, fast erdrückt und erstickt unter ihrer Last, die Straße des Lebens entlangkriechend, sich mit Ställen abrackernd, die fünfundsiebzig mal vierzig Fuß groß waren – mit Augiasställen, die niemals sauber gemacht wurden, mit hundert Morgen Land, Äckern, Wiesen, Weiden und Waldparzellen! Die Unbegüterten, die sich nicht mit solchen unnötigen, ererbten Fronen herumplagen, haben genug zu tun, ein paar Kubikfuß Fleisch zu beherrschen und zu kultivieren.

Doch die Menschheit krankt an einem Irrtum. Ihr besserer Teil ist bald als Dünger unter den Erdboden gepflügt. Ein scheinbares Verhängnis – gewöhnlich Schicksal genannt – zwingt sie, wie es in einem alten Buch geschrieben steht, Schätze zu sammeln, die von Motten und Rost zerfressen und von Dieben gejagt und gestohlen werden. Es ist ein Narrenleben, wie sie herausfinden, wenn sie am Ende angelangt sind, vielleicht auch schon früher. Es heißt, dass Deukalion und Pyrrha Menschen schufen, indem sie Steine über ihre Köpfe hinweg hinter sich warfen:

> Inde genus durum sumus, experiensque laborum
> Et documenta damus qua simus origine nati.

Oder, wie Sir Walter Raleigh klangvoll reimte:

> »From thence our kind hard-hearted is, enduring pain and care,
> Approving that our bodies of a stony nature are.«

»Seither ertragen wir Schmerz und Pein, sind unsere Herzen hart,
für unsere steinerne Abkunft liefern wir selbst den Beweis.«

So kann es gehen, wenn man einem faselnden Orakel blind gehorcht, Steine über seinen Kopf wirft und nicht schaut, wohin sie fallen.

Die meisten Menschen sind, selbst in diesem verhältnismäßig freien Land, aus purer Unwissenheit und Verblendung so sehr von eingebildeten Sorgen und den überflüssigen, groben Arbeiten des Lebens in Anspruch genommen, dass sie gar nicht dazu kommen, seine edleren Früchte zu pflücken. Ihre Finger sind durch übermäßige Arbeit zu ungeschickt und zittrig geworden. Tatsächlich hat der arbeitende Mensch heute nicht mehr die Muße, sich innerlich zu läutern. Es ist ihm nicht möglich, wahrhaft menschliche Beziehungen zu den Menschen zu pflegen; seine Arbeit würde an Marktwert verlieren. Er hat nur Zeit, eine Maschine zu sein. Wie kann er sich seiner Unwissenheit bewusst werden, wie es für seine geistige Weiterentwicklung erforderlich ist, wenn er seine Kenntnisse so oft gebrauchen muss? Wir sollten ihn ab und zu ohne Gegenleistung ernähren und kleiden und gut zu ihm sein, bevor wir ein Urteil über ihn fällen. Die kostbarsten Eigenschaften unseres Wesens können, wie die Blüten der Früchte, nur durch die behutsamste Behandlung erhalten werden. Doch so zartfühlend behandeln wir weder uns selbst noch die anderen.

Einige von euch, das wissen wir alle, sind arm, haben schwer mit dem Leben zu kämpfen, ringen sozusagen von

Zeit zu Zeit nach Luft. Ich bezweifle nicht, dass einige Leser dieses Buchs nicht imstande sind, all die Mittagessen zu bezahlen, die sie in Wirklichkeit verzehrt haben, oder die Kleider und Schuhe, die sich so schnell abnutzen oder schon abgetragen sind; sie konnten vielleicht nur deshalb bis hierhin lesen, weil sie geliehene oder gestohlene Zeit dazu verwendet und so ihre Gläubiger um eine Stunde betrogen haben. Es ist eine nackte Tatsache, dass manche von euch elende und niedrige Leben führen; mein Blick dafür ist durch Erfahrung geschärft. All eure Bemühungen drehen sich darum, ins Geschäft hinein- oder aus den Schulden herauszukommen, aus jenem uralten Morast, den die Römer *aes alienum* nannten, »eines anderen Kupfer«, denn einige ihrer Münzen waren aus Kupfer. Ihr lebt, ihr sterbt, ihr werdet begraben durch das Kupfer eines anderen. Immer versprecht ihr zu bezahlen, morgen zu bezahlen, und dabei sterbt ihr heute – bankrott. Auf alle Arten versucht ihr, um Gunst und Kundschaft zu werben – nur vor Gesetzesübertretungen und Gefängnis hütet ihr euch. Ihr lügt, schmeichelt, versprecht, verkriecht euch mit eurer Höflichkeit in ein Schneckenhaus oder löst euch in eine Wolke seichter und dunstiger Großmut auf, um euren Nachbarn dazu zu bewegen, seine Schuhe oder seinen Hut, seinen Anzug oder seinen Wagen bei euch machen oder seine Gewürze von euch liefern zu lassen. Ihr macht euch krank, damit ihr etwas für eure kranken Tage zusammenspart, etwas, was man in einer alten Truhe oder in einem Strumpf hinter dem Wandbewurf versteckt, oder, um noch sicherer zu gehen, in einer Bank – egal wo, egal wie viel oder wie wenig.

Ich wundere mich manchmal darüber, dass wir so, ich

möchte fast sagen, frivol sein können, uns um die schmutzige, aber etwas ferner liegende Form der Knechtschaft, die sogenannte »Negerversklavung«, zu kümmern, gibt es doch im Norden ebenso viele schlaue und findige Sklavenhalter wie im Süden. Es ist hart, einem südlichen, härter, einem nördlichen Sklavenaufseher zu unterstehen, am schlimmsten aber ist es, sein eigener Sklaventreiber zu sein. Redet mir bloß vom Göttlichen im Menschen! Schaut euch doch den Fuhrmann auf der Landstraße an, der sich bei Tag und bei Nacht zum Markt aufmacht. Offenbart sich irgendetwas Göttliches in ihm? Seine höchste Pflicht ist es, seine Pferde zu füttern und zu tränken. Was bedeutet ihm mehr – sein Schicksal oder der Frachtverkehr? Fährt er nicht für Herrn »Nimmerrast«? Was ist göttlich, was unsterblich an ihm? Wie er sich bückt und kriecht, wie er sich den lieben langen Tag unbestimmt fürchtet; er, der weder unsterblich noch göttlich ist, sondern nur der Gefangene und Sklave der Meinung, die er über sich selbst hat und die auf seinen eigenen Taten beruht. Die öffentliche Meinung ist ein schwacher Tyrann im Vergleich zu unserer eigenen. Was ein Mensch von sich selbst denkt, ist die Bestimmung oder Vorsehung seines Schicksals. Wo ist der Wilberforce, der selbst in den westindischen Gebieten einer launenhaften Phantasie die Selbstbefreiung durchsetzt? Denken wir auch an die Damen des Landes, die bis zum jüngsten Tag Toilettenkissen sticken, um nur ja kein allzu lebhaftes Interesse an ihrem Schicksal zu verraten! Als könnte man die Zeit totschlagen, ohne die Ewigkeit zu verletzen.

Die Mehrzahl der Menschen verbringt ihr Leben in stiller Verzweiflung. Was wir Resignation nennen, ist absolute Verzweiflung. Aus der hoffnungslosen Stadt zieht man aufs hoffnungslose Land und tröstet sich mit der Tapferkeit von Nerz und Bisamratte. Eine stereotype, wenn auch unbewusste Verzweiflung ist selbst hinter den sogenannten Vergnügungen und Unterhaltungen der Menschheit verborgen. Von Vergnügen kann da aber keine Rede sein, denn das kommt nach der Arbeit. Für den Weisen aber ist es charakteristisch, nichts aus Verzweiflung zu tun.

Wenn wir uns überlegen, was nach den Worten des Katechismus das höchste Ziel des Menschen ist und worin die notwendigen Lebensbedürfnisse wirklich bestehen, so scheint es, als ob die Menschen absichtlich die gewöhnliche Art zu leben gewählt hätten, weil sie ihr vor jeder anderen den Vorzug geben. Und doch glauben sie allen Ernstes, keine Wahl mehr zu haben. Wache und gesunde Geister dagegen erinnern sich, dass die Sonne einmal ungetrübt aufgegangen ist. Es ist nie zu spät, unsere Vorurteile abzulegen. Auf keine Denk- oder Handlungsweise, sei sie auch noch so alt, kann man sich ohne vorherige Prüfung verlassen. Was heute alle Welt nachbetet oder stillschweigend als wahr gelten lässt, kann sich morgen als falsch erweisen – als Schall und Rauch, den manche für eine Wolke hielten, die düngenden Regen auf ihre Felder bringt. Was frühere Menschen für unmöglich hielten, haben wir ausprobiert, und wir stellen fest, dass es möglich ist. Alte Taten für frühere Menschen, neue Taten für die neuen. Unsere Ahnen wussten nicht, wie sie sich Brennmaterial verschaffen konnten, um ihre Feuer zu unterhalten; heute legt man ein wenig trockenes Reisig unter einen Kessel und saust um den Erdball, so schnell wie ein Vogel. Das Alter ist kein so guter, nein ein schlechterer Lehrmeister als die Jugend, denn es hat nicht so viel gewonnen, wie es verlor. Man kann mit Recht bezweifeln, ob der weiseste Mensch nur durch das Leben irgendetwas von absolutem Wert gelernt hat. In Wirklichkeit haben die Alten der Jugend keinen wertvollen Rat zu geben. Ihre Erfahrungen sind zu unvollständig, und ihr Leben war – aus persönlichen Gründen, wie sie natürlich glauben – ein kläglicher Misserfolg. Und doch haben sie möglicherweise noch etwas Selbstvertrauen übrig, das über diese Erfahrung hinwegtäuscht; dabei sind sie ja nur weniger jung, als sie gewesen sind. Ich habe etwas über dreißig Jahre auf diesem Planeten zugebracht, und doch habe ich bislang noch nicht eine Silbe eines wertvollen oder selbst ernsthaften Ratschlags von meinen älteren Mitmenschen gehört. Sie haben mir nichts geraten, und sie sind dazu wahrscheinlich auch nicht imstande. Hier ist das Leben – ein größtenteils von mir noch nicht versuchtes Experiment. Dass sie es versuchten, nützt mir nichts. Zu keiner Erfahrung, die ich für wertvoll halte, hatten meine Ratgeber irgendetwas zu sagen.

Ein Farmer erklärte mir: »Sie können nicht allein von Pflanzenkost leben, denn sie trägt nichts zur Knochenbildung bei.« Darum widmet er gutgläubig den halben Tag der Versorgung seines Körpers mit dem Rohmaterial für Knochen. Und während er spricht, läuft er die ganze Zeit hinter seinen Ochsen her, die ihn und seinen schwankenden Pflug mit ihren durch Pflanzen genährten Knochen über alle Hindernisse hinwegzerren. Manche Dinge sind für gewisse Kreise wirkliche Notwendigkeiten, und zwar für die Hilflosen und Kranken, während sie anderen bloß als Luxus erscheinen und wieder anderen völlig unbekannt sind.

Es gibt Leute, die meinen, der ganze Bereich des menschlichen Lebens sei von ihren Vorfahren bereits in allen Höhen und Tiefen durchforscht, alle Dinge seien bereits besorgt. Laut Evelyn »hat der weise Salomo sogar für die Entfernung zwischen den Bäumen Vorschriften getroffen. Die römischen Prätoren bestimmten, wie oft man den Boden seines Nachbarn betreten dürfe, um die abgefallenen Eicheln aufzulesen, und wie viel davon dem Nachbarn zustehe.« Hippokrates hat uns sogar Anweisungen hinterlassen, wie wir unsere Nägel schneiden sollen, nämlich auf Höhe der Fingerspitzen, weder kürzer noch länger. Lebensüberdruss und Langeweile, die dem Leben alle Abwechslung und Freude nehmen, sind zweifellos so alt wie Adam. Doch die menschlichen Fähigkeiten sind unermesslich. Wir können auch aus dem wenigen, was bislang versucht worden ist, nicht schließen, was noch möglich ist. Wo auch immer du bisher erfolglos gewesen bist: »Quäle dich nicht, mein Kind, denn wer soll dich für etwas verantwortlich machen, was du nicht vollbracht hast?«

Wir können unser Leben an tausend einfachen Dingen erproben, zum Beispiel daran, dass dieselbe Sonne, die meine Bohnen reift, zugleich ein ganzes System von Weltkörpern wie unsere Erde beleuchtet. Wenn ich mich daran erinnert hätte, hätte ich mir manchen Irrtum erspart. Solche Erleuchtung besaß ich nicht, als ich Bohnen hackte! Wie wunderbar sind die Dreiecke, deren Spitzen von Sternen gebildet werden! Wie verschieden, wie weit voneinander entfernt sind die Geschöpfe in den verschiedenen Teilen des Weltalls, die sie zur selben Zeit betrachten! Die Natur und das menschliche Leben sind so vielfältig wie unsere Anlagen. Wer kann sagen, welche Aussicht sich einem anderen bietet? Wäre es nicht das größte aller Wunder, wenn man für einen Augenblick mit den Augen eines anderen sehen könnte? In einer Stunde würden wir in allen Zeiten der Welt leben, ja in allen Welten aller Zeiten! Geschichte, Poesie, Mythologie! – Ich habe über die Erfahrung anderer nichts gelesen, was so staunenswert und lehrreich wäre.

Im Grunde meines Herzens glaube ich, dass der größere Teil von dem, was meine Nachbarn für gut halten, schlecht ist, und wenn ich irgendetwas bereue, so ist es aller Wahrscheinlichkeit nach mein anständiger Lebenswandel. Was für ein Dämon beherrschte mich, dass ich mich so gut benommen habe? Sprich ruhig deine größte Weisheit aus, alter Mann, der du siebzig Jahre und mit einer gewissen Würde gelebt hast – ich höre eine unwiderstehliche Stimme, die mich von all dem fortlockt. Eine Generation lässt die andere zurück wie gestrandete Schiffe.

Ich finde, dass wir gefahrlos viel mehr vertrauen könnten. Wir sollten uns selbst gerade so viel Sorgfalt widmen, wie wir ehrlich anderen schenken. Die Natur passt sich ebenso gut unserer Schwäche an wie unserer Stärke. Die ständige Angst und Anstrengung mancher Menschen ist eine nahezu unheilbare Krankheit. Wir überschätzen die Wichtigkeit unserer Werke. Und doch: Wie vieles geschieht ohne unser Zutun? Und wenn wir nun krank würden? Wie vorsichtig wir sind; fest entschlossen, uns nicht auf unseren Glauben zu verlassen, wenn wir es vermeiden können. Den ganzen Tag sind wir auf der Hut, abends sprechen wir unwillig unser Gebet und ergeben uns dem Ungewissen. So sehr verehren wir das Leben und hängen mit allen Fasern daran, dass wir die Möglichkeit einer Veränderung leugnen. Das ist der einzig richtige Weg, sagen wir. Und doch gibt es so viele Wege, wie wir Radien von einem Mittelpunkt aus ziehen können. Jede Veränderung wirkt auf uns wie ein Wunder. Doch solch ein Wunder vollzieht sich in jedem Augenblick. Konfuzius hat gesagt: »Zu wissen, dass wir wissen, was wir wissen, und dass wir nicht wissen, was wir nicht wissen, das ist das wahre Wissen.« Sobald auch nur ein Mensch ein Ergebnis seiner Phantasie auf ein Ergebnis seines Intellekts zurückgeführt hat, werden alle Menschen ihr Leben auf dieser Basis aufbauen, davon bin ich überzeugt.

Denken wir einen Augenblick darüber nach, worum sich die erwähnte Mühe und Sorge drehen und inwieweit es notwendig ist, uns zu bemühen oder zumindest, uns zu sorgen. Es wäre eine gute Idee, inmitten unserer Zivilisation ein einfaches Grenzerleben zu führen, bloß um die grundlegenden Lebensbedürfnisse und die Methoden ihrer Befriedigung kennenzulernen. Man könnte auch die alten Geschäftsbücher der Kaufleute durchblättern, um zu sehen, was die Menschen am meisten kauften, was vorrätig gehalten wurde, das heißt, welche Waren am wichtigsten sind. Denn der Fortschritt der Jahrhunderte hatte nur wenig Einfluss auf die Grundgesetze der menschlichen Existenz; werden doch auch unsere Skelette von denen unserer Vorfahren wahrscheinlich nicht zu unterscheiden sein.

Mit »Lebensbedürfnisse« meine ich alles, was der

Mensch durch seine eigene Arbeit erwirbt, was von Anfang an oder durch lange Gewohnheit so wichtig für das menschliche Leben geworden ist, dass, wenn überhaupt, nur im Zustand der Wildheit, aus Armut oder aus Philosophie je versucht wurde, darauf zu verzichten. Viele Wesen haben in diesem Sinne nur ein Lebensbedürfnis – Nahrung. Der Bison in der Prärie findet sie in einigen Quadratzoll schmackhaften Grases und in einem Trunk Wasser, falls er nicht den Schutz des Waldes oder den Schatten des Berges aufsucht. Kein Tier der Schöpfung braucht mehr als Nahrung und Unterschlupf. Die Lebensbedürfnisse eines Menschen in unserem Klima kann man ziemlich genau unter folgenden Rubriken zusammenfassen: Nahrung, Wohnung, Kleidung, Brennmaterial. Dann erst, wenn wir uns dieser Dinge versichert haben, können wir frei und mit einiger Aussicht auf Erfolg die wahren Probleme des Lebens erforschen. Der Mensch hat nicht nur Häuser erfunden, sondern auch Kleidung und die Zubereitung von Mahlzeiten. Und möglicherweise entstand durch die zufällige Entdeckung der Wärme des Feuers und durch ihre regelmäßige Nutzung, die anfangs ein Luxus war, unser heutiges Bedürfnis, am Feuer zu sitzen. Auch bei Katzen und Hunden kann diese Gewohnheit beobachtet werden. Durch zweckmäßige Wohnung und Kleidung bewahren wir vernünftigerweise unsere innere Wärme. Wenn wir aber mit diesen Dingen, wie auch mit der Feuerung, nicht Maß halten, das heißt, wenn die äußere Hitze größer ist als unsere Eigenwärme, riskieren wir dann nicht, uns zu verbrennen?

Der Naturforscher Darwin berichtete folgende überraschende Beobachtung, die er in Feuerland machte: Während er und seine Begleiter warm gekleidet nah am Feuer gesessen hätten, ohne es auch nur im Geringsten zu warm zu finden, sei den nackten Wilden, die weit vom Feuer entfernt standen, »bei solchem Rösten« der Schweiß in Strömen heruntergelaufen.

Auch wissen wir, dass der Neuholländer gefahrlos nackt umherspaziert, während der Europäer in seinen Kleidern fröstelt. Ist es unmöglich, die Widerstandsfähigkeit dieser Wilden mit der Intelligenz der zivilisierten Menschen in Einklang zu bringen? Laut Liebig ist der menschliche Körper ein Ofen und Nahrung der Brennstoff, der den Verbrennungsprozess in der Lunge aufrechterhält. Bei kaltem Wetter essen wir mehr, bei warmem weniger. Die tierische Wärme ist das Produkt einer langsamen Verbrennung, und Krankheit und Tod treten ein, wenn sie zu rasch vor sich geht oder wenn aus Mangel an Brennmaterial oder Sauerstoffzufuhr das Feuer erlischt. Natürlich darf die Lebenswärme nicht mit dem Feuer verwechselt werden; so weit zur Analogie. Es scheint also, dass der Ausdruck »tierisches Leben« mit dem Ausdruck »tierische Wärme« nahezu gleichbedeutend ist. Und wie die Nahrung als Brennstoff betrachtet werden kann, die unser inneres Feuer unterhält – und Brennstoff nur dazu dient, diese Nahrung herzustellen oder unsere Körperwärme durch Zufuhr von außen zu erhöhen –, so dienen Wohnung und Kleidung auch nur dazu, die so erzeugte und absorbierte Wärme zu bewahren.

Das Hauptbedürfnis unseres Körpers besteht also darin, warm zu bleiben, die Lebenswärme in ihm zu erhalten. Wie viel Mühe machen wir uns, nicht nur mit unserer Nahrung, Kleidung und Wohnung, sondern auch mit unseren Betten, die unsere Nachtkleider sind; berauben die Vögel ihrer Nester und ihres Gefieders, um diese Wohnung in einer Wohnung herzurichten, wie der Maulwurf, der am Ende seines Baus sein Bett aus Gras und Blättern macht. Die Armen klagen gewöhnlich über diese kalte Welt; auf Kälte, physische wie soziale, führen wir unmittelbar einen großen Teil unserer Leiden zurück. In manchen Klimazonen erlaubt die Sommerzeit den Menschen eine Art paradiesisches Leben. Brennmaterial ist dort, außer zum Kochen, nicht nötig. Die Sonne ist das Feuer, und viele Früchte sind durch ihre Strahlen ausreichend gekocht; die Nahrung überhaupt ist abwechslungsreicher und leichter zu beschaffen. Kleidung oder eine Behausung aber sind dort ganz oder teilweise entbehrlich. An zweiter Stelle stehen bei uns heutzutage, wie ich an mir selbst festgestellt habe, ein paar Werkzeuge: ein Messer, eine Axt, ein Spaten, ein Schubkarren usw., und für den Gelehrten: eine Lampe, Schreibmaterial und der Zugang zu einigen Büchern. All diese Dinge sind für wenig Geld zu haben. Trotzdem gehen einige Dummköpfe auf die andere Seite des Erdballs in unkultivierte, ungesunde Gegenden, widmen sich dort zehn oder zwanzig Jahre lang dem Handel, damit sie leben – das heißt, sich gemütlich warm halten können –, um schließlich in Neuengland zu sterben. Die besonders Reichen sitzen nicht in behaglicher Wärme, sondern in unnatürlicher Hitze; ich sagte es schon: Sie werden gekocht, natürlich *à la mode*.

Fast jeder Luxus und viele der sogenannten Bequemlichkeiten des Lebens sind nicht nur absolut überflüssig, sondern für den Fortschritt der Menschheit geradezu hinderlich. In dieser Hinsicht haben die Weisesten immer ein einfacheres und armseligeres Leben geführt als die Armen. Nie war jemand an weltlichen Gütern ärmer, an inneren Gütern reicher als die alten Philosophen in China, Indien, Persien und Griechenland. Wir wissen nicht viel über sie. Es ist erstaunlich, dass wir überhaupt so viel über sie wissen. Das Gleiche gilt für die neueren Reformer und Wohltäter späterer Völker. Nur wer den freien Blick besitzt, den freiwillige Armut eröffnet, kann unparteiisch und weise das menschliche Leben betrachten. Die Frucht eines luxuriösen Lebens ist Luxus, sei es in der Landwirtschaft, im Handel, in der Literatur oder in der Kunst. Heutzutage gibt es Philosophieprofessoren, aber keine Philosophen. Wie man einst trefflich sein Leben verbrachte, darüber hört man heute trefflich dozieren. Geistreiche Gedanken und selbst die Gründung einer Schule machen noch keinen Philosophen. Vielmehr muss man die Weisheit so sehr lieben, dass man nach ihren Vorschriften lebt; ein Leben in Einfachheit, Unabhängigkeit, Großzügigkeit und Vertrauen. Es geht darum, einige Probleme des Lebens nicht nur theoretisch, sondern auch praktisch zu lösen. Der Erfolg großer Gelehrter und Denker ist häufig ein höfischer Erfolg, kein königlicher oder männlicher. Mit ihrem Anpassungsvermögen schlagen sie sich kümmerlich durchs Leben, gerade wie ihre Väter, und sind in keiner Hinsicht die Erzeuger eines edleren Menschengeschlechts. Doch warum degenerieren Menschen überhaupt? Warum sterben Familien aus? Wie ist ein Luxus beschaffen, der Nationen schwächt und vernichtet? Sind wir sicher, dass nichts davon in unserem eigenen Leben vorhanden ist? Der Philosoph ist seiner Zeit voraus, selbst in der äußeren Lebensform. Er unterscheidet sich durch seine Nahrung, Wohnung, Kleidung und durch sein Wärmebedürfnis von seinen Zeitgenossen. Wie kann er Philosoph sein, wenn er keine besseren Methoden zur Erhaltung seiner Lebenswärme kennt als andere?

Wenn ein Mensch durch die verschiedenen Arten, die ich beschrieben habe, gewärmt wird, was wünscht er sich dann als Nächstes? Sicherlich nicht noch mehr Wärme derselben Art, zum Beispiel mehr und reichhaltigere Nahrung, größere und prächtigere Häuser, bessere und elegantere Kleider oder zahlreichere, beständigere und wärmere Feuer. Wenn er die notwendigen Dinge des Lebens erlangt hat, hat er andere Möglichkeiten, als sich um das Überflüssige zu bemühen, das heißt, er kann sich jetzt an das Leben selbst wagen. Der Boden ist, wie es scheint, für die Saat geeignet, denn sie hat in der Tiefe Wurzeln geschlagen; so mag sie jetzt ihre Sprossen auch vertrauensvoll nach oben senden. Warum hat der Mensch sich so fest in der Erde verwurzelt, wenn er nicht in demselben Maße in den Himmel wachsen will? Edlere Pflanzen beurteilt man nach ihren Früchten, die sie schließlich, frei vom Erdboden, in Luft und Licht erzeugen, und werden nicht wie die niederen Nährpflanzen behandelt, die, auch wenn sie zweijährig sind, nur so lange gepflegt werden, bis ihre Wurzel ausgewachsen ist und deren oberer Teil oft gerade zu diesem Zweck ganz abgeschnitten wird, sodass die meisten sie in ihrer Blütezeit gar nicht erkennen würden.

Ich habe nicht die Absicht, starken und mutigen Naturen Vorschriften zu erteilen. Sie können ihre Angelegenheiten selbst erledigen, ob im Himmel oder in der

Hölle. Sie bauen vielleicht großartiger, verschwenden freigiebiger als die Reichen und werden doch nie arm. Sie wissen selbst nicht, wie sie leben – vorausgesetzt, dass es überhaupt solche Menschen gibt. Auch zu denen rede ich nicht, die Ermutigung und Begeisterung gerade im gegenwärtigen Zustand der Dinge finden, den sie mit der Innigkeit und dem Enthusiasmus Liebender in Ehren halten; bis zu einem gewissen Grad gehöre ich selbst zu dieser Zahl. Auch wende ich mich nicht an diejenigen, die sich, egal unter welchen Umständen, gut beschäftigen, und die wissen, ob sie sich gut beschäftigen oder nicht. Nur zu der Masse jener Menschen spreche ich, die unzufrieden sind, die sich vergeblich über die Härte ihres Schicksals oder der Zeit beklagen, während sie beides verbessern könnten. Manche Leute stöhnen und sind untröstlich, weil sie, wie sie sagen, ihre Pflicht tun. Ich denke auch an die scheinbar Reichen, die lauter wertlosen Plunder angehäuft haben, ohne zu wissen, was sie damit tun sollen oder wie sie ihn loswerden können. Sie haben sich ihre eigenen goldenen oder silbernen Fesseln geschmiedet.

Wenn ich versuchen wollte zu schildern, wie ich früher mein Leben am liebsten verbrachte, würden wahrscheinlich diejenigen meiner Leser, die meinen tatsächlichen Lebenslauf kennen, überrascht sein. Diejenigen, die gar nichts davon wissen, würden einfach staunen. Ich will nur einige Unternehmungen andeuten, an denen ich meine Freude hatte.

Bei jedem Wetter, zu jeder Tages- oder Nachtzeit versuchte ich, die Zeit zu nutzen; immer darauf bedacht, dort eine Spur zu hinterlassen, wo zwei Ewigkeiten

– Vergangenheit und Zukunft – aufeinandertreffen, das heißt im gegenwärtigen Augenblick. Mit einigen Unklarheiten muss der Leser schon Nachsicht haben, denn in meinem Handwerk gibt es mehr Geheimnisse als in den meisten anderen. Sie werden nicht vorsätzlich gehütet, sondern ergeben sich aus der Natur der Sache. Ich würde mit Freuden alles, was ich darüber weiß, mitteilen, ohne jemals »Zutritt verboten« an meine Tür zu schreiben.

Vor langer Zeit habe ich einen Jagdhund, ein rotbraunes Pferd und eine Turteltaube verloren, und ich suche sie noch immer. Ich habe vielen Wanderern von ihnen erzählt, ihnen ihre Spuren beschrieben und die Rufe, auf die sie hörten. Ein paar hatten das Bellen des Hundes oder den Hufschlag des Pferdes gehört, ja manche auch die Taube hinter einer Wolke verschwinden sehen; und sie alle waren so erpicht darauf, sie wieder einzufangen, als hätten sie sie selbst verloren.

Wir sollten nicht nur den Sonnenaufgang und die Morgendämmerung, nein, wenn möglich das Erwachen der Natur selbst erleben! Wie oft war ich, sommers wie winters, schon frühmorgens bei meiner Arbeit, noch bevor irgendein Nachbar sich zu der seinen aufmachte. Sicherlich haben mich manche meiner Mitbürger gesehen, wenn ich von meiner Beschäftigung zurückkehrte: Farmer, die in der Dämmerung nach Boston wanderten oder Holzfäller, die zur Arbeit gingen. Natürlich half ich der Sonne nicht wesentlich beim Aufgehen, aber allein meine Anwesenheit bei diesem Ereignis war zweifellos von entscheidender Bedeutung.

Wie viele Herbst- und Wintertage verbrachte ich außerhalb der Stadt, um zu hören, was der Wind sagte, und dann das Gehörte eilig weiterzutragen. Fast mein ganzes Vermögen steckte ich hinein und verlor obendrein meinen Atem bei dem Handel, wenn ich ihm entgegenstürmte. Hätte er von politischen Parteien erzählt, hätte es, verlasst euch drauf, gleich in der nächsten Zeitung gestanden. An anderen Tagen hielt ich von einem Felsvorsprung oder einer Baumkrone aus Wache, um irgendeine ungewohnte Ankunft zu telegraphieren, oder ich erwartete abends auf einem Hügel, dass der Himmel herunterfiele, damit ich ein Stückchen davon erwischen könne. Doch ich erwischte nie viel, und selbst das zerschmolz wie Manna in der Sonne.

Lange Zeit war ich Berichterstatter bei einer nicht sehr weit verbreiteten Zeitung, deren Herausgeber es bisher nicht für nötig hielt, den größeren Teil meiner Beiträge zu drucken. So machten sich meine Mühen, wie es Schriftstellern oft ergeht, nur mit meiner Arbeit bezahlt. In diesem Fall allerdings waren meine Mühen schon selbst der Lohn.

Lange Jahre hindurch war ich selbst ernannter Inspektor der Schneestürme und Regenschauer und tat gewissenhaft meine Pflicht. Ich war auch Aufseher, zwar nicht der Landstraßen, aber der Waldpfade und Feldwege, die ich in allen Jahreszeiten gangbar erhielt. Auch Schluchten überbrückte ich, wenn die Fußstapfen des Publikums zu solch nützlichem Tun ermunterten.

Ich überwachte den Wildstand der Stadt, der einem pflichttreuen Hirten zu schaffen machte, weil das Gehege oft übersprungen wurde, und ich hatte ein Auge auf die entlegenen Ecken und Winkel der Felder, wenn ich auch nicht immer wusste, ob Jonas oder Salomo heute auf diesem oder jenem Acker arbeitete – das ging mich auch nichts an. Ich goss die roten Heidelbeeren, die Sandkirschen und den Nesselbaum, die Rottanne und die Schwarzesche, den weißen Wein und das gelbe Veilchen, die vielleicht sonst in trocknen Jahreszeiten verdorrt wären.

Kurz, so trieb ich es eine ganze Zeit und kann, ohne zu prahlen, sagen, dass ich mein Amt pflichttreu ausfüllte. Allmählich aber erkannte ich, dass meine Mitbürger gar nicht daran dachten, mich in die Stadtverwaltung zu wählen oder mir eine Pfründe mit bescheidenem Gehalt zu geben. Meine Abrechnungen, deren Genauigkeit ich beschwören kann, wurden tatsächlich nie angesehen, geschweige denn anerkannt und erst recht nicht beglichen.

Es ist noch nicht lange her, da kam ein umherziehender Indianer an die Tür eines bekannten Rechtsanwalts in meiner Nachbarschaft, um Körbe zu verkaufen. »Wollen Sie Körbe kaufen?«, fragte er. »Nein, wir haben keinen Bedarf«, war die Antwort. »Was!«, rief der Indianer, als er zur Tür hinausging. »Wollt ihr uns vielleicht verhungern lassen?« Da er gesehen hatte, dass es seinen fleißigen, weißen Nachbarn gut ging, dass der Rechtsanwalt nur Argumente zu flechten brauchte, um wie durch Zauberei Geld und eine gute Stellung zu erhalten, sagte er sich: Ich werde auch ein Geschäft anfangen – ich werde Körbe flechten, das ist etwas, was ich kann. Er dachte, wenn er die Körbe hergestellt habe, sei seine Pflicht und Schuldigkeit getan; Pflicht und Schuldigkeit der Weißen sei es nun, seine Körbe zu kaufen. Er hatte überhaupt nicht daran gedacht, dass sein Angebot auch einen Wert für die anderen haben oder er sie zumindest überzeugen müsste, dass es so sei, oder dass er etwas anderes herstellen könnte, was anderen kaufenswert erschiene. Auch ich hatte eine Art Korb aus feinem Geflecht angefertigt, konnte aber niemanden davon überzeugen, ihn zu kaufen. Trotzdem fand ich, dass es sich lohnte, ihn zu flechten. Aber anstatt zu versuchen, ihn den Leuten anzupreisen, überlegte ich vielmehr, wie ich der Notwendigkeit entgehen könnte, ihn zu verkaufen. Es gibt nur eine Lebensweise, die von den Menschen gepriesen und als erfolgreich angesehen wird. Aber warum wollen wir von der einen so viel Aufhebens auf Kosten der anderen machen?

Als mir bewusst wurde, dass meine Mitbürger mir wahrscheinlich kein Büro im Rathaus, keine Pfarre oder irgendeinen anderen Broterwerb anbieten würden, dass ich vielmehr mir selbst helfen müsste, wandte ich mein Augenmerk mehr denn je den Wäldern zu, wo ich bekannt war. Ich beschloss, nicht zu warten, bis ich das übliche Kapital erworben hätte, sondern die spärlichen Mittel zu verwenden, die ich bereits besaß, und mein Unternehmen sofort zu beginnen. Als ich an den Walden Pond zog, war mein Ziel weder billig noch teuer zu leben, sondern möglichst ungehindert ein privates Vorhaben zu verfolgen. Mich aus Mangel an gesundem Menschenverstand, Unternehmungsgeist oder Geschäftstalent davon abhalten zu lassen wäre weniger bedauerlich als dumm gewesen.

Ich habe mich immer bemüht, mir strenge Geschäftsprinzipien anzueignen. Sie sind für jeden unverzichtbar. Wer mit dem »Himmlischen Reich« Handel treibt, kann sich durch eine kleine Filiale an der Küste, in irgendeinem Hafen wie dem von Salem eine ausreichende Basis schaffen. Er wird jene Artikel exportieren, die im Land produziert werden: Eis, Kiefernholz und etwas Granit – daran besteht in Amerika ja kein Mangel. Das wäre keine schlechte Unternehmung. Da gilt es alle Einzelheiten persönlich zu überwachen, Lotse und Kapitän, Eigentümer und Versicherungsagent zugleich zu sein, zu kaufen, zu verkaufen und die Bücher zu führen, jeden Brief, der eingegangen ist, zu lesen, und jeden Brief, der versandt werden soll, zu schreiben und durchzulesen, das Eintreffen der importierten Waren Tag und Nacht zu überwachen, an vielen Orten der Küste fast gleichzeitig zu sein – oft wird nämlich die reichste Fracht an den Stränden von New Jersey abgeladen –, sein eigener Telegraph zu sein, unermüdlich den Horizont abzusuchen und alle Schiffe anzusprechen, die anlegen wollen, einen konstanten Warenversand aufrechtzuerhalten, um einen entfernten und kaufkräftigen Markt zu versorgen, die Schwankungen des Marktes genau zu verfolgen, überall die Aussichten auf Krieg und Frieden und die Tendenzen des Handels und der Zivilisation vorherzusehen – sich die Erkenntnisse der Entdeckungsreisen zunutze zu machen, indem man neue Durchfahrten und alle Errungenschaften der Schifffahrt nutzt –, Karten zu studieren, sich die Lage von Riffen, neuen Leuchttürmen und Bojen einzuprägen und wieder und wieder Logarithmentafeln zu korrigieren, denn oft zerschellt ein Schiff, das im freundlichen Hafen alsbald Anker werfen sollte, infolge eines Berechnungsfehlers an einem Felsen – man denke an das rätselhafte Schicksal des Grafen La Pérouse –, Schritt zu halten mit allen Gebieten der Wissenschaft, den Lebenslauf aller großen Entdecker und Seefahrer zu studieren, aller großen Glücksritter und Weltumsegler, von Hanno und den Phöniziern an bis zum heutigen Tag. Von Zeit zu Zeit muss man auch die Lagerbestände aufnehmen, um zu wissen, wo man steht. Eine solche Arbeit kann als Prüfstein für die Fähigkeiten eines Mannes gelten – all diese Probleme von Gewinn und Verlust, von Verzinsung, Gewinnberechnung und Rabattbewilligung zu überschauen erfordert ein universelles Wissen.

Der Walden Pond schien mir ein geeigneter Ort, nicht nur wegen der Eisenbahn oder des Eishandels; er bietet auch andere Vorteile, die man, wenn man klug ist, besser nicht verrät. Der Boden ist gut, und die Lage ist günstig. Es müssen dort auch keine Newa-Sümpfe trockengelegt werden, obwohl man überall auf selbst gefügte Fundamente bauen muss. Wenn die Newa vereist ist, heißt es, könnte eine Sturmflut bei Westwind ganz St. Petersburg vom Erdboden fegen.

Da mein Geschäft ohne das übliche Kapital begonnen werden sollte, ist es nicht leicht zu erraten, woher die Mittel kommen sollten, die zu irgendeiner solchen Unternehmung trotzdem notwendig sind. Was die Kleidung betrifft – um gleich zum praktischen Teil der Frage zu kommen –, lassen wir uns bei ihrer Auswahl vielleicht häufiger von der Mode und der Meinung anderer als von wirklich praktischen Gesichtspunkten leiten. Wer arbeiten muss, sollte nicht vergessen, dass die Kleidung erstens zur Erhaltung der Lebenswärme und zweitens – infolge unserer heutigen sozialen Verhältnisse – zum Verhüllen der Nacktheit dienen soll. Er wird dann erkennen, wie viel notwendige oder wichtige Arbeit er verrichten kann, ohne seinem Kleiderschrank etwas hinzuzufügen. Könige und Königinnen, die ihre Gewänder nur einmal tragen, können, selbst wenn diese von einem Hoflieferanten für Herren- oder Damengarderoben angefertigt werden, gar nicht wissen, was für eine Annehmlichkeit ein Anzug ist, der wirklich sitzt. Sie sind nichts weiter als hölzerne Ständer, über die man saubere Kleider hängt. Mit jedem Tag passen sich unsere Kleider uns besser an, nehmen den Charakter des Trägers immer stärker in sich auf, bis wir uns, wenn alle ärztliche Hilfe versagt hat, nur so schwer und mit solcher Feierlichkeit von ihnen trennen wie von unseren Körpern selbst. Kein Mensch ist je in meiner Achtung gesunken, weil er einen Fleck auf seiner Kleidung hatte, und doch bin ich sicher, dass man im Allgemeinen mehr darauf bedacht ist, moderne oder wenigstens reine und fleckenlose Kleider zu haben als ein reines Gewissen. Dabei ist, selbst wenn das Loch nicht gestopft ist, das schlimmste Laster, das es verrät, die Unvorsichtigkeit. Manchmal stelle ich meine Bekannten durch Fragen wie diese auf die Probe: Wer kann einen Flicken oder auch nur zwei Extranähte auf dem Knie vertragen? Die meisten benehmen sich, als würde das all ihre Zukunftsaussichten zunichtemachen. Es würde ihnen leichter fallen, mit einem gebrochenen Bein in die Stadt zu humpeln als mit einer zerrissenen Hose. Wenn die Beine eines Herrn bei einem Unfall Schaden nehmen, können sie oftmals wiederhergestellt werden. Doch wenn etwas Ähnliches seinen Beinkleidern zustößt, gibt es keine Hilfe, denn er kümmert sich nicht um das, was ehrenwert ist, sondern um das, was geachtet wird. Wir kennen nur wenige Männer, aber sehr viele Röcke und Hosen. Bekleide eine Vogelscheuche mit deinem neuesten Anzug, und stelle dich nackt neben sie – wer würde da nicht zuerst die Vogelscheuche grüßen? Als ich kürzlich an einem Kornfeld vorüberging und dort einen Hut und Rock an einem Stecken hängen sah, erkannte ich den Besitzer der Farm. Er war nur etwas verwitterter als damals, als ich ihn zum letzten Mal sah. Man hat mir von einem Hund erzählt, der Fremde, die sich in Kleidern dem Grundstück seines Herrn näherten, ankläffte, der aber von einem nackten Dieb leicht zum Schweigen gebracht wurde. Es ist eine interessante Frage, bis zu welchem Grad die Menschen ihren jeweiligen Rang behalten würden, wenn sie sich ihrer Kleider entledigten. Könnte man in diesem Fall unter einer Anzahl gebildeter Menschen mit Sicherheit diejenigen ausmachen, die sich des größten Ansehens erfreuen? Als Madame Ida Pfeiffer auf ihrer abenteuerlichen Weltreise von Ost nach West über den asiatischen Teil Russlands heimkehrte, verspürte sie, wie sie sagte, die Notwendigkeit, ihre Reisekleidung gegen andere zu tauschen, sobald sie mit Behörden zu verkehren hatte. Denn sie war »nun in einem zivilisierten Land, wo man die Leute nach ihren Kleidern beurteilt«. Selbst in unseren demokratischen Städten Neuenglands bringt der zufällige Besitz von Vermögen, der sich in der Kleidung und in der Einrichtung zeigt, seinem Besitzer eine fast allgemeine Hochachtung ein. Aber die Menschen, die solche Hochachtung zollen, sind, so groß ihre Zahl auch ist, nichts weiter als Götzendiener, denen man einen Missionar schicken sollte. Außerdem ist durch die Kleidung die Näharbeit entstanden, eine Arbeit, die kein Ende hat. Ein Frauenkleid jedenfalls wird niemals fertig.

Wenn ein Mensch schließlich eine Beschäftigung gefunden hat, braucht er dafür keinen neuen Anzug. Ihm genügt der alte, der wer weiß wie lange auf dem staubigen Dachboden gelegen hat. Ein Held wird ein Paar alte Schuhe länger tragen als sein Diener – falls ein Held überhaupt je einen Diener hat. Nackte Füße sind langlebiger als Schuhe, und er wird sie zu gebrauchen wissen. Nur wer zu Soireen und zu diplomatischen Versammlungen geht, muss neue Kleider haben, muss seinen Anzug so oft wechseln, wie er selbst sich in ihm ändert. Wenn aber mein Rock und meine Hosen, mein Hut und meine Stiefel gut genug sind, um Gott darin zu dienen, so genügen sie überhaupt, oder nicht? War wirklich je ein alter Anzug – ein alter Rock – so abgetragen, so in seine ursprünglichen Bestandteile aufgelöst, dass er nicht noch einem armen Jungen geschenkt werden konnte, der ihn vielleicht einem noch ärmeren schenkte? Oder sollen wir ihn reicher nennen, da er mit weniger auskam? Ich sage euch: Hütet euch vor allen Beschäftigungen, die neue Kleider und nicht einen neuen Träger von Kleidern verlangen. Wie kann ein neuer Anzug passen, wenn der Mensch nicht neu ist? Plant ihr irgendein neues Unternehmen, so versucht es in euren alten Kleidern. Es geht den Menschen nicht darum, was sie tragen, sondern darum, etwas zu tun, oder vielmehr, etwas zu sein. Vielleicht sollten wir uns erst dann einen neuen Anzug anschaffen – wie zerrissen und schmutzig der alte auch sei –, wenn wir fühlen, dass unser Verhalten, unsere Handlungen, unsere Fahrten auf den Gewässern des Lebens uns zu neuen Menschen in alten Kleidern gemacht haben. Behielten wir weiterhin den alten Anzug, so lagerten wir neuen Wein in alten Flaschen. Unsere Mauserungszeit muss, wie beim

Federvieh, eine Krise in unserem Leben sein. Während dieser Zeit zieht sich der Eistaucher auf einsame Teiche zurück. Auch die Schlange legt ihre Haut, wie die Raupe ihre wurmige Hülle, infolge einer inneren Geschäftigkeit und Ausdehnung ab. Kleider sind nur äußere Haut, unser »sterblich Teil«. Denn sonst könnte man eines Tages entdecken, dass wir unter falscher Flagge segeln. Dann aber würden wir unweigerlich von unserer eigenen Meinung und der unserer Mitmenschen eingenommen.

Wir ziehen ein Kleidungsstück über das andere an, als ob wir wie exogene Pflanzen durch Zunahme von der Außenseite her wüchsen, unsere äußeren, oft dünnen und ausgefallenen Gewänder sind unsere Epidermis oder falsche Haut, die nichts mit unserem Leben zu tun hat und hier und da ohne böse Folgen abgestreift werden kann. Unsere dickeren Gewänder, die wir beständig tragen, sind die Zellhaut oder die Rinde. Unsere Hemden aber sind unser Bast oder das Zellgewebe, deren Entfernung eine schwere Verletzung oder den Tod des Menschen mit sich bringt. Ich glaube, dass alle Völker zu bestimmten Jahreszeiten etwas Hemdähnliches tragen. Es ist zu wünschen, dass der Mensch sich so einfach kleide, dass er sich selbst im Dunkeln anziehen kann. Er sollte in jeder Hinsicht so schlicht und gut ausgerüstet leben, dass er, falls ein Feind die Stadt einnimmt, wie der alte Philosoph ohne Angst und mit leeren Händen zum Tor hinausziehen kann. Da aber ein dickes Kleidungsstück in den meisten Fällen so gut ist wie drei dünne und passende Kleider zu wirklich billigen Preisen gekauft werden können, da man ferner für fünf Dollar einen warmen Mantel bekommt, der ebenso viele Jahre halten wird, da man sich dicke Hosen für zwei

Dollar, ein Paar rindslederne Schuhe für anderthalb Dollar, einen Sommerhut für fünfundzwanzig Cent und eine Wintermütze für zweiundsechzigeinhalb Cent zulegen kann – oder eine noch bessere für einen Spottpreis, wenn man sie selbst macht – welcher Mensch sollte da so arm sein, dass sich, wenn er einen solchen Anzug trägt, den er sich selbst verdient hat, nicht auch weise Männer finden, die ihm Hochachtung entgegenbringen!

Wenn ich ein Kleidungsstück eines besonderen Schnitts bestelle, sagt mir meine Schneiderin mit wichtiger Miene: »So trägt man das jetzt nicht.« Das »man« betont sie dabei nicht, als spräche sie für eine so unpersönliche Autorität wie das Schicksal selbst. So stoße ich, wenn ich etwas nach meinen Wünschen gemacht haben will, auf Schwierigkeiten, nur weil sie nicht glauben kann, dass ich so unbesonnen bin zu meinen, was ich sage. Wenn ich ihren Orakelspruch höre, versinke ich für einen Augenblick in tiefstes Nachdenken, betone für mich jedes Wort einzeln, um ihre Bedeutung zu ergründen, um mir darüber klar zu werden, durch welchen Grad von Blutsverwandtschaft »man« mit »mir« verwandt ist, welche Glaubwürdigkeit »man« in einer Angelegenheit verdient, die mich so persönlich betrifft. Und schließlich fühle ich mich veranlasst, ihr mit dem gleichen mysteriösen Tiefsinn und ebenfalls ohne jede Betonung des »man« zu antworten: »Sie haben recht, in letzter Zeit hat man es so nicht getragen, aber man tut es jetzt.« Was nützt ihr Maßnehmen, wenn sie nicht meinen Charakter misst, sondern nur die Breite meiner Schultern, als ob diese ein Holzpflock wären, über den der Anzug gehängt wird? Wir verehren weder die Grazien noch die Parzen, sondern die Mode.

Sie spinnt und webt und schneidet mit höchster Autorität. Der Oberaffe in Paris setzt sich eine Reisemütze auf, und alle Affen in Amerika machen es ihm nach. Bisweilen verzweifle ich an der Hoffnung, dass etwas ganz Einfaches und Ehrliches in dieser Welt von Menschenhand vollbracht werden kann. Man müsste die Menschen erst mit Hochdruck durch eine Presse treiben, ihre alten Anschauungen so energisch aus ihnen herausquetschen, dass sie nicht so bald wieder auf die Beine kämen. Wenn jedoch nur einer darunter wäre mit einer Larve im Kopf, die aus einem Ei gekrochen ist, das Gott weiß wann dort gelegt wurde – denn selbst Feuer tötet dieses Ungeziefer nicht –, dann wäre die ganze Mühe umsonst gewesen. Wir wollen aber trotzdem nicht vergessen, dass der ägyptische Weizen uns von einer Mumie überbracht wurde.

Im Allgemeinen kann man meiner Ansicht nach nicht behaupten, dass Bekleidung sich in diesem oder irgendeinem anderen Lande zum Rang einer Kunst erhoben hat. Heutzutage behelfen sich die Menschen mit der Kleidung, die sie finden können. Wie schiffbrüchige Seeleute ziehen sie an, was sie am Strand finden können. Mit etwas zeitlichem oder räumlichem Abstand jedoch lachen sie einander wegen der Maskerade aus. Jede Generation lacht über die alten Mode und folgt ehrfurchtsvoll der neuen. Wir schmunzeln beim Anblick der Tracht Heinrichs VIII. oder der Königin Elisabeth, als gehörten sie dem König oder der Königin der Kannibaleninseln. Jedes Kostüm wirkt ohne den dazugehörigen Menschen erbärmlich oder grotesk. Nur durch das ernste Auge, das herausblickt, und durch das lautere Leben, das darin verbracht wurde, wird das Gelächter zum Schweigen gebracht, wird die Tracht eines Volks geheiligt. Wenn ein Harlekin einen Kolikanfall erleidet, muss sein Kostüm ihn auch in dieser Lage kleiden. Wenn ein Soldat von einer Kanonenkugel getroffen ist, schmückt ihn ein Lumpen wie Purpur.

Wegen der kindischen und barbarischen Vorliebe der Männer und Frauen für neue Muster müssen unzählige Menschen dauernd Kaleidoskope schütteln und in sie hineingaffen, um gerade jenes Muster zu erraten, nach dem die gegenwärtige Generation verlangt. Die Fabrikanten wissen aus Erfahrung, dass dieser Geschmack nichts weiter als eine Laune ist. Von zwei Mustern, die sich nur durch ein paar Fäden einer bestimmten Farbe mehr oder weniger voneinander unterscheiden, wird das eine schnell verkauft, während das andere im Regal liegen bleibt. Nicht selten aber ist Letzteres in der nächsten Saison dann das modischste überhaupt. Damit verglichen ist das Tätowieren kein so abscheulicher Gebrauch, wie es gewöhnlich heißt. Er ist schon deswegen nicht barbarisch, weil das Muster hauttief geht und unveränderlich ist.

Ich kann nicht glauben, dass die industrielle Erzeugung die beste Methode ist, unsere Kleidung herzustellen. Die Arbeitsbedingungen werden denen in England mit jedem Tag ähnlicher. Das ist nicht verwunderlich, denn nach allem, was ich gehört und gesehen habe, ist das Ziel dieser Produktion nicht eine gute und anständige Kleidung, sondern die Bereicherung der großen Gesellschaften. Auf lange Sicht treffen die Menschen nur das, worauf sie zielen. Darum täten sie besser daran, selbst wenn es nicht gleich gelingt, sich ein möglichst hohes Ziel zu stecken.

Ich will nicht bestreiten, dass eine Wohnung heutzutage ein Lebensbedürfnis geworden ist, obwohl ich

Beispiele dafür nennen könnte, dass Menschen auch in kälteren Ländern als unserem ohne ausgekommen sind. Samuel Laing berichtet: »Der Lappländer schläft in seinen Fellkleidern und einem Fellsack, den er sich über Kopf und Schultern zieht, jede Nacht auf dem Schnee, selbst bei Kältegraden, die einen anderen Menschen, auch wenn er in Wolle gekleidet wäre, unfehlbar töten würden.« Er hat sie mit eigenen Augen so schlafen sehen. Dann aber fügt er hinzu: »Sie sind nicht abgehärteter als andere Menschen.« Wahrscheinlich aber hat der Mensch schon nach einer kurzen Zeit auf der Erde die Bequemlichkeit eines Hauses erkannt – »die häusliche Gemütlichkeit«. Dieser Ausdruck wird wohl ursprünglich mehr die Annehmlichkeiten des Hauses als die der Familie bezeichnet haben. Und selbst diese Annehmlichkeit ist nur vorübergehend und begrenzt in jenen Breiten, wo das Haus uns hauptsächlich in der Winter- und Regenzeit nützt und zwei Drittel des Jahres, wenn es nicht gerade als Sonnenschutz dient, eigentlich überflüssig ist. In unserer Klimazone, zumal im Sommer, diente das Haus früher fast ausschließlich als Nachtlager. In der Hieroglyphenschrift der Indianer bedeutete ein Wigwam das Symbol eines Tagemarsches, und eine in die Rinde eines Baums geritzte oder darauf gemalte Reihe davon gab die Anzahl der Nachtlager an. Der Mensch war nicht so groß und stark geschaffen, dass er nicht danach trachten musste, seine Welt einzuengen und einen ihm passenden Raum zu ummauern. Anfangs lebte er nackt unter freiem Himmel. Das war ganz angenehm bei schönem, warmem Wetter und im Tageslicht. Doch Regenzeit und Winter – von glühender Hitze gar nicht zu reden – hätten seine Gattung vielleicht bald im Keim erstickt, wenn er sich nicht schleunigst mit dem Schutz eines Hauses umgeben hätte. Es wird erzählt, dass Adam und Eva sich mit Blättern bedeckten, bevor sie andere Kleider trugen. Der Mensch wünschte sich ein Heim, einen warmen oder gemütlichen Platz, wo er zunächst seinen Körper und dann auch seine Stimmungen wärmen konnte.

Wir können uns leicht vorstellen, dass in der Zeit, in der das Menschengeschlecht noch in den Kinderschuhen steckte, irgendein kühner Sterblicher in eine Felsenhöhle kroch, um Unterschlupf zu finden. In gewisser Weise entdeckt jedes Kind die Welt wieder neu, ist mit Vorliebe selbst bei Nässe und Kälte im Freien. Instinktiv spielt es »Haus« und »Pferd«. Wer erinnert sich nicht an das Interesse, mit dem er als Kind einen überhängenden Felsen betrachtete oder alles, was einer Höhle glich? Ein Teil jenes instinktiven Verlangens unserer Urahnen war noch in uns lebendig. Von der Höhle gingen wir zu Dächern aus Palmblättern über, aus Rinde und Zweigen, aus gewebtem Leinen, aus Gras und Stroh, Brettern und Schindeln, Steinen und Ziegeln. Schließlich wissen wir überhaupt nicht mehr, was es bedeutet, unter freiem Himmel zu wohnen, und unser Leben ist in mehr Beziehungen häuslich, als wir glauben. Vom Herd zum Feld ist es ein weiter Weg. Es wäre vielleicht gut, wenn wir häufiger Tage und Nächte ohne Scheidewand zwischen uns und den Himmelskörpern zubringen würden, wenn der Dichter nicht so viel aus überdachten Räumen heraus sprechen oder der Heilige nicht so lange dort verweilen würde. Vögel singen nicht in Käfigen, und Tauben hüten ihre Unschuld nicht im Taubenschlag.

Wenn aber jemand beabsichtigt, sich ein Wohnhaus zu bauen, so tut er gut daran, ein wenig Yankee-Schlauheit anzuwenden, sonst findet er sich am Ende in einer Fabrik, einem Labyrinth ohne Ausgang, einem Museum, einem Armenhaus, einem Gefängnis oder in einem herrlichen Mausoleum wieder. Überlegen wir uns einmal, wie wenig Schutz absolut notwendig ist! Ich habe in dieser Stadt Penobscot-Indianer gesehen, die in Zelten aus dünnem Baumwollstoff lebten, während ringsum fast einen Fuß hoch Schnee lag. Ja, ich hatte den Eindruck, sie hätten sich gewünscht, dass er noch höher liege, um sie vor dem Wind zu schützen. Früher, als mich die Frage, wie ich mir auf ehrliche Weise meinen Lebensunterhalt verdienen könnte und mir dennoch Zeit für meine eigentlichen Bestrebungen bliebe, noch heftiger quälte als jetzt – denn leider habe ich mir ein etwas dickes Fell zugelegt –, sah ich oft eine sechs Fuß hohe und drei Fuß breite Kiste am Bahndamm stehen, in der die Arbeiter über Nacht ihre Werkzeuge verschlossen. Da kam ich auf den Gedanken, dass jeder Mensch, der in arger Bedrängnis ist, eine solche Kiste für einen Dollar kaufen könne. Würde er ein paar Luftlöcher hineinbohren, so könnte er nachts und zur Regenzeit hineinkriechen, den Deckel festhaken und mit freier Seele nach Herzenslust seinen Neigungen nachhängen. Es schien nicht die schlechteste und eine keineswegs zu verachtende Alternative zu sein. Man könnte wach bleiben, solange man Lust hätte, aufstehen, wann man wollte, und ausgehen, ohne dass einem fortwährend der Hausherr wegen der Miete auf den Fersen wäre. Manch einer wurde wegen des Mietzinses für eine größere und prächtigere Kiste zu Tode gequält, der in solch einer Kiste sicherlich nicht vor Kälte gestorben wäre. Ich scherze durchaus nicht. Über das Problem der Ökonomie lässt sich leicht sprechen, leicht lösen lässt es sich nicht. Früher einmal wurden hier fast ausschließlich aus Material, das die Natur liefert, bequeme Häuser für ein einfaches, abgehärtetes Volk gebaut, das größtenteils unter freiem Himmel lebt. Gookin, ein Aufseher der indianischen Einwohner in der Kolonie Massachusetts schrieb im Jahr 1674: »Ihre besten Häuser sind sehr sauber, dicht und warm mit Baumrinde gedeckt. Die Rinde wird in den Jahreszeiten, wenn der Saft emporsteigt, von den Bäumen losgeschält und im grünen Zustand durch den Druck von Holzblöcken zu großen Platten gepresst … Die gewöhnlicheren Häuser werden mit Matten aus einer Art Flatterbinsen gedeckt. Auch sie sind halbwegs dicht und warm, wenn auch nicht so gut wie die ersten … Einige der Häuser, die ich gesehen habe, waren sechzig oder hundert Fuß lang und dreißig Fuß breit … Ich habe oft in solch einem Wigwam gewohnt und festgestellt, dass es dort so warm war wie in den besten Häusern Englands.« Er fügt hinzu, dass das Innere gewöhnlich mit schön gearbeiteten und bestickten Matten ausgelegt und ausgekleidet und mit den verschiedensten Gegenständen ausgestattet gewesen sei. Die Indianer waren sogar so fortschrittlich, dass sie den Windzug durch eine Matte regulierten, die über der Dachöffnung hing und durch eine Schnur in Bewegung gesetzt werden konnte. Der Bau eines solchen Hauses nahm höchstens zwei Tage in Anspruch; der Abbau und Wiederaufbau dagegen nur einige Stunden. Jede Familie besaß eins oder hatte eine Wohnung darin.

Bei den Wilden besitzt jede Familie ein Obdach, welches den Vergleich mit jedem anderen aushält und für gröbere und einfachere Bedürfnisse genügt. Ich bilde mir jedoch ein, behaupten zu können, dass, während die Vögel ihre Nester, die Füchse ihre Höhlen und die Wilden ihre Wigwams haben, in der modernen zivilisierten Gesellschaft nur ungefähr jede zweite Familie ein Obdach besitzt. In den Großstädten, wo die Zivilisation hauptsächlich herrscht, besitzt nur ein Bruchteil der Gesamtbevölkerung ein eigenes Heim. Der Rest bezahlt für dieses uns äußerste, im Sommer wie im Winter unentbehrlich gewordene Kleidungsstück eine jährliche Steuer, die zum Ankauf eines ganzen Dorfs indianischer Wigwams genügen würde, nun jedoch nur dazu dient, den Menschen sein ganzes Leben lang arm zu erhalten. Ich habe nicht die Absicht, mich hier lange mit den Nachteilen der Miete gegenüber dem Besitz aufzuhalten. Es liegt aber auf der Hand, dass der Wilde ein eigenes Haus besitzt, weil es so wenig kostet, während der zivilisierte Mensch seins mietet, weil er den Besitz nicht bezahlen kann. Allerdings kann er es sich auf lange Sicht auch nicht leisten, es zu mieten. Und doch, entgegnet man mir, erhält der arme zivilisierte Mensch, indem er diese Steuer bezahlt, eine Wohnung, die im Vergleich zu der eines Wilden ein Palast genannt werden kann. Eine jährliche Miete zwischen fünfundzwanzig und hundert Dollar – so viel zahlt man auf dem Land – verschafft ihm Zugang zu Errungenschaften aus Jahrhunderten: geräumige, sauber gestrichene oder tapezierte Zimmer, Rumford-Kamine, Jalousien, kupferne Wasserpumpen, Sicherheitsschlösser, einen bequemen Keller und vieles andere. Doch wie kommt es, dass viele, die in den Genuss all dessen kommen, in der Zivilisation als arm gelten, während der Wilde, der nichts davon besitzt, als Wilder reich ist? Wenn man behauptet, dass die Zivilisation einen echten Fortschritt der Lebensumstände des Menschen mit sich bringt – und ich glaube es, wenn auch nur die Weisen sie zu ihrem Vorteil zu nutzen wissen –, so muss auch bewiesen werden, dass sie ohne höhere Kosten bessere Behausungen hervorgebracht hat. Die Kosten eines Gegenstands möchte ich daran messen, wie viel von unserem Leben wir über kurz oder lang dafür hergeben müssen. In meiner Nachbarschaft kostet ein durchschnittliches Haus ungefähr achthundert Dollar. Veranschlagt man als Tagelohn eines Arbeiters etwa einen Dollar – denn wenn die einen mehr verdienen, verdienen die anderen weniger –, benötigt er für diese Summe ungefähr fünfzehn bis zwanzig Jahre seines Lebens – selbst wenn er keine Familie zu ernähren hat. Der Arbeiter hat also schon mehr als die Hälfte seines Lebens hinter sich gebracht, bis er seinen Wigwam verdient hat. Wenn seine Alternative lautet, Miete zu zahlen, so ist das nur eine zweifelhafte Wahl zwischen zwei Übeln. Würde ein Wilder unter solchen Bedingungen klug daran tun, seinen Wigwam gegen einen Palast auszutauschen?

Man kann mit Recht vermuten, dass ich die Anhäufung dieses überflüssigen Besitzes nur als Reserve für die Zukunft ansehe, die, betrachtet man den Einzelnen, eigentlich nur dazu dient, für das eigene Begräbnis aufzukommen. Vielleicht aber wird es von dem Menschen gar nicht verlangt, dass er sich selbst begräbt. Trotzdem deutet dies auf einen wichtigen Unterschied zwischen dem Menschen in der Zivilisation und dem Wilden hin. Zweifellos hat man die besten Absichten mit uns, wenn man die Lebensweise eines zivilisierten Volks zu einer Institution erhebt, in der das Leben des Einzelnen größtenteils absorbiert wird, um das der Gesamtheit zu erhalten und zu vervollkommnen. Ich möchte jedoch zeigen, durch welches Opfer dieser Vorteil heutzutage erreicht wird, und darauf hinweisen, dass es doch möglich sein muss, so zu leben, dass wir alle Vorteile, aber keine Nachteile daraus ziehen. Was treibt ihr unter euch das Sprichwort: »Ihr habt allezeit Arme bei euch«, oder »Die Väter haben Herlinge gegessen, aber den Kindern sind die Zähne davon stumpf geworden«?

»So wahr ich lebe –«, spricht der Herr, »solch Sprichwort soll nicht mehr unter euch gehen in Israel.«

»Denn siehe, alle Seelen sind mein; des Vaters Seele ist sowohl mein wie des Sohnes Seele. Welche Seele sündigt, die soll sterben.«

Wenn ich meine Nachbarn, die Farmer von Concord, betrachte, die mindestens so wohlhabend sind wie andere Berufsgruppen, so stelle ich fest, dass sich die meisten von ihnen zwanzig, dreißig oder vierzig Jahre abgequält haben, um wirklich die Eigentümer ihrer Farmen zu werden, die sie gewöhnlich verschuldet geerbt oder mit geliehenem Geld gepachtet haben. Und ein Drittel ihrer mühseligen Arbeit kann man als den Preis ihres Hauses in Rechnung setzen, das sie in der Regel noch gar nicht abbezahlt haben. Tatsächlich übersteigen die Schulden bisweilen den Wert der Farm, sodass diese selbst zu einer Last werden; und doch findet sich ein Mensch, der das Erbe antritt, da er, wie er behauptet, die Sachlage vollkommen kennt. Auf Nachfrage bei der Steuerbehörde erfuhr ich zu meinem größten Erstaunen, dass man mir nicht ohne Weiteres ein Dutzend Leute in der ganzen Stadt nennen konnte, die ihre Farm völlig schuldenfrei besaßen. Wer Interesse an der Geschichte dieser Heimstätten hat, der möge sich bei der Bank erkundigen, bei welcher sie verpfändet sind. Der Mann, der wirklich durch seiner Hände Arbeit seine Farm bezahlt hat, ist so selten, dass jeder Nachbar mit dem Finger auf ihn zeigen kann. Ich bezweifle, dass drei solcher Männer in Concord leben. Was man über Kaufleute sagt, dass nämlich der weit größere Teil – ungefähr siebenundneunzig Prozent – keinen Erfolg hat, trifft genauso auch auf die Farmer zu. Ein großer Teil der Kaufleute macht indessen – ein Kaufmann selbst hat es zutreffend behauptet – nicht wegen finanzieller Schwierigkeiten Bankrott, sondern nur, weil es unbequem ist, übernommene Verpflichtungen noch zu erfüllen. Mit anderen Worten: Die Moral erleidet Schiffbruch. Und das gibt nicht nur dem Ganzen ein weit hässlicheres Aussehen, sondern legt auch nahe, dass es wahrscheinlich selbst den übrigen drei nicht gelingt, ihre Seele zu retten, dass sie vielleicht in einem schlimmeren Sinne scheitern als die, welche ehrlich Bankrott machten. Konkurse und Zahlungsverweigerungen sind die Sprungbretter, von denen aus sich ein großer Teil unserer zivilisierten Menschheit zu Kunststücken und Saltos aufschwingt, während der Wilde auf dem starren Brett der Hungersnot verharrt. Doch die Middlesexer Viehausstellung findet jährlich unter großem Beifall statt, als ob alle Teile des landwirtschaftlichen Apparats vorzüglich funktionierten.

Der Farmer versucht das Problem des Lebensunterhalts durch eine Gleichung zu lösen, die komplizierter ist als das Problem selbst. Um seine Schuhbänder zu verdienen, spekuliert er in Viehherden. Mit vollendeter Schlauheit hat er seine Falle mit einer haarfeinen Feder gestellt, um Bequemlichkeit und Unabhängigkeit zu fangen, beim Fortgehen aber trat er mit seinem eigenen Fuße hinein. Das ist die Ursache seiner Armut. Und aus einem ähnlichen Grunde sind wir alle, obwohl wir von Luxus umgeben sind, arm im Vergleich zu dem Wilden, der sich an tausend Annehmlichkeiten erfreut. Wie Chapman singt:

»Für irdische Größe
Gibt der Menschen heuchlerische Brut
Himmlischen Trost den Winden preis.«

Und wenn dem Farmer das Haus einmal gehört, so ist er dadurch vielleicht nicht reicher, sondern ärmer geworden. Er hat nicht das Haus – das Haus hat ihn. Der Einwand, den Momus gegen das von Minerva erbaute Haus erhob, war meiner Ansicht nach völlig zutreffend. Er sagte: »Sie hat das Haus nicht beweglich gemacht, und so kann man böser Nachbarschaft nicht entgehen.« Der gleiche Vorwurf ist auch heutzutage noch berechtigt, denn unsere Häuser sind solch schwerfällige Besitztümer, dass wir häufiger eher als Gefangene in ihnen leben, als wirklich beherbergt zu werden. Die schlechte Nachbarschaft aber, die wir meiden sollten, ist unser eigenes, niederträchtiges Selbst. Ich kenne mindestens eine oder zwei Familien, die fast ein Menschenalter lang wünschten, ihre Häuser auf dem Land zu verkaufen und ins Dorf zu ziehen, ihren

Wunsch aber bislang nicht zu befriedigen vermochten. Erst der Tod wird ihnen Freiheit schenken.

Nehmen wir einmal an, dass schließlich die Mehrheit der Menschen imstande wäre, ein modernes Haus mit all seinen Verbesserungen zu besitzen oder zu mieten. Nun hat die Zivilisation allerdings unsere Häuser, nicht aber im gleichen Maße die Menschen, die darin wohnen, verbessert. Sie hat zwar Paläste geschaffen, doch war es nicht so leicht, auch Edelleute und Könige hervorzubringen. Wenn aber die Bestrebungen des zivilisierten Menschen nicht würdevoller sind als die des Wilden, wenn ihm der größere Teil seines Lebens nur zur Befriedigung der niedrigen Bedürfnisse und der Beschaffung von Bequemlichkeiten dient, wozu braucht er dann eine bessere Wohnung als der Wilde?

Wie steht es aber um die Minderheit? Da stellt sich vielleicht heraus, dass in dem gleichen Verhältnis, in dem sich ein Teil der Menschheit – rein äußerlich betrachtet – über die Wilden erhob, ein anderer Teil noch weit unter sie sank. Der Luxus eines Standes wird durch die Entbehrungen eines anderen aufgewogen. Auf der einen Seite der Palast, auf der anderen das Armenhaus und der »schweigende Arme«. Die Myriaden, die für die Pharaonen die Pyramiden als Begräbnisstätten bauten, wurden mit Knoblauch gefüttert und selbst nicht einmal anständig begraben. Der Steinmetz, der das Gesims des Palastes fertigt, kehrt am Abend vielleicht in eine Hütte heim, die schlechter als ein Wigwam ist. Die Annahme ist falsch, dass in einem Land, das die üblichen Merkmale der Zivilisation aufweist, die Lebenslage eines sehr großen Teiles der Einwohner sich nicht auf einer ebenso niedrigen Stufe befinden kann wie bei den Wilden. Ich spreche hier von den unwürdigen Armen, nicht von den unwürdigen Reichen. Um mir hierüber Gewissheit zu verschaffen, brauche ich mir nur die Holzbaracken anzusehen, die überall an den Gleisen der Eisenbahn stehen – jener jüngsten Errungenschaft der Zivilisation. Da erblicke ich bei meinem täglichen Spaziergang Menschen, die in Schweineställen leben, den ganzen Winter hindurch bei offener Tür, um Licht hereinzulassen, ohne auch nur die leiseste Spur eines Holzvorrates. Die Gestalten von Alt und Jung sind durch die Gewohnheit, vor Kälte und Elend zu erschauern, zusammengeschrumpft, die Entwicklung all ihrer Gliedmaßen und Fähigkeiten ist gehemmt. Es ist mehr als gerecht, jener Menschenklasse Beachtung zu schenken, die durch ihrer Hände Arbeit die Werke schuf, durch die unsere heutige Generation sich auszeichnet. Das Gleiche gilt in gewissem Maße für alle verschiedenen Arten von Arbeitern in England – dem großen Arbeitshaus der Welt. Ich könnte auch Irland anführen, das auf den Landkarten als helles oder aufgeklärtes Fleckchen Erde dargestellt wird. Man vergleiche einmal die körperlichen Eigenschaften des Iren mit denen des nordamerikanischen Indianers oder des Südsee-Insulaners oder mit denen irgendeines anderen Volks, bevor er durch Berührung mit der zivilisierten Menschheit an Kraft einbüßte. Trotzdem habe ich keinen Zweifel, dass die Herrscher jener Völker so weise sind wie der Durchschnitt der zivilisierten Staatenlenker. Ihr Zustand beweist nur, welche Verwahrlosung in einer Zivilisation bestehen kann. Ich brauche kaum die Arbeiter in den Südstaaten zu erwähnen, welche die Exporterzeugnisse dieses Landes stapelweise bauen und dabei selbst nur Stapelware des Südens sind. Ich beschränke mich auf diejenigen, die in sogenannten »bescheidenen Verhältnissen« leben.

Die meisten Menschen scheinen nie darüber nachgedacht zu haben, was ein Haus ist; sie sind tatsächlich, wenn auch unnötigerweise, ihr ganzes Leben lang arm, weil sie glauben, ein Haus wie ihre Nachbarn haben zu müssen. Als ob der Mensch jeden Mantel tragen müsste, den der Schneider zugeschnitten hat, oder einer, der sich allmählich das Tragen eines Panamahutes oder einer Mütze aus Murmeltierfell abgewöhnt hat, nun berechtigt wäre, über die schlechten Zeiten zu stöhnen, weil er sich keine Krone leisten kann! Es wäre möglich, ein noch bequemeres und luxuriöseres Haus zu erfinden als das, was wir jetzt haben, aber jeder muss zugeben, dass keiner von uns es sich leisten könnte. Sollen wir uns immer weiter bemühen, mehr von diesen Dingen zu erwerben, anstatt uns bisweilen mit weniger zufriedenzugeben? Muss denn der ehrbare Bürger den jungen Mann durch Beispiel und Vorschrift so eindringlich darüber aufklären, wie notwendig es ist, vor seinem Tod eine Anzahl überflüssiger Lackschuhe, Regenschirme und leerer Gästezimmer für leere Gäste anzuschaffen? Warum kann unsere Einrichtung nicht ebenso einfach sein wie die des Arabers oder Indianers? Wenn ich an die Wohltäter der Menschheit denke, die wir als Abgesandte des Himmels, als Überbringer göttlicher Gaben feiern, so sieht mein Auge keinen Tross, keine Wagenladung eleganter Möbel hinter ihnen. Und wenn ich nun die Regel aufstellte – wäre das nicht ein ausgezeichneter Leitfaden? –, dass unsere Einrichtung die des Arabers nur in dem Maß übertreffen dürfe, in welchem wir uns moralisch oder intellektuell über ihn erheben? Gegenwärtig sind unsere Häuser von Möbeln so vollgestopft und verunstaltet, dass eine gute Hausfrau den größten Teil davon am liebsten in die Kehrichtgrube fegen würde – an Morgenarbeit würde es ihr trotzdem nicht fehlen. Morgenarbeit! Beim Erröten der Aurora und den Klängen des Memnon! Worin sollte die Morgenarbeit des Menschen in dieser Welt bestehen? Ich hatte drei Kalksteine auf meinem Schreibtisch liegen und stellte zu meinem Schrecken fest, dass sie täglich abgestaubt werden mussten, während mein geistiges Rüstzeug noch unabgestaubt war! Entrüstet warf ich sie zum Fenster hinaus. Wie könnte ich da ein möbliertes Haus haben? Lieber lebe ich unter freiem Himmel, denn auf dem Gras sammelt sich kein Staub – es sei denn, der Mensch hat in der Erde gewühlt.

Die Reichen und die Verschwender geben die Mode an, der die Herde dann fleißig folgt. Der Reisende, der in den sogenannten ersten Hotels absteigt, kann sich hiervon schnell überzeugen. Die Wirte scheinen ihn für einen Sardanapal zu halten, und wenn er sich völlig ihrer zarten Fürsorge anvertrauen würde, verlöre er bald all seine Willenskraft. Ich bin der Ansicht, dass wir bei der Herstellung von Eisenbahnwagen der Innenausstattung mehr Aufmerksamkeit schenken als der Sicherheit und Zweckmäßigkeit. Es liegt daher die Gefahr nahe, dass sie, ohne diese wichtigen Bedingungen zu erfüllen, nichts Besseres werden als moderne Salons mit Lehnstühlen, Ottomanen, Sonnenblenden und hundert anderen orientalischen Dingen, die für Haremsdamen und verweichlichte Chinesen erfunden wurden. Bruder Jonathan sollte sich schämen, solche Dinge auch nur dem Namen nach zu kennen. Lieber sitze ich allein auf einem Kürbis als im Gedränge auf einem Samtkissen. Lieber fahre ich auf der Erde in einem Ochsenwagen an der frischen Luft als im Luxuswaggon eines Ausflugszuges gen Himmel, wo ich den ganzen Weg lang Malaria einatmen muss.

Die Einfachheit und Nacktheit des Urzeitmenschen brachten wenigstens den Vorteil mit sich, dass er sich nur als temporärer Besucher auf Erden fühlte. War er durch Nahrung und Schlaf erquickt, nahm er wieder den Gedanken an seine weitere Reise auf. Er weilte sozusagen in einem Zelt auf der Welt, durchstreifte die Täler, durchkreuzte die Ebenen und stieg auf die Gipfel der Berge. Doch dann ist die Menschheit zum Werkzeug ihrer Werkzeuge geworden! Der Mensch, der einst, wenn er hungrig war, in Freiheit seine Früchte für sich pflückte, wurde zum Bauern, und der einst unter einem Baume Schutz Suchende wurde zum Hausherrn. Heutzutage schlagen wir nicht mehr für eine Nacht unser Zelt auf. Wir haben in der Erde Wurzeln geschlagen und den Himmel vergessen. Wir haben das Christentum nur als eine verbesserte Methode der Landwirtschaft angenommen. Wir haben für diese Welt ein Familienhaus, für die andere ein Familiengrab errichtet. Die besten Kunstwerke spiegeln das Bemühen der Menschheit wider, sich aus diesem Zustand zu befreien. Doch die Wirkung unserer Kunst besteht nur darin, dass sie uns diesen niedrigen Zustand erträglich finden und jenen höheren Zustand vergessen lässt. Tatsächlich ist in unserem Dorf für ein echtes Kunstwerk gar kein Platz, denn selbst wenn wir an ein solches geraten würden, böten weder unsere Lebensweise noch unsere Häuser und Straßen ihm einen passenden Rahmen. Es gibt hier keinen Nagel, an den wir ein Bild hängen, kein Sims, auf das wir die Büste eines Helden oder Heiligen stellen könnten. Wenn ich daran denke, wie unsere Häuser gebaut und bezahlt werden, oder vielmehr nicht bezahlt werden, wie der Haushalt geführt und aufrechterhalten wird, so wundert es mich, dass der Fußboden sich nicht unter dem Besucher auftut, der all den Plunder auf dem Kaminsims betrachtet, um ihn in den Keller zu befördern, der wenngleich erdig, wenigstens eine solide und ehrliche Basis ist. Ich habe immer wieder den Eindruck, dass dieses sogenannte reiche und vornehme Leben durch einen Sprung erreicht wird. Und ich kann die schönen Künste, die es schmücken, nicht mit Freuden genießen, weil meine Aufmerksamkeit ganz auf den Sprung gerichtet ist. Denn soviel ich weiß, wurde der größte Sprung, der allein durch menschliche Muskelkraft gelang, von den Angehörigen eines arabischen Nomadenvolks erzielt, die auf ebener Erde fünfundzwanzig Fuß weit gesprungen sein sollen. Ohne künstliche Hilfe aber muss der Mensch nach einem solchen Sprung wieder auf dem Boden landen. Die erste Frage, die ich an den Besitzer eines erheuchelten Besitzes stellen würde, lautet: Wer stützt dich? Gehörst du zu den siebenundneunzig Verlierern oder zu den drei Erfolgreichen? Beantworte mir erst diese Fragen, dann sehe ich mir vielleicht deinen Tand an und finde ihn dekorativ. Die Pferde hinter den Wagen zu spannen ist weder schön noch nützlich. Ehe wir unsere Häuser mit schönen Dingen schmücken, müssen die Wände freigelegt und unser Leben gereinigt werden, ein anständiges Leben und ein anständiger Haushalt muss das Fundament bilden. Der Sinn für das Schöne aber entsteht am besten unter freiem Himmel, wo es weder Häuser noch Haushalte gibt.

Der alte Johnson schreibt in seiner *Allmächtigen Vorsehung* über die ersten Siedler dieser Stadt, deren Zeitgenosse er war, »dass sie anfangs in Erdhöhlen wohnten, die sie in einen Hügel gruben. Sie stellten große Balken schräg gegen den Hügel, warfen die ausgegrabene Erde hinauf und bauten dort, wo das Dach am höchsten war, eine Feuerstelle. Sie errichteten keine Häuser«, fährt er fort, »bis die Erde durch göttlichen Segen Nahrung hervorgebracht hatte. Die Ernte des ersten Jahres war aber so klein, dass sie notgedrungen ihr Brot eine Zeit lang sehr dünn schneiden mussten.« Ausführlicher schreibt 1650 der Staatssekretär der Provinz Neuholland in holländischer Sprache, um Neuankömmlinge zu unterrichten: »Wer in Neuholland und besonders in Neuengland nicht über die Mittel verfügt, sich ein Bauernhaus nach seinen Wünschen zu errichten, gräbt eine viereckige Grube, wie einen Keller, sechs oder sieben Fuß tief und so lang und breit, wie es ihm zweckmäßig erscheint. Innen werden die Erdwände ringsum mit Holz verschalt, das wiederum mit Baumrinde oder Ähnlichem bedeckt wird, um das Eindringen der Erde zu verhindern. Der Fußboden und die Decke dieses Kellers werden mit Brettern ausgekleidet; darauf setzt man ein Dach aus Baumstämmen, das mit Rinde oder Grasnarben belegt wird. Man kann in einem solchen Haus mit der ganzen Familie trocken und warm zwei, drei oder vier Jahre lang leben. Selbstverständlich wird solch ein Keller, je nach der Größe der Familie, in Abteilungen zerlegt. Selbst die reichsten und bedeutendsten Persönlichkeiten Neuenglands bauten zur Gründungszeit dieser Kolonien ihre Häuser anfangs auf solche Art, erstens, weil sie nicht viel Zeit auf den Hausbau an sich verwenden wollten, und zweitens, weil sie die vielen mittellosen Arbeiter nicht entmutigen wollten, die sie aus der Heimat herübergebracht hatten. Nach Ablauf von drei oder vier Jahren, als sie das Land kultiviert hatten, bauten sie sich hübsche Häuser, für die sie mehrere Tausend Dollar ausgaben.«

Dieses Verhalten unserer Ahnen zeugt wenigstens im Ansatz von Verstand. Sie folgten dem Prinzip, den dringendsten Bedürfnissen zuerst abzuhelfen. Macht man es auch heute noch so? Wenn ich darüber nachdenke, für mich selbst ein luxuriöses Heim zu erwerben, so hält mich immer wieder der Gedanke zurück, dass das Land für den Menschen noch nicht ausreichend kultiviert wurde, dass wir unser geistiges Brot noch viel dünner schneiden müssen als unsere Ahnen ihr Weizenbrot. Das soll nicht heißen, dass der architektonische Schmuck selbst in der primitivsten Zeit gänzlich vernachlässigt werden kann – vielmehr sollten unsere Häuser zunächst im Innern ausgeschmückt werden, dort, wo sie in einer Verbindung mit unserem Leben stehen, wie die Schale einer Muschel. Aber ach! Ich habe ein paar Häuser von innen gesehen, und ich weiß, wie es dort aussieht.

Obwohl wir noch nicht so degeneriert sind, dass wir nicht auch heutzutage in einer Höhle oder in einem Wigwam leben oder Kleidung aus Fellen tragen könnten, ist es sicherlich besser, die Vorteile zu nutzen, die uns durch die Erfindungsgabe und den Fleiß der Menschen zur Verfügung gestellt werden. In einer Gegend wie dieser sind

Balken und Schindeln, Kalk und Ziegel, ganze Baumstämme, Rinde in ausreichender Menge und selbst gut gebrannter Lehm oder flache Steine billiger und leichter zu beschaffen als passende Höhlen. Ich spreche mit Sachkenntnis, denn ich habe mich sowohl theoretisch als auch praktisch damit beschäftigt. Mit etwas mehr Verstand können wir diese Materialien so verwenden, dass wir reicher werden, als die Reichsten jetzt sind. Unsere Zivilisation würde dann ein wahrer Segen werden. Der zivilisierte Mensch ist ein erfahrener und weiserer Wilder. Doch nun schleunigst zu meinem eigenen Experiment!

Ende März 1845 lieh ich mir eine Axt und wanderte in die Wälder am Walden Pond, in deren unmittelbarer Nähe ich mein Haus bauen wollte. Ich fällte zunächst einige hochgewachsene, noch junge Weißkiefern, um Bauholz zu gewinnen. Es ist schwer, anzufangen, ohne zu borgen. Und doch ist es vielleicht noch der anständigste Weg, da man hierdurch seinen Mitmenschen ermöglicht, sich für das Unternehmen eines anderen zu interessieren. Der Besitzer der Axt sagte, als er sie mir übergab, er hüte sie wie seinen Augapfel. Ich gab sie ihm aber schärfer zurück, als ich sie erhalten hatte. Der Hügel, auf dem ich arbeitete, war lieblich mit Nadelbäumen bewachsen, durch die man einen Ausblick auf den See und auf eine kleine Waldlichtung hatte, wo junge Fichten und Hickorys wuchsen. Das Eis auf dem See war noch nicht ganz geschmolzen, aber man sah einige offene Stellen; es war dunkel mit Wasser durchsetzt. Während der Tage, an denen ich dort arbeitete, gab es einige leichte Schneegestöber. Wenn ich aber den Heimweg antrat, lag der Bahndamm meist leuchtend wie ein gelbes Band vor mir im Dunst, die Schienen glitzerten in der Frühlingssonne, und ich konnte die Lerche, den Stelzenmonarch und andere Vögel hören, die schon angekommen waren, um ein neues Jahr mit uns zu beginnen. Es waren angenehme Frühlingstage, an denen wie die Erde auch die Missstimmung des Winters auftaute, an denen das erstarrte Leben sich zu recken und zu strecken begann. Eines Tages, als sich der Stiel meiner Axt gelockert hatte und ich gerade den Zweig eines Walnussbaums keilförmig zugeschnitten, ihn mit einem Stein hineingeklopft und das Ganze in der Nähe des Sees zum Quellen in ein Erdloch gesteckt hatte, sah ich eine gestreifte Schlange ins Wasser huschen. Dort blieb sie auf dem Grund liegen, solange ich dort war, das heißt länger als eine Viertelstunde, offensichtlich ohne Unbehagen über meine Anwesenheit, vielleicht war sie auch noch nicht ganz aus der Winterstarre heraus. Es schien mir, dass die Menschheit aus einem ähnlichen Grund in ihrem niedrigen primitiven Zustand verharrt. Denn wenn sie den belebenden Einfluss des Frühlings aller Frühlinge wahrnehmen würden, so müssten sie sich notgedrungen zu einem höheren, geistigeren Dasein erheben. Ich hatte schon vorher an kalten Morgen Schlangen auf meinem Weg entdeckt, deren Körper zum Teil noch starr und unbeweglich war und die auf die Sonne warteten, um aufzutauen. Am 1. April fiel Regen, und das Eis schmolz. Morgens, als noch dichter Nebel herrschte, hörte ich eine einsame Gans über das Eis tappen und schreien, als hätte sie sich verirrt oder wie der Geist des Nebels.

So fuhr ich mit meiner Arbeit ein paar Tage lang fort, fällte und bearbeitete das Holz, die Eckpfeiler und die

Dachsparren, alles mit meiner schmalen Axt, und ich hatte nicht gerade viele mitteilenswerte oder kluge Gedanken. Ich sang so vor mich hin:

»Der Mensch sagt: Ich weiß von vielen Dingen,
Doch schon entfalten ihre Schwingen
Die Künste und die Wissenschaften
Und tausend Machenschaften!
Der Wind weht –
Das ist alles, was der Mensch versteht.«

Die Hauptbalken schlug ich sechs Zoll dick. Die meisten Pfosten bearbeitete ich nur an zwei Seiten, die Bretter für die Decken und den Fußboden nur an einer Seite, die übrige Rinde ließ ich dran. Auf diese Weise wurden sie ebenso gerade und viel stärker als gesägte Bretter. Jeder Pfeiler wurde ordentlich eingezapft und verbolzt, denn inzwischen hatte ich mir weiteres Werkzeug geborgt. Obwohl meine Tage im Wald nicht sehr lang waren, nahm ich gewöhnlich ein Butterbrot mit hinaus und las mittags die Zeitung, in die ich es eingewickelt hatte. Dabei saß ich inmitten der Kiefernzweige, die ich abgeschlagen hatte, und mein Brot nahm bald ihr Aroma an, denn meine Hände waren mit einer dicken Schicht Kiefernharz bedeckt. Noch bevor ich meine Arbeit beendete, war ich, obwohl ich einige von ihnen gefällt hatte, mehr zum Freund als zum Feind der Kiefern geworden, denn ich war ihnen nah gekommen. Bisweilen lockte das Geräusch meiner Axt einen Wanderer an, und wir plauderten fröhlich, der Boden rings um uns von meinen Spänen bedeckt.

Ich beeilte mich durchaus nicht mit meiner Arbeit, sondern versuchte, mich so viel wie möglich an ihr zu erfreuen. Ungefähr Mitte April stand das Gerüst meines Hauses so weit, dass es aufgebaut werden konnte. Um an Bretter zu gelangen, hatte ich bereits die Waldhütte des Iren James Collins gekauft, der beim Bau der Fitchburg-Eisenbahn arbeitete. James Collins' Hütte galt als ganz besonders schön. Als ich sie mir ansehen wollte, war er nicht zu Hause. Ich lief um sie herum, zunächst von den Bewohnern unbemerkt, denn das Fenster lag vertieft und hoch oben im Dach. Die Hütte war nur recht klein und hatte ein Giebeldach. Mehr gab es nicht zu sehen, denn ringsherum lag fünf Fuß hoch Erde wie ein Misthaufen. Das Dach sah noch am stabilsten aus, obwohl es sich schon verzogen hatte und von der Sonne brüchig geworden war. Eine Türschwelle gab es nicht, wohl aber unter dem Türrahmen einen Durchschlupf für die Hühner. Mrs. C. kam an die Haustür und lud mich ein, das Haus von innen zu besichtigen. Meine Annäherung trieb die Hühner hinein. Innen herrschte Dunkelheit; der Fußboden bestand zum größten Teil aus Schlamm, feucht, klamm und muffig. Hier und da lagen aufgeweichte Balken. Die Frau zündete eine Lampe an, um mir die Innenseiten des Dachs und der Wände und den Bretterfußboden unter dem Bett zu zeigen. Dabei warnte sie mich, nicht in den Keller zu treten – eine Art Kehrichtgrube von zwei Fuß Tiefe. Nach ihren Worten waren »die Dachbalken gut, alle übrigen Balken gut, war das Fenster gut«. Dieses hatte ursprünglich einmal aus zwei ganzen Scheiben bestanden, jetzt diente es der Katze als Ausgang. Es gab dort außerdem einen Ofen, ein Bett, eine Sitzgelegenheit, einen goldgerahmten Spiegel, ein Kind, das in diesem Haus zur Welt gekommen war, einen seidenen Sonnenschirm und eine nagelneue Kaffeemühle, die an einen Eichenpfosten genagelt war – das war alles! Der Handel war bald abgeschlossen, denn James war inzwischen zurückgekehrt. Ich hatte an Ort und Stelle vier Dollar und fünfundzwanzig Cent zu bezahlen, er hingegen verpflichtete sich, die Hütte bis zum nächsten Morgen um fünf Uhr zu räumen und sie bis dahin niemand anderem zu verkaufen: Um sechs Uhr sollte sie mir gehören. Es wäre gut, sagte er, früh da zu sein, um gewissen unklaren, aber ganz unberechtigten Forderungen an Bodenzins und für Brennmaterial zuvorzukommen – seine einzigen Schulden, wie er mir versicherte. Um sechs Uhr kam er mir mit seiner Familie auf der Landstraße entgegen. Ein großes Bündel enthielt all ihre Schätze – Bett, Kaffeemühle, den Spiegel und die Hühner. Nur die Katze fehlte. Sie zog in die Wälder, wurde eine wilde Katze und geriet dann, wie ich später hörte, in eine Murmeltierfalle, wodurch sie zur toten Katze wurde.

Ich brach die Waldhütte am gleichen Morgen ab und schaffte die Bretter, nachdem ich die Nägel herausgezogen hatte, in kleinen Karrenladungen zum See. Dort legte ich die Bretter nebeneinander aufs Gras, um sie von der Sonne bleichen und glätten zu lassen. Während ich den Waldpfad entlangfuhr, sang eine frühe Drossel mir ein paar ihrer Lieder. Ein junger Patrick verriet mir heimlich, dass sein Nachbar Seeley, ein Ire, die noch brauchbaren, geraden Nägel, Haken und Bolzen in seiner Tasche verschwinden lasse, sobald ich mich mit meinem Karren entferne. Kam ich zurück, so stand er mit der unschuldigsten Miene da, wünschte mir einen guten Tag und war mitten unter den Trümmern in bester Frühlingsstimmung. Für ihn gebe es hier gar nichts zu tun, sagte er. Er vertrat also das Publikum und trug dazu bei, diesem scheinbar unwichtigen Ereignis eine Bedeutung zu geben wie dem Auszug der Götter aus Troja.

Ich grub meinen Keller in die südliche Böschung des Hügels, wo früher einmal ein Murmeltier seine Höhle hatte, tief durch Sumach- und Brombeerwurzeln und durch die tiefsten Spuren von Vegetation. Er maß sechs Fuß im Quadrat und reichte bis in sieben Fuß Tiefe, wo es so feinen Sand gibt, dass die Kartoffeln selbst in kalten Wintern nicht erfrieren. Die Seiten ließ ich, wie sie waren, ohne sie auszumauern; da die Sonne nie hineinscheint, hält der Sand noch immer. Es war eine Arbeit von zwei Stunden. Das Graben machte mir besondere Freude, denn in fast allen Breiten graben die Menschen in die Erde, um einen Raum mit gleichmäßiger Temperatur zu erhalten. Selbst unter dem elegantesten Stadthaus findet sich ein Keller, wo wie in früheren Zeiten die Wurzeln gelagert werden und der sich der Nachwelt durch eine Vertiefung im Erdboden verrät, wenn der Oberbau schon lange verschwunden ist. Das Haus ist noch immer nichts anderes als eine Art Vorhalle zu einem Höhleneingang.

Anfang Mai errichtete ich endlich den Rohbau meines Hauses. Ich ließ mir dabei von einigen Bekannten helfen, mehr, um eine gute Nachbarschaft anzuknüpfen, als aus Notwendigkeit. Nie wurde ein Mensch mit ehrenwerteren Bauhelfern beschenkt als ich. Ich hoffe, dass sie dafür ausersehen sind, später einmal an stolzeren Bauten mitzuwirken. Am 4. Juli, sobald Fußboden und

Dach fertiggestellt waren, zog ich in mein Haus ein. Alle Bretter waren sorgfältig scharfkantig und überlappend zugeschnitten und wurden so übereinandergelegt, dass absolut kein Regen durchdringen konnte. Ehe ich jedoch den Boden dielte, legte ich an einer Seite den Grund zu einem Kamin, für den ich auf den Armen zwei Karrenladungen Steine vom See zu meinem Hügel hinaufbrachte. Den Kamin baute ich, bevor ein wärmendes Feuer notwendig wurde, im Herbst. In der Zwischenzeit kochte ich meine Mahlzeiten morgens früh im Freien auf dem Erdboden. Dieses Verfahren ist meiner Ansicht nach in mancher Beziehung bequemer und angenehmer als das übliche. Gab es Regen und Wind, bevor mein Brot gebacken war, so befestigte ich einige Bretter über dem Feuer, setzte mich darunter, gab acht auf den Laib und verbrachte auf diese Weise einige angenehme Stunden. In dieser Zeit, als ich alle Hände voll zu tun hatte, las ich nur wenig, aber der kleinste Papierfetzen, der am Boden lag und mir als Topflappen oder auch als Tischtuch dienen konnte, verschaffte mir ebenso viel Vergnügen, ja erfüllte seine Zweck genauso gut wie die *Ilias*.

Es wäre der Mühe wert, beim Bauen noch viel überlegter vorzugehen als ich, zum Beispiel in Erwägung zu ziehen, inwiefern das Vorhandensein einer Tür, eines Fensters, eines Kellers, eines Dachbodens durch die Natur des Menschen begründet sind, und nur dann einen Oberbau zu errichten, wenn ein triftigerer Grund vorhanden wäre als unser momentanes Bedürfnis. Der Mensch soll sein Haus so seinen Bedürfnissen entsprechend errichten wie der Vogel sein Nest. Wer weiß, ob, wenn er sein Haus mit seinen eigenen Händen erbauen und sich und seine Familien harmlos und ehrlich ernähren würde, sich nicht allgemein eine poetische Ader entfalten würde, wie auch die Vögel überall auf der Welt beim Nestbau singen? Aber ach, wir machen es dem Kuhstärling und dem Kuckuck nach, die ihre Eier in Nester legen, die andere Vögel gebaut haben, und mit ihrem unmusikalischen Gegacker keinen Wanderer erfreuen. Wollen wir denn für alle Zeit das Vergnügen des Bauens dem Zimmermann überlassen? Was ist Architektur in den Augen der breiten Masse? Ich habe auf meinen vielen Wegen nie einen Menschen getroffen, der sich einer so einfachen und natürlichen Beschäftigung widmete wie dem Bau seines eigenen Hauses. Wir gehören dem Gemeinwesen. Nicht nur der Schneider macht den Mann, sondern auch der Geistliche, der Kaufmann und der Bauer. Wo wird diese Arbeitsteilung enden? Welchem höheren Zweck dient sie schließlich? Natürlich könnte ein anderer auch für mich denken, und doch ist es deshalb nicht wünschenswert, dass er es tut, bis ich das selbstständige Denken verlerne.

Allerdings gibt es die sogenannten Architekten in diesem Land, und ich habe sogar zumindest von einem gehört, der von der Idee überzeugt war, architektonischen Ornamenten einen inneren Gehalt von Wahrheit, Notwendigkeit und daher auch Schönheit verleihen zu können. Das war alles von seinem Standpunkt aus vielleicht ganz gut und doch nur wenig besser als der allgemeine Dilettantismus. Dieser sentimentale Reformator der Architektur begann oben am Gesims, nicht am Fundament. Es ging ihm nur darum, in die Ornamente einen Kern von Wahrheit hineinzulegen, damit in jeder Süßigkeit auch eine Mandel oder ein Anissamen stecke – obwohl ich dabei bleibe, dass Mandeln ohne Zucker gesünder sind –, und nicht darum, wie die Bewohner nach innen und nach außen wahrhaftig zu bauen und die Ornamente sich selbst zu überlassen. Welcher vernünftige Mensch hat denn je geglaubt, dass Ornamente etwas rein Äußerliches, nur in der Haut Befindliches seien, dass die Schildkröte an ihren scheckigen Panzer und die Auster zu ihrem Perlmuttglanz auf eine ähnliche Weise gekommen wäre wie die Anwohner des Broadway zu ihrer Trinity Church? Der Mensch aber hat mit der Architektur seines Hauses genauso wenig zu tun wie die Schildkröte mit der ihres Panzers. Auch braucht der Soldat sich nicht damit aufzuhalten, die genaue Farbe seiner Tapferkeit auf seine Flagge zu malen. Der Feind wird sich darüber schon Klarheit verschaffen. Wer weiß, ob der Soldat nicht erblasst, wenn es zur Feuerprobe kommt. Dieser Architekt schien mir, über das Gesims gelehnt, zaghaft seine Halbwahrheiten den unwissenden Einwohnern zuzuflüstern, die in Wirklichkeit mehr von der Sache verstanden als er. Die architektonische Schönheit, die ich kenne, ist meines Wissens allmählich von innen nach außen gewachsen und aus den Bedürfnissen und der Eigenart des Bewohners, ihres einzigen Erbauers, entstanden – aus unbewusster Wahrhaftigkeit und Vornehmheit, ohne einen Gedanken an die Außenwirkung. Sollte der Schönheit dieser Art eine Weiterentwicklung bestimmt sein, so wird ihr eine gleichfalls unbewusste Schönheit des Lebens vorausgehen. Die interessantesten Häuser in diesem Land sind, wie der Maler weiß, die anspruchslosesten: gewöhnlich die bescheidenen Blockhütten und Häuschen der Armen. Was sie so pittoresk macht, ist das Leben ihrer Bewohner, das sich in ihrem Inneren abspielt, nicht irgendeine Eigentümlichkeit an der Außenseite. Ebenso interessant wäre das Vorstadthäuschen eines Städters, wenn sein Leben so einen einfachen und angenehmen Eindruck machte, wenn er sich genauso wenig um Effekte bemühte wie der Arme. Der größte Teil der architektonischen Ornamente ist buchstäblich hohl. Ein kräftiger Septemberwind würde sie wegwehen wie geborgte Federn, ohne dem Gesamtbild Schaden zuzufügen. Wer weder Oliven noch Wein im Keller hat, kommt auch ohne Architektur zurecht. Und was, wenn man so viel Aufhebens um die stilistischen Schnörkel in der Literatur machen würde und die Baumeister unserer Bibeln so viel Zeit auf das Beiwerk verwendet hätten wie die Baumeister unserer Kirchen? So entstanden die *belles-lettres*, die *beaux-arts* und ihre Professoren. Welche Bedeutung hat es für den Menschen, wie ein paar Holzlatten über ihm und unter ihm verlegt und was für Farben auf seinen Kasten geschmiert sind? Hätte er eigenhändig und nach sorgfältiger Überlegung das Verlegen und Anstreichen selbst besorgt, könnte man wenigstens irgendeine Bedeutung darin sehen. Doch da der Geist den Bewohner verlassen hat, ähnelt der Hausbau dem Bau eines Sargs – der Grabarchitektur –, und die Bezeichnung Zimmermann ist nur ein anderer Ausdruck für den Sargtischler. Ein Mensch hat einmal aus Verzweiflung oder aus Gleichgültigkeit gegen das Leben gesagt: »Nimm eine Handvoll von der Erde zu deinen Füßen und bemale dein Haus mit dieser Farbe.« Dachte er an sein letztes, enges Haus? Das mögen die Würfel entscheiden! Welchen Überfluss an Muße muss er haben! Wozu die Handvoll Erde? Besser wäre es, dein Haus in deiner Hautfarbe anzustreichen! Lass für dich erblassen und erröten. Das wäre eine Möglichkeit, den Stil unserer Landhäuser zu verbessern! Wenn ihr meine Ornamente so erschafft, will ich sie anbringen.

Bevor der Winter kam, baute ich einen Kamin und bedeckte die Seiten meines Hauses, die bereits für den Regen undurchdringlich waren, mit einfachen, noch grünen Schindeln, aus Holzabfällen, deren Ränder ich mit dem Hobel glätten musste.

Somit hatte ich ein dicht geschindeltes und verputztes Haus, zehn Fuß breit, fünfzehn Fuß lang und acht Fuß hoch, mit einer Bodenkammer und einem Wandschrank, mit einem breiten Fenster an jeder Seite, mit einer Falltür, einer Eingangstür und einem Backsteinkamin. Da ich das Material zum üblichen Durchschnittspreis erhielt, betrugen die genauen Kosten meines Hauses – die Arbeit, die ich selbst verrichtete, nicht mitgerechnet (ich gebe die genauen Einzelpreise an, denn die wenigsten Menschen können sagen, was ihr Haus gekostet hat, weil fast niemand die einzelnen Beträge für die verschiedenen Materialien angeben kann, aus denen es zusammengesetzt ist):

Bretter (meistens Hüttenbretter)	$	8,03 ½
Ausschussschindeln für Dach und Seitenflächen		4,00
Latten		1,25
Zwei Fenster mit Glas (gebraucht)		2,43
Tausend alte Backsteine		4,00
Zwei Fass Kalk (das war teuer!)		2,40
Haare (mehr, als ich brauchte)		0,31
Eiserner Kaminmantel		0,15

Nägel		3,90
Türangeln und Schrauben		0,14
Türgriff		0,10
Kreide		0,01
Fuhrlohn (ich trug das Meiste auf meinem Rücken)		1,40
Gesamt:	$	28,12 ½

Das also war das Material, abgesehen von Bauholz, Steinen und Sand, für die ich mein Recht als Siedler in Anspruch nahm. Ich baute außerdem noch einen kleinen Holzverschlag, für den ich hauptsächlich das beim Hausbau übrig gebliebene Holz verwendete.

Ich beabsichtige mir ein Haus zu zimmern, das jedes andere an der Hauptstraße in Concord an Vornehmheit und Luxus übertrifft, sobald es mir so gut gefällt und nicht mehr kostet als mein jetziges.

Auf diese Weise stellte ich fest, dass ein Gelehrter auf der Suche nach einem Obdach sich ein solches zu einem Preis auf Lebenszeit verschaffen kann, der kleiner ist als seine Jahresmiete. Wenn ich angeberischer wirke, als es sich gehört, so kann ich mich damit entschuldigen, dass ich mehr im Interesse der Menschheit prahle als in meinem eigenen. Auch meine Schwächen und meine Unbeständigkeit schmälern nicht die Wahrheit meiner Behauptung. Trotz mancher Heuchelei und Scheinheiligkeit – Spreu, die ich nur mühsam von meinem Weizen zu trennen vermag, die ich aber mehr bedauere als irgendjemand sonst – atme ich in dieser Hinsicht frei und kann mich recken und strecken. Es ist eine große Wohltat für den Geist und für den Körper. Ich bin fest entschlossen, nicht aus demütiger Bescheidenheit zum Anwalt des Teufels zu werden. Ich werde immer bemüht sein, für die Wahrheit ein gutes Wort einzulegen. Am Cambridge College kostete die Miete eines Studentenzimmers, das kaum größer ist als meins, allein schon dreißig Dollar im Jahr, obwohl die Gesellschaft den Vorteil hatte, unter einem Dach zweiunddreißig Zimmer nebeneinanderbauen zu können, was dem Mieter die Unannehmlichkeiten beschert, viele laute Nachbarn ertragen und eventuell im vierten Stockwerk wohnen zu müssen. Ich bin überzeugt, dass, wären wir in dieser Hinsicht weiser, nicht nur weniger Erziehung notwendig wäre – und dann hätten wir ja schon genug –, sondern dass auch finanzielle Opfer für die Erziehung größtenteils wegfallen würden. Die Bequemlichkeiten, die ein Student in Cambridge oder irgendwo sonst verlangt, kosten ihn oder jemand anderen ein zehnmal größeres Opfer an Lebenszeit, als bei vernünftigem Vorgehen von beiden Seiten nötig wäre. Die Dinge, für die am meisten Geld ausgegeben wird, sind niemals jene, die der Student am dringendsten gebraucht. Die Studiengebühren zum Beispiel bilden auf der Semesterrechnung einen großen Posten, während die viel wertvollere Erziehung, die ein Student durch den Umgang mit den gebildetsten Zeitgenossen erhält, gar nichts kostet. Eine Universität wird meist gegründet, indem man einen bestimmten Betrag erhebt, dann blind und bis zum Äußersten dem Grundsatz der Arbeitsteilung folgt – ein Grundsatz, der immer mit Vorsicht angewendet werden sollte. Man zieht einen Unternehmer hinzu, der ein Spekulationsobjekt daraus macht. Er stellt Iren und andere Arbeiter an, die das Fundament legen, während die zukünftigen Studenten sich angeblich auf den Besuch der Universität vorbereiten. Für solche Fehler haben dann die nachfolgenden Generationen zu büßen. Ich glaube, dass es für die Studenten und andere, die von einer solchen Institution profitieren wollen, besser wäre, selbst das Fundament zu legen. Der Student, der sich die erwünschte Muße und Zurückgezogenheit sichert, indem er systematisch jeder lebensnotwendigen Arbeit aus dem Wege geht, verschafft sich nur eine unedle und nutzlose Muße, da er sich um jede Erfahrung bringt, durch die die Muße nützlich wird. »Sie wollen aber doch nicht behaupten«, entgegnet man mir, »dass die Studenten mit ihren Händen statt mit ihren Köpfen arbeiten sollen?« Es ist nicht ganz das, was ich sagen wollte, aber ich meine doch etwas, was ihm ganz ähnlich vorkommen muss, nämlich, dass sie das Leben nicht nur spielen oder studieren sollten – eine teure Spielerei, die die Gemeinschaft unterstützt –, sondern wirklich leben sollten, vom Anfang bis zum Ende. Wie können junge Menschen das Leben besser verstehen lernen als, indem sie es versuchen? Ich bilde mir ein, dass es ihren Verstand ebenso gut trainieren würde wie die Mathematik. Wenn ich zum Beispiel wünschte, dass ein Junge etwas über Kunst und Wissenschaft lernt, so würde ich nicht den üblichen Weg gehen und ihn zu irgendeinem Professor schicken, der alles lehrt außer der Lebenskunst, dorthin, wo er die Welt durch ein Teleskop oder durch ein Mikroskop betrachtet, aber nie mit bloßem Auge, Chemie studiert, aber nicht weiß, wie Brot gebacken wird, Mechanik, aber nicht, wie man sein Brot verdient, wo er neue Satelliten des Neptun entdeckt, aber nicht das Stäubchen auf seinem eigenen Auge oder den Vagabunden, dessen Satellit er selbst ist, wo er von Ungeheuern, die ihn umschwärmen, aufgefressen wird, während er die Ungeheuer in einem Tropfen Essig betrachtet. Wer wird am Monatsende größere Fortschritte gemacht haben – der Junge, der sein Taschenmesser selbst verfertigte, aus dem Erz, das er selbst grub und schmolz, und der nur so viel las, wie dazu nötig war – oder derjenige, der währenddessen Vorlesungen über Metallurgie an der Universität hörte und von seinem Vater ein Rodger'sches Federmesser geschenkt bekam? Wer von beiden wird sich wahrscheinlich in den Finger schneiden? Zu meinem Erstaunen erfuhr ich, als ich die Universität verließ, dass ich Schiffswesen studiert hatte! Und doch hätte ich bei einem einzigen Spaziergang zum Hafen mehr darüber erfahren. Selbst der arme Student wird nur in Nationalökonomie unterrichtet, während über die Ökonomie des Lebens, die man auch eine Philosophie nennen könnte, an unseren Universitäten geschwiegen wird. Die Konsequenz daraus ist, dass der Student, während er eifrig Adam Smith, Ricardo und Say studiert, seinen Vater unentrinnbar in Schulden stürzt.

Wie mit unseren Universitäten, so ist es auch mit hundert anderen »modernen Errungenschaften«, über die man sich Illusionen macht, die jedoch nicht immer einen Fortschritt bedeuten. Der Teufel verlangt Zinseszins für seine verliehenen Kapitalien bis zur letzten Abschlagszahlung. Unsere Erfindungen sind meist nur nette Spielereien, die unsere Aufmerksamkeit von ernsten Dingen ablenken. Sie sind nur verbesserte Mittel zu einem nicht verbesserten Zweck – einem Ziel, das ohnehin so leicht zu erreichen war, wie die Eisenbahnlinien uns mit New York oder Boston verbinden. Wir haben es sehr eilig, eine telegraphische Verbindung zwischen Maine und Texas einzurichten. Aber Maine und Texas haben sich eventuell gar nichts Wichtiges mitzuteilen. Beide befinden sich in der gleichen misslichen Lage eines Mannes, der sich wünschte, einer vornehmen, tauben Dame vorgestellt zu werden, als ihm jedoch das eine Ende ihres Hörapparates in die Hand gegeben wurde, nichts zu sagen wusste. Als wäre die Hauptsache, schnell zu sprechen statt vernünftig. Wir bemühen uns, den Atlantik zu untertunneln und die Alte Welt der Neuen um einige Wochen näher zu bringen. Die erste Nachricht aber, die auf diese Weise an die gespitzten Ohren Amerikas dringt, lautet vielleicht: Prinzessin Adelaide hat den Keuchhusten. Kurz gesagt: Der Mann, dessen Pferd in der Minute eine Meile läuft, braucht darum noch nicht die wichtigsten Nachrichten mitzubringen. Er ist weder ein Evangelist noch lebt er von Heuschrecken und wildem Honig. Ich bezweifle, dass Flying Childers je einen Sack Roggen zur Mühle getragen hat.

Sagt mir da einer: »Ich frage mich, warum Sie kein Geld zurücklegen! Sie haben doch Freude am Reisen. Sie können den Zug nehmen, heute nach Fitchburg fahren und das Land kennenlernen.« Da bin ich denn doch klüger. Ich weiß aus Erfahrung, dass man zu Fuß am schnellsten reist. Ich sage also zu meinem Freund: »Lass uns mal sehen, wer zuerst ankäme. Die Entfernung beträgt dreißig Meilen, neunzig Cent ist der Fahrpreis. Das ist fast ein Tagelohn. Ich kann mich noch recht gut erinnern, dass die Arbeiter hier an dieser Eisenbahnlinie sechzig

Cent pro Tag erhielten. Also gut: Ich gehe jetzt zu Fuß los und treffe dort vor Anbruch der Nacht ein. Ich habe wochenlang solche Märsche gemacht. Sie werden sich inzwischen das Fahrgeld verdienen und dort irgendwann morgen oder vielleicht auch noch heute Abend eintreffen, vorausgesetzt, Sie haben Glück und finden sofort eine Beschäftigung. Anstatt nach Fitchburg zu fahren, arbeiten Sie fast den ganzen Tag. Darum glaube ich auch, dass ich, selbst wenn die Eisenbahn die ganze Welt umspannen würde, immer schneller wäre als Sie. Was aber das Kennenlernen der Länder und andere Erfahrungen betrifft – ja, da könnte ich mit Ihnen überhaupt nicht weiter verkehren.«

Es ist eine allgemeine Gesetzmäßigkeit, die kein Mensch austricksen kann, und mit Bezug auf die Eisenbahn können wir sogar sagen: Sie ist so breit wie lang. Eine Eisenbahn um den ganzen Erdball zu bauen, die für jeden zugänglich wäre, hieße nichts anderes, als die gesamte Oberfläche unseres Planeten einzuebnen. Die Menschen haben die verschwommene Vorstellung, dass, wenn sie nur eifrig und lange genug Aktiengesellschaften und Schaufeln gebrauchen, schließlich jedermann in kürzester Zeit und umsonst irgendwohin fahren kann. Aber wenn auch die Menge zum Bahnhof eilt und der Schaffner »Alle einsteigen!« ruft, so zeigt sich doch, nachdem der Rauch sich verzogen hat und der Dampf verweht ist, dass nur wenige fahren, die übrigen dagegen überfahren werden. Man wird es »ein trauriges Ereignis« nennen, und das ist es auch. Zweifellos können diejenigen schließlich reisen, die ihr Fahrgeld verdient haben – das heißt, wenn sie lange genug am Leben bleiben. Möglicherweise aber haben sie bis dahin ihre Elastizität und ihre Reiselust eingebüßt. Dass man die besten Jahre des Lebens dem Gelderwerb opfert, um in den weniger wertvollen Jahren eine fragwürdige Freiheit zu genießen, erinnert mich an jenen Engländer, der nach Indien ging, um sich dort ein Vermögen zu verdienen, und dann nach England zurückkehren wollte, um dort ein Dichterleben führen zu können. Er hätte nur von vornherein in eine Dachkammer ziehen sollen! »Was!«, schreit eine Million Iren aus ihren Hütten im ganzen Land. »Ist denn die Eisenbahn, die wir gebaut haben, nicht etwas Gutes?« »Ja«, antworte ich, »etwas relativ Gutes, das heißt, ihr hättet Schlimmeres tun können! Ich aber wünschte mir als euer Bruder, dass ihr eure Zeit besser verbracht hättet als damit, im Schmutz zu wühlen.«

Bevor ich meinen Hausbau vollendete, bepflanzte ich, da ich gern zehn oder zwölf Dollar zur Deckung unvorhergesehener Ausgaben auf ehrliche und angenehme Weise verdienen wollte, einen Morgen leichten und sandigen Bodens in der Nähe meines Hauses mit Bohnen, einen kleinen Teil auch mit Kartoffeln, Weizen, Erbsen und Rüben. Das ganze Grundstück umfasste elf Morgen, auf denen hauptsächlich junge Fichten und Hickorys wuchsen, und war im vorangegangenen Jahr für zwanzig Dollar und zwanzig Cent pro Morgen verkauft worden. Ein Farmer meinte, es sei »zu nichts anderem gut, als fiepende Eichhörnchen darauf zu züchten«. Da ich nicht der Besitzer, sondern nur der Pächter des Grundstücks war und auch nicht beabsichtigte, je wieder so viel Land urbar zu machen, düngte ich den Boden nicht und grub ihn auch nicht gleich um. Beim Pflügen kamen einige

Klafter Holz zum Vorschein, die mich für lange Zeit mit Brennmaterial versorgten und kleine Kreise frischen Humus hinterließen, welche den Sommer über am üppigen Wachstum der Bohnen erkennbar blieben. Das trockene und größtenteils unverkäufliche Holz hinter meinem Haus sowie das Treibholz aus dem See bildeten den Rest meines Brennmaterials. Ich musste zum Pflügen ein Gespann und einen Mann anheuern, obwohl ich den Pflug selbst führte. Meine Ausgaben für die Landwirtschaft – Geräte, Saat- und Arbeitskosten – betrugen im ersten Jahr 14 Dollar und 72½ Cent. Die Maissaat bekam ich geschenkt. Die Kosten hierfür sind gar nicht der Rede wert, es sei denn, man pflanzt mehr als notwendig. Ich erntete zwölf Scheffel Bohnen, achtzehn Scheffel Kartoffeln, außerdem Erbsen und Zuckermais. Der gelbe Mais und die Rüben kamen nicht zur Reife, da ich sie zu spät gepflanzt hatte. Meine Gesamteinnahmen aus dem Anbau betrugen

	$	23,44
Meine Ausgaben betrugen		14,72 ½
es blieben	$	8,71 ½

Nicht eingerechnet ist sowohl der konsumierte als der noch vorhandene Ertrag. Zu der Zeit, als dieser Rechnungsabschluss gemacht wurde, betrug der letztere Wert $ 4,50. Ich hätte auch noch etwas Gras ernten können, wodurch aber mein Vorrat an Bargeld nicht wesentlich vermehrt worden wäre. Alles in allem, das heißt, wenn ich die Bedeutung der menschlichen Seele und der Gegenwart berücksichtige, glaube ich, dass ich trotz der kurzen Dauer meines Experiments, ja teilweise sogar wegen seines flüchtigen Charakters, bessere Resultate erzielt habe als irgendein anderer Farmer in Concord in diesem Jahr.

Im nächsten Jahre ging es sogar noch besser, denn ich grub das gesamte Land, das ich benötigte, um, – ungefähr ein Drittel eines Morgens. Ich ließ mich von den vielen berühmten landwirtschaftlichen Werken – etwa dem von Arthur Young – nicht im Geringsten einschüchtern und lernte aus der Erfahrung zweier Jahre, dass, wenn jemand einfach leben und sich von dem ernähren will, was er selbst anbaut, wenn jemand nicht mehr anbaut, als er isst, und den Ertrag nicht gegen eine unzureichende Menge teurer Luxusgegenstände austauscht, er nur ein paar Morgen Land zu bepflanzen braucht. Ich stellte auch fest, dass es billiger ist, das Land umzugraben, anstatt es mit einem Ochsengespann zu pflügen, ja dass es auch billiger ist, von Zeit zu Zeit einen neuen Flecken Land zu bebauen, als den alten zu düngen, dass man alle notwendige Landarbeit sozusagen mit der linken Hand in ein paar freien Stunden im Sommer verrichten kann, ohne an einen Ochsen, ein Pferd, eine Kuh oder ein Schwein gebunden zu sein, wie es heutzutage der Fall ist. Ich möchte über diesen Punkt unparteiisch sprechen, als einer, der nicht am Erfolg oder Misserfolg der heutigen ökonomischen und sozialen Verhältnisse interessiert ist. Ich war unabhängiger als jeder andere Farmer in Concord, denn ich war nicht an ein Haus oder einen Hof gebunden. Ich konnte, im Gegenteil, meinem eigentümlichen Schöpfergeist in jedem Augenblick folgen. Abgesehen davon wäre ich, falls mein Haus abgebrannt und meine Ernte missraten wäre, fast genauso reich gewesen wie zuvor.

Ich bin der Meinung, dass die Menschen nicht so sehr Herren über ihr Vieh sind als ihr Vieh die Herren über die Menschen. Das Vieh ist bei Weitem freier. Menschen und Ochsen tauschen ihre Arbeit aus. Wenn wir aber nur die notwendige Arbeit berücksichtigen, so scheinen die Ochsen bedeutend im Vorteil zu sein: Ihre Weide ist bei Weitem größer. Der Mensch verrichtet einen Teil seines Tauschs in sechs Heuwochen, und das ist kein Kinderspiel. Ein Volk, das in jeder Hinsicht einfach lebt, also ein Volk von Philosophen, würde sicherlich nicht den großen Fehler begehen und die Arbeit von Tieren verwerten. Allerdings gab es ein Volk von Philosophen bisher nie, und es ist unwahrscheinlich, dass es bald eins geben wird. Ich bin auch nicht sicher, ob es wünschenswert wäre. Eins aber weiß ich: dass ich selbst nie ein Pferd oder einen Stier bei mir aufnehmen und dazu abrichten würde, irgendeine Arbeit für mich zu erledigen, schon aus Angst, dass ich zum bloßen Pferdeknecht oder Viehhüter werden könnte. Und wenn die Gesellschaft meint, davon zu profitieren, sind wir dann auch sicher, dass, was für den einen Gewinn nicht für den anderen Verlust bedeutet, dass der Stalljunge ebenso zufriedengestellt wird wie sein Herr? Wenn wir annehmen, dass einige öffentliche Arbeiten ohne diese Hilfe nicht hätten ausgeführt werden können, und der Mensch möge den Ruhm dafür mit den Ochsen und Pferden teilen, hätte er dann nicht vielleicht Werke vollenden können, die seiner selbst würdiger gewesen wären? Wenn die Menschen anfangen, mithilfe der Tiere nicht nur unnötige oder künstliche, sondern auch nutzlose und verschwenderische Arbeiten zu verrichten, so ist es unvermeidlich, dass einige von ihnen die Arbeit mit den Ochsen tauschen, oder mit anderen Worten, die Sklaven der Stärksten werden. So arbeitet der Mensch nicht nur für das Tier in sich, sondern, symbolisch gemeint, auch für das Tier neben sich. Obwohl wir in diesem Orte viele stabile Häuser aus Sandstein oder Ziegelstein haben, wird doch der Wohlstand des Farmers immer noch daran gemessen, um wie viel der Stall das Haus überragt. Es heißt, dass die größten Gebäude dieser Stadt den Ochsen, Kühen und Pferden gehören, und obwohl auch ihre öffentlichen Gebäude sich auf der Höhe der Zeit befinden, gibt es im ganzen Landkreis nur sehr wenige ähnlich große Säle für freie Gottesdienste oder freie Rede. Wäre es nicht wünschenswerter, dass sich die Völker anstatt durch ihre Architektur durch die Kraft des abstrakten Denkens ein Denkmal errichteten? Wie viel bewundernswürdiger ist die *Bhagavad Gita* als alle Ruinen des Morgenlandes! Türme und Tempel sind ein Luxus der Prinzen. Ein einfacher und unabhängiger Geist schuftet nicht auf Befehl eines Fürsten. Das Genie folgt keinem Herrscher, und sein Material ist nicht Silber, Gold oder Marmor, bis auf wenige Ausnahmen. Wozu, um Himmels willen, wird so viel Stein verarbeitet? Als ich in Arkadien war, habe ich niemanden Steine klopfen sehen. Die Völker sind von dem wahnsinnigen Ehrgeiz besessen, ihr Andenken durch einen Haufen behauener Steine zu erhalten. Und wenn sie sich ebenso viel Mühe geben würden, ihre Lebensweise zu feilen und zu polieren? Ein einziger guter Gedanke ist erinnerungswürdiger als ein

Denkmal, und reichte es auch bis zum Mond hinauf. Ich sehe Steine lieber an ihrem natürlichen Platz. Die Herrlichkeit Thebens war eine geschmacklose Herrlichkeit. Ein paar Meter Mauerwerk, die den Acker eines ehrlichen Mannes umgeben, sind vernünftiger als das hunderttorige Theben, das vom wahren Kern des Lebens so weit entfernt ist. Barbarische und heidnische Religion und Zivilisation bauen prächtige Tempel, nicht aber das, was man Christentum nennt. Die meisten Steine, die von einem Volk zugehauen werden, finden nur bei seiner Grabstätte Verwendung. Es begräbt sich lebendig selbst. An den Pyramiden erstaunt uns nichts so sehr wie die Tatsache, dass sich so viele Menschen fanden, die verkommen genug waren, ihr Leben für den Bau des Grabs irgendeines ehrgeizigen Dummkopfs herzugeben. Vernünftiger und männlicher wäre es gewesen, den Tölpel im Nil zu ertränken und seine Leiche den Hunden zum Fraß vorzuwerfen. Vielleicht könnte ich mir für sie und für ihn eine Entschuldigung ausdenken, aber dazu habe ich keine Zeit. Was die Religion und die Kunstliebe der Erbauer angeht, so ist es auf der ganzen Welt das Gleiche – sei das Gebäude nun ein ägyptischer Tempel oder die Bank der Vereinigten Staaten. Es kostet mehr, als es wert ist. Die treibende Kraft ist die Eitelkeit, gepaart mit der Vorliebe für Knoblauch, Butter und Brot. Mr. Balcom, ein vielversprechender junger Architekt, zeichnet den Entwurf mit hartem Bleistift und mit Lineal hinten auf seinen Vitruvius, und dann wird die Arbeit den Steinmetzen Dobson & Sons übertragen. Wenn dann dreißig Jahrhunderte darauf herabblicken, fängt die Menschheit an, dazu aufzublicken. Noch ein

Wort zu euren hohen Türmen und Monumenten: Es lebte einmal in dieser Stadt ein verrückter Bursche, der sich bis nach China durchgraben wollte. Er kam so weit, dass er, seiner Behauptung nach, die chinesischen Töpfe und Kessel klappern hören konnte. Trotzdem halte ich es nicht für notwendig, lange das Loch zu bewundern, das er gegraben hat. Viele forschen über die Monumente des Morgen- und Abendlands und wünschen sich zu erfahren, wer sie erbaut hat. Ich für meinen Teil wüsste lieber, wer sie damals nicht gebaut hat – wer über solche Torheiten erhaben war. Doch zurück zu meiner Statistik.

Durch Landvermessungen, Tischlerei und als Tagelöhner in noch weiteren Tätigkeiten – denn ich treibe so viele Gewerbe, wie ich Finger habe – hatte ich mir im Dorf inzwischen 13,34 $ verdient. Die folgende Aufstellung verzeichnet die Ausgaben für Nahrungsmittel in einem Zeitraum von acht Monaten – vom 4. Juli bis zum 1. März (insgesamt lebte ich länger als zwei Jahre dort). Nicht berücksichtigt sind Kartoffeln, eine kleine, selbst angebaute Menge von grünem Mais und Erbsen sowie das, was zuletzt noch übrig geblieben war.

Reis	$	1,73 ½
Melassensirup (billigste Saccharinform)		1,73
Roggenmehl		1,04 ¾
Maismehl (billiger als Roggenmehl)		0,99 ¾
Schweinefleisch		0,22

Alles Experimente, die misslangen:

Weizenmehl (kostet mehr Geld und Arbeit als Maismehl)	$	0,88
Zucker		0,80
Speck		0,65
Äpfel		0,25
Gedörrte Äpfel		0,22
Süßkartoffeln		0,10
Ein Kürbis		0,06
Eine Wassermelone		0,02
Salz		0,03

Ja, alles in allem aß ich tatsächlich für 8,74 $. Ich würde jedoch nicht ohne Erröten mein Vergehen veröffentlichen, wenn ich nicht wüsste, dass die meisten meiner Leser ebenso schuldig sind wie ich, dass ihre Taten gedruckt keineswegs besser aussehen würden als meine. Im nächsten Jahre fing ich mir ab und zu einen Fisch zum Mittagessen, ja einmal ging ich sogar so weit, ein Murmeltier zu schlachten, das mein Bohnenfeld verwüstet hatte – für seine Seelenwanderung zu sorgen, wie ein Tatar sagen würde – und es zu essen, schon um des Experiments willen. Obwohl es mir, trotz des moschusartigen Geschmacks, einen kurzfristigen Genuss bereitete, sah ich ein, dass ich mich nicht daran gewöhnen würde, selbst wenn der Schlachter im Dorf es noch so hübsch herrichten würde.

Kleidung und einige unvorhergesehene Ausgaben (dieser Punkt ist wenig aufschlussreich) beliefen sich auf:

	$	8,40 ¾

Öl und einige Haushaltungs-gegenstände	$	2,00

Wenn ich die Unkosten für Waschen und Flicken nicht einrechne (das wurde größtenteils außerhalb des Hauses besorgt – die Rechnungen dafür sind übrigens bislang noch nicht eingegangen), so betrugen meine Gesamtausgaben – und das sind alle, ja mehr als alle Wege, auf denen in diesem Teil der Welt das Geld notwendigerweise ausgegeben wird:

Haus	$	28,12 ½
Landwirtschaft (ein Jahr)		14,72 ½
Nahrungsmittel (acht Monate)		8,74
Kleidung etc. (acht Monate)		8,40 ¾
Öl usw. (acht Monate)		2,00
Gesamt:	$	61,99 ¾

Ich wende mich nunmehr an diejenigen meiner Leser, die sich ihren Lebensunterhalt verdienen müssen. Um mir meinen Unterhalt zu verdienen, verkaufte ich meine landwirtschaftlichen Erzeugnisse für:

	$	23,44
und nahm einen Taglohn ein von:		13,34
Gesamt:	$	36,78

Ziehe ich diesen Betrag von der Summe meiner Ausgaben ab, so ergibt sich ein Überschuss von 25,21¾ $, das heißt fast genau die Höhe meines Startkapitals. Außerdem aber besaß ich, abgesehen von Muße, Unabhängigkeit und Gesundheit, ein bequemes Haus, in dem ich wohnen konnte, so lange, wie es mir gefiel.

Mag diese Statistik auch individuell und daher nicht allgemeingültig erscheinen, so besitzt sie doch eine gewisse Vollständigkeit und daher auch einen gewissen Wert. Ich erhielt nichts, worüber ich nicht Rechenschaft abgelegt hätte. Die Aufstellung zeigt, dass meine Nahrung allein mich ungefähr siebenundzwanzig Cent pro Woche kostete. Sie bestand danach fast zwei Jahre lang aus Roggen- und Weizenmehl ohne Hefe, aus Kartoffeln, Reis, einer kleinen Menge gesalzenen Schweinefleischs, Melasse, Salz und Trinkwasser. Da ich die Philosophie Indiens so sehr schätze, hätte ich vielleicht ausschließlich von Reis leben sollen. Um den Einwänden einiger verknöcherter Sophisten zuvorzukommen, will ich gleich von vornherein betonen, dass ich bisweilen auswärts aß, wie ich es immer schon getan habe und hoffe, auch weiterhin tun zu können, dass dies aber meiner Hausordnung häufig zum Nachteil gereichte. Da das Auswärtsessen jedoch wie gesagt ein konstanter Faktor war, wird diese vergleichende Zusammenstellung dadurch nicht im Mindesten beeinflusst.

Ich lernte durch meine zweijährige Erfahrung, dass es selbst in diesen Breiten unglaublich wenig kostet, sich seine notwendige Nahrung zu verschaffen, dass der Mensch sich so einfach wie das Tier ernähren und doch Gesundheit und Stärke behalten kann. Ich bereitete mir etwa ein in jeder Hinsicht befriedigendes Mittagessen aus Portulak (Portulaca oleracea) zu, den ich in meinem

Maisfeld sammelte, kochte und salzte. Ich gebe den lateinischen Namen an, weil die landläufige Bezeichnung nichts von seinem Wohlgeschmack verrät. Was kann denn, um des Himmels willen, ein verständiger Mensch in Friedenszeiten täglich mehr verlangen als eine ausreichende Zahl gekochter Maiskolben mit etwas Salz? Selbst die kleine Abwechslung, die ich mir erlaubte, war ein Zugeständnis an den Appetit, nicht an die Gesundheit. Doch die Menschen sind schon so weit, zu verhungern, nicht weil die notwendigen Lebensmittel, sondern weil die Leckerbissen fehlen. Ich kenne eine brave Frau, die glaubt, ihr Sohn sei gestorben, weil er nur noch Wasser trank.

Der Leser merkt schon, dass ich den Gegenstand mehr vom ökonomischen als vom diätetischen Standpunkt aus betrachte, und er wird sich vermutlich nicht trauen, meine Enthaltsamkeit selbst auf die Probe zu stellen, es sei denn, er besitzt eine gut gefüllte Speisekammer.

Brot machte ich zuerst aus reinem Maismehl und Salz – echte Reismehlfladenbrote, die ich über meinem Feuer im Freien auf einer Schindel oder auf einem Stück abgesägten Bauholzes buk, das beim Hausbau übrig geblieben war. Sie brannten jedoch regelmäßig an und bekamen einen harzigen Geschmack. Ich versuchte es auch mit Weizenmehl. Schließlich fand ich heraus, dass eine Mischung von Roggen- und Maismehl am zweckmäßigsten und leckersten war. Bei kaltem Wetter war es ein großes Vergnügen, mehrere dieser kleinen Kuchen nacheinander zu backen, wobei ich sie so sorgsam hütete und drehte wie der Ägypter seine Bruteier. Es waren wirkliche Kornfrüchte, die ich zur Reife brachte. Sie hatten für mich einen Duft wie andere edle Früchte. Ich bewahrte sie, in Tücher gewickelt, so lang auf wie möglich. Ich studierte die antike und unentbehrliche Kunst des Brotbackens und zog alle Autoritäten zurate, die mir zur Verfügung standen. Ich ging bis in die frühe Zeit der ersten Erfindung ungesäuerten Brots zurück, als die Menschen ihre grobe Ernährung mit Nüssen und Fleisch durch diese milde und feine Diät ersetzten. Ich drang vom zufälligen Sauerwerden des Teigs, wodurch vermutlich der Gärungsprozess entdeckt wurde, über die verschiedenen Gärungsverfahren bis zur Zubereitung des »guten, süßen, vollwertigen Brots« vor, unserem Lebenselixier. Hefe, die von manchen für die Seele des Brots gehalten wird, für den Spiritus seines Gewebes und die so ängstlich gehütet wird wie das vestalische Feuer – eine Flasche dieses kostbaren Stoffs, die vermutlich an Bord der Mayflower herübergebracht wurde, versorgte Amerika, und ihre Wirkung steigt, schwillt an und schwappt in Getreidewellen immer weiter über das ganze Land – diesen Samen also verschaffte ich mir regelmäßig und getreulich aus dem Dorf, bis ich schließlich eines Morgens alle Regeln vergaß und meine Hefe verbrühte. Durch diesen Zufall entdeckte ich, dass selbst sie nicht unbedingt notwendig ist – denn meine Entdeckungen wurden nicht durch das synthetische, sondern durch das analytische Verfahren gemacht –, und von diesem Tag an habe ich sie glücklich gemieden, obwohl mir viele Hausfrauen allen Ernstes zu beweisen versuchten, dass man kein unschädliches und gesundes Brot ohne Hefe backen könne, während alte Leute einen raschen Verfall meiner Lebenskräfte voraussagten. Und doch halte ich Hefe nicht für einen wesentlichen Bestandteil und bin, obwohl ich sie ein Jahr lang nicht verwendete, noch immer unter den Lebenden. Ich freue mich sogar, nicht mehr dauernd eine Flasche mittragen zu müssen, die zu meinem großen Ärger manchmal aufsprang und ihren Inhalt in meine Tasche entleerte. Es ist einfacher und würdevoller, solche Dinge zu unterlassen. Der Mensch kann sich besser als jedes Tier an alle Klimazonen und Verhältnisse anpassen. Auch mischte ich weder Salz noch Soda oder andere Säuren oder Alkalien in mein Brot. Anscheinend richtete ich mich nach einem Rezept, das Marcus Porcius Cato etwa zwei Jahrhunderte vor Christi Geburt entwickelte: »Panem depsticium sic facito. Manus mortariumque bene lavato. Farinam in mortarium indito, aquae paulatim addito, subigitoque pulchre. Ubi bene subegeris, defingito, coquitoque sub testu.« Meiner Ansicht nach heißt das: »Mache folgendermaßen geknetetes Brot: Wasche deine Hände und den Backtrog gut. Schütte das Mehl in den Backtrog und knete es unter allmählichem Wasserzusatz gründlich. Wenn du es gut geknetet hast, forme es und backe es unter einem Deckel«, das heißt in einem Backofen. Hefe wird mit keinem Wort erwähnt. Aber ich hatte nicht immer dieses Brot des Lebens. Einmal bekam ich wegen der Leere meines Geldbeutels länger als einen Monat nichts davon zu sehen.

Jeder Neuengländer könnte in diesem Land voll Roggen und Mais leicht selbst alles ernten, was er zum Brotbacken benötigt, und bräuchte nicht von einem weit entfernten und schwankenden Markte abzuhängen. Und doch sind wir von der Einfachheit und Unabhängigkeit so weit entfernt, dass in Concord frisches Maismehl selten in den Läden verkauft wird, grobes Maismehl und ungemahlener Mais überhaupt nur von wenigen verwendet werden. Meistens verfüttert der Farmer das selbst gezogene Getreide seinen Kühen und Schweinen und kauft teureres, aber sicher nicht gesünderes Mehl im Laden. Ich stellte fest, dass ich leicht ein paar Scheffel Roggen oder Mais anbauen konnte, denn Roggen wächst selbst auf dem magersten Land, und Mais bedarf nicht des besten Bodens. Außerdem merkte ich, dass ich das Getreide eigenhändig in einer Sandmühle mahlen und so ohne Reis und Schweinefleisch auskommen konnte. Und wenn ich einen konzentrierten Stoff zum Süßen benötigte, so fand ich durch Experimentieren heraus, dass ich aus Kürbissen oder aus Rüben einen ausgezeichneten Sirup herstellen konnte. Ich wusste auch, dass ich nur ein paar Ahornbäume zu pflanzen brauchte, um ihn mir noch leichter zu verschaffen. Während sie wuchsen, hätte ich noch manche andere Ersatzmittel als die oben erwähnten verwenden können. Wie unsere Vorfahren sangen:

»Süßes entsteht nach Belieben
aus Nüssen, Kürbis und Rüben.«

Was schließlich das Salz betrifft, das gröbste der Gewürze, so hätte seine Beschaffung mir einen Anlass geboten, an die See zu reisen. Wenn ich es aber überhaupt nicht verwende, so trinke ich wahrscheinlich nur weniger Wasser. Meines Wissens haben die Indianer sich nie darum bemüht, an Salz zu gelangen.

Was meine Nahrung betrifft, konnte ich also alles Handeln und Tauschen vermeiden, und da ich bereits eine

Wohnstätte hatte, brauchte ich mir nur noch Kleidung und Brennmaterial besorgen. Die Hose, die ich jetzt trage, wurde in einer Bauernfamilie gewebt. Dem Himmel sei Dank, dass es noch so viel Tugend unter den Menschen gibt. Meines Erachtens ist der Abstieg vom Bauern zum Fabrikarbeiter gerade so groß und bemerkenswert wie der vom Menschen zum Bauern. Brennmaterial aber ist auf neuem Land eine Belastung. Was den Wohnsitz betrifft, so könnte ich, wenn man mir nicht mehr gestatten würde, zu pachten, ungefähr einen Morgen zu demselben Preis kaufen, für den das Land, das ich bebaue, verkauft wurde – nämlich für acht Dollar und acht Cent. Unter den gegebenen Umständen bin ich jedoch der Ansicht, dass ich als Pächter den Wert des Landes erhöhte.

Es gibt einen bestimmten Typ Ungläubiger, die mich bisweilen fragen, ob ich glaube, von Pflanzenkost allein leben zu können. Und um das Problem gleich bei der Wurzel anzupacken – die Wurzel ist der Glaube –, pflege ich zu antworten, dass ich auch von Bretternägeln leben könnte. Wenn sie das nicht begreifen, dann begreifen sie vieles nicht, was ich zu sagen habe. Ich für meinen Teil höre mit Freude, dass Versuche dieser Art bereits angestellt wurden, dass ein junger Mann zum Beispiel versucht hat, vierzehn Tage lang von hartem, ungekochtem Mais zu leben, den er vom Feld pflückte, wobei ihm seine Zähne als Mühlsteine dienten. Die Gattung der Eichhörnchen machte das gleiche Experiment mit Erfolg. Solche Versuche sind für die Menschheit von großem Interesse, wenn auch nur ein paar alte Weiber, die zu solchen Dingen unfähig sind oder Mühlenaktien geerbt haben, darüber in Aufregung geraten.

Meine Einrichtung, die ich zum Teil selbst zimmerte – der Rest kostete mich nichts, weshalb ich ihn in meiner Aufstellung nicht berücksichtigt habe –, bestand aus einem Bett, einem Schreibpult, drei Stühlen, einem drei Zoll im Durchmesser großen Spiegel, einer Feuerzange und einem Rost, einem Kessel, einem Kochtopf, einer Bratpfanne, einer Schöpfkelle, einer Waschschüssel, zwei Messern und Gabeln, drei Tellern, einem Becher, einem Öl- und einem Sirupkrug und einer lackierten Lampe. Niemand ist so arm, dass er auf einem Kürbis sitzen muss. Das wäre Hilflosigkeit. Eine Menge solcher Stühle, wie ich sie mag, stehen auf den Dachböden im Dorf und sind um das Forttragen zu haben. Möbel! Gott sei Dank kann ich ohne die Hilfe eines Möbelladens sitzen und stehen. Welcher Mensch außer einem Philosophen würde sich nicht schämen, seine Möbel auf einen Karren gepackt und durch das Land fahren zu sehen, dem Licht des Himmels und den Augen der Menschheit ausgesetzt – diese kümmerliche Ansammlung bedeutungslosen Gerümpels? Das ist Spauldings Einrichtung. Ich konnte, wenn ich solch eine Wagenladung sah, nie sagen, ob sie einem sogenannten reichen oder einem armen Mann gehörte, der Besitzer schien mir immer mit Armut geschlagen. Wahrhaftig, je mehr solcher Dinge man besitzt, desto ärmer ist man. Jede Ladung sieht aus, als umfasse sie den Inhalt von einem Dutzend Hütten. Wenn aber eine Hütte arm ist, dann ist ein Dutzend ein Dutzend Mal so arm. Du lieber Himmel, warum ziehen wir denn überhaupt um? Doch nur um unsere Möbel, unsere Exuvie loszuwerden, um schließlich von dieser Welt in eine andere, neu eingerichtete zu wandern und die alte dem Feuer zu überlassen. Es ist gerade so, als wäre dieser ganze Krempel dem Menschen an den Gürtel geschnallt und er könnte nicht durch dieses raue Land ziehen, in das ihn sein Los verschlagen hat, ohne seine eigene Falle mitzuschleppen. Glücklich der Fuchs, der seinen Schwanz in der Falle ließ. Die Moschusratte nagt sich drei Beine ab, um ihre Freiheit wiederzuerlangen. Kein Wunder, dass die Menschen ihre Elastizität eingebüßt haben. Wie oft sitzen sie in der Patsche! »Gestatten Sie mir, Sir, die Frage: Was meinen Sie mit Patsche?« Ein Seher sieht bei jeder Begegnung mit einem Menschen hinter ihm stets seinen ganzen Besitz, ja sogar alles, wovon er gar nichts weiß, mitsamt seinem ganzen Küchengerät und all dem Plunder, den er sorgsam aufbewahrt und nicht verbrennen will. Vor dieses Gerümpel scheint er selbst gespannt zu sein und daran zu ziehen mit allen Kräften. Meiner Ansicht nach sitzt der Mensch in der Patsche, der durch ein Astloch oder durch ein Tor gekrochen ist und nun seine Schlittenladung Möbel nicht nachziehen kann. Ich fühle nur Mitleid, wenn ich einen netten, gut gebauten, scheinbar freien, mutigen Mann von seinen »Möbeln« sprechen höre und davon, ob sie versichert seien oder nicht. »Aber was soll ich mit meinen Möbeln anfangen?« Mein lustiger Schmetterling hat sich in einem Spinnennetz verfangen. Selbst diejenigen, von denen man lange Zeit glaubte, sie hätten keine Möbel, kann man bei genauem Hinhören überführen, irgendetwas in irgendeines Mannes Scheune untergestellt zu haben. Das England von heute kommt mir vor wie ein alter Herr mit schwerem Gepäck, Gerümpel, das sich in vielen Jahren der Haushaltsführung angesammelt hat und das er nicht zu verbrennen wagt: Schrankkoffer, kleiner Koffer, Hutschachtel und Bündel. Entledige dich wenigstens der ersten drei! Es würde heutzutage die Kräfte eines gesunden Mannes übersteigen, sich sein Bett auf die Schultern zu spannen und loszuwandern; ich rate daher einem Kranken dringend, sein Bett liegen zu lassen und zu laufen. Jedes Mal wenn ich einen Einwanderer sah, der unter dem Bündel schwankte, das all seine Habe enthielt – es sah aus wie ein ungeheurer Buckel, der ihm hinten aus dem Nacken herauswuchs –, habe ich ihn bemitleidet, nicht weil er so wenig besaß, sondern weil er all das zu schleppen hatte. Wenn ich schon meine Falle zu tragen habe, so will ich wenigstens dafür sorgen, dass sie leicht ist und meine Lebenskräfte nicht hineingeraten. Vielleicht wäre es aber doch am klügsten, seine Pfote überhaupt nicht hineinzustecken.

Ich möchte nebenbei bemerken, dass Vorhänge mir keine Kosten verursachen, denn außer Sonne und Mond habe ich keine neugierigen Blicke abzuwehren, und diese beiden dürfen gern hereinschauen. Der Mond wird meine Milch nicht sauer machen und mein Fleisch nicht verderben, und die Sonne wird weder meinen Möbeln schaden noch meinen Teppich bleichen, und wenn sie sich bisweilen als allzu warme Freundin erweisen sollte, so halte ich es immer noch für wirtschaftlicher, mich hinter einen Vorhang zurückzuziehen, den die Natur geschaffen hat, als meiner Wohnungseinrichtung auch nur einen einzigen Gegenstand hinzuzufügen. Eine Dame bot mir einmal eine Fußmatte an, aber da ich keinen Platz dafür erübrigen konnte – weder drinnen noch draußen – und gleichfalls keine Zeit, um sie auszuklopfen, lehnte ich dankend ab und zog es vor, meine

Schuhe auf dem Rasenboden vor meiner Haustür abzutreten. Man fährt am besten, ein Übel gleich in seinen Anfängen zu vermeiden.

Vor einiger Zeit war ich dabei, als der Hausrat eines Geistlichen versteigert wurde, den er lebendig angesammelt hatte:

»Was Menschen Übles tun, lebt nach ihnen weiter.«

Wie immer war es größtenteils Gerümpel, das sich schon seit seines Vaters Lebzeiten ansammelte. Unter anderem ein getrockneter Bandwurm war darunter. Und jetzt, nachdem das ganze Zeug ein halbes Jahrhundert auf dem Speicher oder in anderen Staubhöhlen gelegen hatte, wurde es nicht verbrannt, in einem Freudenfeuer der reinigenden Zerstörung zugeführt, sondern in einer Auktion der Vermehrung. Die Nachbarn waren eifrig zusammengekommen, um die Dinge zu begutachten, kauften alles auf und trugen es behutsam in ihre Dachkammern und Staubhöhlen, wo es liegen bleibt, bis ihr Nachlass geordnet wird. Dann beginnt die Wanderschaft aufs Neue. Wenn ein Mensch stirbt, wird der Staub von seinen Möbeln aufgewirbelt.

Es wäre vielleicht nützlich für uns, die Sitten mancher wilder Völker nachzuahmen. Denn sie vollziehen alljährlich – wenigstens symbolisch – ihre Häutung. Jedenfalls besitzen sie eine Vorstellung von diesem Vorgang, ob sie ihn nun in die Tat umsetzen oder nicht. Wäre es nicht gut, wenn auch wir solch ein »Fest der ersten Früchte« feierten, wie Bartram es als Brauch der Mucclasse-Indianer beschreibt? »Wenn ein Dorf die Reinigung feiert«, erzählt er, »schaffen sich die Einwohner zunächst neue Kleider, Töpfe, Pfannen und andere Haushalts- und Einrichtungsgegenstände an. Dann werden alle abgetragenen Kleider und andere ausgediente Dinge zusammengetragen, die Häuser gekehrt, Straßen gereinigt und die ganze Stadt von Unrat gesäubert, der zusammen mit dem übrig gebliebenen Getreide und anderen alten Vorräten auf einen großen Haufen geworfen und verbrannt wird. Nachdem die Dorfbewohner eine bestimmte Medizin zu sich genommen und drei Tage lang gefastet haben, werden alle Feuer im Dorf gelöscht. Während der Fastenzeit darf kein Gelüst und keine Leidenschaft gestillt werden. Eine allgemeine Amnestie wird erlassen, alle Verbrecher dürfen in die Stadt zurückkehren.

Am Morgen des vierten Tags erzeugt der Hohepriester durch Reiben trockenen Holzes auf dem öffentlichen Platz ein neues Feuer, von dem sich alle Einwohner mit einer neuen, reinen Flamme versorgen.

Es folgt ein Festessen aus frischem Mais und Obst und drei Tage lang Tänze und Gesänge. An den vier folgenden Tagen werden Gäste empfangen, und man freut sich mit den Freunden aus benachbarten Dörfern, die sich auf die gleiche Weise geläutert haben.«

Auch die Mexikaner nehmen alle fünfundzwanzig Jahre eine ähnliche »Reinigung« vor, weil sie glauben, dass dann die Zeit des Weltunterganges gekommen sei.

Ich habe noch nie von einem ehrlicheren religiösen Sakrament als diesem gehört, so, wie es im Wörterbuch als »äußeres und sichtbares Zeichen einer inneren und geistigen Gnade« definiert wird. Ich bin davon überzeugt, dass diese Wilden ursprünglich direkt vom Himmel dazu inspiriert wurden, auch wenn sie keinen biblischen Bericht über die Offenbarung besitzen.

Mehr als fünf Jahre lang unterhielt ich mich auf diese Weise nur durch meiner Hände Arbeit und stellte fest, dass eine Arbeitszeit von sechs Wochen im Jahr zur Deckung aller Jahresausgaben ausreichte. Den ganzen Winter und den größten Teil des Sommers hindurch konnte ich mich ungehindert meinen Studien widmen. Mit der Schulmeisterei hatte ich es gründlich versucht, war aber zu der Erkenntnis gekommen, dass meine Ausgaben im Verhältnis oder vielmehr nicht im Verhältnis zu meinen Einnahmen standen. Ich musste mich passend kleiden, passend verhalten, vom Denken und Glauben gar nicht zu reden, und verlor obendrein meine Zeit. Da ich nicht zum Wohl meiner Mitmenschen lehrte, sondern nur, um mir meinen Lebensunterhalt zu verdienen, musste das Ganze misslingen. Auch mit dem Handel habe ich es versucht. Doch ich erkannte, dass es zehn Jahre dauern würde, darin meinen Weg zu machen, und dass es wahrscheinlich der Weg des Teufel wäre. Eigentlich hatte ich Angst, nach dieser Zeit etwas zu haben, was man ein gut laufendes Geschäft nennen würde. Wenn ich mich früher nach einem Lebensunterhalt umsah, dachte ich oft und allen Ernstes daran, Heidelbeeren zu pflücken. Ich hatte damals einige schlechte Erfahrungen gemacht, weil ich den Ratschlägen meiner Freunde folgte, und die Erinnerung daran war noch frisch genug, um meine Naivität zu erschüttern. Zum Beerenpflücken war ich sicherlich fähig, und der geringe Verdienst hätte mir genügt. Denn mein größtes Talent war von jeher meine Genügsamkeit. Auch dachte ich dummerweise, es wäre nur ein geringes

Kapital dazu nötig und die Ablenkung von meinen gewohnten Beschäftigungen nicht der Rede wert. Während meine Freunde sich ohne zu zögern dem Handel oder dem Studium zuwandten, widmete ich mich meiner Beschäftigung mit dem gleichen Ernst. Ich würde den ganzen Sommer über die Hügel durchstreifen, unterwegs die Beeren pflücken, sie dann ohne Schwierigkeiten verkaufen und so die Herden des Admetos hüten. Ich dachte auch daran, wilde Kräuter zu sammeln oder Dorfbewohnern, die sich gern an den Wald erinnerten, Immergrün zu verkaufen, ja es sogar in Heuwagenladungen in die Stadt zu fahren. Doch inzwischen habe ich gelernt, dass der Handel alle Waren mit einem Fluch belegt – und seien es auch Botschaften vom Himmel.

Da ich manche Dinge anderen vorzog und besonders meine Freiheit wertschätzte, da ich ein hartes Leben führen und doch zufrieden sein konnte, wollte ich meine Zeit wenigstens jetzt noch nicht darauf verwenden, mir kostbare Teppiche und schöne Möbel, Delikatessen oder ein Haus im griechischen oder im gotischen Stil zu verdienen. Wenn irgendjemand sich solche Sachen erwerben kann, ohne Zeit zu verlieren, und sie zu benutzen weiß, so gönne ich es ihnen gern. Manche Menschen sind »arbeitsam«, scheinen die Arbeit um ihrer selbst willen zu lieben oder weil sie dadurch von gröberem Unfug abgehalten werden. Diesen habe ich augenblicklich nichts zu sagen. Wer mit mehr Muße, als er schon hat, nichts anzufangen weiß, dem gebe ich den Rat, doppelt so hart zu arbeiten wie bisher. Er soll arbeiten, bis er so viel Geld verdient hat, dass er sich loskaufen kann und seinen Freibrief in Händen hält. Ich selbst aber habe die Beschäftigung des Taglöhners als die unabhängigste von allen empfunden, zumal ich nur dreißig oder vierzig Tage im Jahre zu arbeiten brauchte, um meinen Lebensunterhalt zu verdienen. Mit dem Sonnenuntergang ist die Arbeit des Taglöhners beendet, und er kann sich in Freiheit seinen Neigungen widmen, die mit seiner Arbeit nichts zu tun haben. Seinem Arbeitgeber dagegen, der von Monat zu Monat spekuliert, wird von Anfang bis Ende des Jahres keine Erholung zuteil.

Kurz, ich bin sowohl aus Glaube als auch aus Erfahrung überzeugt, dass es keine Quälerei, sondern ein Zeitvertreib ist, sich auf dieser Erde durchzuschlagen, wenn man nur einfach und vernünftig leben will. Noch immer dienen die Beschäftigungen der einfachen Völker den kultivierteren als Sport. Es ist nicht notwendig, dass der Mensch im Schweiße seines Angesichts sein Brot verdient – es sei denn, er gerät leichter ins Schwitzen als ich.

Ein junger Bekannter von mir, der ein paar Morgen Land geerbt hatte, sagte mir, dass er so leben würde wie ich, »wenn er die Mittel besäße«. Ich wünsche jedoch um keinen Preis, jemanden zu meiner Lebensweise zu bekehren. Denn ganz abgesehen davon, dass ich, bevor jemand sie erlernt hat, bereits eine andere für mich erfunden haben kann, wünsche ich auch, dass die Menschen dieser Erde so verschieden sein mögen wie nur möglich. Andererseits sollte sich jeder bemühen, seinen eigenen Weg zu finden und nicht den seines Vaters, seiner Mutter oder seines Nachbarn. Lasst den jungen Mann bauen, pflanzen oder segeln – man soll ihn nur nicht daran hindern, zu tun, was er sich wünscht. Unsere Weisheit leitet als mathematischer Punkt uns unser Leben lang, wie der

Polarstern dem Seemann oder dem flüchtenden Sklaven als Führer dient. Wenn wir auch unseren Hafen nicht innerhalb einer bestimmten Zeit erreichen – von unserem Kurs kommen wir nicht ab.

Zweifellos ist in diesem Fall das, was für den Einzelnen stimmt, für Tausende noch zutreffender, wie ja auch ein großes Haus im Verhältnis nicht teurer ist als ein kleines, da nur ein Dach viele Wohnungen bedeckt, nur ein Keller unter ihnen liegt und nur eine Wand sie trennt. Ich für meinen Teil zog es dennoch vor, allein zu wohnen. Außerdem wird es in der Regel billiger sein, das Ganze selbst zu bauen, als irgendjemanden von dem Vorteil einer gemeinsamen Wand zu überzeugen. Aber selbst wenn es gelingt, so muss die Wand, damit sie günstiger ist, eine recht dünne sein, und der Nachbar könnte sich als ein schlechter herausstellen, der seine Seite der Wand nicht ordentlich instand hält. Ein Zusammenwirken ist gewöhnlich nur möglich, wenn es in eng begrenztem und oberflächlichem Maß geschieht. Findet wirklich einmal ein ehrliches Zusammenwirken statt, so bemerkt man es nicht. Solche Harmonie ist für die Menschen nicht wahrnehmbar. Hat ein Mensch Vertrauen, so wird er an gemeinschaftlicher Arbeit gleich vertrauensvoll mitwirken, hat er keins, so wird er weiterhin leben wie der Rest der Welt, in welcher Gemeinschaft auch immer. Zusammenwirken heißt im höchsten wie im niedrigsten Sinne sein Brot gemeinsam zu verdienen. Vor Kurzem hörte ich jemanden den Vorschlag machen, dass zwei junge Männer gemeinsam die Welt bereisen sollten, der eine, der mittellos war, würde seinen Unterhalt während der Reise vor dem Mast oder hinter dem Pflug verdienen, der andere trug sein Scheckbuch in der Rocktasche. Es war leicht zu erraten, dass sie nicht lange zusammenwirken, nicht lange Gefährten bleiben würden, da der eine überhaupt nicht wirken würde. Bei der ersten interessanten Krise in ihren Abenteuern würden sie sich trennen. Vor allen Dingen aber kann ein Mann, der allein ist, wie ich schon andeutete, bereits heute abreisen. Wer aber mit einem Gefährten reist, muss warten, bis dieser bereit ist, was lange dauern kann.

»Das ist aber alles höchst egoistisch«, höre ich einige meiner Mitbürger sagen. Ich muss zugeben, dass ich mich philanthropischen Bestrebungen bislang sehr wenig gewidmet habe. Ich habe dem Pflichtgefühl einiges geopfert, darunter auch dieses Vergnügen. Einige Leute haben all ihre Überredungskünste darauf verwendet, mich zur Unterstützung einer armen Familie in unserer Stadt zu bewegen, und wenn ich nichts zu tun hätte – denn der Teufel findet für den Müßiggänger immer eine Beschäftigung –, könnte ich mich vielleicht einem solchen Zeitvertreib widmen. Als ich aber nachgab und die Verpflichtung übernahm, einigen armen Leuten das Leben in jeder Beziehung so angenehm zu machen wie mir selbst, und sogar so weit ging, ihnen mein Angebot zu unterbreiten, da zogen sie alle ohne Ausnahme und ohne zu zögern vor, arm zu bleiben. Da sich meine Mitbürgerinnen und Mitbürger auf so vielfältige Art und Weise dem Wohl anderer widmen, so darf es wohl einen geben, der anderen, weniger menschenfreundlichen Beschäftigungen nachgeht. Wie zu anderen Dingen gehört auch zur Mildtätigkeit ein gewisses Talent. Ohnehin ist Gutes tun ein überlaufener Beruf. Ich habe ehrlich versucht, ihn auszuüben, und doch bin ich, so seltsam es klingt, froh, dass er meinem Wesen nicht entspricht. Ich würde wahrscheinlich selbst dann nicht freiwillig und bewusst meine spezielle Berufung aufgeben, wenn ich durch Wohltätigkeit, wie sie die menschliche Gesellschaft von mir verlangt, das Universum vor dem Untergang retten könnte, und ich glaube, dass eine ähnliche, aber unendlich viel größere Sündhaftigkeit an einem anderen Ort derzeit diesen Untergang verhindert. Doch ich habe nicht vor, mich zwischen einen Menschen und seine Begabung zu stellen, und demjenigen, der dieser Arbeit, die ich ablehne, mit ganzem Herzen, aus tiefster Seele sein Leben widmet, dem rufe ich zu: Halte durch, selbst wenn die ganze Welt es schlechtredet, was sie höchstwahrscheinlich tun wird.

Ich bin weit davon entfernt, zu glauben, dass ich in diesem Fall eine Ausnahme bilde. Zweifellos würden sich viele meiner Leser auf die gleiche Weise verteidigen. Für manche Zwecke – ich will nicht behaupten, dass meine Nachbarn sie gutheißen – kann man keinen besseren Kerl anheuern als mich, möge mein Arbeitgeber selbst herausfinden, welche es sind. Was ich im üblichen Gebrauch des Wortes Gutes tue, sollte abseits meines eigentlichen Pfads liegen und größtenteils unabsichtlich geschehen. Im Prinzip sagen die Menschen: Tue Gutes mit mildtätigen Vorsatz, wie und wo auch immer du bist und ohne dich selbst aufwerten zu wollen. Wenn ich überhaupt in diesem Ton predigen wollte, so würde ich sagen: Fang einfach an, gut zu sein. Als ob die Sonne sich ausruhen dürfte, wenn sie den Mond oder einen Stern sechster Größe mit ihrem Licht versorgt hat, um dann wie Robin Goodfellow herumzuspazieren, in jedes Hüttenfenster zu lugen, Mondsüchtige zu inspirieren, Fleisch zu verderben und die Dunkelheit sichtbar zu machen, anstatt ihre wohltuende, belebende Wärme weiter zu steigern und so hell zu leuchten, dass kein Sterblicher ihr ins Antlitz blicken kann! Doch sie tut Gutes, während sie in ihrer eigenen Bahn um die Welt kreist, oder, wie eine wahrere Philosophie besagt: Die Welt kreist um sie und empfängt ihr Gutes. Als Phaeton seine göttliche Abstammung mit Wohltaten beweisen wollte und nur einen Tag lang den Sonnenwagen fuhr, entgleiste er und verbrannte mehrere Häuserviertel in den tiefer liegenden Straßen des Himmels, versengte die Erdoberfläche, trocknete alle Quellen aus und schuf die große Wüste Sahara, bis Jupiter ihn mit seinem Donnerkeil kopfüber auf die Erde schleuderte. Aus Kummer über seinen Tod wollte die Sonne ein Jahr lang nicht scheinen.

Nichts riecht so schlecht wie falsche Güte. Es ist menschliches, es ist göttliches Aas. Wenn ich wüsste, dass ein Mensch mit der bewussten Absicht, mir Gutes zu tun, in mein Haus kommen wollte, würde ich vor ihm davonlaufen wie vor dem Samum, dem trockenen, brennenden Wüstenwind Afrikas, der Nase, Mund, Ohren und Augen mit Staub füllt, bis man erstickt. Ich würde davonlaufen, bloß aus Angst, er könnte mir seine Wohltaten erweisen und mich mit seinem Virus infizieren – nein, lieber möchte ich etwas Böses erdulden, das natürlich ist. Ein Mensch ist noch nicht gut, weil er mich füttert, wenn ich hungere, mich wärmt, wenn ich friere, oder mich aus einer Grube zieht, in die ich hineingefallen bin. Ein Neufundländer würde das Gleiche tun. Philanthropie ist nicht Nächstenliebe im weitesten Sinne. John Howard ist auf dem Gebiet des Gefängniswesens sicherlich ein äußerst freundlicher und würdiger Herr und wird zu Recht gerühmt. Was aber können uns, bildlich gesprochen, hundert Howards bedeuten, wenn ihre Menschenfreundlichkeit uns nicht in unserem besten Zustand helfen kann, wenn wir solche Hilfe am meisten verdient haben? Ich habe noch nie von einer wohltätigen Vereinigung gehört, in der jemand den Vorschlag gemacht hat, mir und meinesgleichen etwas Gutes zu tun.

Viele Jesuiten wurden von Indianern enttäuscht, die noch am Marterpfahl ihren Peinigern neue Foltermethoden vorschlugen. Da sie über körperliche Schmerzen erhaben waren, zeigten sie sich manchmal auch nicht empfänglich für den Trost, den die Missionare ihnen spenden wollten, und das Gebot, man solle seine Mitmenschen behandeln, wie man selbst behandelt zu werden wünscht, hatte wenig Überzeugungskraft in den Ohren derjenigen, denen es einerlei war, wie man sie behandelte, die ihre Feinde auf ihre eigene, neue Art liebten und die nah dran waren, ihnen alles, was sie ihnen antaten, zu verzeihen.

Sei sicher, dass du dem Armen die Hilfe gibst, die er am dringendsten braucht, auch wenn es den Abstand zwischen euch vergrößert. Gib mit dem Geld, das du ihm spendest, auch einen Teil von dir, händige es ihm nicht gleichgültig aus. Wir begehen manchmal seltsame Fehler. Oft ist der Arme weniger verfroren und hungrig als schmutzig, zerlumpt und roh. Das ist zum Teil sein Geschmack, nicht bloß sein Unglück. Gibst du ihm Geld, so kauft er vielleicht noch mehr Lumpen dafür. Früher hatte ich Mitleid mit den unbeholfenen irischen Arbeitern, die in so schäbigen und zerlumpten Kleidern auf dem See

Eis schnitten, während ich in meinem sauberen, etwas eleganteren Anzug vor Kälte zitterte. Als aber an einem bitterkalten Tag einer von ihnen, der ins Wasser gefallen war, zu mir kam, um sich aufzuwärmen, sah ich, wie er drei Hosen und zwei Paar Strümpfe abstreifte, bis seine Haut zum Vorschein kam. Obwohl seine Hosen wirklich schmutzig und zerlumpt waren, konnte er die Oberkleider, die ich ihm anbot, leicht ablehnen, denn er hatte noch genug darunter. Das kalte Bad war genau das, was er gebraucht hatte. Da bekam ich Mitleid mit mir selbst und sah ein, dass es eher eine gute Tat wäre, mir ein Flanellhemd zu schenken als ihm eine ganze Herrenboutique. Tausende hacken an den Zweigen des Übels, doch nur einer trifft die Wurzel. Und vielleicht erzeugt gerade der, der für die Armen die meiste Zeit und das meiste Geld hergibt, durch seine Lebensweise das Elend, das er vergeblich zu lindern versucht. Er ist wie der fromme Sklavenhändler, der den Ertrag jedes zehnten Sklaven dazu verwendet, für den Rest einen freien Sonntag einzuführen. Manche beweisen ihre Menschenliebe, indem sie arme Leute in ihrer Küche beschäftigen. Würden sie sich nicht gütiger zeigen, wenn sie sich selbst dort beschäftigten? Da prahlt einer damit, dass er ein Zehntel seines Einkommens für wohltätige Zwecke spendet. Vielleicht sollten es neun Zehntel sein. Sonst erhält die Gesellschaft nur den zehnten Teil seines Eigentums zurück. Verdankt sie das der Großzügigkeit des jeweiligen Besitzers oder der Nachlässigkeit der Diener der Gerechtigkeit?

Philanthropie ist fast die einzige Tugend, die von der Menschheit ausreichend wertgeschätzt wird. Nein, sie wird stark überschätzt! Und wer überschätzt sie? Unsere Selbstsucht! Ein kräftiger armer Mann lobte hier in Concord eines sonnigen Tages mir gegenüber einen Mitbürger, der, wie er sagte, gut zu den Armen sei. Damit meinte er sich selbst. Die guten Onkel und Tanten eines Volks werden mehr geachtet als seine wahren geistigen Väter und Mütter. Ich hörte einmal, wie ein Geistlicher, ein gebildeter und intelligenter Mann, über England referierte. Nachdem er wissenschaftliche, literarische und politische Größen wie Shakespeare, Bacon, Cromwell, Milton, Newton und andere aufgezählt hatte, machte er gleich mit den christlichen Helden weiter, die er, wie man es von ihm erwartete als die Größten der Großen weit über alle anderen stellte. Es waren Penn, Howard und Mrs. Fry. Jeder muss die Heuchelei und Falschheit darin gespürt haben. Diese letzten drei waren sicher nicht Englands beste Frauen und Männer, höchstens vielleicht seine besten Philanthropen.

Ich will das Lob, das der Philanthropie zukommt, in keiner Weise schmälern, ich verlange nur Gerechtigkeit für all jene, die durch ihr Leben und durch ihre Werke für die Menschheit ein Segen bedeuten. Ich bedenke hier nicht in erster Linie die Rechtschaffenheit und Gutmütigkeit eines Menschen, die gewissermaßen sein Stamm und seine Blätter sind. Die Kräuter, aus denen wir getrockneten Tee für die Kranken zubereiten, dienen meist keinem anderen Zweck und werden nur von Quacksalbern verwendet. Ich verlange die Blüten und Früchte des Menschen. Ich will, dass ein würziger Duft von ihm zu mir herüberweht und seine Reife unserem Austausch Geschmack verleiht. Seine Güte soll keine vorübergehende und vergängliche Handlung sein, sondern ein beständiges Überfließen, das ihn nichts kostet und ihm nicht bewusst ist. Diese Art von Wohltätigkeit wiegt eine Menge Sünden auf. Der Philanthrop umgibt andere zu oft mit der Erinnerung an seinen eigenen überwundenen Kummer wie mit einem Dunstkreis und nennt das Mitgefühl. Wir sollten unseren Mut vermitteln, nicht unsere Verzweiflung, unsere Gesundheit und unser Wohlbefinden, nicht unsere Krankheit, die zu verbreiten wir vermeiden sollten. Aus welchen südlichen Ländern dringen Klagen zu uns? In welchen Zonen wohnen die Heiden, denen wir Erleuchtung bringen wollen? Wer ist der ungezügelte und brutale Mensch, den wir erlösen möchten? Wenn den Menschen irgendetwas plagt, sodass seine Körperfunktionen beeinträchtigt sind, und sei es nur ein leichtes Unwohlsein in der Magengrube – denn dort sitzt das Mitgefühl –, beginnt er gleich, die Welt zu reformieren. Da er selbst ein Mikrokosmos ist, erkennt er – eine geniale Erkenntnis, zu der ein Mann wie er nötig war –, dass die Welt unreife Äpfel gegessen hat. In seinen Augen ist der Globus überhaupt nur ein großer, unreifer Apfel, und dass die Menschenkinder ihn anknabbern könnten, bevor er reif ist, ist eine schreckliche Gefahr, an die er gar nicht denken will. So wird seine energische Philanthropie sofort den Eskimo und den Patagonier ins Auge fassen und sich nur zu gern der übervölkerten indischen und chinesischen Dörfer annehmen. Hat er sich ein paar Jahre dieser Wohltätigkeit gewidmet, in denen die treibenden Kräfte der Welt ihn zu ihren Gunsten gelenkt haben, dann hat er sich zweifellos von seinen Magenbeschwerden kuriert, die eine oder andere Wange der Erde ist leicht errötet, als würde sie langsam reif, das

Leben verliert seinen bitteren Beigeschmack und wird wieder süß und genießbar. Ich habe noch nie von einem Unrecht geträumt, das schwerer war als die, die ich schon begangen habe. Ich kenne und werde nie einen schlechteren Menschen kennen als mich selbst.

Ich glaube, dass das Leid des Weltverbesserers nicht vom Mitgefühl mit seinen unglücklichen Mitmenschen hervorgerufen wird, sondern von seinem persönlichen Kummer – und sei er auch noch so fromm. Hat er ihn erst hinter sich gelassen, ist der Frühling wieder angebrochen und die Morgensonne über seinem Lager aufgegangen, dann wird er seine hochherzigen Gefährten ohne Entschuldigung verlassen. Ich ereifere mich nicht über den Tabakgenuss, weil ich selbst nie welchen gekaut habe – diese Buße müssen bekehrte Tabakkauer tun, ich habe genug anderes Zeug gekaut, gegen das ich zu Felde ziehen kann. Solltest du je in Versuchung kommen, dich einer Wohltätigkeit zu widmen, so lass deine linke Hand nicht wissen, was die rechte tut, es ist nicht wissenswert. Rette den Ertrinkenden und binde deine Schuhe gut zu. Lass dir Zeit und gehe einer freien Arbeit nach.

Der Umgang mit den Heiligen hat unsere Sitten verdorben. Aus unseren Gesangbüchern hallt der melodiöse Fluch Gottes, mit dem wir uns für immer abzufinden haben! Selbst die Propheten und Erlöser haben wohl mehr die Angst der Menschen beschwichtigt, als sie in ihren Hoffnungen bestärkt. Nirgends wird die einfache und unwiderstehliche Freude über das Geschenk des Lebens ausgedrückt, nirgends ein nennenswertes Lob Gottes. Alles Gesunde, jeder Erfolg tut mir gut, mag er auch noch entfernt und abseits erscheinen. Alles Kranke, jeder

Misserfolg stimmt mich traurig und schadet mir, habe ich auch noch so viel Mitgefühl mit ihm oder er mit mir. Wenn wir tatsächlich die Menschheit mit echt indischen, botanischen, magnetischen oder natürlichen Mitteln kurieren, lasst uns zuerst selbst versuchen, so einfach und gesund wie die Natur zu sein, die Wolken zu vertreiben, die uns die Stirn vernebeln, und ein wenig mehr Leben in unsere Poren aufzunehmen. Begnüge dich nicht damit, Aufpasser der Armen zu sein, sondern strebe danach, in dieser Welt eine Größe zu werden.

In Saadis *Gulistan* oder *Rosengarten* heißt es: »Sie fragten einen weisen Mann: Von den vielen in Liedern besungenen Bäumen, die Gott der Herr hoch und schattenspendend erschaffen hat, wird keiner ›azad‹ oder frei genannt, außer der Zypresse, die keine Früchte trägt. Welches Geheimnis liegt darin? Er antwortete: Jeder Baum hat einen angemessenen Ertrag und seine Zeit der Frische und der Blüte. Danach vertrocknet und verwelkt er. Nichts davon bei der Zypresse, sie bleibt immer grün – wie die Azads, die religiös Unabhängigen. Hänge nicht dein Herz an Vergängliches, denn der Diyala oder Tigris wird noch durch Bagdad fließen, wenn der Stamm der Kalifen schon erloschen ist. Ist deine Hand gefüllt, sei freigebig wie der Dattelbaum. Doch wenn du nichts zu verschenken hast, sei ein Azad, ein freier Mann, wie die Zypresse.«

Ergänzende Verse

Die Ansprüche der Armut

»Zu kühn ist dein Begehren, armer Elender,
Dir einen Platz am Himmel zu wünschen,
Denn deine bescheidene Hütte oder Tonne
Birgt so manche Pedanterie und Trägheit,
Die du in billiger Sonne oder schatt'gem Quell
Wohlfeil dir züchtest mit Wurzeln und Kräutern.
Mit deiner rechten Hand reißt du aus deiner Brust
All jene menschlichen Begierden, aus deren Schoß
Der Tugend schönste Blüten sprossen,
Knechtest die Natur, betäubst die Sinne,
verwandelst gorgonengleich den Tätigen in Stein.
Wir brauchen die öde Gesellschaft
Deiner erzwungenen Enthaltsamkeit nicht,
Oder deine unnatürliche Stumpfheit,
Die weder Schmerz noch Freude kennt; auch nicht
Deine Tapferkeit, fälschlich erhoben
Über den Mut zur Tat. Solch niedere Brut,
Die in schaler Mittelmäßigkeit wohnt,
Passt gut zu deinem geknechteten Verstand;
Wir aber preisen nur die Tugenden, die ein Übermaß erlauben,
Die kühnen und die milden Taten, königliche Herrlichkeit,

Weise Klugheit, grenzenlose Großmut
Und jene Heldentugend, für die das Altertum
Zwar keinen Namen, doch manch Beispiel hinterließ:
Theseus, Achilles, Herkules. Zurück in deine ekelhafte Zelle;
Und willst du die Welt im Strahlenglanze sehn,
Versuche diese Besten zu verstehn.«

T. Carew

Wo ich lebte und wofür

In einer gewissen Lebensphase ziehen wir jedes Fleckchen Erde als Bauplatz in Betracht. So habe ich das ganze Land im Umkreis von zwölf Meilen um meinen Wohnort herum abgesucht. In meiner Phantasie habe ich nacheinander jede einzelne Farm gekauft, denn sie alle waren zu verkaufen, und ich kannte ihren Preis. Ich ging mit jedem Farmer durch Haus und Hof, kostete seine wilden Äpfel, sprach mit ihm über Landwirtschaft, kaufte die Farm zum geforderten Preis, zu *jedem* Preis, stellte mir vor, die Hypothek aufzunehmen. Ich erhöhte sogar den Preis, tat alles, außer einen Vertrag zu unterschreiben – verhandelte nur darüber, denn ich liebe solche Verhandlungen –, und kultivierte, wie ich glaube, nicht nur das Land, sondern gewissermaßen auch den Besitzer. Und wenn ich mich lange genug so vergnügt hatte, verabschiedete ich mich und überließ ihn seinem Schicksal.

Wegen meiner Kenntnisse betrachteten mich meine Freunde schon als eine Art Grundstücksmakler. Wo auch immer ich saß, hätte ich leben können, und so breitete sich die Landschaft strahlenförmig um mich aus. Was ist ein Haus anderes als ein *sedes* – ein Sitz? Wenn es ein Landsitz ist, umso besser. Ich entdeckte manches Grundstück, auf dem wohl so bald kein Haus gebaut werden würde, weil es für die meisten zu weit vom Dorf entfernt lag; in meinen Augen lag das Dorf zu weit vom Grundstück entfernt. Gut, hier möchte ich leben, sagte ich mir, und so durchlebte ich dort eine Stunde lang einen Sommer und einen Winter, sah die Jahre vorüberziehen, schlug mich durch den Winter und erlebte, wie der Frühling einzog. Wo auch immer die zukünftigen Bewohner dieser Gegend ihre Häuser bauen – sie können sicher sein, dass ich ihnen zuvorgekommen bin. Ein Nachmittag genügte, um das Grundstück in Obstgarten, Wald und Weide einzuteilen, um zu entscheiden, welche der schönen Eichen oder Fichten vor dem Haus stehen bleiben sollten und von wo aus irgendein verwitterter Baum den schönsten Anblick bot. Dann ließ ich alles ungenutzt liegen, denn ein Mensch ist umso reicher, je mehr er liegen lassen kann.

Meine Phantasie ging so weit, dass ich für mehrere Höfe sogar das Vorkaufsrecht besaß. Das Vorkaufsrecht war auch alles, was ich wollte – ich habe mir niemals die Finger an realem Besitz verbrannt. Am nächsten dran war ich, als ich Hollowell kaufen wollte. Ich hatte schon begonnen, das Saatgut auszusuchen, und auch schon Baumaterial für eine Schubkarre beschafft, in der ich es transportieren wollte. Bevor mir jedoch der Besitzer den Kaufvertrag überreichen konnte, änderte seine Ehefrau – jeder Mann scheint solch eine Frau zu haben – ihre Meinung und wollte die Farm behalten. Er bot mir zehn Dollar Entschädigung an. Nun, um die Wahrheit zu sagen, besaß ich damals auf Gottes weiter Welt nur zehn Cent, und festzustellen, ob ich nun zehn Cent besaß oder eine Farm oder zehn Dollar oder alles zusammen, überstieg meine mathematischen Fähigkeiten. Jedenfalls ließ ich ihm seine zehn Dollar und auch seine Farm, denn ich war nun weit genug gegangen. Man könnte auch großzügig sagen, dass ich ihm die Farm für denselben Preis verkaufte, den ich bezahlt hatte, und ihm, da er kein reicher Mann war, zusätzlich zehn Dollar schenkte. Immerhin besaß ich noch meine zehn Cent, das Saatgut und das Material für die Schubkarre. Und so erkannte ich, dass ich ein reicher Mann sein konnte, ohne meine Armut aufgeben zu müssen. Die Landschaft blieb mir ja, und was sie hervorbrachte, habe ich seither Jahr für Jahr ohne Schubkarre davongetragen. Ja, über die Landschaft kann man sagen:

»So weit mein Auge reicht, bin ich der König,
Dies Recht kann niemand mir bestreiten.«

Ich habe oft einen Dichter beobachtet, der eine Farm verließ, wenn er sich lange genug an ihren wahren Schätzen erfreut hatte. Der mürrische Farmer dagegen glaubte, er hätte sich nur ein paar wilde Äpfel genommen. Ja, der Besitzer selbst weiß oft viele Jahre lang nicht, dass ein Dichter sein Landgut in Reime gesetzt, es durch das herrlichste, unsichtbare Gitter eingehegt, die Kühe gemolken, den Rahm von der Milch geschöpft und dem Farmer nichts als abgerahmte Milch zurückgelassen hat.

Dass mir gerade die Hollowell-Farm so gut gefiel, hatte folgende Gründe: ihre Abgeschiedenheit, denn sie lag zwei Meilen vom nächsten Dorf, eine halbe Meile vom nächsten Nachbarn entfernt; ein breites Feld, das das Bauernhaus von der Landstraße trennte; der angrenzende Fluss, dessen Nebel – das jedenfalls behauptete der Eigentümer – es im Frühling vor Frost schützte, was mir allerdings nichts bedeutete; die graue Farbe, der verfallene Zustand des Hauses und der Stallungen, und die baufälligen Zäune, die den zeitlichen Abstand zwischen mir und den letzten Bewohnern zu vergrößern schienen; die hohlen, von Flechten bewachsenen und von Kaninchen angenagten Apfelbäume, die mir anzeigten, wer meine zukünftigen Nachbarn sein würden; vor allem die Erinnerung an meine ersten Fahrten auf dem Fluss, von wo aus man das Haus nicht sehen konnte, weil es ganz in einem dichten Hain roter Ahornbäume versteckt lag, sondern nur den Hofhund bellen hörte. Ich wollte es schnell kaufen, damit der Besitzer keine Felsblöcke mehr entfernen, die hohlen Apfelbäume fällen und einige junge Birken ausgraben konnte, die auf der Weide sprossen, kurz, um alle weiteren Verschönerungen seinerseits zu verhindern. Um diese Vorzüge zu genießen, war ich bereit, die Farm zu übernehmen, wie Atlas die Welt auf meine Schultern zu nehmen – ich habe übrigens nie erfahren, welchen Lohn er dafür erhielt – und alle notwendige Arbeit zu verrichten; und ich hatte dafür keinen anderen Grund, keine andere Entschuldigung, als dass ich mich nach geleisteter Zahlung ungestört meines Besitzes erfreuen wollte. Ich wusste die ganze Zeit, dass diese Ernte, auf die es mir ankam, reich ausfallen würde, wenn ich es mir nur leisten konnte, den Dingen freien Lauf zu lassen. Aber es kam, wie ich es beschrieben habe.

Demnach war alles, was ich über Landwirtschaft im großen Stil sagen konnte – einen Garten hatte ich immer –, dass ich über Saatgut verfügte. Viele glauben, dass Samen mit der Zeit besser werden. Ich bezweifle nicht, dass die Zeit das Gute vom Schlechten scheidet, und wenn ich schließlich säe, werde ich wahrscheinlich nicht enttäuscht werden. Ich möchte aber meinen Freunden ein für alle Mal raten: Lebt so lange wie möglich frei und ungebunden. Es macht nur wenig Unterschied, ob ihr an eine Farm gebunden seid oder an ein Gefängnis.

Der alte Cato, dessen Buch *De re rustica* mir viel bedeutet, sagt – und die einzige Übersetzung entstellt die Passage geradezu: »Willst du ein Gut kaufen, lass es dir lange durch den Kopf gehen und überstürze es nicht. Scheue keine Mühe, sondern begutachte es gründlich und glaube nicht, dass es genügt, einmal darauf herumzugehen. Je häufiger du hingehst, desto besser wird es dir gefallen, wenn es gut ist.« Ich werde es sicher nicht übereilt kaufen, sondern mein Leben lang darauf herumgehen, und erst wenn ich darauf begraben bin, wird es mir schließlich ganz und gar gefallen.

Das jetzige, zweite Experiment dieser Art will ich etwas ausführlicher beschreiben. Der Bequemlichkeit halber fasse ich die Erfahrungen zweier Jahre in eins zusammen. Ich möchte wie gesagt keine Ode an die Traurigkeit dichten, sondern so kraftvoll prahlen wie der Hahn am Morgen auf seinem Mist, und wäre es nur, um meine Nachbarn aufzuwecken.

Als ich endlich meinen Wohnsitz im Wald aufschlug, das heißt, als ich anfing, dort nicht nur meine Tage, sondern auch meine Nächte zuzubringen – es war übrigens zufällig am Unabhängigkeitstag, dem 4. Juli 1845 –, war mein Haus noch nicht winterfest, sondern bot nur gegen den Regen Schutz. Es hatte noch keinen Kamin, und die Wände waren noch nicht verputzt. Zwischen den rohen, verwitterten Brettern klafften breite Spalten, durch die nachts die Kälte hereinzog. Die groben weißen, behauenen Pfosten, die frisch gehobelte Tür- und Fensterverkleidung gaben dem Haus ein sauberes und luftiges Aussehen, besonders morgens, wenn das Holz vom Tau befeuchtet war. Ich stellte mir dann vor, dass mittags frisches Harz daraus hervorquellen würde. In meiner Phantasie behielt das Haus mehr oder weniger den ganzen Tag diesen morgendlichen Charakter, erinnerte mich an eine Berghütte, die ich ein Jahr zuvor besucht hatte. Es war eine luftige, naturbelassene Hütte, geeignet als Rastplatz für Götter. Auch der Wind über meinem Dach glich dem, der über die Berge fegt. Er trug mir zerrissene Klänge zu, göttliche Töne in irdischer Musik. Der Morgenwind weht in alle Ewigkeit, die Schöpfungsmelodie ist ununterbrochen, doch nur wenige Ohren vermögen sie zu hören. Der Olymp ist überall auf Erden.

Das einzige Haus, das ich vor diesem besessen habe, war, abgesehen von einem Boot, ein Zelt, das ich gelegentlich bei Ausflügen im Sommer benutzte. Es liegt noch zusammengerollt auf meinem Speicher. Das Boot dagegen wechselte häufig seinen Besitzer und trieb schließlich auf dem Strom der Zeit davon. Jedenfalls bewies ich jetzt, mit diesem beständigeren Obdach über mir, dass ich bezüglich meiner Sesshaftigkeit in der Welt Fortschritte machte. Dieser so schwach verkleidete Rahmen bildete sich um mich wie durch Kristallisation und blieb nicht ohne Einfluss auf den Erbauer. Er regte meine Phantasie an, gewissermaßen wie eine Skizze. Um Atem zu schöpfen, brauchte ich nicht ins Freie zu gehen, denn die Luft im Haus hatte nichts von ihrer Frische eingebüßt. Ich saß weniger in meinen vier Wänden als hinter ihnen, selbst beim stärkstem Regenwetter. Im *Harivamsa* heißt es: »Eine Wohnung ohne Vögel ist wie Fleisch ohne Würze.« Solch eine Wohnung hatte ich nicht, denn ich war plötzlich zum Nachbarn der Vögel geworden, nicht, weil ich einen gefangen hatte, sondern indem ich meinen Käfig mitten unter sie setzte. Ich war jetzt nicht nur denen näher, die gewöhnlich unsere Haus- und Obstgärten bevölkern, sondern auch den wilderen, leidenschaftlicheren Sängern des Waldes, die nie oder nur selten den Dorfbewohnern ein Ständchen singen: der Walddrossel, der Scharlachtangare, der Wilson-Drossel, dem Feldsperling, dem Nachtfalken und vielen anderen.

Mein Haus befand sich am Ufer eines kleinen Sees, etwa anderthalb Meilen südlich des Dorfs Concord. Es lag etwas höher, inmitten der ausgedehnten Waldungen zwischen Concord und Lincoln, etwa zwei Meilen südlich von unserem einzigen berühmten Feld: dem Schlachtfeld von Concord. Meine Hütte aber lag so tief in den Wäldern, dass das gegenüberliegende Ufer, das eine halbe Meile entfernt lag und wie alles Übrige bewaldet war, meinen Horizont begrenzte. Wann immer ich in der ersten Woche auf den See hinausblickte, schien er mir wie ein hoch oben liegender Bergsee, dessen Grund sich noch weit oberhalb des Wasserspiegels anderer Seen befand. Ging aber die Sonne auf, dann sah ich, wie er sein nebliges Nachtgewand abwarf und hier und da allmählich seine leicht wellige oder spiegelglatte Oberfläche sichtbar wurde, während sich die Nebelfelder wie Geister nach einer nächtlichen Zusammenkunft verstohlen ringsum in die Wälder flüchteten. Selbst der Tau schien hier länger an den Bäumen zu haften als anderswo – wie auf Berghängen.

In den Zeiten zwischen leichten Regenschauern im August war dieser kleine See der angenehmste Nachbar – wenn Luft und Wasser vollkommen regungslos waren, der bedeckte Himmel aber schon am Spätnachmittag eine heitere Abendruhe verbreitete und die Rufe der Walddrossel von einem Ufer zum anderen hallten. Nie ist ein See glatter als um diese Zeit, und da die Luft gleich über ihm von Wolken verdunkelt war, wird das Wasser mit all seinen Lichtern und Reflexen selbst zu einem tiefer gelegenen Himmel, der nur umso gewaltiger wirkt. Vom Gipfel eines benachbarten Hügels aus, der erst vor Kurzem abgeholzt worden war, hatte man einen schönen Ausblick südlich über den See, wo die Hänge sich ein wenig zu einem Tal hin öffneten und eine so steile Böschung bildeten, als fließe dort durch ein Tal im Wald ein Strom, aber den Strom gab es nicht. In weiter Ferne konnte ich zwischen und über diesen grünen Hügeln am Horizont höhere Berge sehen, die blau glänzten. Wenn ich mich auf die Zehenspitzen stellte, konnte ich im Nordwesten sogar die noch weiter entfernten, bläulichen Gipfel einer Gebirgskette erkennen – echte Münze aus des Himmels eigener Werkstatt – und dazu einen Teil des Dorfes. In andere Richtungen konnte ich aber auch von hier aus nicht über die mich rings umgebenden Wälder hinaussehen. Es ist gut, Wasser in der Nähe zu haben: Es belebt die Landschaft. Selbst der kleinste Quell bietet den Vorteil, dass man beim Hineinschauen erkennt: Die Erde ist nicht kontinental, sondern inselartig. Ein anderer Vorteil ist ebenso wichtig: Er hält die Butter kühl. Wenn ich von diesem Gipfel aus über den See zu den Sudbury-Wiesen hinüberblickte, die, vielleicht durch eine Luftspiegelung, zur Flutzeit in ihrem überschwemmten Tal höher zu liegen scheinen, wie Münzen im Wasser, so erschien mir alles Land jenseits des Sees wie eine dünne Erdkruste, die schon durch diese schmale Wasserfläche umspült und abgeschnitten wurde, und ich wurde daran erinnert, dass der Boden unter meinen Füßen nichts anderes war als ausgetrocknete Landmasse.

Obwohl die Aussicht vor meiner Tür noch beschränkter war, fühlte ich mich keineswegs eingeengt. Es gab genug Weideland für meine Phantasie. Der niedere, mit Zwergeichen bedeckte Höhenzug, zu dem sich das gegenüberliegende Ufer erhob, erstreckte sich bis zu den Prärien des Westens und den Steppen der Tatarei und bot genug Raum für alle wandernden Menschenkinder. »Nur die sind glücklich auf der Welt, die sich in Freiheit eines weiten Horizonts erfreuen«, sagte Damodara, als seine Herden neue und größere Weiden verlangten.

Ort und Zeit hatten sich geändert, und ich lebte näher an jenen Räumen des Weltalls, jenen Zeitaltern der Geschichte, die auf mich den größten Reiz ausübten. Ich lebte in einer so entlegenen Zone wie der, die der Astronom nachts betrachtet. Wir lieben es, uns seltene, reizvolle Orte in irgendeinem entfernten Winkel des Weltalls vorzustellen, hinter Kassiopeia, weit weg von Lärm und Unruhe. Ich stellte fest, dass mein Haus tatsächlich in solch einem entlegenen, doch ewig neuen, jungfräulichen Bereich des Universums lag. Wenn es der Mühe wert war, sich in der Nähe der Plejaden oder der Hyaden, bei Aldebaran oder Altair niederzulassen, dann war ich wirklich dort, oder wenigstens ebenso weit wie sie von jenem Leben entfernt, das ich hinter mir gelassen hatte.

Ein genauso schwacher Strahl wie von dort zitterte und blinkte zu meinem nächsten Nachbarn hinüber, für den ich nur in mondlosen Nächten sichtbar war. So war das Fleckchen der Schöpfung, auf dem ich mich niedergelassen hatte:

»Es war ein Schäfer, lebensfroh.
Hoch wie die Berge,
Auf die er sein Vieh zur Weide trieb,
Waren seine Gedanken.«

Was würden wir über das Leben eines Schäfers denken, wenn seine Herden immer zu höheren Weiden gewandert wären als seine Gedanken?

Jeder Morgen war eine freundliche Einladung, mein Leben so einfach, ja unschuldig zu gestalten wie die Natur selbst. Ich war ein ebenso aufrichtiger Verehrer Auroras wie die Griechen. Ich stand früh auf und badete im See, das war eine religiöse Übung und eine meiner besten Handlungen. Es heißt, dass auf der Badewanne des Königs Tsching-Tschang Schriftzeichen graviert waren, die besagten: »Erneuere dich vollständig jeden Tag; tue es wieder und wieder, bis in alle Ewigkeit.« Das verstehe ich. Der Morgen bringt die heroischen Zeitalter zurück. Wenn ich in der frühen Morgendämmerung bei offenen Fenstern und Türen in meiner Wohnung saß, wurde ich vom leisen Summen einer Mücke, die ihren unsichtbaren, unergründlichen Flug durch mein Zimmer nahm, so tief ergriffen wie von einer Ruhmesfanfare. Sie war sozusagen Homers Requiem, selbst eine Iliade, eine Odyssee in der Luft, die ihren eigenen Zorn und ihre Irrfahrten besang.

Es hatte etwas Kosmisches, wie eine ewige Verkündigung der immerwährenden Lebenskraft und Fruchtbarkeit der Welt. Der Morgen, der wichtigste Teil des Tages, ist die Zeit des Erwachens. Dann ist am wenigsten Schläfrigkeit in uns, und wenigstens eine Stunde lang wacht jener Teil von uns, der den restlichen Tag und die Nacht über schlummert. Wenig kann von einem Tag erwartet werden, wenn der Ausdruck Tag dafür überhaupt angebracht ist, an dem wir nicht durch unseren Lebensgeist, sondern vom mechanischen Anstoß eines Dieners geweckt werden, nicht durch unsere neu gesammelten Kräfte und Lebensenergien, begleitet von den Schwingungen himmlischer Musik – anstelle von Fabrikglocken –; an dem ein Aroma die Luft erfüllt und der uns ein höheres Leben verspricht als der Abend, an dem wir uns schlafen legten. So trägt auch die Finsternis ihre Früchte, erweist sich als heilsam, nicht weniger als das Licht. Wer nicht glaubt, dass jeder Tag eine frühere, heiligere und rosigere Zeit mit sich bringt als all jene, die er bereits entweiht hat, ist am Leben verzweifelt und bewegt sich auf abschüssigen, dunklen Wegen. Nach einem zeitweiligen Stillstand des Sinnenlebens fühlt sich die menschliche Seele, oder vielmehr ihre Organe, täglich neu gestärkt, und der Lebensgeist versucht von Neuem, das Leben so edel zu gestalten wie möglich. Alle großen Ereignisse, will ich behaupten, vollziehen sich am Morgen, in einer morgendlichen Atmosphäre. In den *Veden* heißt es: »Alle Geisteskräfte erwachen am Morgen.« Die Poesie und die Kunst und auch die schönsten, denkwürdigsten Taten der Menschen gehen auf diese Stunde zurück. Alle Dichter und Helden sind wie Memnon Kinder der Aurora: Sie singen bei Sonnenaufgang. Für den, dessen elastische, kraftvolle Gedanken mit der Sonne Schritt halten, ist der Tag ein ununterbrochener Morgen, unabhängig von der wirklichen Zeit oder seinem Handeln. Morgen ist, wenn ich wach bin und den Sonnenaufgang in mir spüre. Das Streben, den Schlaf abzuschütteln, nenne ich Umwertung der Moral. Warum geben denn die Menschen einen so enttäuschenden Bericht von ihrem Tag? Doch nur weil sie schliefen! Sie sind keine so schlechten Rechenmeister. Wenn die Schläfrigkeit sie nicht überwältigt hätte, hätten sie etwas getan. Für körperliche Arbeit sind Millionen wach genug, aber nur einer unter dieser Million ist wach genug für wirksame, geistige Leistungen, nur einer von hundert Millionen für ein poetisches, göttliches Leben. Wach sein heißt am Leben zu sein. Ich habe noch nie einen vollkommen wachen Menschen erlebt. Wie hätte ich ihm ins Gesicht sehen können?

Wir müssen lernen, wieder zu erwachen und uns wach zu halten, nicht durch mechanische Hilfsmittel, sondern durch das ständige Erwarten des Sonnenaufgangs, das uns selbst im tiefsten Schlaf nicht verlassen darf. Ich kenne nichts Ermutigenderes als die unbestreitbare Fähigkeit des Menschen, sein Leben durch bewusste Anstrengung auf eine höhere Stufe zu bringen. Es ist schon viel, wenn man ein ungewöhnliches Bild malen oder eine Statue meißeln kann und so einige schöne Dinge erschafft. Aber es wäre weitaus rühmlicher, die Atmosphäre selbst zu gestalten, das Medium, durch das wir hindurchsehen; geistig sind wir dazu imstande. Die Qualität eines Tages zu beeinflussen, das ist die höchste Kunst. Jeder hat die Pflicht, sein Leben bis in die Einzelheiten so zu gestalten, dass es sich selbst in seiner feierlichsten und kritischsten Stunde der Betrachtung würdig erweist. Wenn wir die klägliche Auskunft, die wir darüber erhalten haben, zurückweisen oder aufbrauchen würden, dann könnten uns noch die Orakel mitteilen, wie dies geschehen könnte.

Ich zog in die Wälder, weil ich den Wunsch hatte, mich nur mit den wesentlichen Dingen des Lebens zu beschäftigen, herauszufinden, ob ich lernen konnte, was ich lehren sollte, und weil ich vermeiden wollte, wenn ich sterben würde, erkennen zu müssen, dass ich nicht gelebt hatte. Ich wollte nicht etwas leben, was kein Leben ist; das Leben ist so kostbar. Auch wollte ich keine Entsagung üben, außer im Notfall. Ich wollte intensiv leben, alles Mark des Lebens aussaugen, so herzhaft und spartanisch leben, alles in die Flucht schlagen, was kein Leben war. Ich wollte mit großem Schwung nah am Boden mähen, um das Leben in die Enge zu treiben, und es auf die einfachste Formel bringen. Und sollte es sich als gemein erweisen, warum dann nicht seine ganze, unverfälschte Gemeinheit auskosten, um sie der Welt verkünden? War es jedoch erhaben, so wollte ich es durch eigene Erfahrung erkennen und imstande sein, davon zu berichten. Die meisten Menschen sind sich nämlich meines Erachtens darüber im Unklaren, ob das Leben vom Teufel oder von Gott stammt, und so haben sie vorschnell beschlossen, dass der Hauptzweck des Menschen auf Erden darin bestehe, »Gott zu loben und zu preisen bis in alle Ewigkeit«.

Noch immer leben wir armselig wie die Ameisen, dabei lautet die Sage, wir wären schon vor langer Zeit in Menschen verwandelt. Wie die Pygmäen kämpfen wir mit Kranichen, begehen Irrtum nach Irrtum, stecken einen Schlag nach dem anderen ein, und selbst unsere größten Vorzüge werden zu überflüssigen, vermeidbaren Jämmerlichkeiten verwendet. Unser ganzes Leben vergeuden wir mit Kleinigkeiten. Ein ehrlicher Mensch braucht zum Rechnen nicht mehr als seine zehn Finger, im größten Notfall kann er noch seine zehn Zehen zu Hilfe nehmen, den Rest kann er vergessen. Einfachheit, Einfachheit, Einfachheit! Ich sage, kümmere dich um zwei oder drei Angelegenheiten, nicht um hundert oder tausend. Rechne mit einem halben Dutzend statt mit einer Million, und führe Buch auf deinem Daumennagel. Auf diesem wankenden Meer unseres zivilisierten Lebens gibt es Wolken und Stürme und Strömungen und tausend andere Dinge, auf die der Mensch achtgeben muss. Führt er sein Logbuch nicht gewissenhaft, so wird er sinken, auf Grund laufen und nie den Hafen erreichen. Wer einlaufen will, muss wahrlich ein guter Rechenmeister sein. Vereinfache, vereinfache. Iss statt drei Mahlzeiten nur eine, wenn es nötig ist, statt hundert Gerichten nur fünf, und schränke auch alles andere entsprechend ein. Wie der Deutsche Staatenbund setzt sich auch unser Leben aus vielen kleinen Gebieten zusammen, und die Grenzen verschieben sich ständig, sodass selbst ein Deutscher nie genau sagen kann, wie gerade die Grenzlinien verlaufen. Und unsere Nation ist, trotz all ihrer sogenannten inneren Verbesserungen, die nebenbei bemerkt alle äußerlich und oberflächlich sind, eine ebenso schwerfällige und überdimensionierte Organisation, voll mit altem Hausrat und sich selbst gestellten Fallen, ruiniert durch Luxus und leichtsinnige Ausgaben, durch Mangel an Planung und eines würdigen Ziels, wie die Millionen Haushalte im Land. Die einzige Rettung für beide liegt in strenger Sparsamkeit, einer strikten und mehr als spartanischen Einfachheit des Lebens und einer Erhöhung unserer Ziele. Unser Land lebt zu schnell. Die Menschen meinen, es sei von hoher Wichtigkeit, dass die Nation Handel treibe, Eis exportiere, sich telegraphisch vernetze und man mit mindestens dreißig Meilen in der Stunde reisen könne, ob der Einzelne nun davon Gebrauch macht oder nicht. Aber ob wir wie Paviane oder wie Menschen leben sollen, ist nicht vollkommen sicher. Wenn wir aber statt Schwellen zu verlegen und Tag und Nacht Schienen zu schmieden an der Verbesserung unseres Lebens arbeiten, wer baut dann Eisenbahnen? Und wenn keine Eisenbahnen gebaut werden, wie wollen wir dann rechtzeitig in den Himmel fahren? Wenn wir aber zu Haus bleiben und uns nur um unsere Angelegenheiten kümmern, wer braucht dann Eisenbahnen? Wir fahren nicht mit der Eisenbahn, sie fährt mit uns. Hat man je darüber nachgedacht, was diese Schwellen sind, auf denen unsere Schienen ruhen? Jede Schwelle ist ein Mensch, ein Ire oder ein Amerikaner. Auf ihnen werden die Schienen verlegt, sie werden mit Sand bedeckt, und die Waggons rollen glatt über sie hinweg. Sie müssen einen tiefen Schlaf haben, das ist sicher. Und alle paar Jahre wird eine neue Lieferung verlegt und befahren. Wenn also manche das Vergnügen haben, auf den Schienen zu fahren, haben andere das Unglück, überfahren zu werden. Wenn aber ein schlafwandelnder Mensch – eine überzählige, traumverlorene Schwelle am falschen Platz – überfahren und plötzlich aufgeweckt wird, dann wird der Zug schnell zum Stillstand gebracht, und es gibt Geschrei und Protest, als wäre gerade etwas

Außergewöhnliches geschehen. Es freut mich zu hören, dass für je fünf Meilen ein Trupp Männer gebraucht wird, um die schlummernden Schwellen dort unten in ihren Betten zu halten, denn das gibt mir Hoffnung, dass sie vielleicht eines Tages auferstehen werden.

Warum leben wir in solcher Eile, in solcher Verschwendung? Wir fürchten den Hungertod, bevor wir hungrig sind. Die Menschen behaupten, eine Naht zur rechten Zeit erspare neun andere, also machen sie gleich heute tausend Nähte, um morgen neun zu sparen. Was die Arbeit angeht, so haben wir gar keine von Bedeutung. Den Veitstanz haben wir und können unsere Köpfe nicht still halten. Wenn ich nur ein paar Mal an der Glocke unserer Pfarrkirche Sturm läuten würde, als ob irgendwo ein Brand ausgebrochen wäre, gäbe es wohl keinen Farmer in der Umgebung von Concord, selbst wenn er sich noch am Morgen mit dringenden Geschäften entschuldigt hätte, keinen Jungen und wohl auch keine Frau, die nicht alles stehen und liegen ließen, um dem Signal zu folgen, und zwar nicht so sehr, um das Haus vor den Flammen zu retten, als ehrlich gesagt vielmehr, um es brennen zu sehen. Denn es brennt ja nun schon einmal, und sie selbst, das wollen wir betonen, haben das Feuer ja nicht gelegt. Vielleicht wollen sie sich auch ansehen, wie es gelöscht wird, oder, falls das ebenso unterhaltsam ist, mit anpacken, sogar wenn die Pfarrkirche selbst in Flammen steht. Es gibt kaum einen Menschen, der nicht nach einem halbstündigen Mittagsschläfchen den Kopf hebt und »Was gibt's Neues?« fragt, als ob die übrige Menschheit inzwischen für ihn Wache gehalten hätte. Andere lassen sich zweifellos aus keinem anderen Grund jede halbe Stunde wecken. Zum Dank dafür erzählen sie dann ihre Träume. Nach einer durchschlafenen Nacht sind Neuigkeiten ebenso unverzichtbar wie das Frühstück. »Erzählt mir doch bitte irgendetwas Neues, das irgendwem irgendwo auf dieser Erde zugestoßen ist« – und bei Kaffee und Brötchen liest man dann, dass am Morgen einem Mann am Wachito River die Augen ausgestochen wurden, ohne auch nur im Entferntesten daran zu denken, dass man in der düsteren unergründeten Mammuthöhle dieser Welt lebt und selbst nur rudimentäre Augen besitzt.

Ich für meinen Teil könnte gut ohne Post auskommen. Ich finde, dass nur sehr wenige Mitteilungen durch sie übermittelt werden, die wirklich wichtig sind. Streng genommen habe ich in meinem Leben nicht mehr als einen oder zwei Briefe bekommen (ich schrieb dies schon vor einigen Jahren), die das Porto wert waren. Die Briefpost ist in der Regel eine Einrichtung, bei der man einem Menschen allen Ernstes jenen Penny für seine Gedanken anbietet, der ihm im Scherz nur allzu oft unbeschadet angeboten wurde. Und dass ich in der Zeitung noch nie irgendeine bemerkenswerte Nachricht gelesen habe, steht für mich fest. Wenn wir einmal gelesen haben, dass ein Mensch beraubt, ermordet oder bei einem Unfall getötet wurde, dass ein Haus abgebrannt, ein Schiff untergegangen oder ein Dampfer in die Luft geflogen ist, dass eine Kuh von der Western Railroad überfahren, ein tollwütiger Hund umgebracht oder ein Schwarm Heuschrecken im Winter gesichtet wurde – dann brauchen wir so etwas nie wieder zu lesen. Einmal genügt. Hat man das Prinzip erfasst, was kümmern einen dann Myriaden von Beispielen und Ausformungen? Für den Philosophen sind alle sogenannten Neuigkeiten Geschwätz, und diejenigen, die sie herausgeben oder lesen, nur alte Klatschtanten. Trotzdem sind viele gierig nach solchem Geschwätz. Noch neulich soll es in einem Postamt wegen der soeben eingetroffenen ausländischen Nachrichten ein solches Gedränge gegeben haben, dass mehrere große Glasscheiben unter dem Druck zu Bruch gingen. Ich bin überzeugt, dass ein kluger Geist die gleichen Nachrichten schon zwölf Monate oder zwölf Jahre zuvor mit hinreichender Genauigkeit hätte vorhersagen können. Nehmen wir einmal Spanien: Wenn man hin und wieder Don Carlos oder die Infantin und Don Pedro und Sevilla und Granada ins richtige Verhältnis setzt – vielleicht haben sich seit der Zeit, als ich noch Zeitung las, die Namen ein wenig geändert – und sich, wenn andere Vergnügungen fehlen, mit einem Stierkampf behilft, so gibt uns das ein gerade so genaues Bild vom tatsächlichen Zustand oder Verfall der Dinge in Spanien wie die prägnantesten und hellsichtigsten Zeitungsmeldungen unter dieser Rubrik. Was England angeht, so war die letzte bedeutende Neuigkeit aus dieser Gegend der Welt die Revolution von 1649. Und wenn man sich Englands Erntestatistik für ein Durchschnittsjahr angesehen hat, braucht man diesem Gegenstand in Zukunft nie wieder Aufmerksamkeit zu schenken, es sei denn, aus rein finanziellen Interessen. Wenn jemand, der selten eine Zeitung aufschlägt, das beurteilen kann, gibt es im Ausland überhaupt keine Ereignisse – nicht einmal eine Französische Revolution.

Neuigkeiten! Wie viel wichtiger wäre es, das zu wissen, was nie alt war! Kieu-he-yu (ein hoher Würdenträger im Staat Wei) schickte einmal einen Mann zu Kung-tseu, um seine Neuigkeiten zu erfahren. Kung-tseu bat den Boten, neben sich Platz zu nehmen, und fragte ihn: »Was treibt dein Herr?« Ehrerbietig antwortete der Bote: »Mein Herr wünscht die Zahl seiner Fehler zu verringern, aber er wird nicht fertig mit ihnen.« Als der Bote sich entfernt hatte, sprach der Philosoph: »Welch vorzüglicher Bote! Welch vorzüglicher Bote!« Der Pfarrer sollte, anstatt die Ohren schläfriger Farmer an ihrem Ruhetag am Wochenschluss – denn der Sonntag ist der passende Abschluss einer schlecht verwendeten Woche und nicht der frische, mutige Beginn einer neuen – mit einer abgedroschenen Predigt zu quälen, lieber mit donnernder Stimme rufen: »Halt! Haltet ein! Warum denn scheinbar so schnell, wenn ihr doch so tödlich langsam seid?«

Täuschungen und Lügen werden für unerschütterliche Wahrheiten gehalten, während die Wirklichkeit märchenhaft ist. Wenn die Menschen nur zuverlässig die Wirklichkeit betrachten und sich nicht täuschen lassen würden, so erschiene ihnen das Leben, um es mit etwas zu vergleichen, was wir kennen, wie ein Zaubermärchen, wie *Tausendundeine Nacht*. Wenn wir nur darauf unser Augenmerk richteten, was unvermeidlich ist und Existenzberechtigung besitzt, so wären die Straßen von Musik und Poesie erfüllt. Wenn wir geduldig und weise sind, erkennen wir, dass nur große und würdige Dinge ewig und absolut sind, dass winzige Sorgen und winzige Freuden nur Schatten der Wirklichkeit sind, und dieser Gedanke stimmt froh und stolz. Weil die Menschen ihre Augen schließen und schlafen und sich vom Schein trügen lassen, richten sie ihr ganzes Leben an erfundenen Gewohnheiten und Mustern aus. Kinder, die Leben spielen, begreifen seine wahren Gesetze und Beziehungen klarer als Erwachsene, die es nicht würdig zu verbringen wissen, sich aber wegen ihrer Erfahrungen, das heißt ihrer Enttäuschungen, für weiser halten. In einem Hindubuch habe ich folgende Geschichte gelesen: Ein Königssohn, der als Kind aus seiner Heimatstadt vertrieben und von einem Einsiedler im Wald aufgezogen wurde, wuchs zu einem jungen Mann heran und fühlte sich den Barbaren zugehörig, bei denen er lebte. Ein Abgesandter seines Vaters machte ihn ausfindig und offenbarte ihm seine Herkunft. Er wurde aufgeklärt, dass er sich ein falsches Bild von sich gemacht hatte, und erfuhr, dass er ein Königssohn war. »Auf diese Weise«, fährt der indische Philosoph fort, »täuscht sich eine durch äußere Einflüsse fehlgeleitete Seele über ihren eigenen Wert, bis ihr durch einen heiligen Lehrer die Wahrheit offenbart wird und sie sich selbst als *bráhman* erkennt.« Ich glaube, dass wir Einwohner von Neuengland ein so jämmerliches Leben führen, weil unsere Einsicht die Oberfläche der Dinge nicht durchdringt. Wir nehmen den Schein für die Wirklichkeit. Wenn ein Mensch durch unsere Stadt gehen und nur das Wirkliche sehen würde, wo, glaubt ihr, würde dann das »Mühlwehr« bleiben? Und wenn er uns erzählen würde, was er wirklich gesehen hat, würden wir den Ort in seiner Beschreibung nicht wiedererkennen. Sieh dir ein Rathaus, ein Gericht, ein Gefängnis, ein Geschäft oder ein Wohnhaus an und sage, was solch ein Ding wirklich ist – es wird nicht viel davon übrig bleiben. Die Menschen halten die Wahrheit für etwas weit Entferntes, das sich an den Grenzen der Welt befindet, hinter dem letzten Stern, vor Adam und nach dem letzten

Menschen. In der Ewigkeit liegt natürlich etwas Erhabenes und Wahres, aber all diese Zeiten und Orte und Gelegenheiten sind jetzt und hier. Gott zeigt sich in diesem Augenblick in voller Pracht und wird im Verlauf aller Zeiten nicht göttlicher sein. Wir können nur dann Erhabenes und Edles begreifen, wenn wir ununterbrochen die uns umgebende Wirklichkeit mit allen Fasern in uns aufnehmen. Das Universum entspricht immer und gehorsam unseren Vorstellungen. Ob wir langsam oder schnell reisen – der Weg ist uns vorgezeichnet. Verbringen wir unser Leben damit, ihn zu erkennen. Kein Dichter oder Künstler hatte je einen so schönen Gedanken, dass nicht wenigstens einige seiner Nachfahren ihn hätten umsetzen können.

Verbringen wir unseren Tag so bewusst wie die Natur, und lassen wir uns nicht von jeder Nussschale, jedem Mückenflügel am Wegesrand aus dem Gleis werfen. Lasst uns früh und rasch aufstehen, ruhig und ohne Störung frühstücken. Besucher mögen kommen, Besucher mögen gehen, die Glocken mögen läuten und die Kinder schreien – wir sind entschieden, den Tag richtig zu leben. Warum sollten wir die Waffen strecken und mit dem Strom schwimmen? Lasst uns nicht untergehen und ertrinken in jenem schrecklichen Strudel, in jener Untiefe, die man Mittagessen nennt! Umschiffe diese Gefahr und du bist gerettet, denn der Rest des Wegs ist leicht. Umsegle diese Klippe mit starken Nerven und morgendlicher Frische, wende dich zur anderen Seite, an den Mast gebunden wie Odysseus. Wenn die Lokomotive pfeift, lass sie pfeifen, bis sie heiser wird. Warum gleich laufen, wenn die Glocke ertönt? Denken wir lieber darüber nach, welchen Klang sie hat. Kommen wir mit uns selbst ins Reine und bahnen uns einen Weg durch den Matsch und Schlamm der Meinungen, der Vorurteile und Traditionen, der Täuschung und des Scheins, diesen Schlick, der den Erdball bedeckt, durch Paris und London, New York, Boston und Concord, durch Kirche und Staat, durch Poesie, Philosophie und Religion, bis wir den harten, felsigen Grund erreichen, den wir Wirklichkeit nennen und von dem wir sagen können: Das *ist*, Irrtum ausgeschlossen. Und erst wenn wir unter Wasser, Eis und Feuer einen *point d'appui* gefunden haben, einen Ort, wo wir eine Mauer oder einen Staat errichten, ein Leuchtfeuer anbringen oder einen Pegel verankern könnten – kein Nilometer, sondern ein Realometer, damit künftige Generationen erkennen, wie hoch die Wellen des Betrugs und Scheins gingen –, erst dann wollen wir unser Werk beginnen. Wenn du eine Tatsache mit bloßem Auge scharf betrachtest, wirst du auf ihren beiden Seiten die Sonne funkeln sehen wie bei einem Türkensäbel. Du wirst fühlen, wie ihre süße Schneide dir durch Mark und Bein dringt, und glücklich dein Leben beschließen. Ob es um das Leben geht oder um den Tod, wir sehnen uns nur nach Wirklichkeit. Wenn es tatsächlich einmal ans Sterben geht, lasst uns das Röcheln in unserer Kehle hören, die Kälte in unseren Gliedern spüren. Solange wir aber leben, wollen wir es richtig tun.

Die Zeit ist nur ein Strom, in dem ich fische. Ich trinke aus ihm, doch während ich trinke, sehe ich den sandigen Grund und erkenne, wie seicht er ist. Die schwache Strömung fließt dahin, doch die Ewigkeit bleibt. Ich will einen noch tieferen Zug nehmen, im Himmel fischen, wo

Sterne wie Kiesel am Grund liegen. Ich kann nicht bis eins zählen. Ich kenne nicht den ersten Buchstaben des Alphabets. Immer habe ich bedauert, nicht so weise zu sein wie am Tag, an dem ich geboren wurde. Der Geist ist ein Beil; mit schneidender Schärfe bahnt er sich einen Weg in das Geheimnis der Dinge. Ich wünsche nicht, mehr mit meinen Händen zu arbeiten, als unbedingt notwendig ist. Mein Kopf ist Hand und Fuß zugleich. Ich fühle, dass dort meine stärksten Kräfte ruhen. Mein Instinkt sagt mir, dass mein Kopf, wie bei manchen Tieren die Schnauze oder die Vorderpfoten, ein Organ zum Graben ist. Mit ihm möchte ich mir meinen Weg durch diese Hügel bohren. Ich bin überzeugt, dass die reichste Ader gleich hier in der Nähe ist. Das verraten mir meine Wünschelrute und die dünnen aufsteigenden Nebelschwaden. Hier will ich mit dem Bergbau beginnen.

Lesen

Würden sich die Menschen die Wahl ihrer Beschäftigungen etwas genauer überlegen, so würden die meisten von ihnen wohl vor allem Studierende und Forscher werden, denn das Wesen und Schicksal des Menschen interessiert alle in gleicher Weise. Wenn wir Schätze für uns oder unsere Nachkommen anhäufen, wenn wir eine Familie oder ein Gemeinwesen gründen, selbst wenn wir Ruhm erlangen, sind wir sterblich. Unsterblich aber ist unser Drang nach Wahrheit. Er wird durch keine Wechselfälle, durch kein Ereignis erschüttert. Der früheste ägyptische oder indische Philosoph hat einen Zipfel des Schleiers der Gottheit gelüftet, und noch immer ist das wehende Gewand ein wenig emporgehoben. Mich trifft der gleiche leuchtende Glanz wie ihn, denn ich war es, der ihn damals so kühn machte, und er ist es, der heute mit mir noch einmal sieht. Kein Staubkorn ist auf dieses Gewand gefallen, keine Zeit ist seit seiner Enthüllung vergangen. Die Zeit, die wir vervollkommnen, die sich vervollkommnen lässt, ist weder Vergangenheit, Gegenwart noch Zukunft.

Mein Wohnort war nicht nur zum Denken, sondern auch zu ernster Lektüre viel geeigneter als eine Universität. Obwohl sich keine Leihbibliothek in meiner Reichweite befand, stand ich doch mehr denn je unter dem Bann derjenigen Bücher, die um die Welt zirkulieren und deren Sätze, anfangs auf Rinde geschrieben, jetzt nur noch von Zeit zu Zeit auf Papier nachgedruckt werden. »Als ich mich niederließ, um die Region der geistigen Welt zu durcheilen«, sagt der Dichter Mîr Kamar Uddîn Mast, »verhalfen mir die Bücher dazu. Ich erlebte die Trunkenheit von einem einzigen Glas Wein, als ich mich an den esoterischen Lehren berauschte.« Den ganzen Sommer über lag Homers *Ilias* auf meinem Tisch, aber ich blätterte nur hier und da darin. Ausführlicher darin zu lesen war unmöglich, denn meine Hände hatten zunächst vollauf damit zu tun, den Hausbau zu vollenden und die Bohnen zu hacken. Doch ich tröstete mich mit der Aussicht, später solche Lektüre pflegen zu können. Ich las in meinen Arbeitspausen ein paar seichtere Reisebeschreibungen, bis ich mich selbst darüber schämte und mich fragte, wo denn *ich* eigentlich lebte.

Der Student kann getrost Homer oder Aischylos auf Griechisch lesen, ohne leichtsinnig seine Zeit zu vergeuden, denn er muss notgedrungen den Helden dieser Dichter nacheifern und ihren Taten Morgenstunden widmen. Bücher aus den heroischen Zeiten werden, selbst wenn sie in den Schriftzeichen unserer Muttersprache gedruckt sind, stets in einer für die Zeiten des Verfalls toten Sprache verfasst sein. Wir müssen mühsam nach der Bedeutung jedes Wortes, jeder Zeile suchen und all unsere Weisheit, unsere Tapferkeit und unseren Edelmut darauf verwenden, einen tieferen Sinn hineinzulegen als jenen, den der übliche Sprachgebrauch nahelegt. Das moderne billige und ertragreiche Druckwesen hat mit all seinen Übersetzungen wenig dazu beigetragen, uns die heroischen Schriftsteller der Antike näherzubringen. Sie sind noch genauso einzigartig, und die Sprache, in der sie geschrieben haben, ist rätselhafter und ungewöhnlicher als je zuvor. Es lohnt sich, ganze Tage und kostbare Stunden darauf zu verwenden, auch nur ein paar Worte einer alten Sprache zu erlernen, die sich von der Banalität der Alltagssprache abhebt und immer wieder neu Anregung und Ermutigung gibt. Wenn der Farmer die wenigen lateinischen Ausdrücke, die er gelernt hat, behält und wiederholt, so ist das keine verlorene Arbeit. Manche setzen sich dafür ein, dass das Studium der Klassiker moderneren und praktischeren Studien weichen solle. Der wissbegierige Student aber wird sich immer wieder dem Studium der Klassiker zuwenden, in welcher Sprache sie auch geschrieben oder wie alt sie sein mögen. Denn was sind die Klassiker anderes als die erhabensten überlieferten Gedanken der Menschheit? Sie sind die einzigen erhaltenen Orakel, und zu den Antworten, die sie auf die modernsten Fragen geben, wären selbst Delphi und Dodona nie fähig gewesen. Ebenso gut könnten wir aufhören, die Natur zu studieren, weil sie alt ist. Gut zu lesen heißt wahre Bücher in wahrem Geiste lesen, und es ist eine edle Übung, die den Leser stärker herausfordert als so manch andere, die gerade modern ist. Sie verlangt ebenso viel Training und Hingabe wie bei den Athleten. Man soll Bücher so bewusst und bedächtig lesen, wie sie geschrieben wurden. Es genügt nicht einmal, die Landessprache zu kennen, in der sie geschrieben sind. Denn es gibt einen großen Unterschied zwischen der gesprochenen und der geschriebenen, zwischen der gehörten und der gelesenen Sprache. Die eine ist flüchtig, ein Klang, ein Schall, ein farbloser, fast roher Dialekt, den wir unbewusst von unseren Müttern erlernen wie die Tiere. Die andere ist die Blüte und Frucht der ersteren. Ist die eine unsere Muttersprache, so ist die andere unsere Vatersprache, eine sorgfältig erwogene Ausdrucksweise, viel zu bedeutungsvoll, um sie mit dem Ohr zu erfassen. Wir müssen erst neu geboren werden, um sie zu sprechen. Die vielen Menschen, die im Mittelalter Griechisch und Latein nur sprachen, waren deshalb nicht gleich in der Lage, auch die großen Werke des Altertums zu lesen, denn diese waren nicht in jenem Griechisch oder Latein geschrieben, das sie kannten, sondern in der gewählten Sprache der Literatur. Da sie die edleren Dialekte der alten Griechen und Römer nicht erlernt hatten, waren deren Schriften für sie nicht mehr als altes Papier. Die billige zeitgenössische Literatur galt ihnen mehr. Erst als die verschiedenen europäischen Völker ihre individuellen, wenn auch rohen Schriftsprachen geschaffen hatten, die als Grundlage für die Weiterentwicklung der Literatur genügten, lebten die Studien wieder auf, und die Gelehrten konnten aus der Distanz die Schätze des Altertums erfassen. Was das römische oder griechische Volk nicht hören konnte, das konnten nach Jahrhunderten einige wenige Forscher lesen, und einige wenige Forscher lesen es noch heute.

Mögen wir die Kunstfertigkeiten mancher Redner auch noch so sehr bewundern – das edle geschriebene Wort steht so weit über der flüchtigen gesprochenen Sprache wie das Firmament mit seinen Sternen über den Wolken. Die Sterne sind dort, und wer kann, sollte sie lesen. Die Astronomen beobachten und deuten sie unermüdlich. Es sind keine Nebelgebilde wie unsere täglichen Gespräche, unser dampfender Atem. Was in der Öffentlichkeit als

Beredsamkeit gilt, wird sich im Studierzimmer meist als Rhetorik erweisen. Der Redner schnappt einen flüchtigen Anlass auf und spricht zum anwesenden Pöbel, zu denen, die ihn hören können. Der Schriftsteller dagegen, der aus seinem gleichförmigeren Leben schöpft und der die Anlässe und die Menschenmassen, die den Redner inspirieren, als Störung empfinden würde, spricht zum Geist und zum Herzen aller Menschen in allen Zeiten, die ihn verstehen können.

Kein Wunder, dass Alexander bei seinen Feldzügen die *Ilias* immer in einem kostbaren Kästchen bei sich trug. Ein geschriebenes Wort ist die wertvollste Reliquie. Kein anderes Kunstwerk ist uns so nah und doch so universell. Es ist das Kunstwerk, das dem Leben am nächsten steht. Es kann in jede Sprache übertragen und nicht nur von allen menschlichen Lippen gelesen, sondern auch geatmet werden – wird nicht nur auf Leinwand oder in Marmor dargestellt, sondern ist aus dem Atem des Lebens selbst geschnitzt. Das Symbol des Gedankens eines antiken Menschen wird zur Sprache des modernen Menschen. Zweitausend Sommer haben den Literaturdenkmälern der Griechen wie ihren Marmorschöpfungen nur einen reiferen, goldenen, herbstlichen Ton verliehen, denn sie haben ihren heiteren, himmlischen Glanz selbst in alle Länder getragen, um ihn vor dem Zahn der Zeit zu schützen. Bücher sind der gespeicherte Reichtum der Welt und das wertvollste Erbe von Generationen und Völkern. Bücher, und zwar die ältesten und besten, stehen also mit Fug und Recht auf dem Wandbrett einer jeden Hütte. Sie bringen selbst nichts zu ihrer Rechtfertigung vor, doch solange sie erhellen und erbauen, wird kein vernünftig denkender Leser sie zurückweisen. Ihre Verfasser bilden in jeder Gesellschaft einen natürlichen, unwiderstehlichen Adel und üben einen größeren Einfluss auf die Menschheit aus als Kaiser und Könige. Wenn der ungebildete und vielleicht spöttische Kaufmann sich durch Unternehmergeist und Fleiß die erstrebte Muße und Unabhängigkeit erworben und Zutritt zum Kreis der Reichen und Fortschrittlichen erhalten hat, wendet er sich unweigerlich auch den höheren, wenn auch schwerer zugänglichen Kreisen des Geistes und der Kunst zu. Weil er sich der Unvollkommenheit seiner Erziehung und der Nichtigkeit und Unzulänglichkeit all seiner Reichtümer bewusst ist, wird er seinen gesunden Menschenverstand beweisen, indem er sich Mühe gibt, seinen Kindern jene Geistesbildung zu ermöglichen, deren Mangel er selbst so schmerzlich empfand. Und erst auf diese Weise wird er zum Gründer einer Familie.

Wer nicht gelernt hat, die alten Klassiker in der Originalsprache zu lesen, kann nur ein sehr unvollkommenes Wissen über die Geschichte der Menschheit haben. Es ist bemerkenswert, dass sie noch nie in einer modernen Sprache nachgedichtet wurden – es sei denn, wir sehen unsere Zivilisation selbst als eine solche Nachdichtung an. Weder Homer noch Aischylos noch Vergil wurden bisher auf Englisch gedruckt – Autoren, deren Werke fast so vollendet, so einzigartige und schön sind wie der Morgen selbst. Wenn überhaupt, haben trotz ihrer Fertigkeiten nur wenige Schriftsteller nach ihnen die sorgfältige Schönheit und Vollendung ihrer lebenslangen und heroischen literarischen Arbeit erreicht. Dass man die Klassiker vergessen könnte, behaupten nur diejenigen, die sie nicht kennen. Man wird sie noch früh genug vergessen können, wenn wir so viel gelernt haben, so viel Verstand besitzen, um sie zu schätzen und zu verstehen. Wahrhaft reich wird das Zeitalter sein, in dem die Reliquien, die wir Klassiker nennen, und einige noch ältere und klassischere, aber weniger bekannte heilige Schriften der Völker mit versammelt sind, wenn die Bibliotheken der Welt mit *Veden*, *Zend-Avesten* und Bibeln angefüllt sind, mit Homer, Dante und Shakespeare, wenn all die späteren Jahrhunderte ihre Trophäen auf dem Forum der Welt aufgestapelt haben. Von solcher Höhe aus dürfen wir hoffen, schließlich in den Himmel zu kommen.

Die Werke der großen Dichter sind bislang von der Menschheit noch nicht gelesen worden, denn nur Dichterfürsten sind wirklich dazu fähig. Sie wurden nur so gelesen, wie die Mehrheit die Sterne liest: höchstens astrologisch, nicht astronomisch.

Die meisten Menschen haben lesen gelernt, um armseligen Aufgaben genüge zu tun, wie sie auch rechnen lernten, um Buch führen zu können und um beim Handel nicht übers Ohr gehauen zu werden. Aber vom Lesen als einer erhabenen, geistigen Beschäftigung wissen sie wenig oder nichts. Dabei ist nur das im eigentlichen Sinne des Wortes lesen – nicht das, was angenehm einlullt und den geistigen Fähigkeiten einen kleinen Schlummer gestattet, sondern das, wofür wir uns auf die Zehenspitzen stellen und unsere wachsten, hellsten Stunden verwenden müssen.

Haben wir erst einmal die Buchstaben erlernt, so bin ich der Meinung, dass wir nur das Beste der Literatur lesen sollten, anstatt ewig unser ABC zu wiederholen und unser Leben lang auf der Schulbank zu sitzen. Die meisten Menschen sind zufrieden, wenn sie ein einziges gutes Buch lesen, von dessen Weisheit man sie überzeugt hat, die Bibel zum Beispiel, oder wenn sie sich daraus vorlesen lassen. Den Rest ihres Lebens vegetieren sie dahin und verschwenden ihr Können an sogenannte seichte Literatur. In unserer Leihbücherei befindet sich ein mehrbändiges Werk mit dem Titel *Little Reading*, den ich mit einer Stadt gleichen Namens in Verbindung brachte, die ich noch nie besucht hatte. Es gibt Vielfraße, die selbst auf vollen Magen eine Menge davon verdauen können. Was andere fabrikmäßig produzieren, verschlingen sie wie Maschinen. Neuntausendmal lesen sie das Märchen von Zebulon und Sophronia, die einander liebten, wie nie zuvor geliebt wurde, doch der Pfad, auf dem ihre treue Liebe wandelte, verlief nicht eben – sie lief und strauchelte, stand auf und lief weiter. Oder sie lesen, wie ein Unglückseliger auf eine Kirchturmspitze kletterte, der besser am Glockenturm haltgemacht hätte. Ist dieser Pechvogel dann überflüssigerweise oben angekommen, läutet der glückliche Autor die Glocke, damit alle Welt zusammenläuft und erfährt, ach du lieber Himmel!, wie er es wieder herunterschafft. Man täte meines Erachtens gut daran, all diese strebsamen Helden der gesamten Romanliteratur in menschliche Wetterhähne zu verwandeln, wie man die Helden der Antike unter die Sterne versetzte, damit sie sich dort oben drehen können, bis sie rostig sind, und friedliche Bürger mit ihren Streichen verschonen. Wenn der Romanautor das nächste Mal die Glocke läutet, rühre ich mich nicht vom Fleck, und wenn das Rathaus niederbrennt. *Der Sprung des Zehenspitzenspringers*, eine Romanze aus dem Mittelalter vom berühmten Verfasser des *Tittle Tol-Tan* erscheint in monatlichen Lieferungen! Es gibt einen großen Andrang! Kommt nicht alle auf einmal! Das alles lesen sie, mit Augen groß wie Mühlräder, mit lebhafter, ungetrübter Neugierde und unersättlichem Magen, dessen Appetit nicht erst angeregt werden muss, wie auch dem vierjährigen Knirps seine Zwei-Cent-Goldschnitt-Aschenputtel-Ausgabe nicht schmackhaft gemacht werden muss. Fortschritte machen sie dadurch nicht, weder in der Aussprache noch in der Betonung noch in der Fähigkeit, eine Moral daraus zu ziehen oder hineinzulegen. Das Ergebnis ist nur die Verschlechterung des Sehvermögens, das Stocken des Blutkreislaufs und die allgemeine Ohnmacht und Verkümmerung der geistigen Fähigkeiten. Diese Sorte Lebkuchen wird täglich in jedem Backofen eifriger gebacken als reines Weizen-, Roggen- oder Maisbrot. Sie wird auch viel leichter verkauft.

Die besten Bücher werden noch nicht einmal von denen gelesen, die man als gute Leser bezeichnet. Worauf läuft die Kultur in Concord hinaus? Es gibt hier, mit sehr wenigen Ausnahmen, für die besten und für die guten Bücher, selbst die englischen, die jeder lesen kann, keinen Sinn. Selbst die Studierten und sogenannten höher Gebildeten haben hier wie anderswo wenig oder überhaupt keine Ahnung von den englischen Klassikern, und um das überlieferte Wissen der Menschheit, die alten Klassiker und heiligen Schriften, die allen Interessierten zugänglich wären, kümmert man sich so wenig wie möglich. Ich kenne einen Holzfäller mittleren Alters, der eine französische Zeitung abonniert, nicht wegen der Neuigkeiten, darüber sei er erhaben, wie er sagt, sondern um in Übung zu bleiben, denn er ist in Kanada geboren. Auf die Frage, welche Beschäftigung ihm auf dieser Welt als die beste erscheine, antwortete er, abgesehen von der erwähnten sei es die Pflege und Verbesserung seines Englisch. Viel mehr tun und wollen auch die meisten akademisch Gebildeten nicht, und zu diesem Zweck lesen sie englische Zeitungen. Und wenn einer eines der besten englischen Bücher gelesen hat, wie groß ist dann die Zahl derer, mit denen er darüber sprechen kann? Oder nehmen wir einmal an, jemand habe soeben einen griechischen oder römischen Klassiker im Original gelesen – nun, da wird er überhaupt niemanden finden, mit dem er sich darüber unterhalten kann, und muss schweigen. Es gibt an unseren Universitäten tatsächlich kaum einen Professor, der, selbst wenn er die sprachlichen Herausforderungen bewältigt hat, gleichermaßen auch die geistigen Herausforderungen eines griechischen Dichters meistert, um sie dem kritischen, mutigen Leser verständlich zu machen. Und was die heiligen Schriften oder Bibeln der Menschheit betrifft, wer in dieser Stadt kann mir auch nur ihre Titel nennen? Die meisten Menschen wissen gar nicht, dass außer den Juden noch andere Völker eine heilige Schrift besaßen. Jeder Mensch wird einen beträchtlichen Umweg in Kauf nehmen, um einen Silberdollar aufzuheben, aber hier liegen goldene Worte, Worte, die die weisesten Männer des Altertums verkündet haben und deren Wert von den Weisen aller nachfolgenden Generationen bestätigt worden ist, und trotzdem lernen wir nur leichte Bücher zu lesen, Fibeln und andere Schulbücher und nach unserer Schulzeit *Little Reading* und Märchen für Kinder und Anfänger. So bleiben unsere Lektüren, Gespräche und

Gedanken auf einer sehr niedrigen Stufe stehen, die für Pygmäen und Zwerge angemessen wäre.

Ich wünsche mir, weisere Männer kennenzulernen, als sie der Boden Concords hervorgebracht hat, Männer, deren Namen man hier kaum kennt. Oder soll ich den Namen Plato hören und nie sein Buch lesen? Als ob Plato mein Landsmann wäre und ich ihn nie gesehen hätte – mein nächster Nachbar und ich hätte ihn nie sprechen hören, nie seinen weisen Worten gelauscht! Und wie ist es wirklich? Seine Dialoge, die ihn unsterblich gemacht haben, liegen hier auf dem Bücherbrett, und doch habe ich sie nie gelesen. Wir sind ungebildete, beschränkte Analphabeten, und ich gestehe, dass ich in dieser Hinsicht zwischen denen, die überhaupt nicht lesen können, und denen, die nur lesen gelernt haben, was sich für Kinder und geistig Beschränkte eignet, kaum unterscheide. Wir sollten so gut sein wie die Größen des Altertums, aber dann müssten wir erst einmal lernen, wie gut jene waren. Wir sind ein Geschlecht von Zwergen, und unser Geistesflug reicht nicht viel höher als die Spalte der Tageszeitung.

Nicht alle Bücher sind so stumpf wie ihre Leser. Manche enthalten vielleicht Worte, die genau auf unsere Verhältnisse passen, die, wenn wir sie nur wirklich hören und begreifen würden, segensreicher für unser Leben wären als der Morgen oder der Frühling oder die vielleicht unsere Sicht der Dinge bereichern. Schon mancher Mensch hat nach der Lektüre eines Buchs seinem Leben eine neue Wendung gegeben. Vielleicht existiert irgendwo das Buch, das unsere Wunder erklärt und uns neue Wunder offenbart. Wir finden vielleicht irgendwo Dinge ausgesprochen, die bislang für uns unaussprechlich geblieben sind.

Die gleichen Fragen, die uns beunruhigen, quälen und verwirren, haben die Menschen schon immer beschäftigt. Nicht eine einzige wurde ausgelassen, und jeder hat seinen Fähigkeiten entsprechend mit Worten oder mit seinem Leben darauf geantwortet. Mit Weisheit eignen wir uns aber auch Großzügigkeit an. Ein einsamer Tagelöhner auf einem nahe gelegenen Hof mit seinen speziellen religiösen Überzeugungen und seinem Glauben an Wiedergeburt, der ihn, wie er meint, zu solch stiller Duldsamkeit und Unantastbarkeit gebracht hat, wird es womöglich für eine Lüge halten, aber Zoroaster wanderte vor Tausenden von Jahren auf derselben Straße und hat dieselbe Erfahrung gemacht. Er allerdings wusste, da er weise war, dass sie allgemein menschlich ist, und behandelte dementsprechend seine Mitmenschen. Er soll sogar den Gottesdienst erfunden und unter die Menschen gebracht haben. Möge sich jener einsame Arbeiter doch demütig mit Zoroaster zusammentun und durch den befreienden Einfluss großer Geister, ja auch dem von Jesus Christus, »unsere Kirche« getrost über Bord werfen.

Wir rühmen uns damit, dem neunzehnten Jahrhundert anzugehören und von allen Völkern die gewaltigsten Fortschritte zu machen. Was aber tut denn zum Beispiel Concord für seine Kultur? Ich möchte meinen Mitbürgern nicht schmeicheln noch von ihnen Schmeicheleien hören; damit ist keinem geholfen. Wir brauchen Anstoß, müssen angetrieben werden wie Ochsen, die wir ja sind. Für Kinder haben wir ein recht anständiges Schulsystem, aber abgesehen von einer kümmerlichen Volkshochschule im Winter und dem zaghaften Versuch, eine öffentliche Bücherei zu errichten, haben wir keine Schule für uns selbst. Unsere Körperpflege und Verpflegung lassen wir uns einiges kosten, nicht aber unsere geistige Nahrung. Es ist an der Zeit, dass wir Erwachsenenschulen bekommen, dass wir nicht mit unserer Bildung aufhören, wenn wir Männer und Frauen geworden sind. Es ist Zeit, dass die Dörfer sich in Bildungsstätten verwandeln und dass wir ihren älteren Einwohnern ermöglichen, wenn sie die Muße dazu haben, ihren Lebensabend mit freien Studien zu verbringen. Soll die Welt sich ewig mit Paris oder Oxford begnügen? Könnten Studenten nicht auch hier unter Concords Himmel eine höhere Bildung erhalten? Können wir nicht auch einen Abaelard anstellen, der uns Vorlesungen hält? Aber ach, über Viehzucht und Handel haben wir unsere Bildung schändlich vernachlässigt. In diesem Land sollte die Stadt gewissermaßen die Stelle des Adligen in Europa einnehmen. Sie sollte die Patronin der schönen Künste sein. Reich genug ist sie. Es fehlt nur an Vornehmheit und Großzügigkeit. Für Dinge, die Bauern und Kaufleute schätzen, wird viel Geld ausgegeben, aber schon der Vorschlag, es für etwas zu verwenden, das für weitaus intelligentere Menschen ungleich wertvoller ist, gilt als utopisch. Diese Stadt hat, dem Himmel oder der Politik sei Dank, siebzehntausend Dollar für ein Rathaus ausgegeben, doch für dessen würdige Füllung, die lebendige Geisteskraft, wird sie eine solche Summe wahrscheinlich in hundert Jahren nicht aufwenden. Die hundertfünfundzwanzig Dollar Jahresgebühr für die Volkshochschule sind besser angelegt als jede Steuer, die in dieser Stadt erhoben wird. Wenn wir schon einmal im neunzehnten Jahrhundert leben, warum sollten wir dann nicht in den Genuss der Vorteile kommen, die das neunzehnte Jahrhundert uns bietet? Warum leben wir so provinziell? Wenn wir schon Zeitungen lesen, warum überspringen wir nicht den Klatsch und Tratsch aus Boston und greifen gleich zur besten Zeitung der Welt? Nein, wir lassen uns von den sogenannten *Familienzeitungen* besäuseln oder knabbern hier in Neuengland am *Olivenzweig*. Lasst uns die Berichte der gelehrten Gesellschaften abonnieren, dann werden wir sehen, ob sie uns etwas zu sagen haben. Warum sollten wir es den Verlegern überlassen, unsere Lektüren auszuwählen? Wie der gebildete Adlige, der sich mit allem umgibt, das zu seiner geistigen Weiterbildung beiträgt – Talent, Geist, Wissenschaft, Witz, Bücher, Gemälde, Statuen, Musik, Philosophie und dergleichen mehr –, so sollte sich auch eine Stadt um diese Dinge bemühen. Wir müssen uns nicht mit einem Erzieher, einem Pfarrer, einem Küster, einer Pfarrbibliothek und drei Stadtverordneten begnügen, bloß weil einst unsere Vorfahren, die Pilgerväter, einen kalten Winter auf einem kahlen Felsen damit überstanden haben. Gemeinsames Handeln ist der Kern unserer Verfassung, und ich bin, weil unsere Quellen ergiebiger fließen, überzeugt, dass unsere Schätze größer sind als die des Adligen. Neuengland kann es sich leisten, alle weisen Männer der Welt als seine Lehrer anzustellen, sie würdig zu beherbergen und alles Provinzielle zu überwinden. Das ist die Erwachsenenschule, die wir brauchen. Wir brauchen keine Adligen, wenn wir ganze Städte adeln können. Verzichtet notfalls auf eine der Brücken über den Fluss und macht stattdessen einen etwas weiteren Weg, oder spannt wenigstens einen Bogen über den dunkleren Abgrund der Unwissenheit, die uns umgibt.

Klänge

Doch wenn wir uns auf Bücher beschränken, selbst wenn es die erlesensten Klassiker sind, und nur bestimmte Schriftsprachen lesen, die selbst nur provinzielle Dialekte sind, laufen wir Gefahr, die Sprache zu vergessen, in der alle Dinge und Ereignisse ohne Metaphern sprechen, die allein erschöpfend und grundlegend ist. Viel wird veröffentlicht, aber wenig wird gedruckt. Die Strahlen, die durch den Fensterladen fielen, sind vergessen, wenn er ganz geöffnet ist. Keine Methode, keine Disziplin kann uns über die Notwendigkeit hinweghelfen, ständig die Augen offen zu halten. Was ist ein Kurs über Geschichte, Philosophie oder Dichtung, mag er noch so vorzüglich zusammengestellt sein, was ist die beste Gesellschaft oder die bewunderungswürdigste Lebensweise im Vergleich zur Fähigkeit, zu sehen, was wirklich zu sehen ist. Willst du nur ein Leser, ein Forscher sein, oder auch ein Sehender? Lies dein Schicksal, sieh, was vor dir liegt, und gehe deiner Zukunft entgegen.

Im ersten Sommer habe ich keine Bücher gelesen; ich zog Bohnen. Doch oft tat ich etwas noch viel Besseres. Es gab Zeiten, in denen ich es nicht über mich brachte, die Blüte des Augenblicks irgendeiner geistigen oder körperlichen Arbeit zu opfern. Ich liebe es, meinem Leben einen weiten Spielraum zu geben. Im Sommer saß ich manchmal nach meinem gewohnten Bad von Sonnenaufgang bis zum Mittag vor meiner Tür im Sonnenschein, traumverloren zwischen Fichten, Hickorys und Sumachbäumen, in ungestörter Einsamkeit und Stille, während um mich die Vögel sangen oder geräuschlos durch das Haus flatterten. Und erst wenn sich die Sonne im Westfenster meines Hauses spiegelte oder das Geräusch eines Wagens von der fernen Landstraße zu mir drang, wurde mir bewusst, wie viel Zeit vergangen war. An solchen Tagen wuchs ich wie der Mais in der Nacht. Sie waren wertvoller, als irgendein Werk meiner Hände hätte sein können. Sie verkürzten mein Leben nicht, sondern bereicherten es um ein Vielfaches. Ich begriff, was die Orientalen unter Kontemplation und Entsagung verstehen. Ich merkte meist gar nicht, wie die Stunden verflogen. Der Tag schritt voran, als wollte er mein Werk beleuchten. Gerade war es noch Morgen, und siehe da, nun ist es Abend, und nichts von Bedeutung wurde vollbracht. Wie die Vögel singen, lächelte ich innerlich über mein Glück. Wie der Sperling auf dem Hickory vor meinem Haus zwitscherte, hörte vielleicht auch er mein Glucksen oder unterdrücktes Trällern zu sich hinüberschallen. Meine Tage waren keine Wochentage, nicht nach irgendeiner heidnischen Gottheit benannt, nicht in Stunden zerhackt oder vom Ticken einer Uhr zerstückelt. Ich lebte wie die Puri-Indianer, von denen es heißt, sie besäßen für gestern, heute und morgen nur ein Wort, das sie abwandeln, indem sie für gestern rückwärts, für morgen vorwärts und für heute nach oben deuten. Meine Landsleute hielten meine Lebensweise zweifellos für pure Faulheit, hätten aber Vögel oder Blumen mich nach ihren Kriterien beurteilt, wäre ich sicher nicht durchgefallen. Ein Mensch muss von innen heraus seine Antriebe finden, das steht fest. Der Tag an sich ist sehr still und wird ihm seine Trägheit kaum zum Vorwurf machen.

Gegenüber anderen Menschen, die sich Vergnügungen, Theateraufführungen und Gesellschaften suchen müssen, hatte meine Lebensweise den Vorteil, dass mein Leben selbst mich unterhielt und nie aufhörte, neu zu sein. Es war ein Schauspiel mit vielen Szenen und ohne Schluss. Würden wir immer versuchen, nach den letzten und besten Regeln unseren Lebensunterhalt zu verdienen und unser Leben zu gestalten, so würde uns sicher nie Langeweile plagen. Folge unmittelbar deinem Geist, und er wird dir in jeder Stunde neue Perspektiven eröffnen. Hausarbeit war ein willkommener Zeitvertreib. Wenn mein Fußboden schmutzig war, stand ich früh auf und trug all meine Möbel hinaus auf das Gras, Bett und Bettzeug in einer Fuhre, sprengte die Dielen mit Wasser, streute weißen Sand aus dem See darauf, bürstete sie mit dem Besen, und wenn die Dorfbewohner frühstückten, hatte die Morgensonne mein Haus schon so weit getrocknet, dass ich wieder einziehen konnte. Meine Meditationen waren dabei kaum unterbrochen worden. Es war eine Freude, meine ganze Einrichtung dort draußen auf dem Gras, ein kleiner Haufen wie das Bündel eines Zigeuners. Mein dreibeiniger Tisch stand mitsamt Büchern, Feder und Tinte mitten unter Fichten und Hickorys. Die Möbel schienen froh, selbst einmal ins Freie zu kommen, und ließen sich nur widerwillig wieder hineintragen. Manchmal war ich kurz davor, ein Plane über sie zu spannen und mich darunter niederzulassen. Es lohnte sich zu beobachten, die Sonne auf all diese Dinge scheinen zu sehen und den Wind über sie streichen zu hören. Vertraute Gegenstände sehen im Freien viel interessanter aus als im Haus. Ein Vogel sitzt auf dem nächsten Ast, Astern wachsen unter dem Tisch, Brombeerranken schlingen sich um seine Beine; Kiefernzapfen, stachlige Kastanienhüllen und Erdbeerblätter liegen auf dem Boden verstreut. Es sah aus, als ob diese Formen sich in unsere Möbel, Tische, Stühle und Betten verwandelt hätten – weil sie einst in ihrer Mitte standen.

Meine Hütte stand am Abhang eines Hügels, unmittelbar am Waldrand, inmitten junger Pechkiefern und Hickorys, etwa dreißig Schritte vom See entfernt, zu dem ein schmaler Pfad den Hügel hinunterführte. In meinem Vorgarten wuchsen Erdbeeren, Brombeeren und Astern, Johanniskraut und Goldrute, Zwergeichen und Sandkirschen, Heidelbeeren und Erdnüsse. Gegen Ende Mai schmückten die Blüten der Sandkirsche (*Cerasus pumila*) den Wegesrand, die in Dolden zylindrisch um die kurzen Stängel stehen. Im Herbst aber bogen sich die Sträucher unter dem Gewicht der schönen großen Kirschen, die sich wie Strahlenbündel von beiden Seiten auf den Weg ergossen. Ich probierte die Früchte aus Höflichkeit gegenüber der Natur, aber sie waren ungenießbar. Der Sumach (*Rhus glabra*) wuchs üppig rund ums Haus, überwucherte den Damm, den ich aufgeschüttet hatte, und erreichte im ersten Jahr eine Höhe von fünf bis sechs Fuß. Seine breiten, federartigen, tropischen Blätter boten einen schönen, wenn auch seltsamen Anblick. Die großen Knospen, die erst spät im Frühling plötzlich aus den trockenen, scheinbar abgestorbenen Stängeln hervorsprossen, entwickelten sich wie durch Zauberei zu anmutigen, grünen, zarten Zweigen von einem Zoll Durchmesser. Sie wuchsen so sorglos und überanstrengten so sehr ihre schwachen Glieder, dass ich manchmal, wenn ich an meinem Fenster saß, obwohl sich kein Lüftchen regte, einen noch frischen grünen Ast plötzlich wie einen Fächer zur Erde fallen hörte; sein Eigengewicht hatte ihn abgebrochen. Im August nahmen die zahllosen Beeren, die in ihrer Blütezeit viele wilde Bienen angelockt hatten, allmählich ein helles samtiges Karmesinrot an; auch ihre zarten Zweige begannen sich unter dem Gewicht zu biegen und zu brechen.

Während ich jetzt an diesem Sommernachmittag an meinem Fenster sitze, kreisen Habichte über der Lichtung. Der pfeilschnelle Flug wilder Tauben, die zu zweit oder zu dritt mein Blickfeld durchqueren oder ruhelos auf den Ästen der Weißkiefern hinter meinem Haus auf und ab hüpfen, verleiht der Luft eine Stimme. Ein Fischreiher taucht in die spiegelglatte Oberfläche des Sees und fördert einen Fisch zutage. Eine Otter stiehlt sich aus dem Sumpf vor meiner Tür hervor und schnappt sich am Ufer einen Frosch. Das Schilf beugt sich unter der Last der hin und her flatternden Rohrammern. In der letzten halben Stunde war, mal leiser, mal lauter, wie der Flügelschlag eines Rebhuhns, auch das Rattern der Eisenbahn zu hören, die Reisende aus Boston aufs Land befördert. Denn ich war nicht so weit aus der Welt wie jener Junge, von dem man mir erzählt hat, der zu einem Farmer östlich der Stadt geschickt wurde, von dort aber bald wieder ausriss und, zerlumpt und krank vor Heimweh, nach Hause zurückkehrte. Nie hatte er einen so öden, abgeschiedenen Ort gesehen, niemand lebte mehr dort, nicht einmal den

Zug konnte man pfeifen hören. Ich bezweifle, dass es heute in Massachusetts noch einen solchen Ort gibt:

»Denn jetzt ist auch unser Dorf ein Ziel
für jene schnellen Eisenspeere, und über unsrer Felder
stille Einsamkeit hallt sanft der Ruf – Concord.«

Die Fitchburg-Bahn berührt den See ungefähr fünfhundert Yard südlich meiner Hütte. Ich gehe meist auf dem Eisenbahndamm zum Dorf; bin also sozusagen durch dieses Band mit der Zivilisation verbunden. Die Männer auf den Güterzügen, die die Strecke abfahren, grüßen mich wie einen alten Bekannten. Sie fahren so oft an mir vorbei, dass sie mich wohl für einen Kollegen halten. Und das bin ich auch. Ich würde nur zu gern irgendwo in der Umlaufbahn der Erde die Gleise ausbessern.

Das Pfeifen der Lokomotive durchdringt meine Wälder im Sommer wie im Winter; es klingt wie der Schrei eines Habichts über einer Farm und verkündet mir, dass viele rastlose Kaufleute aus Boston oder unternehmungslustige Geschäftsmänner aus der entgegengesetzten Richtung bald in unserem Städtchen eintreffen werden. Treffen sie aufeinander, dann rufen sie einander warnend zu, Platz zu machen, was man bisweilen noch im Umkreis zweier Städte hören kann. Hier kommen eure Kolonialwaren, Landleute, hier sind eure Vorräte! Und noch ist kein Farmer so unabhängig, dass er sie ablehnen könnte. Und hier ist euer Geld!, antwortet die Pfeife des Landmanns. Bauholz rast mit einer Geschwindigkeit von zwanzig Meilen pro Stunde auf die Stadtmauer zu, aus dem genug Stühle geschreinert werden könnten, um alle Erschöpften und Beladenen der Stadt darauf zu setzen. Mit solch imponierender und hölzerner Höflichkeit bietet das Land der Stadt einen Stuhl an. All die indianischen Heidelbeerhügel werden geplündert, alle Preiselbeerwiesen für die Stadt geharkt. In den Norden geht die Baumwolle, in den Süden das gewebte Tuch; hoch geht die Seide, hinunter der Wollstoff; hinauf die Bücher, aber hinab der Geist, der in ihnen wohnt.

Wenn ich die Lokomotive sehe, die sich mit ihrem Schweif aus Waggons planetarisch fortbewegt – oder vielmehr kometenhaft, denn der Betrachter kann nicht wissen, ob sie bei dieser Geschwindigkeit und in dieser Richtung je wieder in das System eintreten wird, da ihre Bahn nicht wie eine wiederkehrende Kurve aussieht –, wenn ich die Lokomotive sehe und die Dampfwolke, die wie ein Banner in goldenen und silbernen Windungen hinter ihr herflattert wie so manche flaumige Wolke, die ich oben am Himmel im Licht ihre Masse entfalten sah, wenn ich sehe, wie dieser wandernde Halbgott, dieser Wolkenbezwinger den Sonnenuntergangshimmel zum Gewand seiner Gefolgschaft macht, und wenn ich höre, wie von den Hügeln das Schnauben des eisernen Rosses, aus dessen Nüstern Feuer und Rauch strömen, unter dessen Hufen die Erde erdröhnt, donnergleich widerhallt (als welcher feuerspeiende Drache oder geflügeltes Pferd es in die neue Mythologie eingehen wird, weiß ich nicht) –, dann scheint es, als ob die Erde jetzt von einem Geschlecht bevölkert würde, das würdig ist, sie zu bewohnen. Wenn doch alles so wäre, wie es scheint, und die Elemente den Menschen nur zu edlen Zwecken Sklavendienste zu leisten hätten! Wenn die Wolke, die über der

Lokomotive schwebt, vom Schweiße heroischer Taten stamme oder so segensreich wäre wie die Himmelswolke, die über die Felder zieht, dann würden die Elemente und die Natur selbst die Menschen gern auf ihren Wegen begleiten und beschützen.

Ich beobachte das Vorbeiziehen des Morgenzuges mit dem gleichen Gefühl wie den Aufgang der Sonne, der kaum regelmäßiger vor sich geht. Ihre Wolkenschleppe erstreckt sich bis in weite Ferne, steigt immer höher in den Himmel, während der Zug nach Boston weiterfährt, verdeckt eine Minute lang die Sonne und taucht meinen entlegenen Acker in tiefen Schatten – ein himmlischer Zug, gegen den der kleine Wagenzug, der an der Erde klebt, nicht mehr ist als der Widerhaken des Speers. Der Stalljunge des eisernen Rosses war früh auf an diesem Wintermorgen, die Sterne leuchteten noch über den Bergen, als er sein Streitross fütterte und zäumte. Früh wurde auch das Feuer geweckt, um ihm Lebenswärme zu verleihen und es anzutreiben. Wäre das Unternehmen doch so unschuldig wie früh! Wenn hoher Schnee liegt, schnallen sie ihm Schneeschuhe an und pflügen mit einem gewaltigen Pflug von den Bergen bis zur Küste eine Furche, in der die Waggons wie Saatmaschinen all die rastlosen Menschen und beweglichen Waren über das Land verstreuen. Den ganzen Tag saust das Feuerpferd übers Land und hält nur an, damit sein Herr sich ausruhen kann. Selbst um Mitternacht weckt mich sein Stampfen und wildes Schnauben, wenn es in irgendeiner entlegenen Waldschlucht inmitten von Schnee und Eis den Elementen die Stirn bietet. Erst wenn der Morgenstern aufgeht, erreicht es seinen Stall, nur um ohne Rast und Ruh erneut seine Reise zu beginnen. Manchmal höre ich es auch am Abend, wenn es in seinem Stall die übrig gebliebene Energie des Tages von sich bläst, damit für einige Stunden eisernen Schlafs seine Nerven beruhigt, Leber und Hirn gekühlt werden. Wäre doch dies Unternehmen nur so heroisch und ehrenhaft, wie es aufwendig und unermüdlich ist!

Die hell erleuchteten Salonwagen jagen jenseits der Stadtgrenzen in finsterster Nacht durch unwegsame Wälder, die einst nur bei Tag der Jäger durchdrang, ohne dass die schlafenden Stadtbewohner davon wüssten. Im einen Augenblick hält der Zug am glanzvollen Bahnhof eines Städtchens oder einer Stadt, wo eine gesellige Menge versammelt ist, im nächsten ist er im unheimlichen Moor und erschreckt Fuchs und Eule. Abfahrt und Ankunft der Züge sind in den Dörfern zu Taktgebern geworden. Sie kommen und gehen so regelmäßig und pünktlich, und man kann ihr Pfeifen so weit hören, dass die Farmer ihre Uhren danach stellen. Sind nicht auch die Menschen seit Erfindung der Eisenbahn etwas pünktlicher geworden? Sprechen und denken sie auf dem Bahnhof nicht schneller als früher an der Haltestelle der Postkutsche? Es liegt etwas Elektrisierendes in der Atmosphäre eines Bahnhofs. Ich bin erstaunt über die Wunder, die er bewirkt. Einige meiner Nachbarn, von denen ich sicher gesagt hätte, dass sie eine so pünktliche Fahrgelegenheit nach Boston nie erreichen würden, sind zur Stelle, wenn die Glocke an der Lokomotive ertönt. Etwas »wie die Eisenbahn« zu tun, ist geradezu sprichwörtlich geworden. Man kann übrigens froh sein, so oft und so nachdrücklich daran erinnert zu werden, die Gleise nicht zu betreten. Es wird sicher nicht angehalten, um eine Warnung zu verlesen oder über die Köpfe der Menge zu schießen. Wir haben eine Notwendigkeit, eine Göttin Atropos geschaffen, die nie von ihrem Weg abweicht. (So sollte die Lokomotive heißen.) Man hat den Menschen mitgeteilt, dass diese Donnerkeile zu einer bestimmten Stunde und Minute an bestimmte Punkte des Kompasses geschleudert werden, wodurch aber niemand in seinen Geschäften gestört wird, und die Kinder gehen einen anderen Weg zur Schule. Wir leben dafür umso stetiger. Wir werden auf diese Weise alle zu Söhnen Tells erzogen. Die Luft ist voll unsichtbarer Pfeile. Jeder Weg außer deinem eigenen ist der Weg des Schicksals. Bleibe also auf deinem eigenen Gleis.

Für den Güterverkehr spricht sein Unternehmergeist und seine Unerschrockenheit. Er faltet nicht die Hände und betet zu Jupiter. Ich sehe diese Menschen Tag für Tag mit mehr oder weniger Mut und Zufriedenheit an ihr Geschäft gehen, in dem sie mehr leisten, als sie ahnen, und beschäftigter sind, als sie sich je träumen ließen. Der Heldenmut jener, die einst eine halbe Stunde lang bei Buena Vista an der Front standen, beeindruckt mich weniger als die beharrliche und fröhliche Tapferkeit derjenigen, die ihre Winterquartiere im Schneepflug beziehen. Sie besitzen nicht nur den »Mut um drei Uhr morgens«, den Napoleon für den seltensten hielt, sondern auch den Mut, nicht so früh schlafen zu gehen, sondern erst, wenn auch der Sturm schläft oder die Sehnen des eisernen Rosses eingefroren sind. Selbst wenn ein gewaltiger Schneesturm tobt, der einem das Blut erstarren lässt, höre ich aus den Nebelwolken ihres eisigen Atems das gedämpfte Pfeifen der Lokomotive, das verkündet, dass der Zug dem neuenglischen Schneesturm aus Nordost zum Trotz beinahe pünktlich kommt. Ich sehe sogar die Köpfe der schnee- und reifbedeckten Schneepflüger über der spitzen Kante der Schneeschaufel hervorragen; diese allerdings zerstört etwas anderes als Gänseblümchen und Mauselöcher. Wie die Felsblöcke der Sierra Nevada scheinen sie in der Schöpfung einen Randplatz einzunehmen.

Der Güterverkehr vollzieht sich überraschend sicher und gelassen, rege, wagemutig und unermüdlich zugleich. Seine Methoden sind obendrein ganz natürlich, jedenfalls natürlicher als die manch anderer phantastischer Unternehmungen und sentimentaler Experimente; und daher rührt sein einzigartiger Erfolg. Es erfrischt mich und regt mich an, wenn der Güterzug an mir vorüberdonnert. Ich rieche den Duft der Waren, der sich auf dem ganzen Weg von Long Wharf bis zum Lake Champlain verbreitet. Er erinnert mich an fremde Länder, an Korallenriffe, den Indischen Ozean und die Tropen, und macht mir die Größe unseres Erdballs bewusst. Beim Anblick der Palmblätter, die im nächsten Sommer die Köpfe so mancher Blondschöpfe Neuenglands bedecken werden, des Manilahanfs, der Kokosnussschalen, des alten Gerümpels, der Hanfsäcke, des alten Eisens und der rostigen Nägel, fühle ich mich mehr als Weltbürger. Die Wagenladung zerrissener Segel ist interessanter und aussagekräftiger, als wenn sie zu Papier verarbeitet und in gedruckte Bücher verwandelt wären. Wer kann besser von den Stürmen erzählen, denen sie ausgesetzt waren, als diese Risse in den Segeln? Es sind Korrekturfahnen, die keiner Korrektur bedürfen. Hier kommt Bauholz aus den Wäldern von Maine, das bei der letzten Überschwemmung nicht ins

Meer gespült wurde. Weil so viel fortgeschwemmt und zersplittert wurde, kosten tausend Fuß jetzt vier Dollar mehr. Kiefern-, Fichten-, Zedernholz erster, zweiter, dritter, vierter, und doch vor Kurzem noch von derselben Qualität, als es über den Bären, Elchen und Karibus rauschte! Dahinter rollt Kalk erster Güte aus Thomaston, der weit in die Berge hineingefahren wird, ehe man ihn löscht. Die Ballen dort enthalten Lumpen in allen Farben und Qualitäten, die niedrigste Stufe, auf die Baumwolle und Leinen sinken können, die letzte Bestimmung unserer Kleider, mit Mustern, nach denen nun niemand mehr schreit, außer vielleicht in Milwaukee; und diese schönen Erzeugnisse aus englischem, französischem oder amerikanischem Kaliko, Gingham oder Musselin, zusammengesucht aus allen Quartieren der Mode und der Armut, werden nun bald zu farblosem oder noch schwach getönten Papier verarbeitet, auf das dann zweifellos wahre Geschichten gedruckt werden, hoch und niedrig, die den Tatsachen entsprechen! Dieser geschlossene Güterwagen hier riecht nach Salzfischen, dem strengen, neuenglischen Handelsgeruch, der mich an die großen Sandbänke und an die Fischerei erinnert. Wer kennt diesen Salzfisch nicht, der auf dieser Welt gegen alles gefeit ist, den nichts verderben kann, mit dem man die Straßen kehren und pflastern und Feuerholz spalten kann, dessen Standhaftigkeit selbst Heilige neidisch machen könnte, der den Fuhrmann mitsamt seiner Ladung vor Sonne, Wind und Regen schützt und der vom Krämer – ein Krämer in Concord hat es einmal getan – zum Zeichen der Geschäftseröffnung an die Türpfosten gehängt wird, bis schließlich selbst der älteste Kunde nicht mehr mit Sicherheit sagen kann, ob dieses Ding etwas Tierisches, Pflanzliches oder Mineralisches ist. Gibt man es jedoch in einen Topf mit kochendem Wasser, so wird es wieder weiß wie eine Schneeflocke und zum exzellenten Stockfisch für ein Abendessen am Samstag. Als Nächstes die spanischen Felle, an denen noch die Schweife sitzen, in der gleichen Stellung wie damals, als die Ochsen in diesen Fellen durch die südamerikanische Pampa stürmten. Da haben wir ein typisches Beispiel der Halsstarrigkeit und einen starken Beweis dafür, dass alle konstitutionellen Fehler hoffnungslos und unheilbar sind. Ich gebe zu, dass ich, wenn ich den wahren Charakter eines Menschen einmal kennengelernt habe, nicht hoffe, ihn in dieser Welt noch zum Guten oder Schlechten verändern zu können. Wie die Orientalen sagen: »Man kann den Schwanz eines Köters erhitzen, pressen und fest umwickeln; er wird auch nach zwölf Jahren Arbeit wieder seine natürliche Form annehmen.« Gegen eine solche Widerspenstigkeit hilft nur, die Schwänze zu Leim zu verarbeiten, wie es, soviel ich weiß, meist der Fall ist. Dann tun sie, was man will, und kleben fest. Hier kommt ein großes Fass Sirup oder Schnaps für John Smith, Cuttingsville, Vermont, einen Händler in den Green Mountains, der Waren für die Farmer rund um seine Waldlichtung importiert. Gerade jetzt beugt er sich vielleicht über seine Ladentheke und denkt über die letzten Wareneingänge nach und wie sie sich auf seine Preise auswirken werden. Er erzählt seinen Kunden, was er ihnen heute Morgen schon zwanzig Mal erzählt hat: dass er mit dem nächsten Zug erstklassige Ware erwarte. Er hat es auch schon in der Lokalzeitung für Cuttingsville angekündigt.

Während diese Dinge in den Norden wandern, gehen andere in den Süden. Ein Zischlaut lässt mich von meinem Buch aufblicken, und da sehe ich eine mächtige Kiefer, die irgendwo im Norden auf einem Hügel gefällt wurde und, nachdem sie über die Green Mountains und den Connecticut River gejagt ist, wie ein Pfeil in kaum Minuten durch unser Stadtgebiet schießt; kaum einer hat sie überhaupt gesehen! Sie geht dahin,

»um eines Admirals stolzes Schiff
als Mast zu zieren«.

Und hört! Da kommt der Viehzug, der das Vieh von tausend Bergen bringt, Schaf-, Pferde- und Kuhställe preschen durch die Lüfte, Treiber mit ihren Stöcken und Hirtenjungen inmitten ihrer Herden – außer den Weiden an den Berghängen wirbelt alles vorüber wie Laub im frischen Septemberwind. Die Luft ist erfüllt vom Blöken der Kälber und Schafe, vom Brüllen der Ochsen, als ob ein Hirtental vorbeizöge. Wenn der alte Leithammel an der Spitze seine Glocke schüttelt, hüpfen die Berge wie Lämmer und die Hügel wie junge Schafe. Ein Waggon in der Mitte ist voller Viehtreiber, die jetzt mit den Getriebenen auf einer Stufe stehen; ihr Beruf ist jetzt zwecklos, und doch klammern sie sich an das Symbol ihres Amts, die überflüssigen Stöcke. Aber wo sind ihre Hunde? Sie haben die Spur verloren. Ich bilde mir ein, ihr Bellen hinter den Peterborough Hills zu hören, oder wie sie den Westabhang der Green Mountains hinaufhecheln. Sie werden nicht dabei sein, wenn ihr Wild verendet. Auch ihr Beruf ist dahin, ihre Treue und ihr Spürsinn sind wertlos geworden. In Ungnade gefallen, schleichen sie sich in ihre Hundehütten zurück oder verwildern und tun sich mit Fuchs und Wolf zusammen. So wird euer pastorales Leben fortgewirbelt. Doch da tönt die Zugglocke – ich muss aus dem Gleis gehen, um die Wagen vorbeizulassen:

»Was kümmert mich die Eisenbahn?
Um zu sehen, wo sie endet,
Hab ich niemals Zeit verschwendet.
Ein paar Gräben füllt sie aus,
Schwalben bauen dort ihr Haus,
Sie pustet den Sand
über ihren Brombeerrand.«

Ich aber schreite über die Gleise wie über einen Waldpfad. Ich will mir weder Augen noch Ohren von ihrem Rauch und Dampf und Zischen verderben lassen.

Jetzt sind die Wagen und die rastlose Welt mit ihnen vorüber. Die Fische im See spüren das Gerumpel nicht mehr, und ich bin mehr allein denn je. Den Rest des langen Nachmittags werden meine Meditationen vielleicht nur noch durch das schwache Gerassel eines Wagens oder eines Ochsenkarrens auf der fernen Landstraße unterbrochen.

Bei günstigem Wind hörte ich an manchen Sonntagen die Glocken von Lincoln, Acton, Bedford oder Concord, eine schwache, süße und sozusagen natürliche Melodie, würdig, hier die Wildnis zu durchdringen. Wenn sie sich über die Wälder entfernt, nimmt diese Melodie einen zitternden, summenden Klang an, als striche sie über die Kiefernnadeln am Horizont wie über die Saiten einer Harfe. Aus größtmöglicher Entfernung erzeugt jeder Laut dieselbe Wirkung, eine Schwingung auf der Lyra des Universums, wie auch die Atmosphäre einen fernen Erdhügel für unser Auge anziehend macht, indem sie einen bläulichen Hauch über ihn breitet. In diesem Fall hörte ich eine Luftmelodie, die mit allen Blättern und Nadeln des Waldes Zwiesprache gehalten hatte, jener Teil eines Klangs, den die Elemente aufgesogen, moduliert und als Echo von Tal zu Tal getragen hatten. Das Echo ist bis zu einen gewissen Grad ein ursprünglicher Klang; darin liegt sein Zauber und sein Reiz. Es ist nicht nur eine Wiederholung dessen, was vom Glockenklang der Wiederholung wert war, sondern zum Teil die Stimme des Walds – die gleichen, verbrauchten Worte und Töne, aber von einer Waldnymphe gesungen.

Abends erklang hinter den Wäldern am Horizont das Muhen einer Kuh so lieblich und melodisch, dass ich es zuerst für die Stimmen einiger fahrender Musikanten hielt, die mir bisweilen ein Ständchen brachten. Doch bald wurde ich angenehm überrascht, wenn es sich als die schlichte und natürliche Musik einer Kuh herausstellte. Wenn ich den Gesang der Jünglinge mit der Musik der Kuh vergleiche, so möchte ich nicht über sie spotten, sondern nur meiner Wertschätzung Ausdruck verleihen; beide Klänge sind schließlich ein Ausdruck der Natur.

In einem bestimmten Abschnitt des Sommers, immer um halb acht, wenn der Abendzug schon vorbeigebraust war, sangen auf einem Baumstumpf neben meiner Tür oder auf dem Giebel meines Hauses eine halbe Stunde lang die Nachtfalken ihren Abendgesang. Sie begannen so pünktlich wie eine Uhr: stets fünf Minuten nach

Sonnenuntergang. Ich hatte die seltene Gelegenheit, mit ihren Gepflogenheiten vertraut zu werden. Manchmal hörte ich vier oder fünf von ihnen gleichzeitig in verschiedenen Teilen des Walds. Ihr Gesang war je um einen Takt versetzt und so nah, dass ich nicht nur das Glucksen nach jedem Ton hören konnte, sondern oft auch ein eigenartiges Summen, wie es eine Fliege im Spinnennetz erzeugt, nur verhältnismäßig lauter. Manchmal flog einer der Nachtfalken nur einige Fuß von mir entfernt immer im Kreis um mich herum, als wäre er durch einen Faden mit mir verbunden, wahrscheinlich weil ich in der Nähe seiner Eier war. Diese Vögel sangen mit kurzen Unterbrechungen die ganze Nacht hindurch, und doch war ihr Gesang vor oder bei Tagesanbruch noch ebenso melodisch wie zuvor.

Wenn die anderen Vögel schweigen, beginnen die Kreischeulen ihren Gesang wie Klageweiber ihr uraltes »U–lu–lu«. Diese weisen Mitternachtshexen! Ihr jammervolles Angstgeschrei klingt ganz nach Ben Jonson. Es ist nicht das einfache »Tu-whit tu-who« der Poeten, sondern – ich scherze nicht – ein feierliches Friedhofslied, die gegenseitige Tröstung eines Liebespaars, das gemeinsam den Tod gesucht hat und sich in der Unterwelt der Qualen und Wonnen himmlischer Liebe erinnert. Und doch höre ich ihr Trauerlied gern, ihre kummervollen Antworten, die den Waldrand entlangschweben. Es kommt mir vor wie die düstere und schwermütige Seite der Musik, ein Sehnen und Seufzen, das im Lied Erlösung finden möchte. Diese Vögel sind die dunklen Geister gefallener Seelen, die einst in Menschengestalt auf Erden wandelten und finstere Taten begingen und jetzt am Schauplatz ihrer Verbrechen mit Klageliedern für ihre Sünden büßen. Sie verdeutlichen mir auf neue Weise die Vielfalt und Kraft der Natur, unserer gemeinsamen Herberge. »Oh-o–o–o, wär ich doch nie geb–o–r–r–r–ren«, jammert es auf dieser Seite des Sees und schwingt sich mit der Rastlosigkeit der Verzweiflung auf einen anderen Zweig der grauen Eichen. »Wär ich nie geb–o–r–r–r–ren«, klagt es vom anderen Ufer mit ehrlichem Schmerz zurück, und »geb–o–r–r–ren« ertönt es leise aus den weiter entfernten Lincoln Woods.

Auch vom Streifenkauz wurde mir häufig ein Ständchen gebracht, das man aus der Nähe für das melancholischste Lied der Natur halten könnte – als ob sie in ihm das Stöhnen eines sterbenden Menschen verewigen wollte, der jede Hoffnung bereits hinter sich gelassen hat und jetzt, beim Betreten des dunklen Tals, heult wie ein Tier und zugleich schluchzt wie ein Mensch, was durch eine gurgelnde Begleitmelodie nur umso furchtbarer klingt. Wenn ich versuche, es nachzuahmen, beginne ich instinktiv mit den Buchstaben »gl«, die einen Geisteszustand ausdrücken sollen, in dem jeder gesunde und mutige Gedanke bereits verflüssigt und schleimig entartet ist. Es erinnerte mich an das Geheul von Dämonen, Idioten und Wahnsinnigen. Doch jetzt antwortete einer aus den tiefsten Wäldern, dessen Gesang aus dieser Entfernung sehr melodisch klang: »Hu–hu–hu–hurru–huh«, und dieser Ruf erweckte tatsächlich meist nur angenehme Assoziationen, ob man ihn bei Tag oder Nacht, im Sommer oder im Winter hörte.

Ich bin froh, dass es Eulen gibt. Sie mögen das blödsinnige und tolle Heulen für die Menschen besorgen. Es ist ein Klang, der wunderbar zu Sümpfen und Zwielichtwäldern passt, in die kein Tageslicht dringt. Er lässt uns eine reiche, ungezähmte Natur erahnen, die der Mensch noch nicht erschlossen hat. Die Eule ist das Symbol des düsteren Zwielichts, der unbefriedigten Gedanken, die uns alle quälen. Den ganzen Tag hat die Sonne auf die Oberfläche eines wilden Moors geschienen, dort wo die einsame, weiße, flechtenbedeckte Fichte steht. Kleine Falken kreisen darüber und die Schwarzmeise zwitschert im Immergrün, wo sich Rebhuhn und Kaninchen verstecken. Doch nun dämmert ein trüberer Tag, und eine andere Gattung von Geschöpfen erwacht, um von der Bedeutung der Natur zu künden.

Spätabends hörte ich das ferne Rumpeln von Lastwagen, die über Brücken fuhren – kein Geräusch kann man nachts weiter hören als dieses –, das Bellen von Hunden und vereinzelt das Muhen einer trostlosen Kuh in ihrem fernen Stall. Inzwischen begannen die Ochsenfrösche das ganze Ufer entlang ihr Trompetenkonzert, diese trotzigen, immer noch reulosen Geister alter Weinsäufer und Zecher, die versuchen, in ihrem stygischen See einen Rundgesang anzustimmen – die Waldennymphen werden mir den Vergleich verzeihen, denn wenn es dort auch keine Wasserpflanzen gibt, Frösche gibt es reichlich. Gern möchten sie die lustigen Regeln ihrer einstigen Festgelage aufrechterhalten, obwohl ihre Stimmen heiser und feierlich tief geworden sind – welche Ironie auf ihre Fröhlichkeit –, der Wein seine Blume verloren hat und zu bloßem Alkohol herabgesunken ist, der ihnen den Wanst auftreibt, und auch jener süße Rauschzustand nicht mehr eintreten will, der Vergangenes vergessen lässt, sondern nur ein Gefühl der Übersättigung und Fülle. Der Alterspräside, dessen Kinn auf einem Herzblatt ruht, das seinem Sabbermaul als Serviette dient, nimmt am Nordufer einen tiefen Zug vom einst verachteten Wasser und reicht dann mit dem Ruf »Tr–r–r–uunk, Tr–r–r–uunk, Tr–r–r–r–unk!« den Becher in die Runde weiter. Und schon wird aus irgendeiner fernen Bucht, wo der Nächste in Alter und Umfang seinen Schluck heruntergestürzt hat, über das Wasser hinweg das gleiche Kommando wiederholt. Und hat dieses Gelage das Ufer einmal umrundet, ruft der Zeremonienmeister aufs Neue »Tr–r–r–r–uunk!«, und alle tun es ihm der Reihe nach gleich, bis hin zum am wenigsten aufgedunsenen Schlappwanst, damit nur ja keiner übergangen wird. Wieder und wieder kreist der Becher, bis die Sonne den Morgennebel zerstreut. Nur der Patriarch ist auch dann noch nicht in die Tiefe getaucht; er brüllt noch ab und zu sein »Tr–r–unk« und lauscht vergeblich auf eine Antwort.

Ich weiß nicht genau, ob ich von meiner Waldlichtung aus je einen Hahnenschrei gehört habe, und habe mich sogar gefragt, ob es nicht die Mühe wert wäre, sich nur seiner musikalischen Eigenschaften wegen einen jungen Hahn als Singvogel zu halten. Der Schrei dieses einst wilden, indischen Fasans ist zweifellos der bemerkenswerteste Vogelgesang. Müssten wir diese Tiere nicht zähmen und könnten sie in die Freiheit entlassen, so wäre ihr Krähen sicher bald der berühmteste Ton unserer Wälder, mehr noch als das Schreien der Wildgänse oder das Kreischen der Eulen. Und erst das Gackern der Hennen, das in den Pausen ertönen würde, wenn die Trompete des gnädigen Herrn schweigt! Kein Wunder, dass der Mensch diese Vögel seinen Haustieren zugesellt hat – ganz zu schweigen von seinen Eiern und saftigen Schenkeln. An einem Wintermorgen durch einen Wald zu gehen, wo es von wilden Hähnen in freier Wildbahn wimmelt, die so hell und durchdringend krähen, dass es meilenweit über die Erde hallt und die leisen Gesänge anderer Vögel übertönt – man stelle sich das einmal vor! Ganze Völker könnten auf diese Weise alarmiert werden! Wer möchte nicht gern früh aufstehen, früher und früher an jedem weiteren Tag seines Lebens, bis er unaussprechlich gesund, reich und weise würde? Dichter aller Welt haben den Gesang dieses fremdartigen Vogels zusammen mit den Liedern ihrer heimischen Sänger gepriesen. Jedes Klima sagt dem tapferen Gockel zu. Er ist einheimischer als die Einheimischen. Seine Gesundheit ist immer gut, seine Lungen immer kräftig, seine Stimmung niemals trüb. Selbst der Seemann auf dem Pazifik oder Atlantik wird von seinem schrillen Schrei geweckt – nur mich scheuchte er nie aus dem Schlaf. Ich hielt weder Hund noch Katze noch Kuh noch Schwein noch Hühner. Man hätte geradezu sagen können, dass es mir an heimischen Klängen fehlte. Kein Butterfass oder Spinnrad, kein singender Wasserkessel oder Kindergeschrei trugen zu einer vertrauten Geräuschkulisse bei. Ein altmodischer Mensch wäre wahnsinnig geworden oder gestorben vor Langweile. Nicht einmal Ratten in den Wänden gab es, denn sie hungerten aus oder wurden gar nicht erst angelockt – nur Eichhörnchen auf dem Dach und unter dem Fußboden, ein Nachtfalke auf dem Dachfirst, ein Blauhäher, der unter dem Fenster schreit, ein Hase oder ein Murmeltier unter dem Haus, eine Kreischeule oder ein

Waldkauz dahinter, eine Schar Wildgänse oder ein lachender Taucher auf dem See und in der Nacht ein bellender Fuchs. Selbst Lerchen oder Trupiale, diese zutraulichen Plantagenvögel, kommen nicht auf meine Lichtung. Kein Hahn, der kräht, keine Henne, die im Hof gackert! Kein Hof! Unumzäunt erstreckt sich die Natur bis an die Türschwelle. Ein junger Wald wächst vor dem Fenster, wilder Sumach und Brombeerranken wuchern in den Keller hinein. Trotzig reiben und knarren Pechkiefern an den Schindeln, um sich Platz zu schaffen; ihre Wurzeln strecken sie tief unters Haus. Statt eines vom Sturm abgerissenen Dachfensters oder Fensterladens liegt eine entwurzelte Kiefer als Feuerholz hinterm Haus. Durch den tiefen Schnee führt kein Pfad zum Vorgartentor – kein Tor – kein Vorgarten – kein Pfad zur zivilisierten Welt.

Einsamkeit

Dies ist ein herrlicher Abend. Der ganze Körper ist nur *ein* Sinn und saugt mit jeder Pore Entzücken auf. Ich wandle mit gar seltsamer Freiheit in der Natur umher, bin ein Teil von ihr. Wenn ich am steinigen Seeufer entlanggehe, in Hemdsärmeln, obwohl es bewölkt und windig ist, und nichts meine Aufmerksamkeit besonders erregt, dann fühle ich mich ungewöhnlich stark mit allen Elementen verwandt. Die Ochsenfrösche trompeten zur Nacht, und der Wind trägt den Gesang des Nachtfalken über das bewegte Wasser. Der Einklang zwischen mir und dem zitternden Erlen- oder Pappellaub nimmt mir fast den Atem. Und doch ist mein innerer Friede, wie der des Sees, nur gekräuselt, nicht gestört. Diese kleinen Wellen, die der Abendwind aufrührt, sind so weit vom Sturm entfernt wie die spiegelglatte Wasseroberfläche. Jetzt ist es dunkel geworden, doch noch rauscht der Wind durch den Wald, noch plätschern die Wellen, und ein Geschöpf singt das andere in den Schlaf. Es ist nie vollkommen still. Die wildesten Tiere rasten jetzt nicht, sondern suchen ihre Beute. Fuchs, Stinktier und Kaninchen durchstreifen furchtlos Feld und Wald. Sie sind die Nachtwächter der Natur – Bindeglieder zwischen den lebendigen Tagen.

Wenn ich in meine Hütte zurückkehre, bemerke ich, dass Besucher da gewesen sind und ihre Karten zurückgelassen haben: eine Handvoll Blumen, einen Kranz aus

Immergrün oder einen Namen, der mit Bleistift auf ein gelbes Walnussblatt oder ein Stück Holz geschrieben wurde. Leute, die selten in den Wald kommen, nehmen gern ein Stück von ihm in die Hand, um beim Wandern damit zu spielen; nachher lassen sie es – absichtlich oder nicht – irgendwo fallen. So hatte jemand eine Weidenrute geschält, einen Ring daraus geformt und ihn mir auf den Tisch gelegt. Ich konnte immer erkennen, ob während meiner Abwesenheit Besucher da gewesen waren, entweder an den umgebogenen Zweigen und Grashalmen oder an den Fußspuren, und meist zeigte mir eine winzige Spur auch ihr Geschlecht, ihr Alter und ihr Wesen an: eine fallen gelassene Blume, ein Büschel Gras, das man ausgerissen und wieder weggeworfen hatte, oder der noch in der Luft hängende Geruch einer Zigarre oder einer Pfeife. Eine halbe Meile weit, bis zum Bahndamm, fand ich solche Spuren. Wenn ein Wanderer auf der ungefähr dreihundert Yard entfernten Landstraße vorbeizog, erkannte ich es meist am Duft seiner Pfeife.

Wir haben gewöhnlich ausreichend Platz um uns herum. Unser Horizont stößt nicht an unsere Ellbogen. Der dichte Wald beginnt nicht unmittelbar vor unserer Tür, auch nicht der See, sondern ein kleines Stück Natur ist für jeden von uns freigelegt, uns vertraut und angepasst, auf irgendeine Weise von uns erobert und umzäunt, von der Natur für uns zurückgefordert. Zu welchem Zweck habe ich dieses weite, mehrere Quadratmeilen große Waldgebiet für mich, das Menschen mir überlassen haben? Mein nächster Nachbar wohnt eine Meile weit entfernt; im Umkreis von einer halben Meile ist kein anderes Haus zu sehen, außer vielleicht vom Gipfel eines Hügels.

Mein Horizont ist von Wäldern umrahmt und gehört mir ganz allein. Auf der einen Seite habe ich einen Ausblick auf die Bahngleise, dort, wo sie den See berühren, auf der anderen auf den Zaun, der den Waldweg begrenzt. Ansonsten ist es hier so einsam wie in der Prärie und könnte statt Neuengland genauso gut Asien oder Afrika sein. Ich habe tatsächlich meine Sonne, meinen Mond und meine Sterne – eine kleine Welt ganz für mich allein. Nachts ist nie ein Wanderer an meinem Haus vorbeigekommen oder hat an meine Tür geklopft. Ich hätte gerade so gut der erste wie der letzte Mensch sein können. Nur im Frühjahr trafen nach langer Pause ein paar Menschen aus dem Dorf ein, um Barsche zu fangen. Sie schienen jedoch mehr im Walden Pond ihres eigenen Herzens zu fischen und die Finsternis als Köder an ihre Angelhaken zu hängen, denn nach kurzer Zeit zogen sie meist mit fast leeren Körben wieder ab und überließen »die Welt der Finsternis und mir«. So wurde der schwarze Kern der Nacht nie durch menschliche Nähe entweiht. Ich glaube, dass die Menschen sich, obwohl alle Hexen gehängt, das Christentum eingeführt und die Kerzen erfunden worden sind, immer noch ein wenig vor der Dunkelheit fürchten.

Ich jedoch habe die Erfahrung gemacht, dass selbst der menschenfeindlichste, melancholischste Mensch in der Natur die lieblichste, zärtlichste, unschuldigste und erfrischendste Gesellschaft finden kann. Wer inmitten der Natur lebt und alle Sinne beisammenhat, kann nicht in wirklich düstere Melancholie verfallen. Auch der gewaltigste Sturm klingt für ein unschuldiges und gesundes Ohr wie äolische Musik. Nichts kann einen einfachen, unerschrockenen Mann zu sinnloser Traurigkeit zwingen.

Ich glaube nicht, dass mir etwas das Leben zur Last machen kann, solange ich mich der Freundschaft der Jahreszeiten erfreue. Der leise Regen, der meine Bohnen wässert und mich heute ans Haus fesselt, ist nicht langweilig oder traurig, sondern gut für mich. Zwar hält er mich davon ab, meine Bohnen zu hacken, ist aber weit wertvoller für sie als ich. Selbst wenn so viel Regen fällt, dass die Saat im Boden fault und die Kartoffeln im niedrig gelegenen Ackerland verderben, wäre er noch immer gut für das Gras an den Hügelhängen und damit auch gut für mich. Manchmal, wenn ich mich mit anderen Menschen vergleiche, scheint es mir, als ob die Götter mich weit über mein Verdienst hinaus und mehr als alle anderen begünstigt hätten, als hätte ich eine Art Ermächtigung, eine Garantie von ihnen erhalten, die meine Mitmenschen nicht besitzen, als würden sie mich besonders anleiten und beschützen. Ich will mir selbst nicht schmeicheln, doch – wenn so etwas möglich ist – schmeicheln sie mir. Ich habe mich nur einmal einsam oder von einem Gefühl der Einsamkeit bedrückt gefühlt. Das war, als ich erst einige Wochen im Wald wohnte und mich ungefähr eine Stunde lang fragte, ob nicht die unmittelbare Gegenwart eines Menschen für ein zufriedenes und gesundes Leben erforderlich sei. Ich empfand das Alleinsein als unangenehm. Doch gleichzeitig war ich mir einer leichten Störung meines seelischen Gleichgewichts bewusst und schien meine Genesung vorauszusehen. Während leise der Regen fiel und solche Gedanken mich beherrschten, empfand ich plötzlich die Gesellschaft der Natur als süß und heilsam: das Fallen der Tropfen, die Geräusche und Aussicht rings um meine Hütte. Mit einem Mal umfing mich eine unendliche, unerklärliche Freundlichkeit wie ein Dunstkreis. Die eingebildeten Vorteile menschlicher Nähe schwanden dahin, und nie habe ich wieder an sie gedacht. Jede kleine Fichtennadel dehnte sich aus, strömte über vor Zuneigung und wurde mir zum Freund. Selbst an Orten, die wir gewöhnlich als wild oder trostlos bezeichnen, fühlte ich deutlich etwas mir Verwandtes in meiner Nähe, und mir wurde bewusst, dass das meinem Blut am nächsten, das Menschlichste für mich in keiner Person, keinem Dorfbewohner zu suchen sei. Ja, ich glaubte, dass kein Ort mir je wieder fremd erscheinen könnte.

»Zu früh verzehrt die Traurigen die Trauer!
Ihr Erdenwallen währt nur kurze Frist,
Du schöne Tochter Toscars.«

Einige meiner schönsten Stunden verlebte ich im Frühling oder im Herbst während der langen Regenstürme, die mich vormittags wie nachmittags ans Haus fesselten, während ein beständiges Rauschen und Plätschern mich sanft umschmeichelte. Die frühe Dämmerung leitete einen langen Abend ein, an dem viele Gedanken Zeit hatten, Wurzeln zu schlagen und sich zu entfalten. Und wenn dann von Nordosten her die Stürme kamen und die Häuser im Dorf so sehr bedrängten, dass die Mägde mit Eimer und Lappen an der Haustür standen, um die Fluten abzuhalten, saß ich hinter der Tür meines kleinen Hauses, das selbst nichts als Eingang war, und erfreute mich in aller Ruhe seines Schutzes. Während eines heftigen Gewitterschauers schlug einmal der Blitz in eine hohe Pechkiefer auf der anderen Seite des Sees ein und höhlte eine deutlich sichtbare und absolut regelmäßige spiralförmige Rinne aus, die sich ungefähr einen Zoll tief und drei Zoll breit vom Wipfel bis zur Wurzel erstreckte, etwa so, wie man sie in einen Spazierstock schnitzen würde. Erst kürzlich kam ich wieder an dem Baum vorbei und wurde von Ehrfurcht ergriffen, als ich hinaufsah und jenes Zeichen erblickte, wo vor acht der Blitz mit aller Gewalt aus heiterem Himmel niederfuhr. Die Menschen sagten oft zu mir: »Sie müssen sich hier einsam fühlen und wären sicher lieber unter Menschen, wenn es regnet oder schneit und besonders nachts.« Dann möchte ich am liebsten antworten: Diese ganze Erde, die wir bewohnen, ist nur ein Punkt im All. Wie weit auseinander wohnen, Ihrer Ansicht nach, wohl die beiden am weitesten voneinander entfernten Bewohner jenes Sternes, dessen Durchmesser mit unseren Instrumenten nicht einmal annähernd gemessen werden kann? Warum sollte ich mich einsam fühlen? Befindet sich unser Planet nicht in der Milchstraße? Ihre Frage scheint mir nicht die wichtigste zu sein. Welcher Art ist denn der Raum, der den Menschen von seinen Mitmenschen trennt und ihn einsam macht? Meiner Meinung nach kann keine Anstrengung der Füße zwei Seelen einander je bedeutend näher bringen. In wessen Nähe möchte ich am liebsten wohnen? Sicherlich nicht in der Nähe vieler Menschen, des Bahnhofs, des Postamts, der Gastwirtschaft, des Rathauses, der Schule oder des Lebensmittelgeschäfts, von Beacon Hill oder Five Points, wo die Menschen zusammenströmen, sondern am ewigen Quell, von dem, wie all unsere Erfahrung zeigt, unser Leben stammt, wie auch die Weide am Wasser steht und ihre Wurzeln in seine

Richtung schlägt. Verschiedene Menschen werden verschieden wählen, aber ein weiser Mann wird dort seine Hütte bauen. Eines Abends überholte ich auf der Walden Road einen Bekannten aus dem Dorf, der, wie es heißt, »seine Schäfchen ins Trockene« gebracht hatte – obwohl es auf mich nicht diesen Eindruck machte – und der gerade ein paar Ochsen zum Markt trieb. Er fragte mich, wie ich mich habe entschließen können, auf so viele Annehmlichkeiten des Lebens zu verzichten. Ich antwortete, dass es mir sehr gut damit gehe; und ich spaßte durchaus nicht. Dann ging ich nach Hause in mein Bett und überließ ihn seines Wegs durch den Dreck und die Dunkelheit nach Brighton oder Brigh-Town, wo er bei Tagesanbruch eintreffen wollte.

Wenn ein Toter die Aussicht hat, wieder zum Leben zurückzukehren, sind ihm Zeit und Ort gleichgültig. Der Ort, an dem dies geschieht, wird immer unbeschreiblich schön für ihn sein. Meistens gestatten wir nur unbedeutenden und vorübergehenden Ereignissen einen Einfluss auf unser Leben. Dabei sind gerade sie die Ursache für unsere Verwirrung und Unruhe. Allen Dingen am nächsten ist jene Kraft, der sie ihr Dasein verdanken. In unserer nächsten Nähe finden die gewaltigsten Gesetze ihre Anwendung. Uns am nächsten ist nicht der Arbeiter, den wir anstellen, sondern der Arbeiter, dessen Werk wir sind.

»Wie unerschöpflich groß ist der Einfluss der geheimen Kräfte des Himmels und der Erde!«

»Wir suchen sie zu erblicken und sehen sie nicht, wir suchen sie zu vernehmen und hören sie nicht. Eins mit dem Wesen der Dinge können sie von ihnen nicht getrennt werden.«

»Sie bringen die Menschen auf der ganzen Welt dazu, ihre Herzen zu reinigen und zu weihen, sich in Festgewänder zu hüllen, um ihren Vorfahren Opfergaben darzubringen. Sie sind ein Ozean feinster Intelligenzen. Sie sind überall – über uns, zu unserer Linken, zu unserer Rechten; sie umgeben uns von allen Seiten.«

Wir sind Gegenstand eines Experiments, das mich sehr interessiert. Können wir unter diesen Umständen nicht für eine Weile auf Klatsch und Tratsch verzichten und uns an unseren eigenen Gedanken erbauen? Konfuzius sagt ganz richtig: »Die Tugend bleibt keine verlassene Waise; sie muss notgedrungen Nachbarn haben.«

Das Denken ermöglicht uns bei gesundem Verstand eine zweite Existenz. Durch bewusste Anstrengung unseres Denkens können wir Handlungen und ihre Folgen gleichsam aus der Distanz betrachten. Alle Dinge, die guten wie die schlechten, rauschen wie ein Strom an uns vorbei. Wir sind nicht völlig eins mit der Natur. Ich kann sowohl das Treibholz im Fluss sein als auch Indra im Himmel, der darauf heruntersieht. Ich mag von einer Schauspielaufführung ergriffen sein, muss es andererseits nicht unbedingt von einem reales Ereignis sein, das mich vielleicht viel näher angeht. Ich weiß nur, dass ich ein menschliches Wesen bin, sozusagen die Bühne von Gedanken und Leidenschaften. Ich bin mir auch einer gewissen Doppelexistenz bewusst, die es mir ermöglicht, mich selbst und jeden anderen Menschen aus der Ferne zu betrachten. Wie stark mein Erleben auch sein mag, bin ich mir doch immer eines Teils von mir bewusst, der Kritik übt, eigentlich ein Zuschauer, der selbst nicht erlebt, sondern nur zur Kenntnis nimmt. Und dieser Teil gehört ebenso wenig zu mir wie zu dir. Wenn das Schauspiel, vielleicht die Tragödie des Lebens, vorbei ist, geht der Zuschauer seines Wegs. Aus seiner Sicht war es nur eine Art Dichtung, ein Werk der Phantasie. Diese Doppelexistenz kann uns manchmal leicht zu erbärmlichen Nachbarn und Freunden machen.

Ich halte es für gesund, die meiste Zeit allein zu sein. Gesellschaft, selbst die beste, wird schnell langweilig und störend. Ich bin sehr gern allein. Nie fand ich bessere Gesellschaft als die Einsamkeit. Wir sind meist einsamer unter Menschen, als wenn wir in unseren Zimmern bleiben. Ein Mensch ist immer allein, wenn er denkt oder arbeitet, wo er auch sei. Einsamkeit wird nicht in Meilen gemessen, die zwischen uns und unseren Mitmenschen liegen. Der wirklich fleißige Student, der in einem der vollgepfropften Bienenstöcke in Cambridge wohnt, ist so einsam wie der Derwisch in der Wüste. Der Farmer kann den ganzen Tag auf den Feldern oder in den Wäldern allein Holz hacken oder Bäume fällen und sich doch nicht einsam fühlen, weil er beschäftigt ist. Kommt er aber abends nach Hause, dann mag er nicht allein in seinem Zimmer sitzen, sich der Willkür seiner Gedanken überlassen, sondern es verlangt ihn, unter Leute zu gehen, um sich, wie er meint, zu erholen und für die Einsamkeit des Tags zu entschädigen. Und darum wundert er sich, dass ein Student Tag und Nacht zu Hause sitzen kann, ohne Langeweile oder schlechte Laune zu empfinden. Er begreift nicht, dass der Student, auch wenn er im Haus bleibt, auf seinem Feld arbeitet und genauso Erholung und Gesellschaft sucht wie der Farmer, wenn auch vielleicht in etwas konzentrierterer Form.

Gesellschaft ist meist zu leicht zu haben. Wir treffen uns in sehr kurzen Abständen, haben keine Zeit, neuen Wert füreinander zu erlangen. Dreimal täglich sitzen wir bei den Mahlzeiten zusammen und lassen einander von dem ranzigen Käse kosten, der wir sind. Wir fügen uns einer bestimmten Anzahl von Regeln, die wir Etikette oder Höflichkeit nennen, um diese häufigen Zusammenkünfte erträglich zu machen und offenen Streit zu verhindern. Wir treffen uns auf dem Postamt, bei Empfängen und abends am Kamin. Wir leben dicht gedrängt, stehen einander im Weg, stolpern übereinander und verlieren dadurch, wie mir scheint, den Respekt voreinander. Für jeden wertvollen und herzlichen Umgang würde ein weniger häufiges Zusammensein genügen. Denken wir einmal an die Fabrikmädchen: Sie sind nie allein, kaum in ihren Träumen. Es wäre besser, wenn es nur einen Einwohner pro Quadratmeile gäbe, so wie hier, wo ich lebe. Der Wert eines Menschen liegt nicht auf seiner Haut, sodass wir ihn berühren müssten.

Ich habe von einem Mann gehört, der sich im Wald verirrt hatte und vor Hunger und Erschöpfung am Fuß eines Baums zusammensank. Seine Einsamkeit wurde ihm durch groteske Visionen erleichtert, mit denen ihn seine durch körperliche Schwäche erkrankte Phantasie von allen Seiten umgab und die er für die Wirklichkeit hielt. So können auch wir körperlich und geistig Gesunden uns mit ähnlicher, wenn auch normalerer und natürlicherer Gesellschaft aufmuntern und zu der Erkenntnis kommen, dass wir nie allein sind.

Ich habe eine Menge Gesellschaft in meinem Haus, besonders am Morgen, wenn kein Besuch kommt. Ich will, damit man sich ein Bild von meiner Lage machen kann, einige Vergleiche anstellen. Ich bin nicht einsamer als der lachende Eistaucher dort auf dem Wasser, nicht einsamer als der Walden Pond selbst. Welche Gesellschaft hat denn dieser einsame See? Und doch birgt er keinen Trübsinn, sondern die Heiterkeit des Himmels in den Azurfarben seines Wassers. Die Sonne ist allein, außer an wolkenverhangenen Tagen, wenn es manchmal zwei zu sein scheinen, doch die eine ist eine Täuschung. Gott ist allein – nur der Teufel ist sicherlich nicht allein; er hat viel Gesellschaft, eine ganze Legion! Ich bin nicht einsamer als eine einzelne Königskerze oder der Löwenzahn auf der Wiese, als ein Bohnenblatt oder der Sauerampfer, als eine Bremse oder Hummel. Ich bin nicht einsamer als der Mühlenbach, der Wetterhahn, der Polarstern, der Südwind oder ein Aprilschauer, als ein Tautag im Januar oder die erste Spinne in einem neuen Haus.

An langen Winterabenden, wenn dichter Schnee fällt und der Wind in den Wäldern heult, bekomme ich manchmal Besuch von einem alten Ansiedler, dem ursprünglichen Besitzer dieses Lands, von dem es heißt, dass er den Walden Pond angelegt, mit Steinen eingefasst und mit Kiefernwald umsäumt habe. Er erzählt mir Geschichten aus alten Zeiten und von neuer Ewigkeit. Uns beiden fällt es nicht schwer, einen schönen Abend voll heiterer Geselligkeit und sonniger Lebensanschauung miteinander zu verbringen, obwohl es weder Äpfel noch Apfelwein gibt. Er ist der lustigste und klügste Freund; ich liebe ihn von Herzen. Er lebt zurückgezogener, als es Goffe oder Whalley jemals taten – die Leute halten ihn für tot, selbst wenn niemand weiß, wo er begraben liegt.

Auch eine ältere Dame wohnt für die meisten Menschen unsichtbar in meiner Nachbarschaft. Ich schlendere gern durch ihren duftenden Kräutergarten, pflücke hier und da ein Kraut und lausche ihren Märchen, denn sie kann meisterhaft erzählen und hat einen unerschöpflichen Vorrat; ihr Gedächtnis reicht weiter zurück als Mythologie. Sie kennt den Ursprung jeder Sage und auf welcher Tatsache sie beruht, denn die Ereignisse geschahen allesamt in ihrer Jugend. Eine rotwangige, lustige alte Dame, die sich an jedem Wetter und jeder Jahreszeit erfreut und die wahrscheinlich alle ihre Kinder überleben wird.

Die unbeschreibliche Unschuld und Güte der Natur – der Sonne, des Winds und des Regens, des Sommers und des Winters – ermöglichen stets solch gute Gesundheit und solchen Frohsinn! So viel Mitgefühl haben sie mit uns, dass die ganze Natur leiden würde, der Glanz der Sonne erbleichen, die Winde menschlich seufzen, die Wolken Tränen regnen, die Wälder mitten im Sommer ihre Blätter abwerfen und Trauer tragen würden, wenn je ein Mensch wahrhaft Ursache hätte, traurig zu sein. Soll ich nicht mit der Erde im Einklang sein? Bin ich nicht selbst zum Teil Blätter und Pflanzenerde?

Welche Pille hält uns glücklich, zufrieden und gesund? Nicht die deines oder meines Urgroßvaters, sondern die pflanzliche Medizin unserer Urgroßmutter Natur, durch die sie sich selbst jung erhielt und so manchen Hundertjährigen überlebte, um aus seinem morschen Gebein neue Kraft zu sammeln. Statt jener Mixtur aus dem Acheron oder dem Toten Meer, die manch ein Quacksalber in Flaschen aus seinem Planwagen verkauft, soll mein Allheilmittel ein Zug unverdünnter Morgenluft sein. Morgenluft! Wenn die Menschen von ihr am Urquell des Tages nicht trinken wollen, müssen wir auch sie in Flaschen füllen und in den Läden verkaufen, zum Wohle derer, die ihr Rezept für Morgenluft verloren haben. Man darf allerdings nicht vergessen, dass sich auch diese Morgenluft selbst im kühlsten Keller nicht bis zum Mittag hält, sondern vorher den Pfropfen von der Flasche treibt und, Auroras Spuren folgend, in den Westen zieht. Ich bin kein Verehrer Hygieias, der Tochter des alten Kräuterdoktors Äskulap, den man oft auf Denkmälern abgebildet sieht. In der einen Hand hält er eine Schlange, in der andern einen Becher, aus dem die Schlange trinkt. Ich verehre Hebe, die Jupiter den Becher reicht, die Tochter der Juno und des wilden Lattich; sie besaß die Macht, Göttern und Menschen die Kraft der Jugend zurückzugeben. Sie war wahrscheinlich die einzige wirklich kräftige und gesunde junge Frau, die je auf Erden wandelte, und wohin auch immer sie ging, war Frühling.

Besucher

Ich glaube, dass ich Gesellschaft genauso gerne mag wie die meisten Menschen. Wenn ich mich wie ein Vampir eine Zeit lang an irgendeinem vollblütigen Menschen festsaugen kann, der meinen Weg kreuzt, bin ich gleich zur Stelle. Ich bin von Natur aus kein Einsiedler und könnte vielleicht den sesshaftesten Stammgast in der Kneipe an Ausdauer übertreffen, wenn mein Geschäft mich dorthin riefe.

Ich habe drei Stühle in meinem Haus: einen für die Einsamkeit, zwei für die Freundschaft und drei für die Gesellschaft. Wenn unerwartet mehr Besucher kamen, mussten sie sich mit dem dritten Stuhl begnügen, aber meist nutzten sie den Raum besser aus, indem sie stehen blieben. Es ist erstaunlich, wie viele große Männer und Frauen in ein kleines Haus passen. Ich hatte schon fünfundzwanzig oder dreißig Seelen – mit ihren Körpern – gleichzeitig unter meinem Dach, und doch hatten wir, wenn wir uns trennten, oft nicht das Gefühl, einander sehr nahe gewesen zu sein. Viele unserer privaten und öffentlichen Gebäude wirken mit ihren fast unzählbaren Zimmern, ihren ungeheuren Hallen und Kellern zur Lagerung von Wein und anderer Friedensmunition viel zu groß für die Bewohner. Sie sind so weitläufig und prächtig, dass die Menschen darin wie Ungeziefer wirken, das sich eingenistet hat. Und wenn der Herold vor Tremont,

Astor oder Middlesex House sein Horn bläst, bin ich jedes Mal erstaunt, als einzigen Bewohner eine lächerliche Maus daraus hervorkriechen und über die Piazza tapsen zu sehen, nur um gleich wieder in irgendeinem Loch in der Straße zu verschwinden.

Eine Unbequemlichkeit machte sich allerdings manchmal in meinem kleinen Haus bemerkbar: die Schwierigkeit, ausreichend Abstand von einem Gast zu nehmen, wenn wir begannen, große Gedanken mit großen Worten auszusprechen. Gedanken benötigen Raum, um auf offene See fahren und einige Male lavieren zu können, bevor sie Kurs auf den Hafen nehmen. Ihre Kugel muss erst ihre seitliche Bewegung und den Rückstoß überwinden und ihre endgültige, gleichmäßige Flugbahn angenommen haben, bevor sie das Ohr des Hörers erreicht, sonst nimmt sie womöglich den Weg von einem Ohr zum andern. Auch unsere Sätze brauchen Raum, um sich zu entfalten und allmählich ihre Kolonnen zu formieren. Individuen wie Nationen brauchen angemessene, weite und natürliche Grenzen, mit einem beträchtlichen neutralen Gebiet dazwischen. Es bereitet mir einmaligen Genuss, mich über das Wasser hinweg mit einem Bekannten am anderen Seeufer zu unterhalten. In meinem Haus waren wir uns so nah, dass wir einander gar nicht hören konnten, gar nicht leise genug sprechen konnten, um einander zu hören. Auch wenn man zwei Steine nah beieinander ins Wasser wirft, stört bekanntlich ein Wellenkreis den anderen. Wenn man nur laut miteinander plaudert, kann man es schon vertragen, so nahe beisammenzustehen, dass einer den Atem des anderen spürt. Wollen wir aber ruhig und gedankenvoll sprechen, dann stehen wir gern weiter voneinander entfernt, damit alle körperliche Wärme und Feuchtigkeit sich verflüchtigen kann. Wenn wir die intimste Gesellschaft genießen, durch die gerade das in unserer Seele erweckt wird, was über uns hinausreicht, so müssen wir nicht schweigen, sondern auch körperlich so weit voneinander entfernt sein, dass keiner die Stimme des anderen hören kann. So gesehen dient das Gespräch der Bequemlichkeit der Schwerhörigen, aber es gibt viele schöne Dinge, über die wir nicht reden können, wenn wir schreien müssen. Wenn unsere Unterhaltung einen erhabeneren Ton annahm, schoben wir unsere Stühle weiter auseinander, bis sie die beiden entgegengesetzten Wände berührten, doch auch dann war meist nicht genug Platz.

Meine »gute Stube«, die stets für Besuch hergerichtet war und auf deren Teppich selten ein Sonnenstrahl fiel, war der Kiefernwald hinter meinem Haus. Dorthin, wo ein unschätzbarer Dienstbote den Boden fegte, die Möbel abstaubte und alles in Ordnung hielt, führte ich an Sommertagen meine vornehmen Gäste.

Wenn ein einzelner Gast kam, nahm er manchmal an meiner sparsamen Mahlzeit teil. Wenn ich dann aus Mehl und Milch einen Pudding anrührte und nebenbei das Aufgehen und Garwerden des Brots in der Asche beaufsichtigte, wurde die Unterhaltung dadurch nicht unterbrochen. Wenn aber zwanzig ins Haus kamen, war von Mittagsessen keine Rede – es wäre Brot für vielleicht zwei Personen vorhanden gewesen. Also taten wir so, als ob Essen eine altmodische Gewohnheit wäre, und übten uns ganz selbstverständlich in Enthaltsamkeit. Niemand erachtete es als Verstoß gegen die Gastfreundschaft, sondern als natürlich und rücksichtsvoll. Der Verlust der

Körperkraft, die sonst so oft wiederhergestellt werden muss, schien dann wunderbarerweise erhalten zu bleiben; sie hielt tapfer stand. Deshalb konnte ich ebenso gut tausend bewirten wie zwanzig, und wenn je einer enttäuscht oder hungrig mein Haus verließ, obwohl ich zu Hause gewesen war, so war ihm wenigstens mein Mitgefühl sicher. So leicht ist es, auch wenn viele Hausfrauen es bezweifeln, neue und bessere Sitten an die Stelle der alten zu setzen. Man braucht seinen Ruf nicht auf die Dinner zu gründen, die man gibt. Ich persönlich bin von keinem Zerberus so von einem Besuch abgeschreckt worden wie von der Komödie, die man machte, um mich zu bewirten. Sie erschien mir meist wie ein sehr höflicher Wink, die lieben Leute nie wieder in solche Unkosten zu stürzen. Solche Szenen werde ich nie wieder aufsuchen, davon bin ich überzeugt. Ich wäre stolz, über meiner Hütte als Motto jene Zeilen von Edmund Spencer zu sehen, die einer meiner Besucher auf einem gelben Walnussblatt als seine Visitenkarte hinterließ:

»Dort angekommen füllen sie die kleine Hütte,
Fordern weder Speis noch Trank, wo es vergeblich wär:
Zum Labsal wird die Ruhe, und alles steht zu Diensten.
Völlig zufrieden sein kann nur der beste Mensch.«

Edward Winslow, der spätere Gouverneur der Plymouth-Kolonie, unternahm einst mit einem Gefährten eine Wanderung durch die Wälder, um dem Indianerhäuptling Massasoit einen Höflichkeitsbesuch abzustatten. Hungrig und durstig kamen sie zum Wigwam des Häuptlings, der sie freundlich empfing. An jenem Tag war jedoch keine Rede von irgendeiner Mahlzeit. Als die Nacht hereinbrach – ich zitiere – »bot er uns einen Platz in seinem Bett neben sich und seiner Frau an; sie lagen an dem einen, wir am anderen Ende. Das Lager bestand aus einem mit einer dünnen Matte bedeckten Brett, etwa einen Fuß über dem Erdboden. Zwei seiner Männer mussten sich auch noch zu uns zwängen. So erschöpfte uns unser Quartier noch mehr als unsere Reise. Am folgenden Tag um ein Uhr brachte uns Massasoit zwei Fische, die er erlegt hatte, ungefähr dreimal so groß wie eine Brasse. Als diese gekocht waren, hofften nicht weniger als vierzig Männer auf einen Bissen davon. Die meisten bekamen einen. Dies war unsere einzige Mahlzeit in zwei Nächten und einem Tag. Hätte nicht einer von uns ein Rebhuhn gekauft, hätten wir die Reise fastend verbracht.« Weil sie fürchteten, vom Mangel an Nahrung und Schlaf in Ohnmacht zu fallen – an Schlaf war nicht zu denken, weil »die Wilden sich mit unmenschlichem Gebrüll in Schlaf sangen« –, zogen sie es vor, die schwachen, noch vorhandenen Kräfte für den Heimweg zu nutzen, und reisten ab. Was die Unterbringung angeht, so gebe ich zu, dass man sie schlecht versorgt hatte, obwohl das, was sie als Unbequemlichkeit empfanden, zweifellos eine Ehrung für sie sein sollte. In Sachen Verpflegung aber hätten die Indianer sich meiner Ansicht nach nicht vorbildlicher verhalten können. Sie selbst hatten nichts zu essen und waren weise genug, nicht anzunehmen, dass Entschuldigungen ihren Gästen als Ersatz für Speisen dienen könnten; also schnallten sie ihre Gürtel enger und verloren kein Wort darüber. Als Winslow sie später erneut besuchte, war eine Zeit des Überflusses; da hatte er auch in dieser Beziehung keinen Grund, sich zu beklagen.

An Menschen wird es einem fast nirgends fehlen. Ich hatte mehr Besucher, während ich in den Wäldern lebte, als in jeder anderen Zeit meines Lebens, also einige. Viele traf ich dort unter günstigeren Umständen als irgendwo sonst. Aber die Zahl derer, die mit belanglosen Anliegen zu mir kamen, war geringer. In dieser Hinsicht wurde meine Gesellschaft schon durch die Entfernung von der Stadt ausgesiebt. Ich war so weit auf den großen Ozean der Einsamkeit hinausgefahren, in den die Ströme der Gesellschaft münden, dass sich größtenteils, so weit es meine Ansprüche betrifft, nur das feinste Sediment um mich herum absetzte. Außerdem wurden auch Spuren von unerforschten und unkultivierten Erdteilen auf der anderen Seite bei mir angespült.

Wer kam da eines Morgens zu meiner Hütte? Ein wahrhaft homerischer oder paphlagonischer Mann – er hatte einen so passenden und poetischen Namen, dass ich es sehr bedauere, ihn hier nicht drucken zu können –, ein Kanadier, ein Holzfäller und Pfostenmacher, der fünfzig Pfosten an einem Tag anfertigen konnte und dessen Abendessen aus einem Murmeltier bestand, das sein Hund erlegt hatte. Auch er hatte von Homer gehört, und »wenn es keine Bücher gäbe«, wisse er nicht, »was er an Regentagen anfangen sollte«, auch wenn er in den vielen regnerischen Wochen vielleicht noch kein einziges ganz durchgelesen hatte. Irgendein Priester seiner fernen Heimatgemeinde, der Griechisch sprach, hatte ihn gelehrt, Verse des Alten Testaments zu lesen. Nun musste ich ihm, während er das Buch hielt, die Stelle übersetzen, an der Achilles den Patroklos wegen seiner traurigen Miene tadelt:

»Warum weinst du, Patroklos, wie ein kleines Mädchen?
Hast du etwa allein Botschaft aus Phthia vernommen?
Man sagt, dass Menötius, Sprössling des Aktor, noch lebt,
Und auch der äakidische Peleus unter den Myrmidonen,
Welche beide wir tief betrauerten, wenn sie gestorben wären.«

Das fand er gut. Er hatte ein großes Bündel weißer Eichenrinde unterm Arm, das er an diesem Sonntagmorgen für einen Kranken gesammelt hatte. »Ich glaube, es ist nichts Böses dabei, so etwas an einem Sonntag zu tun«, sagte er. Für ihn war Homer ein großer Dichter, obwohl er nicht wusste, worüber er geschrieben hatte. Ein einfacherer, natürlicherer Mann ist schwer zu finden. Laster und Krankheit, die einen düsteren Schatten auf die Erde werfen, schienen für ihn kaum zu existieren. Er war ungefähr achtundzwanzig Jahre alt und hatte Kanada und sein Elternhaus vor etwa zwölf Jahren verlassen, um in den Vereinigten Staaten zu arbeiten, Geld zu verdienen und sich vielleicht später in seiner Heimat eine Farm kaufen zu können. Er hatte eine raue Schale; einen stämmigen, schwerfälligen Körper, den er jedoch anmutig zu bewegen wusste, einen starken, sonnenverbrannten Nacken, dunkles, buschiges Haar und trübe, schläfrige blaue Augen, die bisweilen ausdrucksvoll aufleuchteten. Er trug eine flache graue Tuchmütze, einen schmutzigen wollenen Überrock und Stiefel aus Rindsleder. Er war ein starker Fleischesser und trug sein Essen gewöhnlich in einem Zinneimer zu seinem einige Meilen von meiner Hütte entfernten Arbeitsplatz, wo er den ganzen Sommer über Holz schlug. Er aß kaltes Fleisch, oft Murmeltier, und trank dazu Kaffee aus einer Feldflasche, die an einer Schnur von seinem Gürtel baumelte. Manchmal bot er mir einen Schluck davon an. Früh am Morgen kam er quer über mein Bohnenfeld dahergeschlendert; er ging nicht hastig und unruhig zur Arbeit wie die Yankees. Er riss sich kein Bein aus. Ihm genügte es, seinen Lebensunterhalt zu verdienen. Wenn sein Hund auf dem Weg ein Murmeltier erlegt hatte, ließ er sein Mittagessen oft im Gebüsch stehen und ging anderthalb Meilen zurück, um die Beute herzurichten und im Keller seines Hauses aufzuhängen – nachdem er sich eine halbe Stunde lang überlegt hatte, ob er sie nicht bis zum Abend getrost im See versenken könne. Solchen Überlegungen hing er mit Vorliebe nach. Morgens sagte er oft im Vorbeigehen: »Wie dick die Tauben sind! Wenn ich nicht Tagelöhner wäre, könnte ich mir auch mit der Jagd so viel Fleisch besorgen, wie ich will: Tauben, Murmeltiere, Kaninchen, Rebhühner – meine Güte! Ich könnte mir an einem Tag genug für eine Woche verschaffen!«

Er war ein geschickter Holzhacker und erledigte seine Arbeit besonders umsichtig. Er fällte seine Bäume gerade und dicht über dem Erdboden, damit nachwachsende Triebe kräftiger würden und Schlitten ungehindert über die Stümpfe gleiten könnten. Anstatt einen ganzen Baum als Stütze für sein aufgeschichtetes Holz zurückzulassen, hackte er so viel von ihm ab, dass nur ein schlanker Pfahl übrig war, den man schließlich mit der Hand brechen konnte.

Er interessierte mich, weil er so still und einsam und doch so glücklich war. Ein Quell der guten Laune und Zufriedenheit strömte aus seinen Augen. Sein Frohsinn war ungetrübt. Manchmal traf ich ihn bei seiner Arbeit im Wald. Dann empfing er mich mit einem unaussprechlich zufriedenen Lachen und einem Gruß in kanadischem Französisch, obwohl er genauso gut Englisch sprach. Wenn er mich herankommen sah, hielt er mit der Arbeit inne, setzte sich mit kaum verhohlener Freude auf den Stumpf einer Kiefer, die er gefällt hatte, schälte sich ein Stück der inneren Baumborke ab und rollte es zu einer Kugel, an der er kaute, während er lachend mit mir schwatzte. Er steckte so voller animalischer Lebenskraft, dass er sich manchmal, wenn ihm irgendetwas besondere Freude machte, lachend auf der Erde wälzte. Und wenn er die Bäume ringsum betrachtete, rief er: »Bei Gott, ich habe genug Spaß an meiner Holzfällerei! Ich will keine bessere Beschäftigung!« Manchmal hatte er keine Arbeit; dann vergnügte er sich den ganzen Tag lang in den Wäldern mit seiner Taschenpistole, schoss in regelmäßigen Abständen für sich selbst Salut. Im Winter machte er ein Feuer, über dem er mittags seinen Kaffee in einem Kessel wärmte, und wenn er auf einem Baumstumpf sitzend sein Vesper aß, umringten ihn Schwarzmeisen, hüpften auf seinen Arm und pickten in die Kartoffel zwischen seinen Fingern. Dann sagte er: »Ich hab es gern, die kleinen Kerle da um mich zu haben.«

In ihm war hauptsächlich der animalische Mensch entwickelt. An körperlicher Ausdauer und Genügsamkeit war er der Kiefer und dem Felsen verwandt. Ich fragte ihn einmal, ob er abends nicht manchmal müde sei, wenn er den ganzen Tag gearbeitet habe. Er antwortete mit einem offenen und ernsten Blick: »Du lieber Himmel, ich war in meinem ganzen Leben noch nie müde.« Der intellektuelle oder sogenannte geistige Mensch schlummerte wie ein Kind. Er war nur auf jene unschuldige und unwirksame Weise unterrichtet worden, in der ein katholischer Priester die Eingeborenen belehrt und durch die ein Schüler nie zu einem bestimmten Grad von Bewusstsein, sondern nur zu einem bestimmten Grad von Vertrauen und Ehrfurcht erzogen wird. Ein Kind wird so nie zum Mann, sondern bleibt immer ein Kind. Als die Natur ihn schuf, gab sie ihm einen kräftigen Körper und Zufriedenheit für seinen Lebensweg mit. Außerdem stützte sie ihn mit Ehrfurcht und Vertrauen, damit er seine siebzig Jahre verbringen möge wie ein Kind. Er war so echt und unverfälscht, dass es genauso schwer gewesen wäre, eine Beschreibung von ihm zu geben wie von einem Murmeltier. Man musste ihn erleben, wie ich es tat. Er wollte keine Rolle spielen. Die Menschen bezahlten ihn für seine Arbeit und verhalfen ihm so zu Kleidung und Nahrung. Aber Ansichten tauschte er nie mit ihnen aus. Er war so einfach und natürlich bescheiden – wenn der bescheiden genannt werden kann, der nie nach etwas strebt –, dass die Bescheidenheit bei ihm gar nicht auffiel; auch ihm war sie gar nicht bewusst. Klügere Menschen waren für ihn Halbgötter. Wenn man ihm erzählte, dass so einer kommen würde, verhielt er sich, als ob so jemand Gewaltiges nichts von ihm erwarten könnte, sondern selbst alle Verantwortung übernehmen und ihn wie bisher der Vergessenheit überlassen müsse. Er hörte nie ein lobendes Wort. Er selbst verehrte besonders Schriftsteller und Priester. Ihre Werke waren Wunder für ihn. Als ich ihm erzählte, dass ich recht viel schreibe, glaubte er lange, ich meine einfach das Schreiben mit der Hand; er selbst hatte eine bemerkenswert schöne Handschrift. Manchmal fand ich den Namen seines Heimatorts mit dem Akzent auf der richtigen Silbe sehr schön am Wegrand in den Schnee geschrieben. Ich wusste dann, dass er vorbeigekommen war. Ich fragte ihn, ob er je gewünscht habe, seine Gedanken aufzuschreiben. Er antwortete, dass er Briefe für andere, die es nicht konnten, gelesen oder geschrieben habe. Gedanken aufzuschreiben habe er nie versucht – nein, das könne er nicht, er wisse auch nicht, wie er anfangen solle, es würde ihn umbringen; und dann müsse man auch noch gleichzeitig auf die Rechtschreibung achten!

Ein sehr gebildeter Mann und Reformer soll ihn einmal gefragt haben, ob er sich die Welt nicht anders wünsche. Er lachte aus vollem Halse und antwortete in seinem kanadischen Akzent, ohne zu ahnen, dass diese Frage je vorher gestellt worden war: »Nein, ich bin ganz zufrieden mit ihr.« Unterhaltungen mit ihm müssten für einen Philosophen sehr anregend sein. Einem Fremden kam er sicher vollkommen unwissend vor. Ich aber sah manchmal einen Menschen in ihm, wie ich ihn nie zuvor getroffen hatte, und ich konnte nicht sagen, ob er so weise war wie Shakespeare oder so einfältig wie ein Kind – ob ich ihn für zartfühlend und poetisch oder für ein beschränktes Wesen halten sollte. Ein Städter erzählte mir, dass er dem Kanadier einmal begegnet sei, wie er mit seiner kleinen, flachen Mütze auf dem Kopf durch das Dorf geschlendert sei und vor sich hin gepfiffen habe; da habe er auf ihn den Eindruck eines verkleideten Prinzen gemacht.

Seine einzigen Bücher waren ein Almanach und ein Rechenbuch. Letzteres kannte er ganz genau. Der Almanach war für ihn eine Art Konversationslexikon; er glaubte, es enthalte eine Kurzfassung des gesamten menschlichen Wissens, was in gewissem Sinne ja auch stimmt. Ich fragte ihn mit Vorliebe nach seinen Ansichten über die verschiedenen Reformen der Gegenwart, und er betrachtete sie immer aus dem einfachsten und praktischsten Blickwinkel. Er hatte von solchen Dingen noch nie gehört. Könnten wir ohne Fabriken auskommen?, fragte ich ihn. Er habe einen handgemachten grauen Vermont-Anzug, war die Antwort, und der sei gut. Könnte er auf Tee und Kaffee verzichten? Ob dieses Land noch andere Getränke erzeuge als Wasser? Er weiche die Nadeln der Hemlocktanne in Wasser ein und trinke den Abguss; das sei an heißen Tagen besser als Wasser. Als ich ihn fragte, ob er ohne Geld auskommen könne, wies er mir die praktische Bedeutung dieser Institution in einer Weise nach, die sich mit den philosophischsten Ansätzen darüber deckte und sich sogar direkt vom Wort *pecunia* ableiten ließ. Wenn er einen Ochsen besäße und Nadel und Faden in einem Laden kaufen wolle, wäre es unpraktisch und bald unmöglich, jedes Mal einen Teil des Tiers für den entsprechenden Betrag zu verpfänden. Er verteidigte viele Einrichtungen besser als jeder Philosoph, denn wenn er sie beschrieb, gab er den wahren Grund ihrer Berechtigung an; auch durch Nachdenken wäre ihm kein anderer eingefallen. Als er Platos Definition vom Menschen hörte – ein zweibeiniges Tier ohne Federn – und dass daraufhin jemand einen Hahn gerupft und ihn als den Menschen Platos bezeichnet habe, wandte er ein, dass die Knie sich in die falsche Richtung bögen. Manchmal rief er aus: »Wie gern ich mich unterhalte! Meine Güte, ich könnte mich den ganzen Tag lang unterhalten.« Einmal, als ich ihn einige Monate nicht gesehen hatte, fragte ich ihn, ob ihm im Lauf des Sommers ein neuer Gedanke gekommen sei. »Du lieber Gott«, antwortete er, »ein Mann, der so viel arbeitet wie ich, soll froh sein, wenn er seine alten Gedanken nicht vergisst. Wenn du mit einem anderen um die Wette Unkraut jätest, musst du weiß Gott deine Gedanken zusammenhalten, dann denkst du ans Unkraut.« Manchmal fragte bei solchen Anlässen er mich zuerst, ob ich irgendwelche Fortschritte gemacht habe. Eines Wintertags fragte ich ihn, ob er immer mit sich selbst zufrieden gewesen sei. Ich hoffte, ihn dahinzubringen, einen Ersatz für den Priester in seiner Innenwelt und einen höheren Lebenszweck zu suchen. »Zufrieden!«, rief er aus. »Manche sind mit dem einen zufrieden, manche mit dem anderen. Vielleicht ist einer, der genug zum Leben hat, schon zufrieden, den ganzen Tag mit dem Rücken zum Feuer und dem Bauch am Tisch dazusitzen, zum Teufel!« Es gelang mir übrigens auf keine Weise, ihn zu einer geistigen Sicht der Dinge zu bewegen; der Höhepunkt seines Vorstellungsvermögens war eine einfache Zweckmäßigkeit, wie man es bei einem Tier erwarten würde; und so ist es im Grunde bei den meisten Menschen. Wenn ich ihm irgendeine Verbesserung seiner Lebensführung vorschlug, antwortete er mir ohne jedes Bedauern, dafür sei es zu spät. Er glaubte indessen fest an Ehrlichkeit und ähnliche Tugenden.

Man konnte bis zu einem gewissen Grad eine positive Originalität an ihm entdecken, und gelegentlich beobachtete ich, dass er selbstständig dachte und seiner eigenen Meinung Ausdruck verlieh – ein so seltenes Phänomen, dass ich jederzeit zehn Meilen weit gehen würde, um es zu erleben –, und sie lief auf die vollkommene Neugestaltung so vieler gesellschaftlicher Institutionen hinaus. Er sprach zwar zögerlich und drückte sich vielleicht nicht ganz deutlich aus, doch es steckte immer ein verständiger Gedanke dahinter. Allerdings war sein Denken so schlicht und so mit dem animalischen Leben verwoben, dass es, obwohl es vielversprechender war als das eines bloß Gelehrten, selten Früchte zeitigte, die des Pflückens wert waren. Dennoch gemahnte es daran, dass sich auch in den niedrigsten Lebensverhältnissen mitunter geniale Menschen finden, die – seien sie auch noch so bescheiden und unwissend – stets ihre eigene Ansicht haben oder gar nicht vorgeben, die Dinge zu verstehen; die so tief und unergründlich sind wie der Walden Pond.

Mancher Reisende machte einen Umweg, um mich und das Innere meiner Hütte zu sehen; die Bitte um ein Glas Wasser diente ihm als Vorwand. Solchen Leuten sagte ich, dass ich selbst aus dem See trinke, verwies sie dorthin und bot ihnen leihweise meinen Schöpfer an. So abgelegen ich auch wohnte, blieb ich doch von den Ausflüglern nicht verschont, die, soviel ich weiß, immer um den 1. April herum ausschwärmen. Im Großen und Ganzen hatte ich in diesem Punkt Glück, obwohl sich auch einige merkwürdige Gestalten unter meinen Gästen befanden. Schwachsinnige aus dem Armenhaus und Gott weiß woher kamen zu Besuch, aber ich bemühte mich, sie zur Anwendung ihres noch vorhandenen Verstands anzuregen und mir darüber zu berichten. Da in solchen Fällen der Verstand das Gesprächsthema bildete, wurde ich belohnt. Ja, ich fand sogar, dass einige von ihnen verständiger waren als die sogenannten Armenaufseher und Stadträte, und kam zu dem Schluss, dass es an der Zeit wäre, den Spieß umzudrehen. Was den Verstand angeht, machte ich die Erfahrung, dass zwischen denen, die ihn ganz, und denen, die ihn halb besitzen, kaum ein Unterschied besteht. So besuchte mich zum Beispiel einmal ein ganz harmloser, einfältiger Almosenempfänger, den ich oft gesehen hatte, wenn er mit anderen zusammen in den Feldern darauf achtzugeben hatte, dass er selbst und das Vieh nicht herumstreunten. Er sagte, dass er gerne so leben würde wie ich; und mit größtmöglicher Einfachheit und Ehrlichkeit, die weit über oder vielmehr unter allem standen, was man Demut nennen könnte, erklärte er mir, dass »sein Verstand minderwertig sei«. Das waren seine Worte. Gott habe ihn so geschaffen, und doch glaube er, dass er genauso gut für ihn sorge wie für jeden anderen. »Ich bin immer so gewesen«, sagte er, »seit meiner Kindheit. Ich bin schwach im Kopf. Es war Gottes Wille, nehme ich an.« Und da stand er nun vor mir, wie um die Wahrheit seiner Worte zu bestätigen. Er war für mich ein metaphysisches Rätsel. Selten ist mir ein Mensch mit so vielversprechenden Anlagen begegnet – jedes seiner Worte war einfach, ehrlich und wahr. Und tatsächlich wurde er im gleichen Maß erhöht, in dem er sich zu erniedrigen schien. Anfangs war ich nicht ganz sicher, ob nicht alles an ihm das Ergebnis kluger Berechnung war. Bald aber wusste ich, dass Wahrheit und Offenheit sein innerstes Wesen ausmachten und dass deshalb meine Unterhaltung mit ihm weiter führen konnte als ein Gespräch unter Weisen.

Ich hatte auch Gäste, die man gewöhnlich nicht unter die Armen der Stadt zählt, die aber dazugehören – wenigstens zu den Armen der Welt. Das sind Besucher, die nicht Gastfreundschaft beanspruchen, sondern Fürsorge, die dringende Hilfe wünschen und ihrer Bitte die Mitteilung vorausschicken, dass sie auf keinen Fall sich selbst helfen wollen. Ich erwarte von einem Gast, dass er nicht gerade am Verhungern ist; mag er auch den größten Appetit der Welt haben, woher auch immer. Hilfsbedürftige sind keine Gäste. Manche Leute wussten nicht, wann ihr Besuch zu Ende war, selbst wenn ich wieder an meine Arbeit ging und ihnen aus immer größerer Entfernung antwortete. In der Ausflugszeit suchten mich Leute aller Intelligenzgrade auf, darunter solche, die mehr Verstand hatten, als sie verwenden konnten: davongelaufene Sklaven mit Südstaatenmanieren, die von Zeit zu Zeit wie der Fuchs in der Fabel aufhorchten, als wären ihnen kläffende Hunde auf den Fersen, und die flehentlich zu mir aufblickten, als wollten sie sagen:

»O Christenmensch, wirst du mich zurückschicken?«

Einem flüchtigen Sklaven half ich, in Richtung Nordstern ein Stück weiterzukommen. Manch ein Besucher hatte nur einen Gedanken wie eine Henne mit nur einem Küken, das obendrein ein Entlein war. Andere hatten tausend Ideen und wirre Köpfe wie Hennen, die auf hundert Küken achtgeben müssen, die alle einem Käfer nachlaufen, sodass jeden Morgen ein Dutzend verloren geht und die Hennen ganz zerzaust und schäbig werden. Wieder andere hatten Ideen statt Beine, eine Art geistiger Tausendfüßler, in deren Gegenwart man sich fortwährend jucken musste. Ein Mann schlug mir sogar vor, ein Buch auszulegen, in das wie in den White Mountains alle Besucher ihre Namen hineinschreiben sollten, aber – du meine Güte! – mein Gedächtnis ist zu gut, um so etwas nötig zu haben.

Einige Eigenarten meiner Besucher konnte ich unmöglich übersehen. Mädchen, Jungen und Frauen schienen sich gewöhnlich zu freuen, in den Wäldern zu sein. Sie sahen in den See und nach den Blumen und genossen die Stunden. Geschäftsleute allerdings und selbst Farmer interessierten sich meist nur für meine Einsamkeit, meine Beschäftigungen und die Entfernung, die mich von dem einen oder irgendetwas anderem trennte, und obwohl sie sagten, dass sie hin und wieder gern im Wald waren, war dies ganz offensichtlich nicht der Fall. Rastlose, viel beschäftigte Männer, die all ihre Zeit darauf verwendeten, Geld zu verdienen oder zusammenzuhalten, Geistliche, die über Gott sprachen, als hätten sie ein Monopol darauf, und keine anderen Meinungen gelten ließen, Doktoren, Rechtsanwälte, nervöse Hausfrauen, die in meinem Schrank und Bett schnüffelten, wenn ich nicht zu Hause war – woher sonst sollte Mrs. – wissen, dass meine Laken nicht so sauber waren wie ihre? –, junge Männer, die schon aufgehört hatten, jung zu sein, und es für das Sicherste hielten, den ausgetretenen Pfad eines Berufs zu wählen – all diese Menschen behaupteten gewöhnlich, dass es unmöglich sei, in meiner Lage etwas Gutes zu tun. Ja, da liegt der Hund begraben! Die Alten, Schwachen und Ängstlichen jeden Alters und Geschlechts dachten nur an Krankheit, Unfall und Tod, ihnen schien das Leben voll Gefahren – doch wo sind denn wirklich die Gefahren, wenn man genauer darüber nachdenkt? –, und sie hielten es darum für vernünftig, immer den sichersten Ort aufzusuchen, wo Dr. B. notfalls sofort zur Stelle war. Für sie war die Stadt wirklich eine *com-munitas*, eine Vereinigung zum gegenseitigen Schutz. Ohne Reiseapotheke gingen solche Leute nicht einmal Heidelbeeren pflücken. Wenn ein Mensch lebendig ist, läuft er jederzeit Gefahr, zu sterben, obwohl die Gefahr zugegebenermaßen umso geringer ist, je mehr er von vornherein scheintot ist. Aber der Mensch sitzt genauso viele Gefahren, wie er läuft. Schließlich waren da noch die selbst ernannten Reformer. Das waren die langweiligsten von allen. Sie bildeten sich ein, ich würde pausenlos singen:

»Das ist das Haus, das ich baute,
Das ist der Mann, der in dem Haus wohnt, das ich baute.«

Sie wussten jedoch nicht, dass die dritte Zeile lautete:

»Das sind die Leute, die plagen den Mann,
Der da wohnt in dem Haus, das ich baute.«

Ich hatte keine Angst vor Hühnerhunden, denn ich hielt keine Hühner, vor Menschenhunden schon eher.

Aber ich hatte auch erfreulichere Besucher als diese: Kinder, die kamen, um Beeren zu pflücken, herausgeputzte Eisenbahner beim Sonntagsspaziergang, Fischer und Jäger, Dichter und Philosophen, kurz, alle ehrbaren Pilger, die tatsächlich die Stadt hinter sich ließen und um der Freiheit willen in die Wälder kamen. Sie alle begrüßte ich gern mit den Worten: »Willkommen, Engländer! Willkommen, Engländer!« Denn mit diesem Volk stand ich schon in Verbindung.

Das Bohnenfeld

Inzwischen warteten meine Bohnen, deren Reihen zusammengenommen wohl an die sieben Meilen betrugen, ungeduldig darauf, gehackt zu werden, denn die ersten waren schon beträchtlich ins Kraut geschossen, noch bevor die letzten im Boden waren; es ließ sich wirklich nicht länger hinausschieben. Wozu ich diese stetige, selbstgefällige kleine Herkulesarbeit eigentlich verrichtete, weiß ich nicht. Ich begann, meine Bohnenreihen zu lieben, obwohl es so viel mehr waren, als ich brauchte. Sie verbanden mich mit der Erde, und das machte mich stark wie Antäus. Warum ich sie überhaupt zog, weiß der Himmel. Den ganzen Sommer über beschäftigte ich mich damit, diesem Stückchen Boden, das bisher nur Fingerkraut, Brombeeren, Johanniskraut und andere wild wachsende, süße Früchte und liebliche Blumen hervorgebracht hatte, Hülsenfrüchte abzutrotzen. Was soll ich von den Bohnen lernen oder sie von mir? Ich pflege sie, ich hacke sie, ich habe von früh bis spät ein Auge auf sie; und das ist mein Tagwerk. Ich mag es, ihre feinen, breiten Blätter zu betrachten. Meine Helfer sind Tau und Regen, die diesen trockenen Boden wässern, sowie die Fruchtbarkeit des Bodens selbst, der jedoch größtenteils mager und ausgelaugt ist. Meine Feinde sind Würmer, kühle Nächte und vor allem die Murmeltiere. Letztere haben mir schon mindestens einen Viertelmorgen abgeknabbert.

Wer gab mir aber auch das Recht, Johanniskraut und den ganzen Rest zu roden und ihren alten Kräutergarten zu vernichten? Die übrig gebliebenen Bohnen werden ihnen jedoch bald zu zäh werden; dann werden sie neue Feinde überfallen.

Ich kann mich noch gut erinnern, wie ich im Alter von vier Jahren einmal durch genau diesen Wald, genau dieses Feld das Seeufer entlang von Boston in meine Heimatstadt gebracht wurde. Das ist eine meiner frühesten Erinnerungen. Und heute Abend hat meine Flöte auf demselben Wasser ein Echo erzeugt. Die Kiefern stehen immer noch hier: Sie sind älter als ich; einige wurden gefällt – mit ihren Stümpfen habe ich mein Abendbrot gekocht. Ringsum gedeiht neues Wachstum und erzeugt ein frisches Bild für neue Kinderaugen. Fast das gleiche Johanniskraut sprießt aus den ausdauernden Wurzeln dieser Weide, und ich selbst habe sogar dazu beigetragen, diese mythische Landschaft meiner Kinderträume zu bekleiden. Ein Ergebnis meiner Gegenwart und meines Einflusses zeigt sich in diesen Bohnenblättern, Maishalmen und Kartoffelranken.

Ich bepflanzte ungefähr zweieinhalb Morgen Hochland. Da es erst vor fünfzehn Jahren abgeholzt worden war und ich selbst zwei oder drei Klafter Wurzelholz herausgeholt hatte, verwendete ich keinen Dünger. Im Laufe des Sommers aber bewiesen mir die Pfeilspitzen, die beim Hacken zum Vorschein kamen, dass früher einmal ein ausgestorbenes Volk hier gelebt und Mais und Bohnen gezogen hatte, noch bevor die Weißen kamen und das Land einnahmen. Der Boden war für diese Saat also bis zu einem gewissen Grad schon erschöpft.

Noch bevor ein Murmeltier oder ein Eichhörnchen über die Straße lief oder die Sonne über die Zwergeichen stieg, begann ich, das selbstherrliche Unkraut in meinem Bohnenfeld zu Boden zu strecken und Sand darüberzustreuen. Obwohl Bauern mir davon abrieten, empfehle ich jedem, wenn möglich alle Arbeit zu erledigen, solange der Tau noch liegt. Frühmorgens arbeitete ich barfuß und matschte wie ein bildender Künstler im taufeuchten, bröckeligen Sand herum; später am Tag verbrannte mir die Sonne die Füße. Sie schien unerbittlich auf mich herab, wenn ich langsam über das gelbe, sandige Hochland die grünen, an die achtzig Yard langen Reihen entlang meine Bohnen hackte. Das eine Ende mündete in eine Zwergeichen-Pflanzung, wo ich mich im Schatten ausruhen konnte, das andere in Brombeerbüsche, deren grüne Beeren sich in der kurzen Zeit, die ich brauchte, um eine andere Reihe zu hacken, tiefer färbten. Unkraut jäten, frische Erde um die Bohnenpflanzen zu schaufeln, sie zum Wachsen ermutigen, den gelben Boden zu veranlassen, seine sommerlichen Gedanken in Bohnenblätter und Blüten zu verwandeln und nicht in Wermut, Pfefferkraut und Hirsegras, den Boden »Bohne« sagen zu lassen anstatt »Gras« – das war mein Tagwerk. Da weder Pferde und Ochsen noch Tagelöhner oder die neuesten Landwirtschaftsgeräte mir halfen, ging es mit meiner Arbeit nur langsam vorwärts. Doch umso vertrauter wurde ich mit meinen Bohnen. Handarbeit, selbst wenn sie an Schinderei grenzt, ist vielleicht nicht die schlechteste Form des Müßigganges. Sie lehrt eine ewige und unverwüstliche Moral, und wer sich ihr weiht, erntet musterhafte Früchte. Den Reisenden, die westwärts über

Lincoln und Wayland Gott weiß wohin fuhren, musste ich als echter *agricola laboriosus* erscheinen. Sie saßen bequem in ihren Gigs, die Ellbogen auf den Knien, und ließen die Zügel in losen Schlaufen herunterhängen. Ich aber war mit der Scholle verwachsen wie der tüchtigste, erdverbundene Bauer. Aber schon bald verschwand mein Heim aus ihrem Blick und ihren Gedanken. Mein Feld war das einzig bebaute, das in einem weiteren Umkreis der Landstraße sichtbar war, und zog deshalb viel Aufmerksamkeit auf sich. Manchmal vernahm der Mann auf dem Feld mehr vom Klatsch und den Bemerkungen der Reisenden, als für seine Ohren bestimmt war: »So spät noch Bohnen! So spät noch Erbsen!« Denn ich pflanzte noch neue, während ich die anderen schon hackte. Das ahnte der neunmalkluge Herr Landwirt natürlich nicht. »Das gibt nur Futtermais, mein Junge, nur Futtermais!« – »*Wohnt* der hier auch?«, fragt der schwarze Damenhut den grauen Überzieher. Und der hartherzig dreinschauende Bauer hält seinen dankbaren Ackergaul, um zu fragen, was ich hier schaffe, wo er doch keinen Dünger in den Furchen sehe; er empfehle Humus, Abfälle aller Art, Asche oder auch Gips. Doch die Furchen erstreckten sich über zweieinhalb Morgen, statt eines Schubkarrens gab's nur eine Hacke und für diese standen nur zwei Hände zur Verfügung. Somit war Humus schwer herbeizuschaffen, zumal ich gegen Pferd und Wagen eine Abneigung hegte. Andere vorbeiratternde Reisende verglichen mein Feld lauthals mit anderen, an denen sie vorbeigekommen waren, sodass ich über meine Stellung in der ackerbautreibenden Welt unterrichtet wurde. Dieses Feld hatte in Mr. Colemans Bericht keine Erwähnung gefunden. Wer schätzt übrigens den Wert der Ernte, die die Natur auf noch wilderen, gar nicht von Menschen bestellten Feldern hervorbringt? Die Ernte von englischem Heu wird sorgfältig gewogen, ihr Gehalt an Feuchtigkeit, Silikaten und Pottasche sorgfältig berechnet, doch in allen Gruben und eingetrockneten Gräben der Wälder, Wiesen und Moore wächst eine reiche und vielfältige Frucht, die der Mensch nicht erntet. Mein Feld war sozusagen ein Bindeglied zwischen bebauten und unbebauten Feldern. Wie es zivilisierte, halb zivilisierte und wilde oder barbarische Völker gibt, so war mein Feld, und nicht im schlechten Sinne, ein halb zivilisiertes. Hier gab es Bohnen, die fröhlich in ihren Naturzustand zurückkehrten, und meine Hacke spielte ihnen dazu den Kuhreigen.

Ganz in meiner Nähe hoch oben auf einem Birkenzweig singt den ganzen Morgen lang eine braune Drossel oder, wie sie gerne genannt wird, eine Spottdrossel. Sie erfreut sich meiner Gesellschaft und würde ein anderes Feld aufsuchen, wenn meins nicht hier wäre. Während ich die Samen ausstreue, ruft sie: »Wirf hin – wirf hin – deck zu – deck zu – reiß raus – reiß raus – reiß raus!« Es war jedoch kein Mais; ich war vor Feinden wie ihr sicher. Vielleicht fragt man sich, was ihr Trällern, ihre amateurhafte Paganini-Darbietung, mit meinen Pflanzen zu tun hat, und doch würde man sie der Asche oder dem Gips vorziehen. Es war ein billiger Oberflächendünger, der mein volles Vertrauen genoss.

Während ich immer wieder frische Erde an die Bohnenreihen schaufelte, wühlte ich die Asche von Völkern auf, deren Geschichte nie geschrieben worden ist, die aber in uralten Zeiten unter diesem Himmel wohnten. Ihre kleinen Kriegs- und Jagdgeräte wurden ans Licht der Neuzeit befördert. Sie lagen unter anderen, natürlichen Steinen; einige von ihnen zeigten Spuren, dass sie von Indianerstämmen, andere, dass sie von der Sonne gebrannt waren. Auch Glas- und Porzellanscherben späterer Bebauer kamen zum Vorschein. Wenn meine Hacke klingend gegen die Steine stieß, gaben Wald und Himmel ein Echo zurück; die Begleitmusik meiner Arbeit, die also eine unmittelbare, unvergessliche Ernte zeitigte. Es waren nicht mehr die Bohnen, die ich hackte – und ich war es nicht mehr, der sie hackte. Mit ebenso viel Mitleid wie Stolz gedachte ich – wenn ich überhaupt ihrer gedachte – meiner Bekannten, die in die Stadt fuhren, um sich ein Oratorium anzuhören. An sonnigen Nachmittagen – denn manchmal arbeitete ich den ganzen Tag – kreiste der Nachtfalke über meinem Kopf wie ein Staubkorn auf meinem Auge oder im Auge des Himmels. Von Zeit zu Zeit stieß er mit einem Schrei herab, als ob der Himmel aufgerissen wäre – dabei blieb die Kuppel unversehrt –, kleine Teufel, die die Luft bevölkern, ihre Eier auf den nackten Sand oder auf Felsen und auf die Gipfel der Hügel legen, wo kaum einer sie finden kann. In ihrer schlanken Anmut gleichen sie dem Wellengekräusel des Sees, den Blättern, die vom Wind in den Himmel gehoben werden. Solche Ähnlichkeiten finden sich in der Natur. Der Falke ist der luftige Bruder der Welle, über der er schwebt und wacht. Seine luftgetragenen Flügel gleichen den kleinen, noch nicht flügge gewordenen Schwingen des Meers. Manchmal beobachtete ich auch ein Hühnerhabichtpärchen, das hoch im Himmel seine Kreise zog, in die Höhe schwebte und bald wieder niederstieß, sich trennte und wieder vereinte, als wäre es die Verkörperung meiner Gedanken. Oder ein Zug wilder Tauben erregte meine Aufmerksamkeit, die hastig und laut flatternd von einem Wald zum anderen zogen. Dann wieder brachte meine Hacke unter einem halb verrotteten Baumstumpf einen trägen, merkwürdig gefleckten Salamander zum Vorschein, der an Ägypten und den Nil erinnerte und doch unser Zeitgenosse war. Wenn ich mich auf meine Hacke gestützt ausruhte, hörte und sah ich solche Klänge und Dinge überall in meinen Bohnenreihen. Es war ein Teil jener unerschöpflichen Unterhaltung, die die Landschaft uns gewährt.

An Festtagen werden in der Stadt die schweren Geschütze abgefeuert, die wie Knallschüsse durch den Wald hallen, und ab und zu dringen sogar einige Fetzen Marschmusik an mein Ohr. Hier in meinem Bohnenfeld, auf der anderen Seite der Stadt, hörte sich der Kanonenschuss wie das Platzen eines Bofists an. Und wenn eine militärische Feldübung stattfand, von der ich nichts wusste, nahm ich manchmal den ganzen Tag lang ein vages Kribbeln am Horizont wahr, als ob dort bald eine Krankheit zum Ausbruch komme – Scharlach oder Diphtherie –, bis mir schließlich ein günstigerer Luftzug, der über die Felder und die Wayland Road zog, von den Übungen berichtete. Das ferne Summen erinnerte an ausgebrochene Bienenschwärme, die nun jemand, Vergils Rat befolgend, mit einem leisen *Tintinnabulum* auf ihrem hell tönenden Hausgerät wieder in den Stock zu locken versuchte. Wenn die Geräusche verstummten und selbst der günstigste Luftzug nichts mehr erzählte, wusste ich, dass auch die letzte Drohne sicher in den Middlesex-Korb zurückgekehrt war und nun nur noch nach dem Honig lechzte, mit dem der Korb bestrichen war.

Ich fühlte mit Stolz, dass die Freiheiten von Massachusetts und unseres Vaterlands so treu gehütet wurden. Wenn ich dann wieder zu hacken begann, war ich von unbeschreiblichem Vertrauen erfüllt und setzte seelenruhig und zuversichtlich meine Arbeit fort.

Wenn mehrere Kapellen spielten, klang es, als ob das ganze Dorf ein großer Blasebalg wäre und alle Häuser sich unter großem Spektakel ausdehnten und zusammenzögen. Manchmal aber erreichten die Wälder herrliche und erhebende Ruhmesfanfaren; dann hätte ich am liebsten einen Mexikaner aufgespießt – warum sollten wir uns immer mit Kleinigkeiten abgeben? – und hielt nach einem Murmel- oder Stinktier Ausschau, um daran meinen Heldenmut zu erproben. Diese kriegerischen Klänge schienen so weit entfernt wie Palästina und erinnerten mich an einen Kreuzzug am Horizont, wo die Ulmenwipfel leicht zitternd ihre Zweige über der Stadt wiegten. Es war ein großer Tag, obwohl ich keinen großen Unterschied bemerkte, bot doch der Himmel von meiner Lichtung aus heute denselben ewigen, gewaltigen Anblick wie an allen anderen Tagen auch.

Der lange und innige Umgang mit meinen Bohnen bereicherte mich um außergewöhnliche Erfahrungen: das Pflanzen, Hacken, Ernten, Dreschen und Auslesen, das Verkaufen – das Schwierigste von allem – und auch das Essen, denn ich habe sie gekostet. Ich war fest entschlossen, die Bohnen kennenzulernen. Während sie wuchsen, hackte ich sie von morgens früh um fünf Uhr bis mittags. Danach widmete ich mich meist anderen Dingen. Wie genau ich mich dabei auch mit den verschiedenen Unkrautsorten vertraut machte – man wird mir die Wiederholung verzeihen, denn bei der Arbeit war sie weitaus ärger –, wenn ich ihr feines Netz so unbarmherzig vernichtete und gehässige Unterschiede mit meiner Hacke machte, ganze Reihen der einen Art zu Boden zu schlagen, um die andere sorgsam zu pflegen. Hier Römischer Wermut, dort Gänsefuß, Sauerampfer, Dünengras – nieder damit! An die Sonne mit den Wurzeln, damit kein Fäserchen im Schatten liegt, sonst wächst es auf der anderen Seite und ist in zwei Tagen so grün wie Lauch. Es war ein langer Krieg, nicht mit Kaninchen, aber mit Unkräutern, jenen Trojanern, welche Sonne, Regen und Tau auf ihrer Seite haben. Täglich sahen meine Bohnen mich ihnen mit der Hacke bewaffnet zu Hilfe eilen, um die Reihen der Feinde zu lichten und die Laufgräben mit Unkrautleichen zu füllen. Manch stämmiger, mit flatterndem Helmbusch geschmückter Hector, der seine ihn umdrängenden Kameraden um einen Fuß überragte, fiel unter meiner Waffe und wälzte sich im Staub.

Die Sommertage, die manche meiner Zeitgenossen in Rom oder Boston den schönen Künsten, andere in Indien der inneren Einkehr und wieder andere in London oder New York dem Handel widmeten, weihte ich wie andere Farmer Neuenglands der Landwirtschaft. Nicht weil ich Bohnen zum Essen gebraucht hätte, denn ich bin von Natur aus ein Pythagoräer, zumindest so weit es die Bohnen betrifft, ob sie nun zur Bohnensuppe oder bei der Wahl verwendet werden, und tauschte sie gegen Reis; vielleicht einfach deshalb, weil einige Leute auf den Feldern arbeiten müssen, um jene Inspiration, jene Worte zu finden, die eines Tages einem Parabeldichter von Nutzen sein können. Alles in allem war es eine unvergleichliche Freude, die, hätte ich sie allzu lange fortgesetzt, vielleicht in Zeitverschwendung ausgeartet wäre. Obwohl ich die Bohnen nicht düngte und nicht alle zu gleicher Zeit hackte, tat ich es doch mit größter Sorgfalt Reihe für Reihe und wurde schließlich reich belohnt. Wie es bei John Evelyn heißt: »Denn kein Mist oder Kunstdünger ist mit dieser beständigen Durcharbeitung und Auffrischung, mit dem Umgraben der Erde durch die Schaufel zu vergleichen.« »Die Erde«, fügt er an anderer Stelle hinzu, »besonders die jungfräuliche, besitzt einen gewissen Magnetismus, durch den sie Salz, Stärke oder Kraft (man mag es nennen, wie man will) anzieht, was ihr Leben verleiht; und darin liegt die Logik aller Arbeit und Mühe, die wir ihr widmen. Mist und andere grobe Verbindungen sind nur Notbehelfe zweiten Ranges für diese beste Methode.« Außerdem war mein Feld eines jener »abgenutzten und verbrauchten Brachfelder, die ihren Sabbat genießen«, und hat vielleicht, wie Sir Kenelm Digby annimmt, seine »Lebenskraft« der Luft entnommen. Ich erntete zwölf Scheffel Bohnen.

Da man sich darüber beklagt hat, dass Mr. Coleman hauptsächlich über die teureren Versuche der Herren Großgrundbesitzer berichtet, möchte ich etwas ausführlicher werden. Meine Ausgaben betrugen:

Eine Hacke	$	0,54
Pflügen, eggen, furchen		7,50 (zu viel!)
Bohnensaat		3,12 ½
Kartoffelsaat		1,33

Erbsensaat		0,40
Rübensaat		0,06
Weiße Schnur zum Schutz gegen Krähen		0,02
Pferd zum Pflügen und Knecht für Drei Stunden		1,00
Pferd und Wagen für die Ernte		0,75
Gesamt	$	14,72 ½

Meine Einnahmen betrugen *(patrem kamillas vendacem, non emacem esse oportet):*

Neun Scheffel und zwölf Viertel Bohnen	$	16,94
Fünf Scheffel große Kartoffeln		2,50
Neun Scheffel kleine Kartoffeln		2,25
Gras		1,00
Stängel		0,75
Gesamt:	$	23,44

Nettoverdienst: $ 8,71 ½, wie ich schon an anderer Stelle erwähnte.

Dies ist das Ergebnis meiner Erfahrungen bei der Bohnenzucht: Pflanze ungefähr am 1. Juni die weiße Buschbohne in etwa drei Fuß achtzehn Zoll voneinander entfernten Reihen. Wähle mit Sorgfalt frische, runde und unvermischte Saat aus. Gib acht auf Würmer und fülle eventuelle Lücken mit neuer Saat. Gib später acht auf die

Murmeltiere, denn die knabbern die ersten zarten Blätter der Reihe nach völlig ab und sind pünktlich wieder da, wenn die jungen Ranken wieder wachsen. Ranken, Knospen und junge Schoten – alles mähen sie ab, aufrecht wie die Eichhörnchen. Vor allen Dingen: Ernte so früh wie möglich, wenn du Nachtfrösten entgehen und eine gute, verkäufliche Qualität erzielen willst. Auf diese Weise kann man größere Schäden vermeiden.

Noch eine Erfahrung machte ich. Ich beschloss, im nächsten Sommer nicht mit so viel Aufwand Mais und Bohnen, sondern eine Saat wie Aufrichtigkeit, Wahrheit, Einfachheit und Vertrauen, Unschuld pflanzen – vorausgesetzt, ich besitze sie dann noch – und will sehen, ob sie nicht selbst mit weniger Mühe und Pflege in diesem Boden Wurzeln schlägt und mich erhält, denn, für solche Früchte ist der Boden sicher noch nicht zu erschöpft. Das sagte ich mir, aber ein Sommer verging, ein zweiter und ein dritter, und ich muss gestehen, dass der Samen – wenn es wirklich der Samen dieser Tugenden war – wurmstichig war oder seine Kraft verloren hatte; jedenfalls keimte er nicht. Meistens sind die Menschen so tapfer oder feige wie ihre Väter. Diese Generation wird höchstwahrscheinlich jedes Jahr wieder Mais und Bohnen pflanzen, wie es vor Jahrhunderten die Indianer taten und den ersten Ansiedlern zeigten, als sei es vom Schicksal vorherbestimmt. Ich sah neulich zu meinem Erstaunen einen alten Mann, der mit seiner Hacke zum siebzigsten Mal Löcher grub – aber nicht, um sich hineinzulegen. Warum sollte der Neuengländer nicht auch neue Abenteuer wagen? Warum sollte er nicht, anstatt so viel Aufwand in die Mais-, Kartoffel- und Heuernte und seine Obstgärten zu legen, einmal andere Früchte ziehen? Warum kümmern wir uns so sehr um die Aufzucht unserer Saatbohnen und überhaupt nicht um die eines neuen Menschengeschlechts? Es würde uns nähren und erfreuen, einen solchen Menschen zu finden, in dem einige der von mir erwähnten Eigenschaften Wurzeln geschlagen und Früchte getragen haben, die wir höher schätzen als alle anderen Erzeugnisse, die sich aber meist zerstreuen und verflüchtigen. Da kommt solch eine feine, unaussprechliche Eigenschaft des Wegs, zum Beispiel Wahrheit oder Gerechtigkeit, wenn auch nur in kleinster Menge oder in neuem Gewand. Unsere Abgeordneten sollten angewiesen werden, solche Saat einzusammeln, und der Kongress sollte veranlassen, sie über das ganze Land zu verstreuen. Wollen wir aufrichtig sein, sollten wir nie auf der Form bestehen. Wir sollten nie aus niedriger Gesinnung einander betrügen, beleidigen oder verscheuchen, solange noch ein Körnchen Güte und Freundlichkeit in uns ist. Wir sollten uns nie in Eile begegnen. Den meisten Menschen begegne ich überhaupt nicht; sie scheinen keine Zeit zu haben, denn sie haben zu viel mit ihren Bohnen zu tun. Wer möchte sich mit einem Mann abgeben, der ewig nur schuftet, der, wenn er von der Arbeit ausruht, seine Hacke oder Schaufel als Stütze benutzt? Der nicht aussieht wie ein Pilz, der nur ein wenig aus dem Boden ragt und doch stolz den Kopf hebt, sondern wie eine Schwalbe, die aus den Lüften kam und nun am Boden kriecht:

»Er spannte während seiner Worte von Zeit
Zu Zeit weit seine Flügel aus.
Er wollte fliegen – doch die Kraft versagte«,

sodass man meinen könnte, wir sprächen mit einem Engel. Vielleicht können wir von Brot allein nicht leben; aber wenn wir nicht wissen, was uns quält, tut es uns immer gut, das Edle im Menschen und in der Natur zu erkennen. Es nimmt die Steifheit aus unseren Gelenken, macht uns geschmeidig und elastisch, an dieser ungemischten und jubelnden Freude teilzuhaben.

Antike Poesie und Mythologie lassen wenigstens vermuten, dass Ackerbau einst eine heilige Kunst war. Wir aber treiben ihn mit unbekümmerter und unachtsamer Eile. Wir wollen nichts als Großgrundbesitz und große Ernten. Wir haben außer den Viehausstellungen und sogenannten Erntedankfesten keinerlei Feste, Prozessionen und Zeremonien, durch die der Bauer der Heiligkeit seines Berufes Ausdruck verleiht oder an dessen heiligen Ursprung erinnert wird. Ihn locken die Prämien und das Festessen. Er opfert weder der Ceres oder dem irdischen Jupiter, sondern dem höllischen Pluto. Durch Geiz und Egoismus und durch die gemeine Gewohnheit, den Boden als Besitz oder vielmehr als Mittel zum Erwerb von Besitz zu betrachten – von dieser Schwäche ist übrigens niemand von uns frei –, wird die Landschaft entstellt, die Landwirtschaft mit uns selbst entehrt und der Farmer zu einem wahren Jammerleben gezwungen. Er kennt die Natur nur als Räuber. Laut Cato ist der durch Landwirtschaft erzielte Gewinn der unbefleckteste oder gerechteste (*maximeque pius quaestus*), und laut Varro nannten die alten Römer »die Erde sowohl Mutter als auch Ceres. Sie glaubten, dass ihre Bebauer ein frommes und nutzbringendes Leben führten und die einzigen überlebenden Nachkommen des Königs Saturn seien.«

Wir vergessen oft, dass die Sonne ohne Unterschied auf unsere Felder, auf Prärien und auf Wälder scheint. Alles absorbiert und reflektiert ihre Strahlen in gleicher Weise, und die Felder sind nur ein kleiner Teil jenes herrlichen Bilds, das sie auf ihrer täglichen Bahn erblickt. Für sie ist die ganze Erde ein einziger wohlgepflegter Garten. Darum sollen wir die Wohltat ihres Lichtes und ihrer Wärme mit Vertrauen und Großmut entgegennehmen. Welchen Wert habe ich denn für die Bohnen und ihren Ertrag, den ich im Herbst ernte? Dieses große Feld, das ich so lange versorgt habe, betrachtet mich nicht als seinen Hauptpfleger, es blickt von mir fort nach Einflüssen, die ihm verwandter sind, die es wässern und grünen. Diese Bohnen werden nicht völlig von mir geerntet. Wachsen sie nicht zum Teil auch für die Murmeltiere? Die Weizenähre (lateinisch: *spica*, veraltet: *spece*, von *spes* = Hoffnung) sollte nicht des Farmers einzige Hoffnung sein. Ihr Korn oder Gran (*granum* von *gerendo* = tragend) ist nicht alles, was sie trägt. Wie kann es da zu einer Missernte kommen? Sollte ich mich nicht auch über den Überfluss an Unkraut freuen, dessen Samen die Kornkammern der Vögel sind? Es bedeutet wenig, ob die Felder die Scheunen des Farmers füllen. Der echte Landmann wird sich nicht sorgen – wie sich die Eichhörnchen, nicht darum sorgen, ob die Wälder in diesem Jahr Kastanien tragen oder nicht –, wird Tag für Tag seine Arbeit verrichten, aller Ansprüche auf den Ertrag seiner Felder entsagen und im Geiste nicht nur die ersten, sondern auch die letzten Früchte opfern.

Das Dorf

Wenn ich vormittags gehackt, vielleicht auch gelesen oder geschrieben hatte, nahm ich meistens ein zweites Bad im See, schwamm hinüber zu einer der Buchten, wusch mir den Staub der Arbeit vom Körper, glättete die letzten Denkfalten von meiner Stirn und war dann für den Nachmittag vollkommen frei. Einmal am Tag oder an jedem zweiten schlenderte ich zum Dorf, um etwas von dem Klatsch zu erfahren, der dort ständig herumgetragen wird, von Mund zu Mund oder von Zeitung zu Zeitung, und der, in homöopathischen Dosen genossen, auf seine Art ebenso erfrischend wirkt wie das Rascheln des Laubs oder das Quaken der Frösche. Wie in den Wäldern die Vögel und Eichhörnchen, so beobachtete ich im Dorf die Menschen. Statt Waldesrauschen hörte ich hier Wagengerassel. In der einen Richtung von meiner Hütte befand sich auf den Wiesen am Fluss eine Kolonie Bisamratten, in der anderen lag fern am Horizont hinter Ulmen- und Erlenwipfeln das Dorf voll geschäftiger Menschen, die mir so kurios erschienen wie Präriehunde, die vor dem Eingang ihres Baus sitzen oder mit Klatsch und Tratsch zum Nachbarn rennen. Ich ging oft dorthin, um ihre Gewohnheiten zu studieren. Das Dorf kam mir wie ein großes Nachrichtenbüro vor, in dem nebenher, wie einst bei Redding & Company's auf der State Street, auch noch Rosinen, Nüsse, Salz, Mehl und andere Lebensmittel angeboten werden, um sich zu unterhalten. Es gibt Leute, die einen so gesegneten Appetit auf die soeben erwähnten Leckerbissen, das heißt die Neuigkeiten, und so vorzügliche Verdauungsorgane haben, dass sie immerzu regungslos auf offener Straße sitzen können, um sich von dem, was sie hören, umsäuseln und einlullen zu lassen wie von Passatwinden; sie atmen gleichsam Äther ein, der aber nur Betäubung und Unempfindlichkeit gegen Schmerz bewirkt – denn sonst müsste das Anhören doch bisweilen Schmerz verursachen –, ohne das Bewusstsein zu trüben. Wenn ich durch das Dorf spazierte, konnte ich der Begegnung einiger solcher Prachtexemplare sicher sein. Meist saßen sie mit vorgebeugtem Oberkörper auf einer Leiter, um sich zu sonnen, und suchten mit gierigen Blicken bald nach rechts und bald nach links die Straße ab, oder standen, die Hände in den Hosentaschen, wie Karyatiden gegen einen Stall gelehnt, als ob sie ihn stützen müssten. Diese Sorte, die meistens im Freien lebt, wittert alles, was in der Luft liegt. Es sind die gröbsten Mühlen, in denen der Klatsch aufgeknackt und zerstampft wird, um dann den feineren, zarteren Trichtermühlen in den Häusern überliefert zu werden. Ich erkannte, dass die treibenden Kräfte des Dorfs der Lebensmittelladen, die Gastwirtschaft, die Post und die Bank waren; unbedingt erforderlich waren für die Maschinerie außerdem eine Glocke, eine Kanone und eine Feuerspritze. Auch die Häuser waren so angeordnet, dass es dem ganzen Unternehmen nützte: Sie lagen einander in Reihen gegenüber, sodass jeder Wanderer Spießruten laufen musste und jeder Mann, jede Frau und jedes Kind sich an ihm gütlich tun konnte. Natürlich bezahlten diejenigen, die die ersten Plätze in dieser Reihe innehatten, wo sie am meisten sehen und gesehen werden und die ersten Hiebe austeilen konnten, für diese Position die höchsten Preise; und die wenigen Menschen, die verstreut an der Peripherie wohnten, wo die Reihen schon große Lücken aufwiesen und der Wanderer über eine Mauer springen oder auf einem Kuhpfad entwischen konnte, zahlten nur eine kleine Grund- und Fenstersteuer. Überall waren Schilder angebracht, um ihn anzulocken. Einige versuchten, ihn bei seinem Appetit zu packen wie das Wirtshaus und das Lebensmittelgeschäft, andere bei seinen Augen wie der Kurzwarenhändler und der Goldschmied, wieder andere bei seinem Haar, den Füßen oder dem Rockzipfel wie die Friseure, Schuhmacher und Schneider. Noch schrecklicher war die permanente Aufforderung, in allen Häusern vorzusprechen, wo um diese Zeit Besuch erwartet wurde. Meistens entging ich all diesen Gefahren auf wunderbare Weise, indem ich entweder kühn und ohne Zaudern aufs Ziel zumarschierte, wie man es allen Spießrutenläufern rät, oder aber meine Gedanken auf höhere Dinge richtete wie Orpheus, der »zu seiner Leier laut das Lob der Götter sang, so den Sirenengesang übertönte und der Gefahr entrann«. Manchmal lief ich auch plötzlich davon, und niemand wusste, wo ich war, denn auf Anmut legte ich nicht viel Wert und zögerte nicht, über einen Zaun zu springen. In einigen Häusern, wo ich einer guten Aufnahme sicher war, machte ich gern meine Aufwartung; und wenn ich dort die letzten Neuigkeiten – die Aussichten auf Krieg und Frieden und auf den Fortbestand der Welt – erfahren hatte, ließ man mich zur Hintertür hinaus, sodass ich mich wieder in die Wälder flüchten konnte.

War ich bis spät im Dorf geblieben, so machte es mir besondere Freude, von einem hell erleuchteten Empfangs- oder Lesezimmer aus in die dunkle Nacht zu stechen, besonders wenn sie dunkel und stürmisch war. Einen Sack Roggen- oder Maismehl auf der Schulter, steuerte ich meinen friedlichen, verborgenen Hafen im Walde an. Dann machte ich alle Schotten dicht, schickte die muntere Mannschaft meiner Gedanken unter Deck, und mein Äußeres blieb am Steuer, oder selbst das Steuer wurde festgesetzt, wenn das Fahrwasser frei war. Ich hatte manch guten Gedanken an meinem Kajütenfeuer, wenn ich so segelte. Ich wurde nie abgetrieben oder geriet in Seenot, obwohl ich einige schwere Stürme erlebte. Selbst in normalen Nächten ist es dunkler im Wald, als man gewöhnlich annimmt. Ich musste, um meinen Weg zu finden, oft nach oben sehen, wo die Bäume sich zum Himmel lichteten, und, wo es keinen Fahrweg gab, mit den Füßen nach meinen Fußspuren tasten oder mit den Händen die Abstände zwischen bestimmten Bäumen erfühlen, die ich kannte. So fand ich jedes Mal, selbst in schwärzester Nacht, zwischen zwei Fichten, die mitten im Wald nur ungefähr achtzehn Zoll voneinander entfernt standen, mit Sicherheit meinen Weg. Manchmal, wenn ich so in finsterer, nebliger Nacht träumend und gedankenverloren den ganzen Weg zurückgelegt hatte, während meine Füße den Pfad erfühlten, den meine Augen nicht sehen konnten, konnte ich mich an keinen einzigen Schritt meines Heimwegs erinnern und wurde erst wieder wach, als meine Hand sich auf die Türklinke legte. Dann kam mir der Gedanke, dass mein Körper vielleicht allein den Heimweg finden würde, wenn sein Herr ihn verließ, wie ja auch die Hand keine Hilfe benötigt, um ihren Weg zum Mund zu finden. Mehrmals musste ich einen Besucher, der bis zum Abend geblieben war, in dunkler Nacht bis zum Fahrweg hinter meiner Hütte begleiten, um ihm seine Richtung zu weisen. Ich empfahl ihm, sich mehr von den Füßen als von den Augen leiten zu lassen. Auf diese Weise wies ich einmal in dunkler Nacht zwei jungen Männern den Weg, die im See geangelt hatten. Sie wohnten ungefähr eine Meile entfernt und kannten den Weg durch den Wald recht gut. Einige Tage später erzählte mir einer von ihnen, dass sie den größten Teil der Nacht in der Nähe ihres Hauses herumgeirrt und erst gegen Tagesanbruch dort angelangt seien, völlig durchnässt von mehreren heftigen Regenschauern und dem ständigen Tropfen von den Bäumen. Viele Leute sollen sich sogar auf den Dorfstraßen verirrt haben, wenn die Dunkelheit so dicht war, dass man sie schneiden konnte, wie es heißt. Manche, die am Dorfrand wohnten und mit dem Wagen gekommen waren, um einzukaufen, konnten in der Nacht nicht zurückkehren, und einige Frauen und Männer, die irgendjemanden besucht hatten, machten einen Umweg von einer halben Meile, weil sie den Bürgersteig nur mit den Füßen fühlten und nicht wussten, wann sie abzubiegen hatten. Sich im Wald zu verirren ist immer eine überraschende, unvergessliche und wertvolle Erfahrung. In einem Schneesturm ist es selbst bei Tag und auf einer vertrauten Landstraße nicht selten unmöglich zu sagen, in welcher Richtung das Dorf liegt. Ist man sie auch tausendmal entlanggelaufen, erscheint sie einem nun so fremd, als befände man sich in Sibirien. Bei Nacht ist die Verwirrung natürlich umso größer. Auf unseren täglichen Wegen orientieren wir uns, wenn auch unbewusst, wie die Lotsen an vertrauten Lichtsignalen und Landspitzen, und selbst wenn wir vom gewohnten Kurs ein wenig abweichen, erinnern wir uns noch, wo irgendein bekanntes Kap liegt. Erst wenn wir uns völlig verirrt haben oder im Kreis gelaufen sind – der Mensch braucht nämlich nur ein einziges Mal mit geschlossenen Augen herumgedreht zu werden, um in dieser Welt verloren zu sein –, lernen wir die Weite und Fremdheit der Natur schätzen. Bei jedem neuen Erwachen, ob aus dem Schlaf oder aus irgendeiner Phantasie, muss der Mensch die Himmelsrichtungen von Neuem lernen. Erst wenn wir verloren sind, mit anderen Worten, wenn wir die Welt verloren haben, fangen wir an, uns selbst zu finden und zu erkennen, wo wir sind und wie endlos weit unsere Verwandtschaft reicht.

Als ich gegen Ende des ersten Sommers eines Nachmittags ins Dorf ging, um einen Schuh vom Schuhmacher abzuholen, wurde ich verhaftet und ins Gefängnis gebracht. Ich habe es an anderer Stelle schon erwähnt; ich zahlte keine Steuern, erkannte die Autorität eines Staats nicht an, der Männer, Frauen und Kinder wie ein Stück Vieh vor den Toren seines Senatsgebäudes kauft und verkauft. Ich war aus anderen Gründen in den Wald gegangen. Aber wohin ein Mann auch geht, überall verfolgen ihn die Menschen, klammern sich an ihn mit ihren schmutzigen Institutionen und zwingen ihn, ihrer verzweifelten Mafia beizutreten. Ich hätte natürlich mit mehr oder weniger Erfolg gewaltsam Widerstand leisten, gegen die Gesellschaft »Amok« laufen können. Ich zog es jedoch vor, die Gesellschaft »Amok« laufen zu lassen, denn sie war schließlich die verzweifelte Partei. Ich erhielt übrigens am nächsten Tag meine Freiheit und kurz danach meinen Schuh zurück und kam noch rechtzeitig zurück in den Wald, um mein aus Heidelbeeren bestehendes Mittagessen auf dem Fair Haven Hill zu genießen. Die einzigen Personen, die mich in meinem Leben je belästigt haben, waren Repräsentanten des Staats. Außer am Schreibtisch, der meine Papiere enthielt, habe ich nirgendwo ein Schloss angebracht, nicht einmal an der Tür oder den Fenstern. Meine Tür war nie verschlossen, weder bei Tag noch bei Nacht, und auch nicht, wenn ich vorhatte, mehrere Tage fortzubleiben, ja nicht einmal, als ich im zweiten Herbst meines Aufenthalts vierzehn Tage in den Wäldern von Maine verbrachte. Und doch wurde mein Haus mehr respektiert, als wenn es von Soldaten bewacht worden wäre. Der müde Wanderer konnte sich an meinem Feuer ausruhen und wärmen, der Gelehrte sich an den wenigen Büchern auf meinem Tisch erfreuen, der Neugierige in meinem Wandschrank nachsehen, was vom Mittagessen übrig geblieben war und wie die Aussichten aufs Abendessen standen. Und obwohl viele Menschen aus allen Gesellschaftsschichten zum See kamen, wurden mir dadurch keine nennenswerten Unannehmlichkeiten bereitet. Mir kam auch außer einem kleinen Buch nie etwas abhanden. Es war ein Band Homer, der unpassenderweise vergoldet war und der hoffentlich inzwischen schon wieder einem Gleichgesinnten gehört. Ich bin überzeugt, dass es Diebstahl und Raub nicht gäbe, wenn alle Menschen so einfach leben würden wie ich. Diebstahl und Raub kommen nur in Gemeinschaften vor, in denen manche mehr als genug und andere nicht genug haben. Auch die Homer-Ausgaben wären bald richtig verteilt.

»Nec bella fuerunt,
Faginus astabat dum scyphus ante dapes.«

»Kriege kannte man nicht,
Als im Buchenholzbecher den Trank man kredenzte.«

»Ihr, die Ihr die öffentlichen Angelegenheiten leitet, wozu wollt Ihr Strafen anwenden? Liebt die Tugend, und das Volk wird tugendhaft sein. Die Tugenden des Hochgestellten sind wie der Wind; die Tugenden des gewöhnlichen Menschen sind wie das Gras. Wenn der Wind darüberstreicht, neigt sich das Gras.«

Die Seen

Manchmal, wenn ich all meine Freunde besucht hatte und der Gesellschaft und des Geschwätzes der Menschen überdrüssig war, entfernte ich mich noch weiter von meiner Hütte, in Richtung Westen, in noch einsamere Gegenden, wo »frisch die Wälder, neu die Weiden« waren, oder ich nahm mein Abendessen aus Heidelbeeren bei Sonnenuntergang auf dem Fair Haven Hill ein und legte einen Vorrat für mehrere Tage an. Wer Früchte kauft oder sie zum Verkauf großzieht, weiß nicht, wie gut sie duften. Es gibt nur einen Weg, es herauszufinden, und den gehen die wenigsten. Wenn man wissen will, wie Heidelbeeren duften, muss man den Kuhhirten oder das Rebhuhn fragen. Es ist ein großer Irrtum zu glauben, man wüsste, wie Heidelbeeren schmecken, ohne sie je selbst gepflückt zu haben. Boston hat keine Heidelbeere mehr erreicht, seit sie dort vor langer Zeit auf den drei Hügeln wuchsen. Der ambrosische, spezifische Charakter der Frucht geht im Wagen verloren, der sie zum Markt fährt, und sie werden zum bloßen Nahrungsmittel. Solange die ewige Gerechtigkeit waltet, kann keine unschuldige Heidelbeere von den Hügeln auf dem Land in die Stadt gebracht werden.

Wenn ich mit dem Hacken für den Tag fertig war, besuchte ich manchmal einen ungeduldigen Angler, der seit Tagesanbruch schweigend und bewegungslos wie eine Ente oder ein schwimmendes Blatt im See fischte; um diese Zeit, hatte er bereits alle möglichen Philosophien ausprobiert und war zu dem Schluss gekommen, er gehöre der alten Sekte der Zönobiten an. Ein anderer, älterer Mann, ein ausgezeichneter Fischer und erfahrener Kenner des Waldlebens, machte sich ein Vergnügen daraus, meine Hütte als ein zur Bequemlichkeit der Fischer errichtetes Gebäude zu betrachten; und auch ich freute mich, ihn auf meiner Schwelle sitzen und seine Angelschnüre in Ordnung bringen zu sehen. Ab und zu fuhren wir zusammen auf den See; er saß am einen Ende des Bootes, ich am anderen. Wir wechselten nicht viele Worte, denn er war in den letzten Jahren taub geworden, aber manchmal summte er einen Psalm vor sich hin, was sehr schön mit meiner Philosophie harmonierte. So befanden wir uns in ungestörtem Einklang, an den ich mich mit mehr Freude erinnere, als wenn wir ihn mit Gesprächen hergestellt hätten. Wenn niemand da war, der mir Gesellschaft leisten konnte – das war meistens der Fall –, weckte ich das Echo, indem ich mit dem Ruder an eine Seite des Bootes schlug. Wie der Besitzer einer Menagerie seine wilden Tiere, so scheuchte ich die benachbarten Wälder auf, erfüllte sie mit Klängen, die immer weitere Kreise zogen, bis ich schließlich jedem Tal und Hang ein Brummen entlockt hatte.

An warmen Abenden saß ich oft im Boot, spielte Flöte und sah zu, wie die Barsche gleichsam bezaubert um mich herumschwammen und der Mond über den gerippten Grund wanderte, auf dem Trümmer des Walds verstreut lagen. Früher bin ich in dunklen Sommernächten oft mit einem Freund zu diesem See gewandert. Wir machten dann nah am Ufer ein Feuer, weil wir glaubten, es würde die Fische anlocken. Mit einem Bündel Würmer, das wir an eine Schnur banden, fingen wir dann Barsche. Waren wir tief in der Nacht damit fertig, warfen wir die glühenden Scheite wie Raketen in die Luft, die dann beim Eintauchen in den See mit einem Zischen erloschen, sodass wir uns plötzlich im Stockdunkeln befanden. Vor uns hin pfeifend, zogen wir heim zu den Menschen. Jetzt aber stand an diesem Seeufer mein Haus.

Manchmal, wenn ich im Dorf bei Freunden gewesen war, bis die ganze Familie sich schlafen gelegt hatte, ging ich in den Wald zurück und fischte einige Stunden in tiefster Nacht – teilweise in Gedanken an das nächste Mittagessen. Der Mond schien auf mein Boot, während Eulen und Füchse mir ihre Ständchen brachten und von Zeit zu Zeit ganz in meiner Nähe der knarrende Schrei eines unbekannten Vogels ertönte. Diese Erlebnisse waren für mich unvergesslich und wertvoll. Unbewegt lag das Boot auf dem vierzig Fuß tiefen Wasser, ungefähr vierzig Fuß vom Ufer entfernt. Um mich herum tanzten Tausende kleiner Barsche und Weißfische, die mit ihren Schwänzchen im Mondlicht die Wasserfläche kräuselten. Mit einer langen Flachsschnur stellte ich eine Verbindung mit geheimnisvollen nächtlichen Fischen her, die vierzig Fuß tiefer wohnten, oder zog, während das Boot im leichten Nachtwind dahintrieb, eine sechzig Fuß lange Angelschnur durch den See und fühlte ab und zu, wie ein leises Zittern an ihr entlanglief – ein Zeichen, dass sich am anderen Ende der Schnur ein Stück Leben voll stumpfen, ungewissen und blinden Begehrens heimlich anschlich und schwerfällig einen Entschluss fasste. Wenn ich mich langsam aufgerichtet hatte und mit einer Hand nach der anderen die Schnur herauszog, sprang quietschend und zappelnd ein Barsch aus dem Wasser. Es war, besonders in dunklen Nächten, wenn die Gedanken zu unergründlichen und kosmogonischen Problemen in andere Sphären gewandert waren, sehr eigenartig, dieses leichte Zucken zu spüren, das meine Träume unterbrach und mich wieder mit der Natur verband. Ich dachte, dass ich meine Angel ebenso gut in die Luft hinauswerfen könne wie in dieses kaum dichtere Element. So fing ich sozusagen zwei Fische mit einem Haken.

Die Landschaft am Walden Pond lässt sich, obwohl sie sehr schön ist, wohl nicht als erhaben bezeichnen. Wenn man sich nicht länger dort aufhält oder in der Nähe wohnt, findet man sie vermutlich nicht sonderlich interessant. Der See aber ist wegen seiner Tiefe und Klarheit so bemerkenswert, dass er eine ausführlichere Beschreibung verdient. Er ist ein klarer, tiefer, grüner Brunnen, etwa eine halbe Meile lang, eindreiviertel Meilen im Umkreis und misst ungefähr einundsechzigeinhalb Morgen – eine stetige Quelle inmitten von Kiefern- und Eichenwäldern, ohne sichtbaren Zufluss und ohne Abfluss, außer durch Regen und Verdunstung. Die umliegenden Hügel steigen vom Wasser aus steil bis in eine Höhe von vierzig oder achtzig Fuß hinauf, im Osten und Südosten erreichen sie im Umkreis von einer Viertel- oder Drittelmeile sogar eine Höhe von hundert bis hundertfünfzig Fuß. Sie sind vollkommen mit Wald bedeckt. Alle Gewässer in Concord weisen wenigstens zwei Farben auf: Die eine sieht man aus der Ferne, die andere, natürlichere, aus der Nähe. Die erste hängt mehr vom Licht ab und spiegelt den Himmel. An klaren Sommertagen sehen die Gewässer, besonders wenn sie in Bewegung sind, aus der Nähe blau aus; auf größere Entfernung bemerkt man keinen Unterschied zwischen ihnen. Bei stürmischem Wetter haben sie manchmal die Farbe von dunklem Schiefer. Vom Meer dagegen heißt es, dass es an einem Tag blau, am anderen grün aussehe, ohne dass es eine wahrnehmbare Veränderung der Atmosphäre gegeben hätte. Wenn Schnee lag, wirkten das Wasser und das Eis unseres Flusses fast so grün wie Gras. Viele halten Blau »für die Farbe des reinen Wassers, ob in festem oder in flüssigem Zustand«. Wenn man aber vom Boot aus direkt in eins unserer Gewässer schaut, sieht man, dass sie sehr verschiedene Farben haben. Der Walden Pond ist, vom selben Standort aus betrachtet, mal blau und mal grün. Da er zwischen Himmel und Erde liegt, vereint er die Farben beider in sich. Sieht man von einem Hügel aus auf ihn herunter, dann spiegelt er die Farbe des Himmels; aus der Nähe aber zeigt er nahe des Ufers, wo man den Sand auf seinem Grund erkennen kann, eine gelbliche Färbung; dann folgt ein Hellgrün, und dieser Farbton geht zur Seemitte hin allmählich in ein gleichmäßiges Dunkelgrün über. In bestimmten Lichtverhältnissen wirkt er selbst von einem Hügel aus am Ufer tiefgrün. Man führt dies meist auf die Spiegelung der Pflanzen am Ufer zurück, aber er ist genauso grün, wo ihn der sandige Eisenbahndamm begrenzt, und im Frühling, wenn die Bäume noch kahl sind. So ist diese Erscheinung wohl einfach das Ergebnis einer Mischung aus dem kräftigeren Blau des Wassers und dem Gelb des Sands. So also sieht seine

Iris aus. Das ist auch die Stelle, wo im Frühling das Eis, wenn es durch die vom Grund reflektierten und von der Erde weitergetragenen Sonnenstrahlen erwärmt wurde, zuerst schmilzt und um die noch zugefrorene Mitte einen schmalen Kanal bildet. Wie unsere übrigen Gewässer zeigt der See bei klarem Wetter und starkem Wind, wenn die Oberflächen der Wellen den Himmel im rechten Winkel spiegeln oder das Licht heller ist, ein tieferes Blau als der Himmel. War ich zu einer solchen Zeit auf dem See und achtete besonders auf die Lichtspiegelungen, so bemerkte ich manchmal ein wunderbares, unbeschreibliches Hellblau wie das von Moiré- oder Changeant-Seide oder einer Schwertklinge, das das natürliche Grün der gegenüberliegenden Seite fast stumpf erscheinen ließ. Es war, soweit ich mich erinnern kann, ein gläsernes Grünblau wie das der Wolkenlücken, die sich manchmal im Winter vor Sonnenuntergang westlich am Himmel zeigen. In ein Glas gefüllt und gegen das Licht gehalten, erscheint jedoch dieses Seewasser so farblos wie Luft. Eine dicke Glasplatte hat einen Grünstich, den die Hersteller auf ihren »Korpus« zurückführen, aber ein kleines Stück dieser Platte ist farblos. Wie groß der »Korpus« des Waldenwassers sein muss, um eine grüne Färbung anzunehmen, habe ich noch nicht herausgefunden. Das Wasser unseres Flusses ist, wenn man unmittelbar von oben hineinsieht, schwarz oder tief dunkelbraun; es verleiht, wie das Wasser der meisten Seen, dem Körper eines darin Badenden einen gelblichen Ton. Das Seewasser aber ist so kristallklar, dass der Körper eines Badenden weiß leuchtet wie Alabaster, was noch unnatürlicher aussieht und, da die Gliedmaßen vergrößert und verzerrt erscheinen, einen geradezu monströsen Eindruck macht. Ein Michelangelo könnte hier seine Studien machen.

Das Wasser ist so transparent, dass man noch in einer Tiefe von fünfundzwanzig bis dreißig Fuß mühelos den Grund erkennt. Beim Rudern sieht man viele Fuß unter der Oberfläche Schwärme von Barschen und Weißfischen, meist nur einen Zoll lang, aber die Barsche sind an ihren Querstreifen leicht zu erkennen. Sie müssen Asketen sein, um hier zu überleben. Vor vielen Jahren hackte ich im Winter einmal Löcher ins Eis, um Hechte zu fangen, und als ich wieder ans Ufer kam, warf ich meine Axt zurück aufs Eis; doch wie von einem bösen Geist getrieben schlitterte sie sechzig bis neunzig Fuß weit darüber, um dann dort, wo das Wasser fünfundzwanzig Fuß tief war, in einem der Löcher zu verschwinden. Aus Neugier legte ich mich aufs Eis und sah so lange in die Öffnung, bis ich auf der einen Seite die Axt entdeckte. Sie steckte kopfüber im Boden, mit senkrechtem Stiel, der zum Puls des Sees leicht hin und her schwankte. Und so hätte sie vielleicht verharrt, bis der Stiel vermodert wäre, wenn ich sie gelassen hätte. Unmittelbar über ihr bohrte ich mit meinem Eismeißel ein zweites Loch, fällte mit dem Messer die längste Birke in der Nähe, befestigte an ihrem Ende eine Fadenschlinge, tauchte dieses Instrument behutsam ein, ließ die Schlinge über den Kopf des Stiels gleiten und zog so meine Axt wieder herauf.

Außer an zwei Stellen, wo sich Sandbänke befinden, wird das Ufer überall von einem Gürtel glatter, runder, weißer Steine eingefasst, die Pflastersteinen ähneln, und ist fast durchgehend so steil, dass man einen Kopfsprung ins Wasser machen kann. Wäre der See nicht so außerordentlich klar, könnte man seinen Grund erst am gegenüberliegenden Ufer sehen, wo er sich wieder erhebt. Manche meinen, der See hätte gar keinen Grund. Er ist nirgends schlammig und bei flüchtigem Hinsehen könnte man meinen, dass keine Pflanzen in ihm wachsen. Auch bei genauer Untersuchung findet man, abgesehen von den kleinen Wiesen, die erst kürzlich überschwemmt wurden, weder Schwertlilien noch Kugelbinsen, nicht einmal eine gelbe oder weiße Wasserlilie, sondern nur ein paar Herzblätter, Laichkräuter und vielleicht ein paar Exemplare Wasserschild – Pflanzen, die man beim Baden kaum bemerkt, sind sie doch so klar und durchsichtig wie das Element, in dem sie wachsen. Die Steine erstrecken sich ungefähr sechzehn bis dreißig Fuß weit ins Wasser, dann beginnt reiner Sandboden, außer an den tiefsten Stellen, wo sich etwas Bodensatz findet, wahrscheinlich vom Laub, das im Herbst in den See geweht wird, und das hellgrüne Seegras, das man sogar mitten im Winter mit dem Anker heraufholen kann.

Es gibt noch einen anderen See, der ihm ähnelt: der White Pond am Nine Acre Corner. Er liegt ungefähr zweieinhalb Meilen westlich. Obwohl ich fast alle Seen im Umkreis von einem Dutzend Meilen kenne, weiß ich von keinem dritten, der so rein und quellenartig ist wie der Walden Pond. Viele längst ausgestorbene Völker haben aus ihm getrunken, ihn ermessen und bewundert, und doch ist sein Wasser immer noch so grün und durchsichtig wie eh und je. Eine unerschöpfliche Quelle! Vielleicht existierte der Walden Pond auch schon an jenem Frühlingsmorgen, als Adam und Eva aus dem Paradies vertrieben wurden; vielleicht plätscherten sogar dann im leisen Frühlingsregen bei Nebel und Südwind seine Wellen und trugen Tausende von Enten und Gänsen, die nichts vom Sündenfall wussten und sich an solch reinen Gewässern noch erfreuen konnten. Schon damals hatte er begonnen zu steigen und zu fallen, hatte seine Wasser geklärt und ihnen jenen Farbton gegeben, den sie noch heute tragen. Der Himmel verlieh ihm ein Patent, der einzige Walden Pond zu sein und den himmlischen Tau zu destillieren. Wer weiß, in wie vielen Legenden verschollener Völker er als Kastalische Quelle angesehen wurde und welche Nymphen im goldenen Zeitalter über ihn wachten? Er ist ein Edelstein von reinstem Wasser, der Concords Krone schmückt.

Vielleicht haben die Menschen, die zuerst zu diesem Quell kamen, schwache Fußspuren hinterlassen. Denn ich war erstaunt, am steilen Abhang einen schmalen Bergpfad zu entdecken, der, mal steigend, mal fallend, mal nah am Wasser, mal weiter entfernt rings um den See führte – selbst dort, wo am Ufer erst kürzlich ein dichter Wald abgeholzt wurde – und der vielleicht so alt ist wie das Menschengeschlecht, das hier lebt. Ausgetreten von den Füßen eingeborener Jäger, nutzen ihn die Bewohner der Gegend noch heute von Zeit zu Zeit, ohne seinen Ursprung zu kennen. Wenn man im Winter, besonders nach einem leichten Schneefall, mitten auf dem Eis steht, ist dieser Pfad als weiße Wellenlinie deutlich sichtbar; dann wird er nicht von Unkraut oder Zweigen verdeckt, sondern tritt gerade dort, wo man ihn im Sommer noch aus nächster Nähe nicht erkennen kann, klar hervor. Der Schnee gibt ihn gewissermaßen als Neudruck in weißen

Hochrelieftypen heraus. Vielleicht werden die kunstvoll angelegten Gärten der Villen, die man einmal hier errichten wird, ein Stück von ihm bewahren.

Der See steigt und fällt; ob regelmäßig und in welchen Zeitabschnitten, weiß jedoch kein Mensch, obwohl natürlich viele behaupten, es zu wissen. Meistens steht er im Winter höher, im Sommer niedriger, was aber nicht mit Regen- oder Trockenzeiten zusammenhängt. Ich kann mich erinnern, dass er einmal zwei Fuß niedriger, ein anderes Mal fünf Fuß höher stand als zu der Zeit, da ich an seinem Ufer wohnte. Eine schmale Sandbank reicht in ihn hinein; an ihrer einen Seite ist das Wasser sehr tief. Dort – ungefähr neunzig Fuß vom Hauptufer entfernt – half ich im Jahr 1824, einen Kessel voll Chowder zu kochen, was in den folgenden fünfundzwanzig Jahren unmöglich gewesen wäre. Andererseits machten meine Freunde ungläubige Gesichter, wenn ich ihnen erzählte, dass ich einige Jahre später in einer abgelegenen Waldbucht mit meinem Boot fischen ging, ungefähr zweihundertvierzig Fuß vom einzigen ihnen bekannten Ufer entfernt, an einer Stelle, die inzwischen längst Wiese geworden war. In den letzten beiden Jahren ist der See jedoch ständig gestiegen und steht jetzt im Sommer 1852 genau fünf Fuß höher als damals, als ich dort wohnte; er hat also wieder die gleiche Höhe wie vor dreißig Jahren, und heute wird wieder auf der Wiese gefischt. Das ergibt eine maximale Differenz von sechs oder sieben Fuß. Da jedoch die umliegenden Hügel als Wasserscheide kaum infrage kommen, muss die Ursache dieses Hochstands auf Quellen in seiner Tiefe zurückgeführt werden. Gerade in diesem Sommer hat der See wieder angefangen zu fallen. Es ist bemerkenswert, dass sich diese Schwankung, sei sie nun periodisch oder nicht, in so langen Zeiträumen abspielt. Ich habe einmal das Steigen und zweimal – jedoch nur zum Teil – ein Fallen beobachtet, und ich vermute, dass in weiteren zwölf oder fünfzehn Jahren das Wasser wieder so tief stehen wird, wie ich es kennengelernt habe. Der eine Meile östlich liegende Flint's Pond stimmt, abgesehen von durch Zu- und Abflüsse hervorgerufene Niveauschwankungen, wie auch die kleineren dazwischen liegenden Seen, mit dem Walden Pond überein; er erreichte kürzlich seinen Höchststand zur selben Zeit wie sein westlicher Nachbar. Das Gleiche gilt, so weit ich es beobachtet habe, für den White Pond.

Das Steigen und Fallen des Walden Pond bringt auf lange Sicht mindestens einen Vorteil mit sich: Wenn das Wasser ein Jahr oder länger seinen Hochstand beibehält, wird der Spaziergang um den See zwar etwas erschwert, doch die Sträucher und Bäume, die seit seinem letzten Steigen am Rand gewachsen sind – Pechkiefern, Birken, Erlen, Espen und andere –, sterben ab und hinterlassen ein freies Ufer. So kommt es, dass sein Ufer im Gegensatz zu den Gewässern, die täglich Ebbe und Flut aufweisen, am saubersten ist, wenn das Wasser am tiefsten steht. Auf der einen Seite des Sees wurde eine Reihe fünfzehn Fuß hoher Pechkiefern wie mit einem Hebeleisen umgelegt und so ihrem widerrechtlichen Überwuchern eines fremden Gebiets ein Ende gesetzt. Ihre Größe zeigt, wie viele Jahre seit dem letzten Ansteigen bis zu diesem Hochstand vergangen sind. Mit diesen Schwankungen betont der See sein Hoheitsrecht auf das Uferland, das bisweilen abrasiert wird, damit kein Bart auf ihm wächst. Er leckt sich sozusagen von Zeit zu Zeit die Lippen. Wenn das Wasser am höchsten steht, schicken Erlen, Weiden und Ahorn eine große Zahl mehrere Fuß langer faseriger roter Wurzeln nach allen Seiten ins Wasser, bis in eine Tiefe von drei bis vier Fuß über dem Grund, um mit aller Kraft ihren Platz zu behaupten. Ich habe beobachtet, dass die Blaubeersträucher am Ufer, die gewöhnlich keine Früchte tragen, unter diesen Umständen eine reiche Ernte lieferten.

Viele haben gerätselt, warum das Ufer so regelmäßig gepflastert ist. In der ganzen Gegend kennt man die Legende – den ältesten Einwohnern ist sie schon in ihrer Jugend erzählt worden –, wonach in grauer Vorzeit die Indianer hier auf einem Hügel, der so hoch in den Himmel ragte, wie der See jetzt in die Erde reicht, ein Powwow veranstaltet haben sollen, wobei es viel Lästerei gegeben habe, obwohl die Indianer dieses Laster nicht kennen. Da habe der Hügel plötzlich gebebt und sei versunken. Nur eine alte Squaw, die Walden hieß, habe überlebt, und nach ihr sei der See benannt. Man hat angenommen, dass bei dem Erdbeben Steine den Hügel hinunterrollten und das jetzige Ufer bildeten. Fest steht jedenfalls, dass es früher keinen See gegeben hat, wo jetzt einer ist. Die indianische Legende widerspricht in keiner Weise der Erzählung des alten Ansiedlers, den ich schon erwähnt habe. Er erinnert sich noch recht gut daran, dass ein leichter Dampf von der Wiese aufstieg, als er mit seiner Wünschelrute hier ankam; und da diese Haselnussrute ständig auf den Boden deutete, beschloss er, hier einen Brunnen zu graben. Viele meinen, dass die Anordnung der Steine kaum durch das Schwappen der Wellen an die Hügel erklärbar sei, aber ich habe festgestellt, dass die umliegenden Hügel ganz besonders reich an Steinen dieser Art sind, sodass man sie dort, wo die Eisenbahn nah am See verläuft, sogar auf beiden Seiten des Damms zu Mauern aufschichten musste. Die meisten Steine befinden sich außerdem dort, wo das Ufer am steilsten ist. Für mich ist dieses Mysterium also – leider – enthüllt. Ich kenne den Pflasterer. Wenn sein Name nicht von irgendeiner englischen Ortschaft abgeleitet ist, zum Beispiel von Saffron Walden, ist vielleicht die Annahme berechtigt, dass der See ursprünglich »Walled-in Pond« – »eingemauerter See« – geheißen hat.

Der See war mein bereits fertig gegrabener Brunnen. Vier Monate im Jahr ist das Wasser so kalt, wie es zu allen Zeiten klar ist; dann ist es meiner Ansicht nach genauso gut wie das beste der Stadt, wenn nicht besser. Jedes Wasser, das der Luft ausgesetzt ist, ist im Winter kälter als Quellwasser, das vor der Luft geschützt ist. Die Temperatur des Seewassers, das ich von fünf Uhr vormittags bis zum Mittag des nächsten Tags in meinem Zimmer aufbewahrt hatte, betrug am 6. März 1846 6° Celsius, während das Thermometer, hauptsächlich, weil die Sonne aufs Dach schien, inzwischen auf 18 bis 21° Celsius gestiegen war; es war somit ein Grad kälter als das Wasser, das gerade aus dem kältesten Brunnen im Dorf geschöpft worden war. Die Temperatur der Boiling-Quelle, deren Wasser hier als das wärmste gilt, betrug am selben Tag 7° Celsius, obwohl ihr Wasser im Sommer das kälteste ist, wenn nicht zufällig seichtes und stehendes Oberflächenwasser mitgeschöpft wurde. Das Wasser des Walden Pond wird wegen seiner Tiefe im Sommer nie so warm wie das der meisten Gewässer, die der Sonne ausgesetzt sind. An warmen Tagen stellte ich meistens einen Eimer voll in meinen Keller, wo es nachts abkühlte und tagsüber kalt blieb. Doch ich bediente mich auch aus einer anderen Quelle in der Nähe. Das Waldenwasser war nach acht Tagen noch so frisch wie an dem Tag, an dem ich es geschöpft hatte, und schmeckte nicht nach irgendeiner Pumpe. Wer im Sommer eine Woche lang am Seeufer zeltet, braucht nur einen Eimer mit Wasser ein paar Fuß tief im Schatten seines Lagers einzugraben, um den Luxus von Eis entbehren zu können.

Im Walden Pond sind schon sieben Pfund schwere Hechte gefangen worden – gar nicht zu reden von dem Exemplar, das mit so großer Schnelligkeit die Schnur abwickelte, dass der Fischer es mit Bestimmtheit auf acht Pfund schätzte, denn er bekam es gar nicht erst zu sehen. Außerdem fing man dort über zwei Pfund schwere Barsche, Weißfische und Karpfen *(Leuciscus pulchellus)*, sehr selten Brassen und ab und zu Aale, wovon einer vier Pfund wog – ich berichte das so genau, weil das Gewicht eines Fischs meist sein einziger Anspruch auf Ruhm ist und weil dies die einzigen Aale hier in der Gegend waren, von denen ich gehört habe. Ich erinnere mich außerdem dunkel an einen kleinen, ungefähr fünf Zoll langen Fisch, an den Seiten silberglänzend, am Rücken grünlich, der ein wenig dem Weißfisch ähnelte und den ich hier hauptsächlich erwähne, um all den vielen Fischerlegenden eine Tatsache gegenüberzustellen. Im Großen und Ganzen ist der See aber nicht allzu fischreich. Sein größter Stolz sind die Hechte, obwohl auch sie nicht sehr reichlich sind. Ich habe einmal, als ich auf dem Eis lag, mindestens drei verschiedene Arten dieses Fischs beobachtet: einen langen, schmalen in stahlgrauer Farbe, der mit dem Flusshecht viel Ähnlichkeit hatte; einen hellgoldenen mit grünlichen Reflexen, der ganz tief schwamm und hier am häufigsten vorkommt; und einen dritten, goldfarbenen gleicher Form, aber mit kleinen, dunkelbraunen oder schwarzen Flecken an der Seite und blutroten Tupfen wie die der Forelle. Zu dieser Sorte passt die Bezeichnung *reticulatus* eigentlich nicht, *guttatus* wäre richtiger. All diese Fische sind kräftig gebaut und wiegen mehr, als ihre Größe verspricht. Die Weißfische und Barsche, ja alle Fische des Walden Pond, sind reiner, schöner und fester als die des Flusses und anderer Seen, weil das Wasser klarer ist. Man kann sie daher von den anderen leicht unterscheiden. Ichthyologen würden wahrscheinlich einige von ihnen zu neuen Arten erklären. Es gibt auch ein sauberes Geschlecht von Fröschen und Schildkröten und einige Muscheln. Bisamratten und Nerze hinterlassen ihre Spuren am See, und wenn ich frühmorgens mein Boot ins Wasser schob, störte ich manchmal eine große wandernde Schlammschildkröte auf, die sich nachts darunter verkrochen hatte. Im Frühjahr und im Herbst kommen Enten und Gänse an den See, die Sumpfschwalben (*Hirundo bicolor*) schweben über ihn hinweg, und die Drosseluferläufer (*Totanus macularius*) »wippen« den ganzen Sommer über am steinigen Ufer. Manchmal scheuchte ich einen Fischadler auf, der auf einer Seidenkiefer über dem Wasser saß, aber ich bezweifle, dass der Walden Pond je wie Fair Haven vom Flügelschlag einer Möwe entweiht worden ist. Er duldet höchstens einmal im Jahr einen Eistaucher. Und damit sind alle wichtigen Tiere genannt, die heute am Walden Pond leben.

Bei ruhigem Wetter sieht man vom Boot aus in der Nähe des sandigen Ostufers, wo das Wasser acht bis zehn Fuß tief ist, und auch an anderen Stellen des Sees, runde Kieshaufen von sechs Fuß Durchmesser und einem Fuß Höhe, kaum so groß wie ein Hühnerei und ringsum von Sand umgeben. Im ersten Moment fragt man sich, ob sie vielleicht zu irgendeinem Zweck von Indianern aufs Eis gelegt wurden und dann, als das Eis geschmolzen ist, abgesunken sind, aber dazu sind sie zu regelmäßig und frisch. Sie ähneln denen, die man in Flüssen findet, aber da Welse und Neunaugen hier nicht vorkommen, wüsste ich nicht, von welchem Fisch sie stammen könnten. Vielleicht sind es Nester des Döbels. Sie verleihen dem Grund einen geheimnisvollen Reiz.

Das Ufer ist unregelmäßig genug, um nicht monoton zu wirken. Ich sehe es klar vor meinem inneren Auge: die tiefen Buchten im Westen, der schroffe Norden und das lieblich gebogene Südufer, wo ein bewaldeter Hügel den anderen überragt und sich zwischen ihnen unerforschte Höhlen erahnen lassen. Nirgendwo hat man einen so herrlichen Blick auf den Wald wie von der Mitte eines kleinen Sees, der sich zwischen Hügeln befindet, die vom Ufer aus emporsteigen. Denn in diesem Fall bildet das Wasser, in dem er sich spiegelt, nicht nur den Vordergrund; sein welliges Ufer ist auch seine natürlichste und anmutigste Begrenzung. Es gibt keine plumpe und unvollkommene Linie an seinem Rand, wie dort, wo die Axt eine Lichtung schuf oder ein bebautes Feld ihn begrenzt. Die Bäume haben ausreichend Platz, sich zum Wasser hin auszubreiten, und jeder streckt seinen kräftigsten Ast in diese Richtung. Hier hat die Natur einen natürlichen

Saum gewoben, mit harmonischen Abstufungen vom niedrigsten Strauch bis zu den höchsten Bäumen. Wenige Spuren von Menschenhand sind zu sehen. Das Ufer wird wie vor tausend Jahren vom Wasser umspült.

Ein See ist der schönste und ausdrucksvollste Schmuck einer Landschaft. Er ist das Auge der Erde; wer hineinschaut, ermisst die Tiefe seines eigenen Wesens. Die Bäume, die das Ufer umrahmen, sind seine feinen Wimpern, die waldigen Hügel und Klippen seine schützenden Augenbrauen.

Wenn ich an einem windstillen Septembernachmittag am flachen, sandigen Ostufer des Sees stand und ein leichter Dunst das gegenüberliegende Ufer verschleierte, erkannte ich, woher der Ausdruck »spiegelglatte Wasserfläche« stammt. Neigt man den Kopf, so gleicht der See einem Faden feinsten Garns, der über das Tal gespannt ist, sich glitzernd vom fernen Kiefernwald abhebt und eine Luftschicht von der anderen trennt. Man glaubt, trockenen Fußes unter ihm zu den gegenüberliegenden Hügeln wandern zu können und dass die Schwalben, die über ihm flattern, sich auf ihm ausruhen könnten. Manchmal tauchen sie tatsächlich, wie aus Versehen, unter die Oberfläche, nur um sofort eines Besseren belehrt zu werden. Will man westwärts über den See blicken, so muss man die Augen mit beiden Händen vor der wirklichen Sonne wie auch vor ihrem Spiegelbild schützen, denn beide sind gleich blendend. Wenn man zwischen diesen beiden Sonnen die Oberfläche scharf betrachtet, ist sie tatsächlich so glatt wie Glas – außer dort, wo die Wasserläufer in gleichmäßigen Abständen über den See verteilt feinste Glanzlichter erzeugen, eine Ente ihr Gefieder putzt oder eine

Schwalbe so niedrig fliegt, dass ihre Flügel das Wasser berühren. Wenn weit vom Ufer entfernt ein Fisch drei bis vier Fuß hoch aus dem Wasser springt, zuckt dort ein heller Blitz auf; ein zweiter, wo er wieder aufs Wasser trifft; und manchmal glänzt silbern der ganze Bogen. Hier und dort schwimmt ein Stückchen Distelwolle auf dem Wasser, auf das die Fische pfeilschnell losschießen, sodass sich die Oberfläche leicht kräuselt. Wie geschmolzenes, erkaltetes, aber nicht erstarrtes Glas liegt der See da. Die wenigen Stäubchen darauf sind so klar und schön wie die Unvollkommenheiten im Glas. Oft sieht man auch ein noch glatteres, dunkleres Wasser, das wie mit einem unsichtbaren Spinnennetz vom Rest abgetrennt ist und den Nymphen als Ruheplatz dient. Von einer Hügelspitze aus erkennt man fast überall Fische springen, denn kein Hecht oder Weißfisch kann auf dieser glatten Oberfläche ein Insekt erhaschen, ohne das Gleichgewicht des ganzen Sees zu stören. Es ist wundervoll, mit welcher Genauigkeit diese einfache Tatsache in alle Richtungen verkündet wird – dieser Mörder in Fischgestalt nicht heimlich sein Unwesen treiben kann –, und noch von meinem entfernten Beobachtungsposten aus kann ich die Wellenkreise erkennen, wenn sie sich neunzig Fuß weit ausgebreitet haben. Ich kann sogar noch aus einer Entfernung von einer Viertelmeile die Taumelkäfer (*Gyrinus*) erkennen, die unaufhörlich über den glatten Spiegel laufen, denn diese Tiere hinterlassen eine leichte von zwei entgegengesetzten Linien begrenzte Furche im Wasser, während die Wasserläufer ohne sichtbare Spuren über die Fläche gleiten. Ist der See nicht vollkommen ruhig, dann gibt es auf ihm weder Wasserläufer noch Taumelkäfer; an windstillen Tagen aber verlassen sie ihre Häfen, entfernen sich abenteuerlustig in kurzen Stößen vom Ufer, bis sie scharenweise den ganzen See bedecken. Es ist sehr beruhigend, an einem jener schönen Herbsttage, wenn man die Sonnenwärme vollauf zu schätzen weiß, in der Höhe auf einem Baumstumpf zu sitzen, über den See zu blicken und die Wellenkreise zu beobachten, die ununterbrochen auf die sonst unsichtbare Oberfläche und das Spiegelbild des Himmels und der Bäume gezeichnet werden. Es gibt auf dieser weiten Fläche keine Störung, die nicht sogleich besänftigt und beseitigt würde, so wie sich das Wasser in einem Glas nach einer Erschütterung in zitternden Kreisen zum Rand bewegt und wieder glättet. Kein Fisch kann aus dem See springen, kein Insekt hineinfallen, ohne dass feine Kreise, Linien voll Schönheit davon künden würden, als wäre es das ständige Quellen aus seiner Tiefe, der leise Pulsschlag seines Lebens, das Heben und Senken seiner Brust. Der Schauer der Freude und der Schauer des Schmerzes sind nicht zu unterscheiden. Wie friedlich ist doch das Leben auf einem See! Die Werke der Natur erstrahlen wieder wie zur Frühlingszeit. Jedes Blatt und jeder Zweig, jeder Stein und jedes Spinnennetz glitzert jetzt mitten am Nachmittag wie der Tau an einem Frühlingsmorgen. Jede Bewegung eines Ruders oder eines Insektes erzeugt einen Lichtblitz, und wie süß das Echo eines eintauchenden Ruders klingt!

An solchen September- oder Oktobertagen ist der Walden Pond ein vollkommener Waldspiegel, umrahmt von Steinen, die mich entzücken, als wären sie selten oder kostbar. Vielleicht ist auf der Welt nichts so schön, so rein und zugleich so weit wie ein See. Himmelswasser!

Es braucht keinen Schutz. Völker kommen und gehen, ohne es zu schänden. Es ist ein Spiegel, den kein Stein zertrümmert, dessen Quecksilber sich nie abnutzt, dessen Vergoldung die Natur ständig ausbessert, ein Spiegel, dessen klare Fläche kein Sturm, kein Staub je trüben kann, in dem alles Unreine, was mit ihm in Berührung kommt, zu Boden sinkt, den die Sonne mit ihrem dampfenden, schimmernden Staubtuch säubert und putzt, auf dem kein Hauch sich niederschlägt oder haften bleibt, der vielmehr selbst seinen Atem aushaucht, damit er als Wolke hoch über ihm schwebt und sich in seinem Schoß widerspiegelt.

Eine Wasserfläche gibt die Stimmung wieder, die in der Luft liegt. Von oben empfängt sie ständig neues Leben und neue Bewegung. Sie ist von Natur aus ein Vermittler zwischen Himmel und Erde. Auf dem Festland wogen nur Gras und Bäume, das Wasser aber wird selbst vom Wind bewegt. Ich kann an Lichtstreifen und Lichtblitzen erkennen, wie der Wind darüberstreicht. Es ist seltsam, dass wir auf seine Oberfläche herunterblicken können. Vielleicht werden wir eines Tages auch auf die Oberfläche der Luft herunterschauen und sehen, wo ein noch feinerer Geist über sie schwebt.

Die Wasserläufer und Wasserwanzen verschwinden Ende Oktober, wenn die strengen Nachtfröste einsetzen. Danach gibt es an windstillen Tagen absolut nichts, was die Oberfläche kräuseln könnte. An einem Novembernachmittag sah ich den See nach einem mehrtägigen Regensturm bei Windstille, noch bedecktem Himmel und Nebel. Er war so glatt, dass man nur mit Mühe seine Oberfläche erkennen konnte, obwohl er nicht mehr die leuchtenden Farben des Oktobers, sondern die dunkle Novembertönung der umliegenden Hügel spiegelte. Ich ruderte so behutsam wie nur möglich auf ihm dahin, und doch breiteten sich die kleinen Wellen, die mein Boot verursachte, über mein ganzes Blickfeld aus und verliehen den gespiegelten Landschaften ein geripptes Aussehen. Hier und da bemerkte ich ein schwaches Leuchten, als ob sich dort einige dem Frost entgangene Wasserläufer versammelt hätten oder die glatte Oberfläche eine Quelle am Grund anzeigen wollte. Als ich aber langsam zu einer dieser Stellen ruderte, sah ich mich dort zu meinem Erstaunen von einer Vielzahl kleiner, ungefähr fünf Zoll langer Barsche umschwärmt. Sie hatten eine kräftige Bronzefarbe und machten sich einen Spaß daraus, immer wieder an die Oberfläche zu flitzen, um dort ein Kräuseln und manchmal ein Bläschen zu hinterlassen. Auf solch durchsichtigem und scheinbar bodenlosem Wasser, das die Wolken spiegelte, meinte ich wie in einem Ballon durch die Lüfte zu segeln; die Fische schienen mich wie ein Schwarm Vögel zu umflattern, von ihren Flossen wie von Flügeln getragen. Es gab viele solcher Schwärme im See, die offensichtlich nach besten Kräften die kurze Zeit ausnutzten, ehe der Winter seine eisigen Fensterläden über ihr breites Oberlicht zog. Manchmal sah es aus, als ob eine leichte Brise über das Wasser strich oder ein paar Regentropfen fielen. Wenn ich mich den Fischen unvorsichtig näherte und sie aufschreckte, platschten sie plötzlich mit ihren Schwänzen gegen das Wasser, als hätte jemand mit einem Zweig daraufgeschlagen, und flüchteten sich sofort in die Tiefe. Schließlich zog Wind auf, der Nebel nahm zu, die Wellen wuchsen, und die Barsche sprangen wieder höher aus dem Wasser. Hunderte schwarzer, drei Zoll langer Flecken zeigten sich an der Oberfläche. In einem Jahr sah ich selbst am 5. Dezember noch einige Tupfen über dem Wasserspiegel. Da es neblig war und ich glaubte, es würde bald heftig regnen, ergriff ich schleunigst die Ruder und trat den Heimweg an. Der Regen schien auch wirklich bald stärker zu werden, obwohl ich ihn noch nicht an meinen Wangen spürte, und ich machte mich schon darauf gefasst, vollkommen durchnässt anzukommen. Doch plötzlich verschwanden die Tüpfelchen: Barsche hatten sie verursacht, die durch das Geräusch der Ruder verscheucht wurden. Undeutlich konnte ich gerade noch erkennen, wie ihr Schwarm in der Tiefe verschwand. So verbrachte ich doch noch einen trockenen Nachmittag.

Ein alter Mann, der vor sechzig Jahren häufig zum Walden Pond kam, als noch dunkle Wälder ihn umgaben, erzählte mir, dass er ihn damals oft voller Enten und anderer Wasservögel gesehen habe. Auch viele Adler habe es dort gegeben. Er kam zum Fischen und benutzte ein altes Kanu, das er am Ufer fand. Es bestand aus zwei ausgehöhlten und miteinander verbundenen Kiefernstämmen und war an den Enden rechtwinklig. So plump es auch war, erwies es viele Jahre lang wertvolle Dienste, bis es eines Tages undicht wurde und wahrscheinlich unterging. Den Eigentümer kannte der Alte nicht; es gehörte zum See. Als Ankertau benutzte er zusammengebundene Streifen Hickoryrinde. Ein anderer alter Mann, ein Töpfer, der vor der Revolution am Seeufer gewohnt hatte, hatte ihm erzählt, auf dem Grund liege eine Eisentruhe; er habe sie selbst gesehen. Manchmal tauche sie auf und treibe aufs Ufer zu; wenn man aber versuche, sich ihr zu nähern, kehre sie wieder ins Wasser zurück und verschwinde. Es freute mich, von dem alten Kanu zu hören, das an die Stelle des zwar zierlicheren, aber ebenfalls aus Holz gefertigten Fahrzeugs der Indianer trat. Vielleicht war es einmal ein Baum am Ufer gewesen, der sozusagen ins Wasser gefallen war, um dort ein Menschenleben lang zu schwimmen – kein Schiff passte besser hierher. Ich erinnere mich, dass ich bei meinem ersten Blick in den See auf seinem Grund undeutlich viele große Stämme liegen sah, die entweder vom Sturm hineingeweht oder beim letzten Holzschlag, als Holz weniger Wert hatte, auf dem Eis zurückgelassen worden waren. Heute sind sie größtenteils verschwunden.

Als ich zum ersten Mal mit dem Boot auf dem Walden Pond ruderte, war er völlig von dichten und hohen Kiefern- und Eichenwäldern umgeben. In einigen Buchten hatten sich Ranken über die nah am Wasser stehenden Bäume geschlungen und schattige Laubdächer gebildet, unter denen ein Boot hindurchfahren konnte. Die Hügel, die sein Ufer bilden, sind so steil, und die umrahmenden Wälder waren damals so hoch, dass man, von der Westseite aus gesehen, meinen konnte, ein Amphitheater für irgendein Waldschauspiel vor sich zu haben. Als ich jünger war, habe ich mich, wenn ich bis zur Mitte gerudert war, manchmal stundenlang vom Zephyr übers Wasser treiben lassen. Ich lag dann einen ganzen Sommervormittag lang quer auf der Bank und hing meinen Tagträumen nach, bis ich aufwachte, weil das Boot auf Sand gestoßen war, und mich aufsetzte, um zu erfahren, an welches Ufer mein Schicksal mich verschlagen habe – Tage, an denen Nichtstun die reizvollste und produktivste Betätigung war. Wie häufig habe ich mich heimlich fortgeschlichen, weil ich den wertvollsten Teil des Tages am liebsten auf diese Weise verbringen wollte. Denn ich war reich, wenn auch nicht an Geld, so doch an Sonnenstunden und Sommertagen, die ich verschwenderisch ausgab. Ich bereue es nicht, dass ich nicht mehr davon am Lehrerpult oder in der Werkstatt ausgegeben habe. Doch seit damals haben die Holzfäller die Ufer weiter verwüstet, und jetzt wird für viele Jahre kein Wandern durch diesen Waldesdom mit nur gelegentlichen Ausblicken aufs Wasser mehr möglich sein. Man verzeihe meiner Muse, wenn sie jetzt schweigt. Wie kann man erwarten, dass die Vögel singen, wenn man ihre Haine fällt?

Jetzt liegen die Stämme und das alte Kanu auf dem Grund, die dunklen Wälder ringsum sind verschwunden, und die Dorfbewohner, die kaum noch wissen, wo der See liegt, denken darüber nach, sein Wasser, das ihnen mindestens so heilig sein sollte wie das des Ganges, in einem Rohr zum Dorf zu leiten, um damit ihr Geschirr zu spülen! Anstatt in ihm zu baden oder aus ihm zu trinken, wollen sie ihren Walden genießen, indem sie einen Hahn umdrehen oder einen Stöpsel herausziehen! Das teuflische eiserne Pferd, dessen ohrenbetäubendes Wiehern im ganzen Umland zu hören ist, hat die Boiling-Quelle mit seinen Hufen getrübt und alle Wälder am Waldenufer abgefressen, dieses Trojanische Pferd mit tausend Menschen in seinem Bauch, das geldgierige Griechen eingeschleppt haben! Wo ist der Nationalheld, wo der Moore von Moore Hall, der sich ihm am Deep Cut entgegenstellt und dieser aufgedunsenen Pest die Lanze in die Rippen stößt?

Und doch ist sich vielleicht von allen Wesen, die ich kenne, der Walden am treuesten geblieben, hat seine Reinheit wohl am besten bewahrt. Viele Menschen sind mit ihm verglichen worden, aber nur wenige waren dieser Ehre würdig. Obwohl die Holzfäller eins seiner Ufer nach dem anderen verwüsteten, die Iren ihre Schweineställe an ihm bauten, die Eisenbahn seinen Rahmen in Stücke schlug und die Eisleute hier ihre Raubzüge veranstalteten, blieb er selbst doch unverändert. Sein Wasser ist noch dasselbe, das ich schon als junger Mann gesehen habe. Die Veränderung liegt in mir. Hat er auch oft die Stirn gerunzelt, ist doch keine Falte zurückgeblieben; er bleibt ewig jung. Ich kann immer noch beobachten, wie eine Schwalbe zu ihm hinuntergleitet und ein Insekt von seiner Oberfläche schnappt. Heute Abend erst hat er mich beeindruckt, als hätte ich ihn nicht zwanzig Jahre lang jeden Tag gesehen. Und doch ist es Walden, derselbe Waldsee, den ich vor so vielen Jahren entdeckte. Wo man im vorigen Winter an seinem Ufer Bäume fällte, schießen jetzt neue empor, kraftvoll wie eh und je. Noch immer quillt der gleiche Gedanke aus ihm hervor, die gleiche ungetrübte Heiterkeit und Freude für sich selbst und seinen Schöpfer, ja vielleicht auch für mich. Er ist zweifellos das Werk eines edlen Mannes, der keine Arglist kannte! Er formte das Wasser in seiner Hand, vertiefte und klärte es in seinen Gedanken und gab es Concord zum Geschenk. Ich sehe an seinem Gesicht, dass er den gleichen Gedanken hat wie ich, und fast möchte ich fragen: Walden, bist du es?

»Ich wünsche keine
Kunstvolle Zeile zu schreiben;
Kann Gott und Himmel nicht näher kommen
Als hier am Ufer des Walden.
Ich bin sein steiniges Ufer und der Wind,
Der seine Fluten sanft bewegt.
In meiner hohlen Hand
Halt ich sein Wasser, seinen Sand,
Und seine Tiefe lehrt mich
Nach dem Höchsten zu streben.«

Der Zug hält niemals an, um den See zu betrachten, und doch bilde ich mir ein, dass die Lokomotivführer, die Heizer, die Bremser und die Passagiere, die eine Dauerkarte haben und ihn oft sehen, durch seinen Anblick zu besseren Menschen werden. Der Lokomotivführer, oder vielleicht seine Seele, vergisst in der Nacht nicht, dass wenigstens einmal am Tag diese Aussicht des heiteren Friedens und der Reinheit an seinem Auge vorüberzog. Ein Blick genügt, um Maschinenruß und State Street wegzuwaschen. Eigentlich sollte der See »Gottestropfen« heißen.

Ich habe schon erwähnt, dass Walden keinen sichtbaren Zu- oder Abfluss besitzt, aber auf der einen Seite ist er durch eine Anzahl kleinerer Seen und Teiche entfernt und indirekt mit dem etwas höher gelegenen Flint's Pond verbunden, auf der anderen ebenfalls durch mehrere Seen direkt und erkennbar mit dem etwas tiefer liegenden Concord River. In einer früheren geologischen Epoche mag der Walden Pond vielleicht durch all diese Seen hindurchgeflossen sein, und es benötigte nur geringfügige Grabungen – Gott bewahre! –, um sie wieder zu vereinen. Wer würde es nicht bedauern, wenn der Walden Pond, der so lange Zeit ein strenges Einsiedlerdasein in den Wäldern geführt und dadurch eine so wunderbare Reinheit erlangt hat, mit dem verhältnismäßig schmutzigen Wasser des Flint's Pond in Berührung käme oder seine süße Frische in den Wellen des Ozeans unterginge?

Der Flint's oder Sandy Pond in Lincoln, unser größter Binnensee, liegt ungefähr eine Meile östlich vom Walden. Er ist viel größer, soll eine Fläche von hundertsiebenundneunzig Morgen bedecken und auch fischreicher, aber verhältnismäßig seicht und nicht besonders sauber sein. Ich habe mich oft bei einem Waldspaziergang zu ihm erholt. Das hat sich schon deshalb gelohnt, weil einem der Wind um die Ohren blies und der hohe Wellengang an das Leben der Seemänner denken ließ. An windigen Herbsttagen ging ich dorthin, um die Kastanien aufzusammeln, die ins Wasser gefallen waren und mir vor die Füße gespült wurden. Eines Tages, als ich am schilfbewachsenen Ufer entlanglief und kühle Gischt mir ins Gesicht wehte, stieß ich auf das Wrack eines Boots, dessen Seitenteile bereits vermodert waren und von dem kaum mehr als der Abdruck seines flachen Rumpfes zwischen dem Schilf übrig geblieben war. Seine Umrisse indessen hatten sich scharf abgezeichnet wie die eines großen verfaulten Lilienblatts, dessen Adern noch deutlich erkennbar sind. Es war so beeindruckend wie ein Schiffswrack am Meeresufer und nicht weniger lehrreich. Mittlerweile ist es ganz zu Erde geworden und vom Boden nicht mehr zu unterscheiden, aus dem nun Binsen und Schwertlilien sprießen. Ich bewunderte stets die gerippten Zeichnungen auf dem Sand des Nordufers, der durch den Wasserdruck fest und unnachgiebig geworden war, wie auch die Binsen, die dort im Gänsemarsch wuchsen und sich den Linien der Bodenzeichnung anpassten, als hätten die Wellen selbst sie gepflanzt. Dort habe ich auch eine große Zahl merkwürdiger Bälle gefunden, die anscheinend aus feinem Gras oder Wurzeln bestanden, vielleicht aus denen des Pfeifenkrauts. Sie waren kugelrund; ihr Durchmesser schwankte zwischen einem halben und vier Zoll. Sie rollten im seichten Wasser vor und zurück und wurden manchmal ans Ufer gespült. Entweder bestanden sie ganz aus festem Gras oder hatten ein wenig Sand in der Mitte. Auf den ersten Blick dachte man, dass sie vom Druck der Wellen geformt wären, ähnlich wie glatte Kiesel, aber selbst die kleinsten, nur einen halben Zoll dicken Bälle bestanden aus dem gleichen, groben Material und waren nur zu einer bestimmten Jahreszeit zu finden. Außerdem vermute ich, dass die Wellen solche Stoffe, die schon eine gewisse Festigkeit besitzen, eher abnutzen als zusammensetzen. Wenn man diese Kugeln trocknet, behalten sie dauerhaft ihre Form.

Flint's Pond! So arm ist unser Wortschatz. Welches Recht hatte der unsaubere und dumme Bauer, dessen Farm an dieses Himmelswasser grenzte, dessen Ufer er grausam verwüstet hatte, ihm seinen Namen zu geben? Er, dem die spiegelnde Fläche eines Dollar oder eines glänzenden Cent, in dem er sein eigenes, unverfrorenes Gesicht betrachten konnte, mehr bedeutete; dem sogar die Wildenten auf dem See als Einbrecher galten; dessen Finger sich von der langen Gewohnheit habgierigen

Raffens zu verhornten Krallen gekrümmt hatten! Nein, für mich heißt der See nicht so. Ich gehe sicher nicht dorthin, um an Mr. Flint erinnert zu werden, der den See nie wirklich gesehen, nie darin gebadet, ihn nicht geliebt und nicht beschützt hat, nie ein gutes Wort für ihn gesprochen und auch nie Gott dafür gedankt hat, ihn erschaffen zu haben. Viel eher sollte man ihn nach den Fischen benennen, die darin schwimmen, den Vögeln und Vierfüßlern, die an ihm leben, der wilden Blume, die an seinem Ufer wächst, nach einem Indianer oder dessen Kind, deren Leben mit diesem See verbunden sind – nicht nach einem, der kein anderes Recht auf ihn geltend machen konnte als einen Vertrag, den ein gleichgesinnter Nachbar oder eine Regierung ausgestellt hat, die seiner würdig war; der im See nur eine Geldanlage sah und dessen Gegenwart seinen Ufern zum Unheil gereichte; der das Land ringsum ausbeutete und am liebsten auch das Wasser darin ausgepumpt hätte; der nur bedauerte, dass der See keine Heuwiese, kein Preiselbeerfeld war – in seinen Augen gab es natürlich nichts, um das auszugleichen –; der dazu fähig gewesen wäre, sein Wasser abzulassen, nur um den Schlamm auf seinem Grund zu verkaufen. Da er mit dem See seine Mühle nicht betreiben konnte, war auch sein Anblick kein Privileg für ihn. Ich achte weder die harte Arbeit noch den Besitz eines Mannes, für den alles einen Preis hat, der womöglich die Landschaft, ja Gott selbst zu Markte tragen würde, wenn man ihm nur irgendeinen Preis dafür zahlen würde, der darum für einen Götzen zu Markte geht und auf dessen Farm nichts in Freiheit wachsen kann, dessen Felder keine Ernte, dessen Wiesen keine Blumen, dessen Bäume keine Früchte tragen, sondern Dollars, der nicht die Schönheit seiner Früchte liebt und sie erst dann für reif erklärt, wenn er sie zu Geld machen kann. Gebt mir die Armut, die sich des wahren Reichtums erfreut! Je ärmer ein Bauer ist, desto mehr Achtung und Aufmerksamkeit zolle ich ihm. Arme Bauern! Eine Musterfarm! Da steht das Haus wie ein Pilz auf einem Misthaufen, und Menschen, Pferde, Ochsen und Schweine haben ihre Räume dicht an dicht, gereinigt oder ungereinigt, vollgestopft mit Menschen! Ein großer Fettfleck, der nach Mist und nach Buttermilch stinkt. Aber welch hohe Kultur – hier wird mit den Herzen und Hirnen der Menschen gedüngt, werden gleichsam Kartoffeln auf einem Friedhof gepflanzt! Was für eine Musterfarm!

Nein, nein! Wenn die schönsten Landschaften schon nach Menschen benannt werden müssen, sollten es die edelsten und würdigsten sein. Unsere Seen sollen Namen bekommen, die wenigstens so viel Wahres in sich haben wie der des Ikarischen Meers, »dessen Küste noch vom kühnen Wagnis kündet«.

Der kleine Goose Pond liegt auf meinem Weg zum Flint's Pond. Fair Haven, eine angeblich siebzig Morgen bedeckende Verbreiterung des Concord River, liegt eine Meile südwestlich; und der vierzig Morgen umfassende White Pond liegt anderthalb Meilen hinter Fair Haven. Dies ist mein Seenland; dies und der Concord River sind meine Wasserprivilegien, die Tag und Nacht, jahrein, jahraus die Früchte mahlen, die ich zu ihnen trage.

Seitdem die Holzfäller, die Eisenbahn und auch ich selbst Walden entweiht haben, ist der White Pond vielleicht der anziehendste, wenn auch nicht der schönste unserer Seen. Er ist der Edelstein unserer Wälder. Doch *White Pond* – was für ein gewöhnlicher Name, ob er sich nun auf die Reinheit seines Wassers oder die Farbe seines Sands bezieht. In dieser und in manch anderer Hinsicht ist er übrigens ein kleiner Zwillingsbruder des Walden. Sie ähneln einander so sehr, dass man vermuten könnte, sie seien unterirdisch verbunden. Sie haben das gleiche steinige Ufer, und ihr Wasser hat die gleiche Farbe; ein grünliches oder gräuliches Blau, wenn man bei schwülem Hundstagewetter durch die Wälder auf ihre Buchten hinunterblickt, die wegen ihrer geringen Tiefe durch die Reflexe des Bodens farbig leuchten. Vor vielen Jahren fuhr ich oft dorthin, um für die Herstellung von Sandpapier ganze Wagenladungen Sand zu holen, und auch danach habe ich ihn oft besucht. Ich würde ihn gerne Virid Lake, Grünsee, taufen; vielleicht auch Yellow Pine Lake, Gelbkiefersee, denn vor etwa fünfzehn Jahren konnte man die Spitze einer Pechkiefer – hier heißt die gleiche Gattung Gelbkiefer – weit vom Ufer entfernt aus tiefem Wasser über die Oberfläche hinausragen sehen. Man schloss daraus sogar, dass der See durch eine Erdsenkung entstanden sei und die Kiefer zu einem Wald gehöre, der ursprünglich hier wuchs. In der *Topographischen Beschreibung der Stadt Concord* der historischen Gesellschaft von Massachusetts aus dem Jahr 1792 habe ich eine bemerkenswerte Angabe gefunden. Nachdem der Verfasser über den Walden und White Pond gesprochen hat, fährt er fort: »In der Mitte des White Pond sieht man bei sehr niedrigem Wasserstand einen Baum, dessen Stellung den Eindruck macht, als wäre er dort gewachsen, wo er sich jetzt befindet, obwohl seine Wurzeln sich fünfzig Fuß tief unter dem Wasserspiegel befinden. Seine Spitze ist abgebrochen; an der Bruchstelle hat der Stamm einen Durchmesser von vierzehn Zoll.« Im Frühling 1849 unterhielt ich mich mit einem Mann, der ganz in der Nähe des Sees in Sudbury wohnte und der mir erzählte, dass er es gewesen sei, der diesen Baum vor zehn oder fünfzehn Jahren herausgeholt habe. So weit er sich erinnern konnte, stand der Baum zweihundert bis zweihundertvierzig Fuß vom Ufer entfernt in dreißig bis vierzig Fuß Tiefe. Es war Winter. Vormittags hatte er Eis gehauen und sich entschlossen, nachmittags mithilfe einiger Nachbarn die Gelbkiefer herauszuziehen. Er sägte einen Kanal bis zum Ufer ins Eis und begann mithilfe eines Ochsengespanns den Baum erst durch den Kanal und dann aufs Eis zu zerren. Doch kaum hatte er begonnen, stellte er zu seiner Überraschung fest, dass das falsche Ende der Kiefer nach oben stand, alle Äste nach unten zeigten und der Wipfel fest im sandigen Boden steckte. Am Stumpf betrug der Durchmesser ungefähr einen Fuß. Der gute Mann hatte gehofft, den Baum zu brauchbaren Brettern zersägen zu können, doch das Holz war schon so faul, dass es höchstens noch als Brennholz taugte. Er hatte noch Reste davon in seinem Unterstand. Am einen Ende waren Spuren einer Axt und von Spechten zu erkennen. Der Mann glaubte, dass der Baum bereits abgestorben war, als er noch am Ufer stand, und dann in den See geweht worden sei. Seine Spitze habe sich mit Wasser vollgesogen, während sein Stumpf noch eine Zeit lang trocken und leicht blieb, sodass er allmählich auf den See hinausgetrieben und schließlich mit der falschen Seite nach oben versunken sei. Selbst der achtzigjährige Vater dieses Mannes konnte sich an keine Zeit erinnern, als der Baum nicht da gewesen sei. Einige schöne Stämme kann man noch jetzt auf dem Grund liegen sehen, wo sie durch die Wellenbewegung der Oberfläche wie riesige, sich ringelnde Wasserschlangen wirken.

Dieser See wurde selten durch ein Boot entweiht, denn er enthält wenig, was einen Fischer locken könnte. Statt der Weißen Lilie, die Schlammboden braucht, oder des gewöhnlichen Kalmus wächst im reinen Wasser entlang des steinigen Ufers dünn die blaue Schwertlilie (*Iris versicolor*). Sie wird im Juni von den Kolibris besucht, und die bläuliche Farbe ihrer Blätter und Blüten, besonders deren Reflexe, harmonieren einzigartig mit dem blaugrünen Wasser.

White Pond und Walden sind große Kristalle auf der Oberfläche der Erde, Seen des Lichts. Wären sie auf ewig erstarrt und klein genug, um sie mit den Händen zu greifen, würden sie vielleicht wie kostbare Steine von Sklaven geraubt, um die Kronen von Herrschern zu schmücken. Da sie aber flüssig und großflächig sind und uns und unseren Nachkommen für alle Zeiten zugesprochen wurden, schätzen wir sie gering und laufen dem Diamanten Koh-i-Noor nach. Sie sind zu rein, um einen Marktwert zu haben; sie enthalten nichts Schmutziges. Wie viel schöner als unser Leben sie sind, wie viel durchsichtiger als unser Charakter! Von ihnen haben wir nichts Niederträchtiges gelernt. Um wie viel reiner sie sind als der Sumpf vor dem Haus des Bauern, in dem die Enten schwimmen. Hierher kommen echte Wildenten. Kein Mensch weiß sie ausreichend zu würdigen. Das Gefieder und der Gesang der

Vögel harmoniert mit den Blumen, aber welcher junge Mann, welche Frau lebt im Einklang mit der wilden, reichen Schönheit der Natur? Sie blüht ganz für sich allein, fern der Städte, wo die Menschen wohnen. Ihr redet vom Himmel – und schändet die Erde!

Baker-Farm

Manchmal wanderte ich durch Kiefernhaine, die wie Tempel oder Schiffsmasten in die Lüfte ragten, bis oben hin mit wogenden Zweigen und zitternden Lichtern geschmückt, so still und grün und schattig, dass die Druiden ihre Eichenwälder verlassen hätten, um hier ihre Gottesdienste abzuhalten. Ich ging auch in den Zedernwald hinter dem Flint's Pond, wo die hohen, mit stahlblauen Beeren bedeckten Wipfel würdig wären, den Eingang Walhallas zu schmücken, und die früchtebehangenen Ranken des Wacholder den Boden überzogen. Oder ich wanderte hinaus ins Moor, wo Bartflechten wie Girlanden von den Weißfichten herunterhängen und Giftpilze, die runden Tische der Sumpfgötter, den Boden bedecken und noch schönere Pilze, die wie Schmetterlinge, Muscheln oder Schnecken aussehen, die Baumstümpfe schmücken; wo die Sumpfkerze und der Hartriegel wachsen, die roten Erlenbeeren wie Koboldaugen funkeln und wo die Liane selbst das härteste Holz umklammert und zersplittert; wo die Beeren der wilden Stechpalme den Beschauer über ihrer Schönheit Haus und Hof vergessen lassen und er von vielen anderen wilden, verbotenen Früchten geblendet und gelockt wird, die zu schön sind, um sie zu pflücken und zu kosten. Anstatt einen Gelehrten aufzusuchen, stattete ich so manchem hier in der Gegend seltenen Baum einen Besuch ab, der weit entfernt auf einer

Weide, im Wald, im Moor oder auf einem Hügel stand; zum Beispiel der Schwarz-Birke, von der es hier einige schöne, zwei Fuß im Durchmesser starke Exemplare gibt, oder ihrer Verwandten, der Gelb-Birke, mit ihrem losen, goldenen Gewand, die ebenso lieblich duftete; und auch der Buche, deren zierlichen, vollendet schönen Stamm malerische Flechten schmückten. Abgesehen von einigen verstreuten Exemplaren, kenne ich in der Umgebung unserer Stadt nur einen einzigen kleinen Hain größerer Buchen, von dem es heißt, dass er einst von Tauben hierhin gepflanzt worden sei, die man mit Bucheckern gefüttert hatte. Es lohnt sich, dies Holz zu spalten, um seine silberne Maserung funkeln zu sehen. Außerdem besuchte ich die Linde, die Hagebuche, die *Celtis occidentalis* –, die falsche Ulme, von der es hier nur ein einziges schönes Exemplar gibt – einige größere Kiefern, einen Schindelbaum und eine außergewöhnlich schöne Hemlocktanne, die sich mitten im Wald wie eine Pagode erhob. Ich könnte noch viele weitere anführen. Das waren die Schreine, zu denen ich sommers wie winters pilgerte.

Einmal hatte ich das Glück, mitten in einem Regenbogen zu stehen, der die niedrigere Luftschicht erfüllte, Gras und Blätter ringsum einfärbte und mich blendete, als sähe ich durch einen bunten Kristall. Es war ein Meer von Regenbogenfarben, in das ich für kurze Zeit eintauchte wie ein Delphin. Hätte dieses Farbenspiel länger gedauert, hätte es meine Beschäftigungen und mein Leben vielleicht für immer eingetönt. Wenn ich auf dem schmalen Pfad an den Eisenbahnschienen wanderte, wunderte ich mich oft über den Lichtkranz um meinen Schatten und hätte mich gern als Auserwählter betrachtet. Einer meiner Besucher behauptete, dass die Schatten einiger Iren, die vor ihm hergegangen seien, diesen Lichtkranz nicht gezeigt hätten und nur Eingeborene auf diese Weise ausgezeichnet würden. Benvenuto Cellini berichtet in seinen Memoiren, dass nach einem entsetzlichen Traum oder nach einer Vision während seiner Haft im Schloss Sankt Angelo morgens und abends ein Lichtschein über dem Schatten seines Kopfes geschwebt habe, gleichgültig, ob er sich in Italien oder in Frankreich befand. Dieser Kranz sei am deutlichsten gewesen, wenn das Gras von frischem Tau bedeckt gewesen sei. Wahrscheinlich handelte es sich um das gleiche Phänomen wie das, was ich beschrieben habe. Man kann es hauptsächlich morgens, aber auch zu anderen Zeiten, ja sogar bei Mondschein beobachten. Obwohl es immer da ist, wird es gewöhnlich nicht bemerkt, weshalb es bei Menschen mit einer so erregbaren Phantasie wie der Cellinis leicht zum Aberglauben führen kann. Er fügt übrigens hinzu, dass er nur wenige Bekannte darauf aufmerksam gemacht habe. Sind aber diejenigen, die wissen, dass sie überhaupt beachtet werden, nicht tatsächlich besonders ausgezeichnet?

Eines Nachmittags wanderte ich durch die Wälder nach Fair Haven, um fischen zu gehen und meine dürftige Gemüsekost etwas auszubessern. Mein Weg führte mich über die »Schöne Wiese«, die zur Baker-Farm gehörte, ein stiller Rückzugsort, der schon von einem Dichter besungen wurde. Das Gedicht beginnt so:

»Lieblich sich ein Feld vor deinem Haus erstreckt,
Und zwischen, früchteschweren Bäumen, die das Moos bedeckt,

Hüpft leise murmelnd des Baches goldgelbe Welle.
Friedlich wohnt die Bisamratte hier bei der lustigen
Forelle.«

Bevor ich mich für Walden entschied, dachte ich daran, mich hier niederzulassen. Damals »stibitzte« ich Äpfel, sprang über den Bach und erschreckte Bisamratte und Forelle. Es war an einem jener Nachmittage, die unendlich lang vor einem zu liegen scheinen, an denen so viel passieren kann und die einen wertvollen Teil unseres Lebens ausmachen, obwohl sie häufig, wenn ich aufbrach, schon halb vergangen waren. Unterwegs gab es einen plötzlichen Regenschauer, weshalb ich für eine halbe Stunde unter einer Kiefer Unterschlupf suchte, wo ich mir aus einigen Ästen und meinem Taschentuch ein Wetterdach schuf. Als ich schließlich, bis zu den Hüften im Wasser, meine Angel über das Hechtkraut hinweg zum ersten Male auswarf, schwebte plötzlich ein dunkler Wolkenschatten über mir und es gab ein so heftiges Donnergrollen, dass mir nichts anderes übrig blieb, als zuzuhören. Die Götter müssen stolz sein, dachte ich, mit ihren gezückten Blitzen einen armen unbewaffneten Fischer in die Flucht zu jagen! Ich entschloss mich, in der nächstgelegenen Hütte Obdach zu suchen. Sie lag eine halbe Meile von der nächsten Landstraße entfernt, aber umso näher am See. Lange Zeit war sie unbewohnt gewesen:

»Hier baute einst ein Dichter
In längst vergangner Zeit
Eine einfache Hütte,
Nun dem Verfall geweiht.«

So dichtet die Muse. Mittlerweile aber wohnte, wie sich herausstellte, John Field darin, ein Ire, mit seiner Frau und mehreren Kindern. Den Anfang der Reihe machte ein Knabe mit breitem Gesicht, der dem Vater schon bei der Arbeit half und gerade mit ihm aus dem Moor gelaufen kam, um dem Regen zu entgehen. Den Schluss bildete das runzelige, sibyllenhafte, eierköpfige Baby, das – wie in den Palästen der Vornehmen – schon bald auf dem Schoß seines Vaters saß und, nass und hungrig, von dem Vorrecht der Kindheit ausgiebig Gebrauch machte, den Fremden scharf ins Auge fasste, nicht wissend, ob es der letzte Spross eines edlen Geschlechts war oder John Fields armes, hungerndes Gör. Da saßen wir nun beieinander unter dem Teil des Daches, der am wenigsten undicht war, während draußen Donner und Regen wüteten. Ich hatte dort vor langer Zeit schon oft gesessen, noch bevor das Schiff gebaut worden war, auf dem diese Familie nach Amerika fuhr. John Field schien ein ehrlicher und tüchtiger, aber hilfloser Mann zu sein. Auch seine Frau war eine tapfere Seele, die in der Nische ihres hohen Ofens unzählige Mahlzeiten kochte. Mit rundem, schweißbedecktem Gesicht und entblößter Brust, stets den Scheuerlappen in der Hand, obwohl nirgends zu sehen war, dass sie ihn auch tatsächlich benutzte, schien sie immer noch auf bessere Tage zu hoffen. Auch die Hühner hatten hier vor dem Regen Schutz gesucht, spazierten wie Familienmitglieder im Raum umher und sahen mir zu vermenschlicht aus, als dass ich sie mir gebraten hätte vorstellen können. Sie machten vor mir halt, blickten mir in die Augen und pickten herausfordernd nach meinen Stiefeln. Inzwischen erzählte mir mein Gastgeber seine

Lebensgeschichte: wie hart er arbeitete, um für einen benachbarten Farmer mit Schaufel und Torfhacke eine Wiese umzugraben, wofür er zehn Dollar pro Morgen sowie die Nutznießung des Landes und den Dünger für ein Jahr erhielt. Sein Ältester mit dem breiten Gesicht arbeitete fröhlich neben ihm, ohne zu ahnen, wie schlecht der Handel war, den sein Vater geschlossen hatte. Ich versuchte, ihm mit meiner Erfahrung zu Hilfe zu kommen, und erzählte ihm, dass ich, einer seiner nächsten Nachbarn, der ich wie ein Müßiggänger aussähe, zum Fischen hierhergekommen sei und meinen Lebensunterhalt auf gleiche Weise verdiene wie er; dass ich in einem wasserdichten, hellen und sauberen Haus wohne, das kaum mehr koste als die Miete der von ihm bewohnten Ruine. Ich legte ihm dar, wie er sich, wenn er wolle, in ein paar Monaten seinen eigenen Palast bauen könne, und betonte, dass ich weder Tee noch Kaffee trinke, keine Butter, Milch oder frisches Fleisch benötige und mich deshalb auch nicht für solche Dinge plagen müsse, andererseits auch keine sehr kräftige Nahrung brauche, weil ich nicht hart arbeite; mein Lebensunterhalt koste mich darum so gut wie nichts. Wenn er aber Tee, Kaffee, Butter, Milch und Fleisch haben wolle, müsse er hart arbeiten, um solche Ausgaben zu bestreiten, was wiederum kräftige Kost erfordere, um den Körper zu stärken – so führe eins zum anderen, bis er schließlich unzufrieden sei und sein Leben vergeude. Dabei hatte ihn, als er nach Amerika ausgewandert sei, gerade die Aussicht gelockt, dort jeden Tag Tee, Kaffee und Fleisch genießen zu können. Und doch ist das einzig echte Amerika dort, wo man die Freiheit hat, sein Leben so einzurichten, dass man auch ohne diese Dinge auskommt, wo der Staat einen nicht dazu zwingt, Sklaverei, Krieg und andere sinnlose Ausgaben zu unterstützen, die direkt oder indirekt durch den Gebrauch dieser Dinge entstehen. Ich sprach absichtlich mit ihm, als ob er ein Philosoph wäre oder wünschte, einer zu sein. Meinetwegen könne man gern alle Wiesen der Erde in ihrem natürlichen Zustand belassen, wenn es der Anfang einer Erlösung der Menschheit wäre. Man braucht nicht Geschichte zu studieren, um zu wissen, was für die eigene Kultur am besten ist. Aber ach, der Kultur eines Iren muss man schon mit einer Torfhacke zu Leibe rücken. Ich machte John Field darauf aufmerksam, dass er für seine Arbeit im Moor dicke Stiefel und Arbeitskleidung benötige, die dazu bald schmutzig und abgenutzt seien, während ich leichte Schuhe und dünne Kleider trage, für die ich kaum halb so viel zahle wie er, auch wenn er vielleicht finde, dass ich wie ein Gentleman gekleidet sei – was nicht der Fall war. Wenn ich wollte, könne ich in ein paar Stunden so viele Fische fangen, dass sie mir für zwei Tage reichten, was nicht einmal Arbeit sei, sondern Vergnügen, oder in derselben Zeit genug Geld verdienen, um eine ganze Woche davon zu leben. Wenn er und seine Familie einfach leben würden, könnten sie alle gemeinsam im Sommer vergnüglich Heidelbeeren pflücken. Seufzend hörte John meine Worte an, seine Frau starrte mich an, die Hände in die Hüften gestützt, und beide schienen zu überlegen, ob sie die Mittel besaßen, ein solches Unternehmen anzufangen, oder genug Rechenkunst, es durchzuführen. Für sie hieß das, ohne Kompass zu segeln, und sie konnten sich nicht vorstellen, wie sie auf diese Weise in den Hafen einlaufen sollten. Deshalb nehme ich an, dass sie sich noch immer, Auge um Auge, Zahn um Zahn, tüchtig sich durchs Leben schlagen, nicht geschickt genug, die festen Säulen des Lebens mit einem fein zugespitzten Keil zu sprengen, um dann Stück für Stück zu bewältigen. Sie glauben, sie müssten wie bei einer Distel hart zupacken, aber sie kämpfen unter ungeheuer benachteiligten Verhältnissen. Ach, John Field – er lebt, ohne zu rechnen, und hat darum nichts als Misserfolg.

»Gehen Sie auch manchmal fischen?«, fragte ich ihn. »Oh ja, wenn ich gerade einmal nichts zu tun habe, fange ich ab und zu eine Portion guter Barsche.« – »Was nehmen Sie als Köder?« – »Ich fange Weißfische mit Regenwürmern und nehme die Weißfische als Köder für die Barsche.« – »Du könntest jetzt gleich gehen«, sagte seine Frau mit leuchtendem, hoffnungsvollem Blick. Doch John blieb da.

Der Regen hatte inzwischen aufgehört, und ein Regenbogen über den Wäldern im Osten versprach einen schönen Abend; ich verabschiedete mich. Als ich schon draußen war, bat ich um einen Schluck Wasser, denn ich wollte einen Blick in den Brunnen werfen, um mein Bild von der Behausung zu vervollständigen. Aber ach, der Brunnen war seicht und versandet, das Seil war gerissen und der Eimer unauffindbar. Unterdessen wurde ein passendes Gefäß gesucht, offenbar Wasser abgekocht und nach langem Warten und reiflicher Überlegung dem Durstenden überreicht. Es war weder abgekühlt noch hatte es sich gesetzt. Mit diesem Schleim hält man sich hier am Leben, dachte ich, schloss die Augen und trank, geschickt um den schmutzigen Bodensatz herumdirigierend, auf das Wohl der Gastfreundschaft einen so herzhaften Schluck, wie ich konnte. Wenn es darum geht, gute Manieren zu zeigen, bin ich nicht zimperlich.

Als ich nach dem Regen das Haus des Iren verlassen hatte und meine Schritte wieder dem See zu lenkte, erschien mir mein Wunsch, Hechte zu fangen und durch einsame Wiesen, Sümpfe und Moore, entlegene und wilde Gegenden zu streifen, einen Augenblick lang abgeschmackt für einen Mann wie mich, der auf Schulen und Colleges gewesen ist. Doch als ich, den Regenbogen im Rücken, den Hügel hinunter und hinein in den rot glühenden Westen lief und von irgendwoher durch die gereinigte Luft ein leises Klingen an mein Ohr drang, schien mein guter Geist mir zuzuflüstern: Geh, fische und jage, tagaus, tagein, weit und breit, und ruhe an manchem Bach, an manchem Herd, ledig aller Sorgen. Gedenke deines Schöpfers in deiner Jugend. Steh auf, bevor die Sonne erwacht, sei unbekümmert und suche Abenteuer. Finde der Mittag dich an anderen Seen, und wo auch immer die Nacht dich überrascht, bist du zu Hause. Nirgends gibt es weitere Felder, nirgends schönere Spiele als hier. Wachse und blühe wild wie deine Natur, wie dieses Schilf, wie dieses Dorngebüsch, das niemals englisches Heu werden kann. Lass den Donner grollen; wen kümmert es, ob er des Farmers Ernte vernichtet? Seine Botschaft ist eine andere. Suche Obdach unter der Wolke, wenn andere sich in Wagen und Hütten verbergen. Und wenn du dir dein täglich Brot verdienst, tue es nicht als Geschäft, sondern als Spiel. Erfreue dich am Land, doch erwirb es nicht. Mangel an Mut und Vertrauen hat die Menschen dorthin gebracht, wo sie sind – sie kaufen und verkaufen und führen ein Leben wie Leibeigene.

O Baker-Farm!

»Dieser Landschaft reichste Zier
Ist ein keuscher Sonnenstrahl …

Niemand eilt dorthin zum Spiel,
Wo Gitter die Wiesen umgürten …

Mit keinem Menschen brauchst du je zu streiten
Noch dich mit Fragen zu quälen.
Bist in deinem schlichten, braunen Gewand
Noch so demütig wie einst,
Als ich dich zum ersten Mal erblickte …

Ihr, die ihr liebt,
Und ihr, die ihr hasst,
Kinder der heiligen Taube,
Und ihr, Guy Fawkes dieses Landes:
Hängt alle niedrigen Gedanken
An dieser Bäume unbeugsame Äste!«

Vom nahen Feld oder von der Straße, wo stets das Echo ihres Haushalts spukt, kommen die Menschen am Abend brav nach Hause. Ihr Leben verläuft freudlos, weil es ständig wieder seinen eigenen Atem einatmet. Ihre Schatten am Morgen und Abend reichen weiter als ihre täglichen Schritte. Aus weiter Ferne sollten wir am Abend nach Hause kommen, von Abenteuern, Gefahren und Neuland, mit neuer Erfahrung und verändert.

John Field hatte inzwischen seine Pläne geändert und mich, noch bevor ich zum See kam, eingeholt. Er war entschlossen, heute nicht mehr im Moor zu arbeiten. Und nun holte der Arme nur ein paar winzige Fische heraus, während ich eine stattliche Anzahl fing. Das sei Pech, sagte er. Als wir aber die Plätze im Boot wechselten, tat das Pech dasselbe.

Armer John Field! Ich hoffe, dass er diese Seiten nicht liest, es sei denn, sie gereichen ihm zum Vorteil. Er will in diesem primitiven neuen Land nach einem Prinzip der Alten Welt leben – Barsche mit Weißfischen fangen! Das mag ja bisweilen ein guter Köder sein, gebe ich zu. So weit das Auge reicht, gehört alles ihm, und doch ist er ein armer Schlucker, der wie schon seine Eltern die irische Armut, vorsintflutliche Ansichten und versumpfte Gewohnheiten erbten. Weder er noch seine Nachkommen werden in dieser Welt auf einen grünen Zweig kommen, bevor ihren watschelnden, patschenden, sumpfstampfenden Füßen nicht Flügelschuhe wachsen.

Höhere Gesetze

Die Fische auf einen Faden gereiht und die Angelrute hinter mir herziehend, ging ich durch die Wälder nach Hause. Es war bereits recht dunkel geworden, als ich ein Murmeltier über meinen Pfad schleichen sah. Plötzlich durchzuckte mich eine seltsam wilde Freude, und Lust überkam mich, das Tier zu packen und roh zu verschlingen. Nicht, dass ich hungrig gewesen wäre; es war einfach das Wilde, das mich an ihm reizte. Während der Zeit, in der ich am Seeufer wohnte, ertappte ich mich mehrmals dabei, dass ich wie ein halb verhungerter Jagdhund auf der Suche nach essbarem Wild im Wald umherstreifte. Die wildesten Szenen waren mir seltsam vertraut geworden. Wie in den meisten Menschen wohnte damals, und wohnt immer noch, ein instinktives Sehnen nach einem höheren, oder wie man so sagt, geistigen Leben in mir, aber zugleich auch das Verlangen nach einem primitiven und wilden Leben; und ich halte beide gleich in Ehren. Ich liebe das Wilde nicht weniger als das Gute. Auch am Fischen reizt mich noch immer das Grenzenlose und das Abenteuerliche. Ich lasse gelegentlich gern allen Instinkten freien Lauf, wie es die Tiere tun. Vielleicht verdanke ich dieser Vorliebe und der Jagd, der ich schon als Kind nachging, meine enge Verbindung zur Natur. Beides führt uns früh an Landschaften heran, die uns sonst in diesem Alter verborgen bleiben. Fischer, Jäger und Holzfäller, die ihr Leben in Feldern und Wäldern verbringen, die gewissermaßen selbst ein Teil der Natur sind, sind oft besser in der Lage, ihr Wesen zu erfassen, als Philosophen oder gar Dichter, die sich ihr mit bestimmten Erwartungen nähern. Ihnen offenbart sich die Natur ohne Scheu. Wer durch die Prärien wandert, wird ganz natürlich zum Jäger; an den Quellen des Missouri und des Columbia River wird er zum Fallensteller und an den Wasserfällen von St. Mary zum Fischer. Wer einfach nur reist, lernt alles halb und aus zweiter Hand; er ist ein schlechter Fachmann. Mit großem Interesse verfolgen wir, wenn die Wissenschaften bestätigen, was diese Menschen praktisch oder instinktiv längst wissen. Ihr Wissen allein ist das Kriterium wahrer Menschlichkeit; die Weiterentwicklung menschlicher Erfahrung.

Es ist falsch zu behaupten, der Yankee kenne nur wenige Vergnügungen, weil es nur wenige Feiertage gebe und Männer und Jungen sich nicht so viel mit Spielen beschäftigen wie in England, denn hier werden die natürlicheren, wenn auch einsameren Zerstreuungen wie Jagen und Fischen bevorzugt. Fast jeder Neuengländer in meiner Generation ist zwischen zehn und vierzehn Jahren mit seiner Vogelflinte auf der Schulter losgezogen. Seine Fisch- und Jagdgründe waren nicht begrenzt wie die des englischen Adels, sondern oft sogar unbeschränkter als die der Indianer. Kein Wunder also, wenn er nicht öfter auf der Spielwiese blieb. Doch schon tritt eine Veränderung ein, die nicht so sehr auf gesteigerten Gemeinschaftssinn als auf das allmähliche Aussterben des Wilds zurückzuführen ist. Der Jäger ist aber vielleicht der beste Freund des gejagten Wilds – die Tierschutzvereine nicht ausgenommen.

Darüber hinaus wünschte ich, während ich am See wohnte, durch Fisch ab und zu etwas Abwechslung in meine Speisekarte zu bringen. Ich fischte also tatsächlich aus demselben zwingenden Grund wie die ersten Fischer. Was ich an menschlichen Gefühlen dagegen aufbrachte, war alles künstlich und ging mehr aus meiner Philosophie als aus meinem Empfinden hervor. Ich spreche jetzt nur vom Fischen, denn über die Vogeljagd habe ich meine Ansichten schon vor langer Zeit geändert. Mein Gewehr habe ich schon verkauft, bevor ich in den Wald gezogen bin. Nicht, dass ich weniger menschlich wäre als andere, ich hatte nur nicht den Eindruck, dass meine Gefühle beim Fischen verletzt würden. Ich bedauerte weder die Fische noch die Regenwürmer. Es war Gewohnheitssache. Für die Vogeljagd rechtfertigte ich mich in den letzten Jahren mit dem Studium der Ornithologie; nur auf unbekannte, seltene Vögel käme es mir an. Mittlerweile bin ich der Ansicht, dass man Ornithologie auf würdigere Weise betreiben kann. Sie verlangt eine weitaus schärfere Beobachtung der Gewohnheiten der Vögel; schon aus diesem Grund verzichte ich gern auf mein Gewehr. Trotz aller Einsprüche bezweifle ich, dass dieser Sport je durch etwas gleich Wertvolles ersetzt werden kann. Darum habe ich auch, wenn meine Freunde mich besorgt fragten, ob sie ihren Jungen das Jagen erlauben sollten, stets mit Ja geantwortet – in der Erinnerung, dass die Jagd einer der besten Teile meiner Erziehung war. Erzieht die Jungen zu Jägern! Mögen sie es auch anfangs nur als Sport betrachten – später könnten vielleicht einmal mächtige Jäger aus ihnen werden, denen kein Wild in diesem oder in irgendeinem anderen Urwald groß genug ist: Menschenjäger und Menschenfischer. Ich stimme hierin mit Chaucers Nonne überein. Sie

»gab für den Spruch kein gerupftes Huhn,
Dass Jagen sei kein heilig' Tun!«

In der Geschichte des Individuums wie der Menschheit gibt es eine Periode, in der die Jäger als die »besten Menschen« angesehen werden, wie die Algonquin-Indianer sie nennen. Den Jungen, der nie ein Gewehr abfeuern durfte, kann man nur bedauern. Er wurde dadurch nicht menschlicher, nein, seine Erziehung wurde schändlich vernachlässigt. So lautete meine Antwort, wenn es um diese jungen Leute ging, die sich nach dieser Beschäftigung sehnten, über die sie, wie ich hoffe, bald hinauswachsen würden. Kein Mensch wird, wenn er über seine gedankenlose Jugend hinaus ist, mutwillig ein Geschöpf töten, das mit dem gleichen Anrecht an seinem Leben hängt wie er. Der Hase schreit in Todesangst wie ein Kind. Die Mütter seien hiermit gewarnt, dass mein Mitgefühl nicht immer die üblichen menschenfreundlichen Unterscheidungen macht.

So lernt ein junger Mann mit dem Wald oft auch den natürlichsten Teil seines Wesens kennen. Er geht als Jäger und Fischer hinein, bis er schließlich, wenn er den Keim eines edleren Lebens in sich trägt, sein wahres Betätigungsfeld entdeckt und, vielleicht als Dichter oder Naturforscher, Gewehr und Angelrute beiseitelegt. Der Großteil der Menschen ist in dieser Hinsicht immer noch jung. In manchen Ländern ist ein jagender Priester keine Seltenheit. Er mag dann vielleicht ein guter Schäferhund sein; ein guter Hirte aber ist er sicher nicht. Zu meinem Erstaunen ist außer Eisschneiden, Holzfällen und dergleichen das Angeln mit nur einer Ausnahme die einzige Beschäftigung, die von meinen Mitbürgern, den Kindern und Vätern der Stadt, je einen halben Tag lang am Walden Pond ausgeübt wurde. Und wenn sie nicht eine große Anzahl Fische gefangen hatten, waren sie überzeugt, das Pech habe sie verfolgt und sie hätten ihre Zeit verschwendet, obwohl sich ihnen die ganze Zeit über die Gelegenheit bot, den See zu betrachten. Sie müssen vielleicht tausendmal dorthin gehen, bevor das Sediment des Fischens zu Boden gesunken ist und ihre Absichten sich geklärt haben. Der Gouverneur und sein Gemeinderat erinnern sich dunkel an den See, denn als sie noch jung waren, kamen sie zum Fischen hierher. Jetzt sind sie natürlich zu alt und zu ehrwürdig, um noch fischen zu gehen; und darum kennen sie ihn überhaupt nicht mehr. Doch auch sie hoffen, eines Tages in den Himmel zu kommen. Die Regierung beschäftigt sich nur dann mit dem See, wenn es darum geht, die Zahl der Angelhaken festzulegen, die dort verwendet werden dürfen. Sie weiß nichts vom Haken aller Haken, mit dem der See selbst gewonnen werden kann, wobei sie selbst als Köder dient. So macht auch in zivilisierten Landen der Embryomensch in seiner Entwicklung das Jägerstadium durch.

Ich habe in den letzten Jahren mehrfach festgestellt, dass ich nicht fischen gehen konnte, ohne in meiner Selbstachtung etwas zu sinken. Ich habe es immer wieder versucht. Ich bin ganz geschickt bei dieser Tätigkeit und besitze wie mancher meiner Bekannten einen gewissen Drang dazu, der von Zeit zu Zeit wieder auflebt. Aber danach denke ich immer, dass es besser gewesen wäre, es nicht zu tun. Ich glaube nicht, mich darin zu täuschen. Es ist nur eine leise Ahnung, wie der erste Lichtstreifen am Morgenhimmel. Zweifellos lebt in mir jener Instinkt, der den niedrigen Wesen der Schöpfung eigen ist. Und doch werde ich von Jahr zu Jahr weniger Fischer, ohne mehr Mitgefühl oder Verstand zu besitzen. Jetzt habe ich die Fischerei ganz aufgegeben. Würde ich aber in der Wildnis leben, würde ich aller Wahrscheinlichkeit nach wieder ein echter Fischer oder Jäger werden. Außerdem aber hat die Fisch- und jede andere Fleischkost etwas tief Unreines an sich, und ich begreife allmählich, was Hausarbeit bedeutet, dieses mühselige Unterfangen, seinem Haus jeden Tag ein neues und sauberes Aussehen zu geben und es frei von üblen Gerüchen und Anblicken zu halten. Da ich mein eigener Schlachter, Küchenjunge, Koch und zugleich auch mein Herr war, für den alle Speisen aufgetragen wurden, kann ich auf ungewöhnlich vollständige Erfahrung zurückgreifen. Der praktische Einwand gegen tierische Nahrung war in meinem Fall die mit ihr einhergehende Unsauberkeit. Außerdem fühlte ich mich, wenn ich meine Fische gefangen, gewaschen, gekocht und gegessen hatte, meist gar nicht ausreichend gesättigt. Es kam mir wie etwas Unbedeutendes, Unnötiges vor, das so viel Mühe nicht verdiente. Einige Scheiben Brot oder ein paar Kartoffeln hätten bei weniger Arbeit und Schmutz die gleichen Dienste geleistet. Wie viele andere hatte ich jahrelang kaum Fleisch, Tee, Kaffee und dergleichen genossen – nicht weil ich sie nicht vertrug, sondern weil es meinen Ansichten widersprochen hätte. Die Abneigung gegen tierische Nahrung entspringt nicht der Erfahrung, sondern wurzelt im Instinkt. Es erschien mir in vieler Hinsicht richtiger, einfach zu leben; und wenn ich es auch nie in die Tat umsetzte, versuchte ich doch, meiner Vorstellung Genüge zu tun. Ich glaube, dass gerade die Menschen, die Wert darauf legen, ihre geistigen oder poetischen Fähigkeiten bestmöglich zu erhalten, dazu neigen, tierische Nahrung und zu viel Nahrung überhaupt zu vermeiden. Es ist eine bezeichnende, von Entomologen bestätigte Tatsache – ich verweise auf Kirby und Spence –, dass »manche voll entwickelte Insekten, obwohl sie mit Fresswerkzeugen ausgestattet sind, keinen Gebrauch davon machen«. Außerdem sei es »eine allgemeine Regel, dass fast alle Insekten in diesem Stadium viel weniger fressen als im Larvenzustand. Ist die gefräßige Raupe in einen Schmetterling verwandelt oder die gierige Made zur Fliege geworden«, seien sie mit einem oder zwei Tropfen Honig oder irgendeiner anderen süßen Flüssigkeit zufrieden. Das Abdomen unter den Flügeln des Schmetterlings, in dem noch die Larve steckt, ist der Leckerbissen für Insektenfresser, der ihr Schicksal besiegelt. Vielfraße sind Menschen im Larvenzustand. Es gibt ganze Nationen, die sich in diesem Zustand befinden, Nationen ohne Ideen oder Phantasie, die man an ihrem dicken Abdomen erkennen kann.

Es ist schwer, sich so einfach und sauber zu ernähren, dass es unsere Phantasie nicht beleidigt, die aber meiner Ansicht nach genauso gut ernährt werden will wie der Körper; sie sollen gemeinsam an einer Tafel sitzen. Und vielleicht ist das möglich. Wenn wir maßvoll Früchte essen, brauchen wir uns weder unseres Appetits zu schämen noch zu befürchten, unsere höheren Ziele aus den

Augen zu verlieren. Fügt man aber einem Gericht nur ein spezielles Gewürz hinzu, kann es uns vergiften. Es lohnt sich sicherlich nicht, »feine« Speisen zuzubereiten. Den meisten Menschen wäre es wohl peinlich, wenn man sie bei der eigenhändigen Zubereitung jener Mahlzeit überraschte, die sie sich täglich, sei es aus pflanzlichen oder tierischen Zutaten, von anderen zubereiten lassen. Solange so etwas möglich ist, sind wir nicht zivilisiert. Mögen wir uns auch Damen und Herren nennen, wir sind trotzdem keine echten Männer und Frauen. Dies deutet sicherlich an, was geändert werden müsste. Warum unsere Phantasie sich nicht mit Fleisch und Fett auszusöhnen vermag, scheint mir eine sinnlose Frage zu sein. Mir genügt die Tatsache, dass es unmöglich ist. Ist es nicht eine Beleidigung, den Menschen als fleischfressendes Tier anzusehen? Er kann natürlich leben, er lebt zum großen Teil, indem er andere Tiere verzehrt, aber es ist ein niederträchtiger Weg, und jeder, der Kaninchen jagt oder Lämmer schlachtet, kann sich davon überzeugen. Wer die Menschen lehrt, sich auf eine unschuldigere und verträglichere Weise zu ernähren, wird als Wohltäter seines Geschlechts betrachtet werden. Ganz abgesehen von meinem persönlichen Standpunkt zu dieser Frage bezweifle ich nicht, dass in der allmählichen Weiterentwicklung der Menschheit auch der Zeitpunkt kommen wird, an dem keine Tiere mehr verzehrt werden, wie auch die wilden Stämme aufgehört haben, sich untereinander aufzufressen, als sie mit zivilisierten Völkern in Berührung kamen.

Wer immer auf die leisesten, aber beharrlichen und sicherlich wahren Eingebungen seines Geistes hört, weiß vielleicht nicht, bis zu welchen Extremen, ja bis zu welchem Wahnsinn sie ihn führen mögen, und doch führt dieser Weg, wenn er ihn immer mutiger und entschlossener geht, in die richtige Richtung. Der noch so geringe, aber berechtigte Einwand eines gesunden Mannes wird schließlich über alle Argumente und Gewohnheiten der Menschheit triumphieren. Noch nie ist ein Mensch durch seinen Geist irregeführt worden. Und mag das Ergebnis auch manchmal körperliche Schwäche sein, kann doch wohl niemand behaupten, dass man solche Folgen bedauern müsste, denn gerade sie ermöglichen ein Leben, das höheren Prinzipien entspricht. Wenn Tag und Nacht so auf uns wirken, dass wir sie mit Freuden begrüßen, wenn das Leben nach Blumen oder Heilkräutern duftet, wenn es beweglicher, strahlender und unsterblicher wird – dann wollen wir lieber von Erfolgen sprechen. Die ganze Natur beglückwünscht uns, und für einen Augenblick mögen wir uns getrost selig preisen. Die größten Errungenschaften und Werte werden am wenigsten geschätzt. Wir zweifeln gar an ihrer Existenz. Wir vergessen sie schnell. Dabei sind sie die höchste Wirklichkeit. Vielleicht teilen sich die Menschen die erstaunlichsten Tatsachen gar nicht mit. Die wahre Ernte meines täglichen Lebens ist etwas so Körperloses und Unbeschreibliches wie die Himmelsfarben am Morgen oder Abend; ein wenig Sternenstaub, ein Stückchen Regenbogen.

Ich persönlich war indessen nie besonders penibel; ich könnte im Notfall eine geschmorte Ratte mit Appetit verzehren. Ich bin aus dem gleichen Grund froh, so lange Zeit nur Wasser getrunken zu haben, wie ich den natürlichen Himmel dem Paradies des Opiumrauchers vorziehe. Ich möchte am liebsten immer nüchtern bleiben;

und es gibt so unendlich viele Grade von Trunkenheit. Ich glaube, für einen weisen Menschen ist Wasser das einzige Getränk. Wein ist keine so edle Flüssigkeit. Und wie kann man die Hoffnungen am Morgen mit einer Tasse heißen Kaffees, am Abend mit einer Kanne Tee zunichtemachen? Wie tief ich sinke, wenn ich mich von ihnen in Versuchung führen lasse. Selbst Musik kann berauschen. Solch scheinbar kleine Ursachen zerstörten Griechenland und Rom, sie werden auch England und Amerika zerstören. Kann man auf schönere Weise berauscht werden als durch die Luft, die man atmet? Mein schwerwiegendster Einwand gegen grobe, lang andauernde Arbeit ist, dass sie mich zwingt, auch grob zu essen und zu trinken. Doch muss ich gestehen, dass ich in dieser Hinsicht derzeit weniger heikel bin. Ich bringe nicht so viel Religion mit an den Tisch und spreche kein Gebet; nicht weil ich mit den Jahren weiser, sondern weil ich stumpfer und gleichgültiger geworden bin. Vielleicht beschäftigt man sich mit solchen Fragen nur in seiner Jugend, wie es oft auch von der Poesie behauptet wird. Meine Überzeugungen sind da, auch wenn sie nicht umgesetzt werden. Trotzdem bin ich weit davon entfernt, mich für einen jener Auserwählten zu halten, über die es in den *Veden* heißt: »Wer wahren Glauben an das allgegenwärtige höchste Wesen hat, der mag essen, was existiert«, das heißt, er braucht sich nicht darum zu bekümmern, was er isst oder wer seine Mahlzeit zubereitet. Und selbst dieser Vorzug beschränkt sich auf »Zeiten der Not«, wie ein hinduistischer Kommentator der *Veden* betont.

Wer hat nicht bisweilen aus seiner Nahrung jene unaussprechliche Befriedigung gezogen, die mit dem Appetit nichts zu tun hatte? Der Gedanke, dass ich dem groben Geschmackssinn eine geistige Vorstellung verdankte, dass ich durch den Gaumen inspiriert wurde, dass mir ein paar Beeren, die ich auf dem Hügel gepflückt hatte, geistige Nahrung waren, hat mich geradezu erschüttert. »Wenn die Seele nicht Herrin über sich selbst ist«, sagt Tscheng-tseu, »schaut man, sieht aber nicht; lauscht man, hört aber nicht; isst man, schmeckt aber nicht.« Wer den wahren Geschmack seiner Speisen erkennen kann, kann kein Schlemmer sein. Wer es nicht kann, ist es bestimmt. Ein Puritaner kann seine Schwarzbrotrinde ebenso gierig verschlingen wie der Herr Abgeordnete seine Schildkrötensuppe. »Was zum Munde eingehet, das verunreinigt den Menschen nicht«, sondern der Appetit, mit dem es verzehrt wird. Nicht die Qualität oder die Quantität, sondern das Zugeständnis an die Sinnlichkeit ist verächtlich. Speisen sollen unser tierisches und unser intellektuelles Leben nähren, und nicht die Würmer, die uns beherrschen. Während der Jäger ein Verlangen nach Schildkröten, Bisamratten und anderen Leckerbissen der Wildnis hat, wird die Dame von Welt Kalbsfußsülze oder Meersardinen bevorzugen. Es besteht jedoch kein Unterschied zwischen ihnen: Er geht zum Mühlteich, sie zu ihrer Konservenbüchse. Es ist ein Wunder, wie sie, wie du und ich, dieses schleimige, viehische Leben führen können – essend und trinkend.

Unser ganzes Leben ist überraschend moralisch. Nicht eine Minute gibt es Waffenstillstand zwischen Tugend und Laster. Güte ist die einzige sichere Wertanlage. Sie bildet in dem Harfenklang, der die Welt umzittert, den ewigen Grundton, der uns erschauern macht. Die Harfe ist die Vertreterin der Weltallversicherung, deren Statuten durch sie gepriesen werden, und unser bescheidenes Quantum Güte ist die Prämie, die wir zahlen. Mag auch ein junger Mensch gleichgültiger werden, die Gesetze des Kosmos werden es nicht, sondern stehen immer auf der Seite des Empfindsamen. Höre in jedem Westwind den leisesten Tadel, den er sicherlich enthält; unglücklich ist derjenige, der ihn nicht vernimmt. Wir können keine Saite berühren, kein Register ziehen, ohne dass eine bezaubernde Moral unser Innerstes durchdringt. Manch lästiger Lärm klingt aus der Ferne wie Musik – ein stolzer und lieblicher Spott auf die Gemeinheit unseres Lebens.

Wir sind uns des Tiers in uns bewusst, das umso lebendiger wird, je tiefer unsere höhere Natur schlummert; es ist kriecherisch und sinnlich, und wir werden es vielleicht nie ganz los, wie die Würmer, die selbst bei Gesundheit in unserem Körper wohnen. Vielleicht können wir uns von ihm zurückziehen, seine Natur aber können wir nicht ändern. Ich fürchte, dass seine Gesundheit bis zu einem gewissen Grad unzerstörbar ist, sodass wir gesund, aber nicht rein sein können. Vor Kurzem hob ich den Unterkiefer eines Schweines mit weißen, gesunden Zähnen und Hauern auf, der mir zeigte, dass es neben einer geistigen auch eine animalische Gesundheit und Kraft gibt. Dieses Geschöpf verdankt seine Erfolge nicht seiner Mäßigkeit und Reinheit. »Das, worin der Mensch sich vom Tier unterscheidet«, sagt Mencius, »ist nur eine Geringfügigkeit. Die gemeine Herde verliert es bald; höhere Menschen bewahren es sorgsam.« Wer weiß, wie unser Dasein verlaufen würde, wenn wir Reinheit errungen hätten? Wenn ich von einem Mann wüsste, der so weise ist, dass er mir

Reinheit beibringen könnte, würde ich sofort aufbrechen, um ihn zu suchen. »Die Beherrschung unserer Leidenschaften und äußeren Sinne und gute Taten werden in den *Veden* als unerlässlich bezeichnet, um die Seele Gott näherzubringen.« Doch der Geist kann eine Zeit lang jedes Glied, jede Funktion des Körpers beherrschen und überwachen und, was der Form nach gröbste Sinnlichkeit ist, in Reinheit und Frömmigkeit verwandeln. Die Zeugungskraft, die uns verweichlicht und unrein macht, wenn wir ausschweifend sind, kräftigt und inspiriert uns, wenn wir enthaltsam sind. Enthaltsamkeit ist die Blüte des Menschen, und was man Genie, Heldentum und Heiligkeit nennt, sind nur ihre verschiedenen Früchte. Der Mensch fließt sofort zu Gott, wenn der Kanal der Reinheit offen ist. Bald inspiriert uns unsere Reinheit, bald drückt uns unsere Unreinheit zu Boden. Selig ist der Mensch, der weiß, dass das Tier in ihm von Tag zu Tag mehr abstirbt und das Göttliche in ihm an Kraft gewinnt. Vielleicht hat sich jeder wegen der niedrigen, tierischen Natur, an die er gekettet ist, zu schämen. Ich fürchte, wir sind nur Götter und Halbgötter vom Geschlecht der Faune und Satyrn, in denen sich Göttliches mit Tierischem paart, Geschöpfe der Gier; und darum fürchte ich auch, dass unser Leben bis zu einem gewissen Grad unsere Schande ist.

»Wie glücklich ist der Mensch, der seinen Tieren
Die rechten Plätze angewiesen hat
Und seiner Seele Dickicht lichtete!

Der Pferd und Ziege, Wolf und jedes andre Tier
Verständig zu benutzen weiß, und nicht

Den Esel für sie alle spielt.
Sonst ist der Mensch nicht nur die Herde Schweine,
Nein auch der Teufel, der diese
Blindlings ins Verderben stürzt.«

Es gibt nur eine Sinnlichkeit, wenn sie auch viele Gestalten annimmt, so wie es nur eine Reinheit gibt. Es läuft auf das Gleiche hinaus, ob der Mensch nun lüstern isst, trinkt, beischläft oder schläft. Wir brauchen ihn nur bei einer dieser Handlungen zu beobachten, um zu wissen, wie sinnlich er ist. Der Unreine kann mit Reinheit weder stehen noch sitzen. Wenn ein Reptil an der einen Seite seiner Höhle angegriffen wird, zeigt es sich auf einer anderen Seite. Wer keusch sein will, muss sich mäßigen. Was ist Keuschheit? Wie kann ein Mensch beurteilen, ob er keusch ist? Er wird es nicht wissen. Wir haben von dieser Tugend gehört, aber wir wissen nicht, was es ist. Wir kennen sie nur vom Hörensagen. Unser Bemühen schafft Weisheit und Reinheit, Trägheit dagegen Dummheit und Sinnlichkeit. Für einen Lernenden ist Sinnlichkeit gleichbedeutend mit Geistesträgheit. Ein unreiner Mensch ist stets auch faul; er sitzt am Ofen, schläft in den Tag hinein und ruht sich aus, ohne müde zu sein. Wer Unreinheit und alle anderen Laster vermeiden will, muss ehrlich arbeiten, und sei es auch beim Stallreinigen. Die menschliche Natur ist schwer zu überwinden, doch sie muss überwunden werden. Was nützt es, dass ihr euch Christen nennt, wenn ihr nicht reiner seid als die Heiden, wenn ihr euch so wenig selbst bezwingt, wenn ihr nicht frommer seid? Ich kenne viele als heidnisch bezeichnete Religionen, deren Gesetze den Leser beschämen und zu neuem Ringen anspornen würden, und sei es nur die Befolgung ihrer Bräuche.

Ich zögere, diese Dinge auszusprechen. Nicht wegen des Themas – es ist mir einerlei, wie unzüchtig meine Worte sind –, sondern weil ich nicht darüber sprechen kann, ohne meine eigene Unreinheit zu offenbaren. Wir sprechen offen und ohne Schamgefühl über eine Form der Sinnlichkeit, während wir über eine andere schweigen. Wir sind so tief gesunken, dass wir nicht unbefangen über die notwendigen Körperfunktionen des Menschen sprechen können. In früheren Zeiten wurde in manchen Ländern jedes körperliche Bedürfnis ehrerbietig besprochen und gesetzlich geregelt. Nichts erschien dem hinduistischen Gesetzgeber zu banal, wie geschmacklos es uns heute auch erscheinen mag. Er gibt vor, wie man essen, trinken, beischlafen und sich des Urins und der Exkremente entledigen soll. Er erhöht das Niedrige, anstatt über diese Dinge hinwegzugehen, als wären es Lappalien.

Jeder Mensch baut einen Tempel, der sein Körper genannt wird – für den Gott, zu dem er betet, und nach dem Stil, der seinem Wesen entspricht. Dem kann er sich nicht entziehen, indem er stattdessen Marmor behaut. Wir alle sind Bildhauer und Maler, und als Material dient uns unser eigenes Fleisch und Blut. Jeder Edelmut verfeinert die Züge eines Menschen, während jede Gemeinheit oder Sinnlichkeit sie vergröbert.

Eines Septemberabends saß John Farmer nach harter Arbeit vor seiner Tür und war in Gedanken immer noch mehr oder weniger bei seiner Arbeit. Er hatte sich nach einem Bad hierher gesetzt, um seinen Geist zu erfrischen. Der Abend war recht kühl, und einige Nachbarn hatten

Frost vorausgesagt. Er hatte seinen Gedankengang noch nicht lange verfolgt, als er jemanden Flöte spielen hörte. Die Musik harmonierte mit seiner Stimmung. Noch immer dachte er an seine Arbeit, doch seine Gedanken waren bedrückt. Er fühlte, dass alle jene Pläne, die er gegen seinen Willen im Geiste entwarf und durchdachte, ihn im Grunde sehr wenig angingen. Sie waren so unbedeutend wie die oberste Schicht seiner Haut, die sich ständig abschuppte. Doch die Flötentöne, die er hörte, kamen nicht aus der Sphäre, mit der er sich beschäftigte, und erweckten gewisse Fähigkeiten, die in ihm schlummerten, zum Leben. Sanft nahmen sie die Straße fort, das Dorf und auch den Staat, in dem er lebte, und eine Stimme sprach zu ihm: Warum bleibst du hier und führst dieses niedrige, mühselige Leben, wo dir doch ein glorreiches Dasein winkt? Dieselben Sterne leuchten auch über anderen Feldern als diesen. Wie aber sollte er sich aus diesem Zustand befreien und dorthin ziehen? Er konnte sich dazu entschließen, zu neuer, strenger Einfachheit zu finden, seinen Körper mit seinem Geist zu durchdringen, damit sie ihn erlöse, und unermüdlich an sich selbst zu arbeiten, damit die Selbstachtung stetig wachse.

Tiernachbarn

Manchmal hatte ich beim Fischen einen Gefährten, der mich vom anderen Ende des Dorfs aus besuchte. Dann war das Fangen des Mittagessens eine ebenso gesellige Angelegenheit wie sein Verzehr.

Einsiedler: Wie es wohl jetzt draußen in der Welt zugeht? Seit drei Stunden habe ich keinen Laut vernommen, nicht einmal ein Grillenzirpen im Amberbaum. Die Tauben schlafen alle auf den Zweigen – kein Flügelschlag zu hören. War das, was jetzt gerade aus den Wäldern herüberklang, eines Farmers Mittagshorn? Die Feldarbeiter eilen zu gekochtem, salzigem Rindfleisch, zu Apfelwein und Maisbrot. Warum plagen sich die Menschen so? Wer nicht isst, braucht nicht zu arbeiten. Wie viel sie wohl geerntet haben? Wer möchte wohnen, wo man nicht denken kann, weil dauernd der Hund bellt? Und immer dieser Haushalt! Dieses teuflische Wienern der Türklinken, dieses Putzen der Schüsseln an einem so leuchtenden Tag! Besser sollte man gar kein Haus haben. Wie wäre es mit einem hohlen Baum? Und dann die Morgenbesuche und die Mittagsgäste! Hier hämmert nur ein Specht. Wie sie umherschwärmen! Die Sonne ist ihnen dort zu heiß. Ich finde, sie werden schon alt geboren. Quellwasser habe ich noch im Haus und einen Laib Brot auf dem Regal. Horch! Es raschelt in den Blättern. Ist es vielleicht ein schlecht gefütterter Dorfhund, der seinem Jagdinstinkt folgt? Oder das verirrte Schwein, das sich in diesen Wäldern herumtreiben soll und dessen Spuren ich nach dem Regen gesehen habe? Hastig kommt es näher. Sumach und Zaunrosen zittern. Ah, Herr Dichter, bist du's? Wie gefällt dir heute die Welt?

Dichter: Sieh diese Wolken, wie sie herunterhängen! Das ist das Herrlichste, was ich heute gesehen habe. Nichts Vergleichbares gibt es auf alten Gemälden, nichts Vergleichbares in fernen Ländern, außer vielleicht an der spanischen Küste. Das ist ein richtiger Mittelmeerhimmel. Ich sollte fischen gehen, denn ich muss mir doch meinen Lebensunterhalt verdienen und habe heute noch nichts gegessen. Das ist eine würdige Beschäftigung für einen Dichter und das einzige Gewerbe, das ich gelernt habe. Komm, lass uns gehen!

Einsiedler: Ich kann nicht widerstehen. Mein Schwarzbrot geht zur Neige. Ich begleite dich, aber erst muss ich noch einen ernsten Gedankengang beenden. Ich glaube, ich bin fast fertig damit. So lass mich denn noch einen Augenblick allein. Damit wir aber nicht noch mehr Zeit verlieren, besorg doch inzwischen den Köder. Regenwürmer gibt es hier, wo der Boden nie gedüngt wird, selten. Sie sind beinahe ausgestorben. Das Vergnügen, Würmer zu graben, ist fast ebenso groß wie der Fischfang selbst, vorausgesetzt, dass man nicht allzu hungrig ist. Und dieses Vergnügen bleibt heute ganz allein dir überlassen. Ich empfehle dir, dort anzufangen, wo unter dem Johanniskraut die Erdnüsse wachsen. Ich glaube, dir versprechen zu können, dass drei Schaufeln voll Erde je einen Wurm zutage fördern werden, wenn du wie beim Unkrautjäten genau die Graswurzeln suchst. Willst du aber etwas weiter weggehen, so halte ich das für ganz gescheit, denn die Qualität der Köder wächst nahezu im Quadrat mit der Entfernung.

Einsiedler (allein): Mal sehen, wo war ich? Ja, so ungefähr war meine Stimmung, und aus dieser Perspektive betrachtete ich die Welt. Soll ich in den Himmel oder zum Fischen gehen? Wenn ich jetzt schon diesen Gedankengang beende – wird sich mir je wieder eine so angenehme Gelegenheit bieten? Ich bin näher am Wesen der Dinge als je zuvor. Ich fürchte, meine Gedanken werden nicht wieder zu mir zurückkommen. Ich würde nach ihnen pfeifen, wenn das etwas nützen würde. Wenn sich uns ein Gedanke anbietet, ist es dann klug zu sagen: Ich überlege es mir noch einmal? Heute war die Luft trüb. Ich will noch diese drei Aussprüche des Konfuzius prüfen, vielleicht sind sie mit meiner Stimmung verwandt. War es Schwermut oder Ekstase? Merke: Es gibt immer nur eine Gelegenheit.

Dichter: Wie wär's jetzt, Einsiedler? Ist es noch zu früh? Hier meine Beute: dreizehn ganze, außerdem einige nicht ganz vollständige oder magere. Die dünnen werden für kleinere Fische reichen und verdecken den Angelhaken nicht so sehr. Die Dorfwürmer sind viel zu groß; ein Weißfisch frisst sich satt daran, ohne den Haken zu erreichen.

Einsiedler: Gut, dann brechen wir auf. Wollen wir zum Concord River? Der verspricht viel, wenn das Wasser nicht zu hoch steht.

Warum machen gerade die Dinge, die wir sehen, eine Welt aus? Warum hat der Mensch gerade diese Tierarten zum

Nachbarn? Kann denn nur eine Maus diese Spalte ausfüllen? Ich glaube, die Fabeldichter Pilpay und seine Kollegen haben den besten Gebrauch von den Tieren gemacht, denn wenigstens in einer Hinsicht sind sie alle Nutztiere: um einen Teil unserer Gedanken zu tragen.

Die Mäuse, die in meinem Haus umherhuschten, gehörten nicht zu der gewöhnlichen Art, die hier angeblich eingeschleppt worden ist, sondern zu einer wilden, eingeborenen, die es im Dorf nicht gibt. Ein Exemplar, das ich an einen hervorragenden Naturforscher schickte, interessierte ihn sehr. Gerade dort, wo ich mein Haus baute, hatte eine Maus ihr Nest, und bis ich meinen Boden gelegt und die Späne entfernt hatte, kam sie regelmäßig zur Frühstückszeit hervor, um die Brotkrümel zu meinen Füßen aufzufressen. Wahrscheinlich hatte sie nie zuvor einen Menschen gesehen. Bald wurde sie ganz zutraulich und krabbelte auf mir herum. Mühelos huschte sie stückweise die Zimmerwände hoch wie ein Eichhörnchen, dem sie in ihren Bewegungen glich. Eines Tages, als ich, den Ellbogen auf die Bank gestützt, dasaß, kletterte sie schließlich an meinen Kleidern hoch, lief am Ärmel entlang und rings um das Papier, in dem ich mein Mittagessen eingewickelt hatte. Ich hielt das Papier fest, schwenkte es hin und her und spielte mit ihr Verstecken. Einmal hielt ich ihr zwischen Daumen und Zeigefinger ruhig ein Stück Käse hin. Da kam sie angehuscht, setzte sich auf meine Hand und knabberte daran. Danach wischte sie sich wie eine Fliege das Schnäuzchen und die Pfoten und spazierte davon.

Eine Phoebe baute ihr Nest in meinem Holzschuppen, eine Wanderdrossel suchte in meiner Kiefer Schutz, und im Juni führte das Rebhuhn (*Tetrao umbellus*), ein äußerst scheuer Vogel, seine Jungen aus dem Wald und an meinen Fenstern vorbei an mein Haus. Dabei lockte es sie glucksend wie eine Henne und wies sich durch ihr ganzes Benehmen als Huhn des Waldes aus. Wenn man sich ihnen nähert, zerstreuen sich die Jungen auf einen Warnruf der Mutter hin so plötzlich, als hätte ein Windstoß sie auseinandergetrieben. Sie gleichen so sehr dürren Blättern und Zweigen, dass mancher Wanderer versehentlich seinen Fuß mitten zwischen sie setzt. Dann bekommt er das Geflatter und die ängstlichen Rufe der Mutter zu hören und sieht, wie sie ihre Flügel nachschleppt, um seine Aufmerksamkeit auf sich zu lenken. Manchmal rollt und dreht sich die Mutter mit so gesträubtem Gefieder, dass man im ersten Moment nicht weiß, was für ein Tier man vor sich hat. Die Jungen drücken sich regungslos und flach auf den Boden, verstecken oft den Kopf unter einem Blatt und richten sich nur nach den Verhaltensregeln, die ihnen die Mutter aus der Ferne zuruft. Um sich nicht zu verraten, laufen sie selbst dann nicht davon, wenn man sich ihnen nähert; und auch wenn man auf sie tritt oder minutenlang die Stelle betrachtet, wo sie liegen, entdeckt man sie nicht. Ich habe sogar schon einmal ein Junges auf meine flache Hand gelegt; auch da war, der Mutter und dem eigenen Instinkt gehorchend, seine einzige Sorge, furcht- und regungslos liegen zu bleiben. Dieser Instinkt ist so ausgeprägt, dass einmal eins, das ich wieder aufs Laub legte, weil es umgefallen war, noch zehn Minuten später in der gleichen Stellung verharrte. Sie sind nicht nackt wie die meisten Vogeljungen, sondern voll entwickelt und frühreifer als Hühnerküken. Der auffallend kluge, offene und klare Ausdruck ihrer Augen ist sehr eindrucksvoll. Alle Intelligenz scheint sich darin zu spiegeln. Sie erinnern nicht nur an die Reinheit der Kindheit, sondern auch an eine durch Erfahrung geläuterte Weisheit. So ein Auge kommt nicht mit dem Vogel zur Welt, sondern ist so alt wie der Himmel, der sich in ihm spiegelt. Der Wald bringt kein zweites Juwel solcher Reinheit hervor. Nicht häufig blickt der Wanderer in so einen sauberen Quell. Unwissende oder rücksichtslose Jäger schießen um diese Zeit oft die Mutter, und die unschuldigen Jungen fallen Raubtieren aller Art zum Opfer oder sterben allmählich zwischen den welken Blättern, denen sie so sehr ähneln. Wenn sie von einem Haushuhn ausgebrütet werden und sich beim ersten Alarm zerstreuen, sind sie verloren, denn dann hören sie niemals den Ruf der Mutter, der sie wieder einsammeln möchte. Das waren meine Hennen und Küken.

Es ist erstaunlich, wie viele Geschöpfe, wenn auch verborgen, wild und frei in den Wäldern leben, ohne je von jemandem außer den Jägern entdeckt zu werden, obwohl sie sich auch in der Nähe der Städte aufhalten. Wie zurückgezogen der Otter hier leben kann! Er wird vier Fuß lang, so groß wie ein kleiner Junge, und doch oft von keinem Menschenauge erblickt. Früher habe ich hier in den Wäldern Waschbären gesehen, und nachts höre ich auch noch ihr Winseln. Meistens ruhte ich mich um die Mittagszeit ein bis zwei Stunden im Schatten von der Feldarbeit aus, aß mein Frühstück und las ein wenig an der Quelle, die das Moor durchtränkt und einen kleinen Bach speist. Sie entspringt am Brister's Hill, eine halbe Meile von meinem Feld entfernt. Der Weg dorthin führt über eine Reihe grasbewachsener Hügel, auf denen junge Pechkiefern wachsen, nahe des Moors in einen größeren Wald. Dort gab es unter dem Dach einer Seidenkiefer ein ruhiges, schattiges Plätzchen, eine saubere und feste Grasbank, auf der man sitzen konnte. Ich hatte die Quelle ausgegraben und einen Brunnen mit klarem, grauem Wasser geschaffen, von dem ich eimerweise schöpfen konnte, ohne es zu trüben. Im Hochsommer, wenn der See am wärmsten war, ging ich fast täglich zum Wasserholen dorthin. Auch die Waldschnepfe führte ihre Jungen hin, um im Schlamm nach Würmern zu suchen. Sie flatterte nur einen Fuß hoch über den Jungen am Bachufer, während die kleine Schar unter ihr lief. Sobald sie mich jedoch entdeckte, verließ sie ihre Jungen und fing an, mich in immer kleineren Abständen bis auf vier Fuß Nähe zu umkreisen. Um meine Aufmerksamkeit auf sich zu lenken, tat sie, als hätte sie sich Flügel und Füße gebrochen, während die Brut, den mütterlichen Anweisungen folgend, unter schrillem, wenn auch schwachem Piepsen im Gänsemarsch die Flucht in Richtung Sumpf antrat. Manchmal hörte ich das Piepsen der Jungen, ohne die Mutter zu entdecken. Auch Turteltauben saßen hier über der Quelle oder flatterten auf der zarten Seidenkiefer von einem Ast zum anderen. Besonders neugierig und zutraulich war ein rotes Eichhörnchen, das an einem nahe gelegenen Zweig herunterlief. Man braucht nur lange genug an einem schönen Platz im Wald ruhig sitzen zu bleiben, um der Reihe nach mit all seinen Bewohnern Bekanntschaft zu machen.

Doch ich war auch Zeuge weniger friedlicherer Ereignisse. Als ich eines Tages zu meinem Holzhaufen oder vielmehr meinem Baumstumpfhaufen kam, sah ich zwei große Ameisen in erbittertem Kampf. Die eine war rot, die andere weit größer – fast einen halben Zoll lang – und schwarz. Nachdem sie sich einmal gegenseitig gepackt hatten, ließen sie nicht mehr locker. Sie kämpften und rangen und rollten ununterbrochen auf den Holzspänen umher. Als ich mich umsah, stellte ich zu meinem Erstaunen fest, dass die Späne über und über mit solchen Kämpfern bedeckt waren, dass hier kein *duellum,* sondern ein *bellum* stattfand, ein Krieg zwischen zwei Ameisenvölkern, in dem immer eine rote gegen eine schwarze kämpfte, manchmal auch zwei rote mit einer schwarzen. Die Legionen dieser Myrmidonen bedeckten alle Hügel und Täler meines Holzhofes. Der Boden war schon mit roten und schwarzen Toten und Sterbenden übersät. Es war das einzige Schlachtfeld, das ich je inmitten eines Kriegs gesehen oder betreten habe. Ein Kampf auf Leben und Tod! Die roten Republikaner auf der einen, die schwarzen Imperialisten auf der anderen Seite. Überall wurde erbittert gekämpft, ohne dass irgendein Laut zu hören war. Nie haben menschliche Soldaten so standhaft gefochten. Ich beobachtete ein Paar, das in einem kleinen sonnigen Tal zwischen zwei Holzscheiten rang und jetzt, am Mittag, fest entschlossen schien, bis zum Sonnenuntergang oder bis zum letzten Atemzug weiterzukämpfen. Der kleinere rote Krieger hielt die Brust seines Gegners wie einen Schraubstock umklammert und ließ trotz vieler gemeinsamer Stürze nicht davon ab, ihm den einen Fühler nahe an der Wurzel abzunagen; einen anderen hatte er auf diese Weise schon erledigt. Der stärkere schwarze Soldat schleuderte seinen Gegner von einer Seite zur anderen, und bei genauerem Hinsehen bemerkte ich, dass der Republikaner schon verschiedene Gliedmaßen eingebüßt hatte. Sie kämpften mit größerer Hartnäckigkeit als Bulldoggen. Keiner von ihnen zeigte auch nur die geringste Neigung zur Flucht. Ihr Schlachtruf war offenbar: Sieg oder Tod! Inzwischen kam ein zweiter roter Krieger augenscheinlich in höchster Erregung einen der Hügel, die dieses Tal begrenzten, herabgeeilt, der entweder seinen Feind besiegt oder noch gar nicht am Kampf teilgenommen hatte. Da er noch ganz unversehrt war, gehörte er vielleicht zur Reserve. Vielleicht hatte seine Mutter ihm befohlen, entweder mit oder auf dem Schild zurückzukehren. Oder er war ein zweiter Achilles, der abseits seinen Groll genährt hatte und jetzt herbeistürmte, um seinen Patroklus zu rächen oder zu retten. Er hatte den ungleichen Kampf wohl von Weitem gesehen – denn die Schwarzen waren nahezu zweimal so groß wie die Roten –, eilte herbei und stand jetzt nur einen halben Zoll von den Kämpfenden entfernt auf der Lauer, um sich in einem günstigen Moment auf den schwarzen Krieger zu stürzen und nahe der Wurzel den Angriff auf den rechten Vorderfuß zu beginnen. Die Wahl unter seinen eigenen Gliedmaßen überließ er dem Gegner. So waren die drei dort auf Leben und Tod vereint, als ob jemand ein neues Bindemittel erfunden hätte, das jedes Schloss und jeden Mörtel übertraf. Wenn ich jetzt auf den Gipfeln der Holzscheite noch die Musikkapellen beider Armeen entdeckt hätte, die zur Aufmunterung der matten Krieger und zu Ehren der Gefallenen die Nationalhymnen spielten, hätte es mich keineswegs gewundert. Ich selbst war so erregt, als ob hier Menschen kämpften. Und je mehr man darüber nachdenkt, desto geringer wird der Unterschied. Sicherlich ist in Concords, vielleicht sogar in Amerikas Annalen kein Kampf verzeichnet, der sowohl in Bezug auf die Streitkräfte als auch in Bezug auf den entwickelten Patriotismus und Heldenmut auch nur für einen Augenblick mit diesem verglichen werden kann. Die Truppengröße und das Blutbad erinnerten an Austerlitz oder Dresden. Die Schlacht von Concord! Da gab es zwei Tote aufseiten der Patrioten, und Luther Blanchard wurde verwundet! Hier aber war jede Ameise ein Buttrick – »Feuer – um Gottes willen, Feuer!« und Tausende teilten das Schicksal von Davis und Hosmer. Hier gab es keine Söldner. Diese Ameisen kämpften zweifellos wie einst unsere Vorfahren für ein Prinzip und nicht für die Aufhebung der Dreipennysteuer auf ihren Tee. Und die Resultate dieser Schlacht würden für die hier Kämpfenden mindestens so wichtig und denkwürdig sein wie die der Schlacht von Bunker Hill.

Ich hob den Holzspan mit den drei Kriegern auf und trug ihn nach Hause. Dort stülpte ich auf dem Fensterbrett ein Wasserglas über ihn, um den Ausgang zu beobachten. Ich betrachtete die zuerst erwähnte rote Ameise mit der Lupe: Ihre Brust war zertrümmert, und ihre Eingeweide waren den Bissen des schwarzen Gegners preisgegeben, dessen Brustpanzer offenbar zu stark war, um ihn zu durchstoßen. Trotzdem nagte sie auch jetzt, nachdem beide Fühler abgetrennt waren, noch unablässig an dem ihr am nächsten liegenden Vorderfuß des Gegners. Und in den dunklen Karfunkelaugen der Verwundeten leuchtete eine Wildheit auf, die nur der Krieg zu entfachen vermag. Noch eine halbe Stunde lang währte der

Kampf unter dem Wasserglas. Als ich dann wieder hineinsah, hatte der schwarze Krieger die Häupter seiner Feinde von ihren Leibern abgesägt. Die noch lebenden Köpfe hingen, wie grausige Trophäen am Sattelbogen, zu beiden Seiten an ihm herunter. Fühlerlos, mit nur noch einem Bein und auch sonst schwer verwundet versuchte er mit letzter Kraft, die Köpfe abzuschütteln. Das gelang ihm auch nach einer weiteren halben Stunde. Als ich das Glas hochhob, kroch er als Krüppel über das Fenstersims davon. Ob er schließlich den Kampf überlebte und seinen Lebensabend in irgendeinem *Hôtel des Invalides* zubrachte, weiß ich nicht. Ich überlegte aber, dass seine Leistungen in Zukunft nur wenig Wert haben würden. Welche Nation siegte und welche Ursache dieser Krieg hatte, erfuhr ich nicht, aber ich befand mich noch den ganzen restlichen Tag in so erregter, quälender Stimmung, als ob sich vor meiner Tür ein hartnäckiger, wilder, blutiger Kampf zwischen Menschen abgespielt hätte.

Kirby und Spence berichten, dass Ameisenschlachten schon seit langer Zeit berühmt sind und ihre Daten verzeichnet werden. Sie fügen jedoch hinzu, dass Jean Pierre Huber wohl der einzige moderne Schriftsteller sei, der sie selbst beobachtet habe. Weiterhin heißt es dort: »Äneas Sylvius gibt zunächst einen sehr detaillierten Bericht über einen erbitterten Kampf, der zwischen einer größeren und einer kleineren Ameisenart auf dem Stamm eines Birnbaums ausgefochten wurde. Er fügt an, dass ›diese Schlacht unter dem Pontifikate Eugens des Vierten‹ stattfand. Nicholas Pistoriensis, ein ganz hervorragender Jurist, war Augenzeuge und hat alle Vorgänge der Schlacht mit größter Genauigkeit geschildert. Über ein ähnliches

Gefecht zwischen großen und kleinen Ameisen wird von Olaf Magnus berichtet: Hier siegten die Kleinen und begruben die Leichen ihrer eigenen Krieger, während sie die ihrer riesenhaften Feinde als Beute für die Vögel auf dem Schlachtfeld zurückließen. Dies geschah vor der Vertreibung des Tyrannen Christian II. von Schweden.« Die Schlacht, die ich beobachtete, fand statt, als James K. Polk Präsident war, fünf Jahre bevor Websters Antrag auf Rückgabe flüchtiger Sklaven zum Gesetz erhoben wurde.

Mancher Dorfhund, der allenfalls noch eine Schlammschildkröte durch den Proviantkeller jagen konnte, lief ohne das Wissen seines Herrn mit plumpen Bewegungen in den Wäldern umher und schnüffelte lustlos am Bau von Fuchs und Murmeltier. Vielleicht war er einem kleinen, schlanken Streuner auf der Spur, der leichtfüßig den Wald durchstreifte und seinen Bewohnern immer noch einen Schrecken einzujagen vermochte. Bald blieb er weit hinter seinem Führer zurück und bellte wie ein hündischer Stier ein Eichhörnchen an, das sich auf einen Baum geflüchtet hatte. Dann galoppierte er weiter, trampelte das Unterholz nieder und bildete sich ein, irgendeiner verirrten Springmaus auf der Spur zu sein. Einmal entdeckte ich erstaunt eine Katze, die am steinigen Seeufer entlangschlich, denn sie entfernen sich nur selten so weit von ihrem Heim. Die Überraschung war beiderseitig. Anscheinend aber fühlt sich selbst die verwöhnteste Hauskatze, die bisher ihr ganzes Leben auf dem Teppich verbracht hat, im Wald wie zu Hause und erweist sich durch ihr listiges und verstohlenes Benehmen ihm genauso gewachsen wie seine ständigen Bewohner. Beim

Beerensuchen im Wald stieß ich einmal auf eine Katze mit ihren Jungen. Alle sahen ganz verwildert aus, machten wie ihre Mutter einen Buckel und fauchten mich wütend an. Einige Jahre bevor ich meinen Wohnsitz in den Wäldern aufschlug, gab es in Lincoln auf Gilian Bakers Farm, die sich nahe des Sees befand, eine sogenannte »geflügelte Katze«. Als ich sie im Juni 1842 besuchen wollte, war sie gerade zum Jagen im Wald. Das war ihre Gewohnheit (da ich nicht weiß, ob es ein Kater oder eine Katze war, gebrauche ich in diesem Fall das gebräuchlichste Pronomen). Ihre Besitzerin erzählte mir, die Katze sei vor etwas mehr als einem Jahr im April in diese Gegend gekommen und schließlich in ihrem Haus aufgenommen worden. Sie habe eine braungraue Färbung, einen weißen Fleck am Hals, weiße Pfoten und einen langen buschigen Schwanz wie ein Fuchs. Im Winter werde ihr Pelz dick und hänge in zehn bis zwölf Zoll langen und zweieinhalb Zoll breiten Zotten an den Seiten herunter. Unter dem Kinn wachse ihr eine Art Muff, oben lose und unten unregelmäßig verflochten wie ein Filz. Im Frühjahr fielen diese Anhängsel ab. Ich bekam ein Paar dieser »Flügel« geschenkt – ich besitze sie noch heute. Es ist keine Spur Haut an ihnen zu sehen. Einige Leute glauben, dass diese Katze mit dem fliegenden Eichhörnchen oder mit irgendeinem anderen wilden Tier verwandt sei. Das ist nicht unmöglich, denn Naturforscher berichten, dass es schon zu fruchtbaren Kreuzungen von Marder und Hauskatze gekommen ist. Das wäre eine Katze für mich gewesen, wenn ich mir eine hätte halten wollen; denn warum sollte die Katze eines Dichters nicht ebenso geflügelt sein wie sein Ross?

Im Herbst kam wie gewöhnlich der Eistaucher (*Colymbus glacialis*), um sich im See zu mausern und zu baden. Dann hallte, noch bevor ich aufgestanden war, sein wildes Gelächter durch die Wälder. Sobald sich das Gerücht von seiner Ankunft verbreitet, machen sich alle Sportsmänner des Dorfs auf den Weg zum See: im Gig oder zu Fuß, zu zweit oder zu dritt, mit Patentgewehren, konischen Kugeln und Fernrohren. Wie Herbstblätter rascheln sie durch den Wald, mindestens zehn Mann auf einen Taucher. Die einen nehmen auf dieser, die anderen auf jener Seite des Sees Stellung, denn der arme Vogel kann ja nicht überall gleichzeitig sein; taucht er hier unter, so taucht er dort wieder auf. Doch da erhebt sich der freundliche Oktoberwind, rauscht in den Blättern und kräuselt die Wasseroberfläche, sodass kein Taucher mehr zu hören oder zu sehen ist, obwohl seine Feinde mit Ferngläsern gierig den See absuchen und ihre Schüsse durch die Wälder hallen. Die Wellen steigen und stürzen ärgerlich – sie nehmen für alle Wasservögel Partei –, sodass unsere Sportsmänner schon bald in die Stadt, zu ihren Geschäften, zur unvollendeten Arbeit zurückkehren müssen. Doch allzu oft hatten sie Erfolg. Wenn ich frühmorgens einen Eimer Wasser holte, sah ich oft einen dieser stolzen Vögel nur wenige Fuß entfernt aus meiner Bucht hinaussegeln. Wenn ich mich bemühte, ihn mit dem Boot einzuholen, um seinen Flug zu beobachten, tauchte er unter, und meist entdeckte ich ihn erst am späten Nachmittag wieder. An der Oberfläche war ich ihm jedoch überlegen. Bei Regen flog er gewöhnlich auf und davon.

Als ich an einem windstillen Oktobernachmittag das Nordufer entlangruderte, hielt ich lange vergeblich nach einem Eistaucher Ausschau, obwohl der Vogel sich sonst gerade an solchen Tagen gern auf dem See niederlässt wie der Flaum der Seidenpflanze. Plötzlich sah ich, wie einer vom Ufer aus zur Mitte des Sees segelte, kaum fünf bis sechs Meter von mir entfernt. Sein wildes Lachen verriet ihn. Als ich das Boot in Bewegung setzte, um ihn zu verfolgen, tauchte er unter, aber als er wieder an die Oberfläche kam, war ich ihm näher als zuvor. Wieder tauchte er unter, aber ich täuschte mich in der Richtung, die er vermutlich einschlagen würde, sodass wir uns, als er wieder auftauchte, etwa achthundert Fuß voneinander entfernt befanden. Wieder lachte er laut und lang, und diesmal mit Recht. Er wich mir so geschickt aus, dass ich nicht näher als etwa zweihundert Fuß an ihn herankommen konnte. Wenn er auftauchte, drehte er jedes Mal den Kopf in alle Richtungen, überblickte kaltblütig Wasser und Land und nahm dann jenen Kurs, der ihm die weiteste Wasserfläche und die größte Entfernung vom Boot zu versprechen schien. Es war erstaunlich, wie schnell er seine Entschlüsse fasste und ausführte. Er brachte mich sofort an die breiteste Stelle des Sees und war nicht mehr von dort zu vertreiben. Während er einen Plan entwarf, bemühte ich mich, ihn zu erraten. Es war ein hübsches Spiel, das sich Mensch und Eistaucher da auf der glatten Wasserfläche lieferten. Plötzlich verschwindet die gegnerische Figur unter dem Brett, und nun geht es darum, die eigene nah an die Stelle zu bringen, wo die andere wieder auftauchen wird. Manchmal tauchte er auch unerwartet an der anderen Seite meines Boots wieder auf – er war also direkt unter ihm hindurchgeschwommen. Er war so langatmig und unermüdlich, dass er selbst nach der weitesten

Strecke, die er unter Wasser zurückgelegt hatte, sofort wieder untertauchte. Dann konnte der Schlaueste nicht erraten, in welcher Richtung er durch diesen tiefen See unter der glatten Oberfläche wie ein Fisch dahinschoss, denn er hatte Zeit und war imstande, die tiefsten Stellen des Sees aufzusuchen. In den Seen des Staates New York sollen Eistaucher in achtzig Fuß Tiefe an Angelhaken gefangen worden sein, die man für Forellen ausgeworfen hatte. Der Walden aber ist noch tiefer. Wie erstaunt die Fische sein müssen, diesen seltsamen Besucher aus einer anderen Welt inmitten ihrer Schwärme zu erblicken! Doch er schien seinen Kurs unter Wasser ebenso gut zu kennen wie darüber, denn dort schwamm er noch schneller. Ein paarmal sah ich, wie sich das Wasser kräuselte, wenn er sich der Oberfläche näherte. Dann streckte er nur den Kopf heraus, um die Lage zu prüfen und im nächsten Augenblick wieder zu verschwinden. Auf mein Ruder gestützt in Ruhe abzuwarten erschien mir schließlich genauso gut wie die mühsame Berechnung der Stelle, an der er wieder auftauchen würde. Mochte ich auch noch so angestrengt mit den Augen die Wasserfläche absuchen – immer wieder erschreckte er mich plötzlich mit seinem unheimlichen Lachen von hinten. Doch warum verrät der sonst so Schlaue sich im Moment des Auftauchens dauernd durch dieses laute Gelächter? Verrät ihn seine weiße Brust nicht schon genug? Was für ein dummer Vogel, dachte ich. Meistens konnte ich auch schon am Spritzen des Wassers erkennen, dass er heraufkam. Nach einer Stunde schien er noch genauso frisch wie am Anfang, tauchte noch genauso gern unter und schwamm noch weiter als zuvor. Man musste bewundern, mit welcher heiteren Gelassenheit und unbewegter Brust er an der Oberfläche dahinsegelte, während die Schwimmfüße in der Tiefe die Arbeit verrichteten. Meistens ließ er sein diabolisches Lachen erklingen, das immerhin noch entfernte Ähnlichkeit mit dem Schrei eines Wasservogels hatte, doch manchmal, wenn er mich erfolgreich zum Narren gehalten hatte und in großer Entfernung wieder auftauchte, stieß er ein lang gezogenes, außerirdisches Geheul aus, das eher von einem Wolf als von einem Vogel zu stammen schien. Es klang, als ob ein wildes Tier die Schnauze gegen den Erdboden presste und bedächtig heulte. Das war sein Schrei – vielleicht der wildeste Laut, den es gibt und der weit und breit in den Wäldern zu hören war. Ich war schließlich überzeugt, dass der Vogel voll Vertrauen in seine eigenen Fähigkeiten über meine Anstrengungen spottete. Obwohl der Himmel sich allmählich bedeckt hatte, war der See so spiegelglatt, dass ich genau die Stelle sehen konnte, wo der Eistaucher an die Oberfläche kam. Seine weiße Brust, die Windstille, die Glätte des Wassers: Alles war gegen ihn. Jetzt war er wieder ungefähr achthundert Fuß von mir entfernt, und wieder erschallte sein lang gezogenes Geheul. Es klang, als ob er zum Eistaucher-Gott um Hilfe flehte, und sogleich erhob sich im Osten ein Wind, kräuselte die Oberfläche und brachte feinen Nebelregen. Ich bildete mir ein, dass sein Gebet erhört worden sei und sein Gott mir zürne. Also verließ ich ihn; er aber verschwand in weiter Ferne auf dem wogenden See.

An Herbsttagen beobachtete ich stundenlang die Enten, wie sie sich geschickt und stets außer Schussweite in der Mitte des Sees im Wind drehten und wendeten, um den Sportsmännern auszuweichen – Kunststücke, die sie in den Louisianabuchten nicht nötig hätten. Wurden sie aufgescheucht, dann kreisten sie bisweilen in beträchtlicher Höhe wie schwarze Staubkörner rings um den See, von wo aus sie leicht die anderen Seen und den Fluss überblicken konnten. Und wenn ich glaubte, sie seien längst dorthin weggeflogen, senkten sie sich oft plötzlich aus einer Entfernung von einer Viertelmeile in seitlichem Sturzflug auf einen entfernteren, ungestörten Teil des Sees nieder. Was sie aber abgesehen von ihrer Sicherheit in der Mitte des Walden Pond fanden, weiß ich nicht; vielleicht liebten sie sein Wasser aus demselben Grund wie ich.

Heizung

Im Oktober wanderte ich zur Weinlese in die Wiesen am Fluss und belud mich mit Trauben, deren Schönheit und Duft köstlicher waren als ihr Geschmack. Dort bewunderte ich auch, ohne sie zu pflücken, die Preiselbeeren, den roten Perlenschmuck des Wiesengrases, die kleinen Wachsjuwelen, die der Farmer mit hässlichem Rechen abreißt, wobei er die schönen Wiesen verwüstet. Er bemisst seine Ausbeute achtlos in Scheffeln und Dollar und verkauft sie nach Boston oder New York, wo sie gepresst und gequetscht werden, um den Geschmack der dortigen Naturliebhaber zu befriedigen. Wie auch die Schlächter dem Präriegras nur die Büffelzunge herausreißen und den Rest dieser wilden Pflanzen elend zugrunde gehen lassen. Auch die funkelnde Frucht der Berberitze diente nur meinen Augen als Nahrung, aber ich sammelte auch einen kleinen Vorrat wilder Äpfel zum Kochen, die vom Besitzer oder den Wanderern übersehen worden waren. Als die Kastanien reif waren, legte ich einen halben Scheffel davon für den Winter zurück. Es machte mir großes Vergnügen, die damals endlosen Kastanienwälder Lincolns zu durchstreifen, die jetzt unter der Eisenbahn in tiefem Schlaf liegen. Den Sack auf der Schulter und den Stock in der Hand, mit dem ich die rauen Hülsen entfernte, denn ich wartete den Frost nicht ab, schritt ich durch das raschelnde Laub. Um mich herum ertönten laute Vorwürfe der roten Eichhörnchen und des Eichelhähers, deren angeknabberte Kastanien ich bisweilen stahl, weil die von ihnen ausgesuchten mit Sicherheit gute Früchte enthielten. Gelegentlich kletterte ich auf einen Baum und schüttelte ihn. Kastanien wuchsen auch hinter meinem Haus, und ein hoher Baum dieser Art, der es fast überschattete, ähnelte zur Blütezeit einem großen Blumenstrauß, der die ganze Nachbarschaft mit Duft erfüllte. Den Großteil seiner Früchte holten sich die Eichhörnchen und Eichelhäher. Letztere kamen frühmorgens in Scharen angeflogen und schälten die Früchte aus den Hülsen, noch ehe sie herunterfielen. Großzügig überließ ich ihnen diese Bäume und suchte die etwas entfernter gelegenen Wälder, die nur aus Kastanienbäumen bestanden. Diese Früchte waren, solange ihr Vorrat reichte, ein guter Brotersatz für mich. Doch es gab noch viele andere. Als ich eines Tages nach Regenwürmern grub, entdeckte ich die Erdbirne (*Apios tuberosa*) an ihren Knollen, die Kartoffel der Ureinwohner, eine Art mythische Frucht, von der ich nicht einmal mehr genau wusste, ob man mir nur erzählt hatte, dass ich sie als Kind ausgegraben und gegessen habe, oder ich es nur geträumt hatte. Seitdem habe ich ihre gekräuselte, rote, samtartige Blüte oft unter den Stängeln anderer Pflanzen gesehen, ohne zu ahnen, dass sie zur Erdbirne gehörte. Inzwischen hat die Landwirtschaft sie fast gänzlich ausgerottet. Ihre Knollen haben einen süßlichen Geschmack, ähnlich dem einer erfrorenen Kartoffel, und schmeckten mir gekocht besser als gebraten. Dieses Knollengewächs erschien mir wie ein leises Versprechen der Natur, irgendwann in der Zukunft hier ihre eigenen Kinder großzuziehen und sie mit einfacher Kost zu ernähren. Heute, in der Epoche gemästeter Viehherden und wogender Kornfelder, ist diese bescheidene Frucht, die einst das Totem mancher Indianerstämme war, ganz in Vergessenheit geraten oder nur durch ihre blühenden Ranken bekannt. Sollte aber die Natur hier noch einmal in ungezähmter Freiheit herrschen, werden tausend und abertausend Feinde das zarte und üppige englische Korn vernichten. Ohne die Hilfe des Menschen wird dann vielleicht die Krähe das letzte Saatkorn in den Südwesten zum großem Kornfeld des Indianergotts tragen, von wo sie es einst gebracht haben soll. Und dann wird die jetzt fast ausgerottete Erdbirne trotz Frost und Wildnis wieder aufleben, sich als Eingeborene bewähren und ihre alte Bedeutung und Würde als Ernährerin eines Jägervolkes aufs Neue betätigen. Irgendeine indianische Ceres oder Minerva muss sie erfunden und der Menschheit zum Geschenk gemacht haben; und wenn das Reich der Poesie hier einmal beginnt, werden vielleicht ihre Blüten und Knollen unsere Kunstwerke zieren.

Schon am 1. September hatte ich über den See hinweg zwei oder drei kleine Ahornbäume gesehen, die zwischen weißen Espen auf einem Vorsprung nah am Wasser standen und im schönsten Scharlachrot leuchteten. Wie viel mir ihre Farbe erzählte! Von Woche zu Woche nahm jeder der Bäume mehr seinen Charakter an und bewunderte sich im glatten Spiegel des Sees. Jeden Morgen ersetzte der Herr dieser Galerie ein altes Bild durch ein neues, das an Leuchtkraft und Farbharmonie noch vollendeter war.

Im Oktober kamen Tausende Wespen zu meiner Hütte,

als ob sie hier ihr Winterquartier aufschlagen wollten, ließen sich innen an den Fenstern und oben an der Zimmerdecke nieder und schreckten so manchen Besucher ab. Wenn sie morgens vor Kälte erstarrt waren, fegte ich einige von ihnen hinaus, aber darüber hinaus gab ich mir nicht viel Mühe, sie loszuwerden. Ich fühlte mich sogar geehrt, dass sie mein Haus als passenden Zufluchtsort betrachteten. Sie belästigten mich nie ernsthaft, obwohl sie in einem Bett mit mir schliefen, und verschwanden allmählich in Gott weiß welchen Spalten, um dem Winter und der unsagbaren Kälte zu entgehen.

Bevor ich wie die Wespen im November endgültig mein Winterquartier bezog, besuchte ich gewöhnlich die Nordostseite des Walden, die durch die von dem Pechkiefernwald und dem steinigen Ufer reflektierten Sonnenstrahlen gewissermaßen die Feuerstelle des Sees bildete. Es ist angenehmer und gesünder, sich so lange wie möglich von der Sonne wärmen zu lassen anstatt von einem künstlichen Feuer. Und so wärmte ich mich an der noch glühenden Asche, die der Sommer zurückgelassen hatte wie ein abgereister Jäger.

Als ich mit dem Bau meines Kamins begann, machte ich mich mit dem Maurerhandwerk vertraut. Da meine Ziegelsteine aus zweiter Hand waren, mussten sie zunächst mit einer Kelle gereinigt werden, wodurch ich mir genauere Kenntnisse über die Qualität der Ziegel und Kellen erwarb. Der Mörtel an den Steinen war fünfzig Jahre alt und wurde angeblich immer noch härter. Das ist jedoch nur eine der Behauptungen, die die Menschen mit Vorliebe nachplappern, ob sie nun wahr sind oder nicht. Solche Redensarten werden selbst mit der Zeit immer hartnäckiger, sodass einige Schläge mit der Kelle oder Keule notwendig wären, um einen alten Besserwisser davon zu befreien. Viele Dörfer Mesopotamiens sind aus sehr guten, gebrauchten Ziegelsteinen gebaut, die von den Ruinen Babylons stammten, und der Mörtel, der an diesen Steinen haftet, ist wahrscheinlich noch älter und noch härter. Wie dem auch sei – ich war erstaunt über die außergewöhnliche Härte des Stahls, der so viele starke Schläge ertrug, ohne sich abzunutzen. Meine Ziegelsteine stammten von einem Schornstein (Nebukadnezars Name stand allerdings nicht darauf), weshalb ich mir, um Arbeit zu sparen, möglichst viele Kaminziegel heraussuchte. Die Zwischenräume füllte ich mit Steinen vom Seeufer und verwendete Sand als Mörtel. Da der Kamin der wichtigste Teil des Hauses ist, ließ ich mir damit viel Zeit. Ja, ich arbeitete so langsam daran, dass mir, obwohl ich schon frühmorgens mit dem Aufbau begann, die Ziegelsteinreihen, die sich am Abend vom Boden erhoben, als Nachtkissen dienten. Soweit ich mich erinnere, bekam ich davon keinen steifen Nacken; der war schon älteren Datums. Um diese Zeit hatte ich nämlich vierzehn Tage lang einen Dichter bei mir wohnen und war mit dem Raum etwas knapp dran. Er brachte sein eigenes Messer mit, obwohl ich selbst zwei besaß. Wir reinigten sie, indem wir sie in die Erde stachen. Wir teilten uns die Arbeit des Kochens. Es freute mich, mein Werk so gleichmäßig und zuverlässig wachsen zu sehen, und ich dachte mir im Stillen, dass, was sorgfältig entstehe, sicher auch lange halten werde. Der Kamin ist gewissermaßen ein selbstständiges Gebäude, das sich durch das Haus zum Himmel erhebt. Selbst wenn ein Haus abgebrannt ist, steht er manchmal noch da und dokumentiert seine Wichtigkeit und Unabhängigkeit. Das war gegen Ende des Sommers. Jetzt war es November.

Der Nordwind hatte schon begonnen, den See abzukühlen, aber er brauchte viele Wochen dafür, denn der Walden ist sehr tief. Als ich anfing, abends Feuer zu machen – damals, als das Haus noch nicht verputzt war –, zog der Rauch vorzüglich durch den Schornstein ab, weil sich so viele Spalten zwischen den Brettern befanden. Dennoch verbrachte ich manch fröhlichen Abend in meiner kühlen, luftigen Behausung zwischen den rohen braunen Brettern voller Astknoten und unter Deckenbalken, die noch mit Rinde bedeckt waren. Nachdem sie verputzt war, machte mir der Anblick meiner Hütte nie mehr so viel Freude, obwohl ich gestehen muss, dass es so bequemer war. Sollte nicht jedes Zimmer, in dem Menschen wohnen, so luftig sein, dass abends über ihren Köpfen im Gebälk flackernde Schatten ihr Spiel treiben können? Sie sind der Stimmung und der Phantasie zuträglicher als die schönsten Fresken oder kostbarsten Möbel. Erst jetzt, da ich mein Haus nicht nur des Schutzes, sondern auch der Wärme wegen benutzte, fing ich wirklich an, es zu bewohnen. Ich hatte ein paar eiserne Feuerböcke, die verhinderten, dass brennende Holzscheite auf den Fußboden vor dem Kamin glitten. Es machte mir Spaß, zu beobachten, wie der Ruß sich an der Rückwand des Kamins niederschlug. Darum schürte ich das Feuer mit mehr Recht und mehr Befriedigung, als man es gewöhnlich tun würde. Meine Hütte war klein, und ich würde wohl kaum ein Echo darin erzeugen können, doch da sie nur aus einem einzigen Zimmer bestand und keine Nachbarn hatte, erschien sie größer. Alle Annehmlichkeiten eines Hauses waren in einem Raum vereinigt. Er war zugleich Küche, Vorratskammer, Empfangs- und Wohnzimmer. So wurden mir zugleich alle Freuden zuteil, die Eltern, Kinder, Herr und Diener durch das Wohnen im Hause genießen. Cato sagt, das Familienoberhaupt (*pater familias*) solle in seinem Landhaus Folgendes haben: *»cellam oleariam, vinariam, dolia multa, uti lubeat caritatem expectare, et rei, et virtuti, et gloriae erit«*, das heißt, »einen Öl- und Weinkeller und viele Fässer, damit er unbesorgt harten Zeiten entgegensehen kann. Das wird ihm Vorteil, Ehre und Ruhm einbringen.« Ich hatte in meinem Keller ein Fässchen Kartoffeln, zwei Krüge Erbsen, in denen der Kornwurm war, und im Speiseschrank ein wenig Reis, einen Krug Melasse und je einen Viertel Scheffel Roggen- und Maismehl.

Bisweilen träume ich von einem größeren Haus, in dem mehr Menschen wohnen. Es steht in einem goldenen Zeitalter, ist aus haltbarem Material und ohne Pfefferkuchenornamente gebaut, besteht aus nur einem einzigen Raum, einer riesigen, stabilen, schlichten Halle ohne Decke und ohne Verputz. Dachsparren und Balken bilden gleichsam einen niedrigen Himmel, der vor Regen und Schnee schützt. Die Eckpfosten nehmen die Besucher wie König und Königin feierlich in Empfang, die beim Überschreiten der Schwelle bereits dem überwundenen Saturn aus einer vergangenen Dynastie gehuldigt haben. Ich träume von einem Haus, das einer Höhle gleicht, wo man eine Fackel hochhalten muss, um das Dach zu sehen, wo die Bewohner sich am Kamin, in einer Fensternische oder auf Sesseln, am einen oder am anderen Ende der

Halle aufhalten können, oder, wenn es ihnen besser gefällt, auch hoch oben im Gebälk bei den Spinnen; einem Haus, in das man gelangt, wenn man nur die Tür geöffnet hat, und damit ist zugleich alles Zeremoniell erledigt; wo der müde Wanderer sich waschen und unterhalten, schlafen und essen kann, ohne weiterpilgern zu müssen. Ich träume von einem Haus, das man in stürmischer Nacht glücklich erblicken würde, das alles hat, was man braucht, aber nichts, was Haushaltung nötig macht; wo man alle Schätze mit einem Blick übersehen kann; wo jeder Gebrauchsgegenstand an einem bestimmten Haken hängt; das Küche und Vorratskammer, Wohn- und Schlafzimmer, Magazin und Dachkammer zugleich ist; wo man etwas so Notwendiges wie ein Fass und eine Leiter oder etwas so Bequemes wie einen Speiseschrank zu sehen bekommt; wo man den Kessel brodeln hört; wo man das Feuer ehrt, das unsere Nahrung kocht, und den Ofen würdigt, der unser Brot backt; wo die notwendigen Möbel und Geräte den einzigen Schmuck bilden; wo weder die Schmutzwäsche noch das Feuer noch die Hausfrau vor die Tür gesetzt werden, sondern bisweilen darum gebeten wird, der Köchin, die in den Keller hinabsteigen will, Platz zu machen und von der Falltür wegzutreten; wo man also, ohne mit dem Fuß aufzustampfen, erfährt, wo der Boden fest und wo er hohl ist. Ich träume von einem Haus, das so offenkundig sein Inneres zeigt wie das Nest eines Vogels, das man nicht von vorne betreten und durch die Hintertür verlassen kann, ohne einen Bewohner gesehen zu haben; wo Gast zu sein bedeutet, sich frei im ganzen Haus bewegen zu dürfen und nicht von sieben Achtel seiner Räume ausgeschlossen zu bleiben und wie in Einzelhaft in eine spezielle Kammer eingesperrt zu werden, mit der Aufforderung, sich »hier zu Hause zu fühlen«. Heutzutage lädt uns der Wirt nicht an *seinen* Herd ein, sondern an jenen, den er irgendwo, rechts oder links seines Korridors, für seine Gäste hat errichten lassen. Für ihn ist Gastfreundschaft die Kunst, den Gast in größtmöglicher Distanz zu halten. Das Kochen wird so geheimnisvoll betrieben, als verfolgte man den Plan, uns zu vergiften. Ich habe so manches Grundstück betreten, dessen man mich mit Fug und Recht hätte verweisen können, aber ich war nicht bei vielen Menschen *zu Hause*. Wenn sie in einem Haus lebten, wie ich es beschrieben habe, könnte ich in meinen alten Kleidern auch einen König und eine Königin besuchen. Sollte ich mich aber jemals in einen modernen Palast verirren, so würde ich dort nur eins suchen: den Ausgang.

Es scheint, dass selbst die Sprache in unseren *Salons* an Kraft einbüßt und gänzlich zu *Palaver* verkommt, da unser Leben sich weit von ihren Symbolen entfernt hat und ihre Metaphern gleichsam von stummen Dienern aus der Versenkung geholt werden müssen. Mit anderen Worten: Unser Salon liegt zu weit von Küche und Werkstatt entfernt. Selbst das Mittagessen ist meist nur noch ein Gleichnis. Vielleicht lebt nur der Wilde der Natur und der Wahrheit nah genug, um ihnen Metaphern entlehnen zu können. Was weiß der Gelehrte hoch oben im Nordwesten des Landes oder auf der Isle of Man von unserem Küchenreglement?

Es waren übrigens nur ein oder zwei meiner Gäste mutig genug, zu bleiben und einen schnell zubereiteten Maispudding mit mir zu teilen. Die meisten traten schleunigst den Rückzug an, wenn sie den kritischen Moment herannahen sahen, als ob er das Fundament des Hauses erschüttern müsste. Es hielt indessen einer beträchtlichen Menge Maisbrei stand.

Erst als der Frost einsetzte, begann ich, das Haus zu verputzen. Zu diesem Zweck holte ich mir mit dem Boot weißeren und reineren Sand von der gegenüberliegenden Seite des Sees, und dieser Transport auf dem Wasserweg machte mir so viel Freude, dass ich noch viel weiter gefahren wäre, wenn es nötig gewesen wäre. Ich hatte inzwischen alle Seiten meines Hauses bis zum Boden mit Schindeln bedeckt. Beim Festnageln der Bretter machte es mir Spaß, jeden Nagel mit einem einzigen Hammerschlag ganz ins Holz zu treiben, und nun war mein Ehrgeiz, sauber und rasch den Mörtel vom Brett an die Wand zu bringen. Dabei fiel mir die Geschichte des aufgeblasenen Burschen ein, der in eleganter Kleidung durch das Dorf zu schlendern und den Arbeitern Ratschläge zu geben pflegte. Als er eines Tages seinen Worten Taten folgen lassen wollte, krempelte er die Ärmel hoch und ergriff das Mörtelbrett. Nachdem er die Mauerkelle glücklich mit Mörtel beladen hatte, schwang er die feuchte Masse vergnügt und beherzt in Richtung der Bretter; zu seinem großen Kummer landete sie augenblicklich auf seiner aufgeplusterten Hemdbrust. Ich bewunderte erneut die Billigkeit und Zweckmäßigkeit des Bewurfs, der die Kälte so wirksam abhielt und dem Haus den letzten Schliff verlieh. Auch lernte ich die verschiedenen Schwierigkeiten kennen, mit denen der Verputzer es zu tun hat. So war ich erstaunt, wie durstig die Ziegel sind. Sie hatten alle Feuchtigkeit aus meinem Mörtel gesogen, noch bevor ich ihn glatt gestrichen hatte. Und wie viele Eimer voll Wasser erst nötig sind, um einen Herd zu taufen! Ich hatte mir im vorigen Winter zu Versuchszwecken eine kleine Menge Kalk verschafft, indem ich Muscheln (*Unio fluviabilis*) aus unserem Fluss verbrannte. Ich wusste also, woher meine Materialien stammten. Ich hätte vermutlich in einem Umkreis von ein bis zwei Meilen auch Kalkstein zum Brennen bekommen, wenn ich gewollt hätte.

In den schattigsten und seichtesten Buchten des Sees hatte sich inzwischen, einige Tage oder Wochen bevor die ganze Oberfläche gefrieren würde, bereits eine zarte Eisschicht gebildet. Das erste Eis ist besonders interessant und vollkommen. Hart, dunkel und durchsichtig, bietet es die beste Gelegenheit, an seichten Stellen den Grund zu untersuchen. Denn obwohl das Eis nur einen Zoll dick ist, kann man sich wie ein Wasserläufer auf seine Oberfläche legen und aus einer Entfernung von zwei bis drei Zoll ganz in Ruhe den Boden betrachten wie ein Bild hinter Glas. Viele Furchen sind im Sand zu sehen, die von irgendwelchen Lebewesen ausgetreten wurden. Wie mit kleinen Wrackteilen ist der Boden mit den aus feinsten weißen Quarzkörnchen geformten Hüllen der Köcherfliegenlarven übersät. Vielleicht stammen die Furchen von ihnen, denn dort liegen viele ihrer Hüllen, obwohl die Furchen dafür recht breit und tief sind. Das interessanteste Beobachtungsobjekt aber ist das Eis selbst. Allerdings muss man die früheste Gelegenheit ausnutzen, um es zu studieren. Betrachtet man es frühmorgens nach einer Frostnacht, entdeckt man, dass der größere Teil jener Blasen, die sich auf den ersten Blick im Eis selbst zu befinden scheinen, darunter liegen und dauernd von unten neue aufsteigen. Solange das Eis noch relativ fest und dunkel ist, sieht man nämlich das Wasser. Der Durchmesser dieser Blasen schwankt zwischen einem Achtel und einem ganzen Zoll; sie sind so vollkommen rein und schön, dass man durch das Eis hindurch sein Spiegelbild in ihnen sehen kann. In einem Quadratzoll Eis gibt es ungefähr dreißig bis vierzig solcher Blasen. Im Eis selbst sind außerdem einen halben Zoll lange, kegelförmige Blasen zu erkennen, deren Spitze nach oben zeigt. Häufiger jedoch findet man, wenn das Eis ganz frisch ist, winzige kugelförmige Bläschen, die sich wie in einem Rosenkranz aneinanderreihen. Die Bläschen im Eis sind indessen nicht so zahlreich und nicht so leicht zu erkennen wie die darunter. Manchmal warf ich Steine aufs Eis, um seine Stärke zu prüfen. Brachen sie durch, so nahmen sie Luft mit sich, wodurch sich sehr große und deutlich sichtbare weiße Blasen unter dem Eis bildeten. Als ich einmal achtundvierzig Stunden später wieder an dieselbe Stelle kam, waren diese großen Blasen noch ganz unverändert, obwohl der Durchmesser des Eises um einen Zoll zugenommen hatte, wie ich an der Grenzlinie zwischen altem und neuem Eis deutlich erkennen konnte. Da aber die letzten beiden Tage spätsommerlich warm gewesen waren, war das Eis jetzt nicht mehr so durchsichtig, dass man die dunkelgrüne Farbe des Wassers und des Grunds gesehen hätte, sondern weißlich oder grau. Obwohl es nun doppelt so dick war, war es nicht tragfähiger geworden, denn die Luftblasen hatten sich unter der Wärmewirkung stark ausgedehnt, waren ineinandergelaufen und hatten ihre Regelmäßigkeit eingebüßt. Jetzt lag nicht mehr eine genau über der anderen, sondern sie überlappten sich an vielen Stellen wie Silbermünzen, die man aus einem Sack geschüttelt hatte, oder bildeten Flocken, die kleine Ritzen auszufüllen schienen. Die Schönheit des Eises war verschwunden, und nun war es zu spät, den Grund des Sees zu untersuchen. Um herauszufinden, wie meine großen Blasen sich im neuen Eis entwickelt hatten, brach ich ein Stück davon, das eine mittelgroße Blase enthielt, heraus und drehte es mit der Unterseite nach oben. Das neue Eis hatte sich unter der Blase und um sie herum gebildet, sodass sie zwischen den beiden Eisschichten eingeschlossen war. Sie befand sich ganz in der unteren, aber nah an der oberen Eisschicht, war etwas abgeflacht oder leicht linsenförmig, ein Viertel Zoll dick, hatte abgerundete Ecken und einen Durchmesser von vier Zoll. Zu meinem Erstaunen bemerkte ich, dass das Eis gerade unter den Blasen mit großer Regelmäßigkeit zu einer Art Untertasse geschmolzen war, in der Mitte fünf Achtel Zoll tief, sodass nur eine zarte, ungefähr ein Achtel Zoll dicke Schicht die Blase vom Wasser trennte. An vielen Stellen hatten die kleinen Bläschen indessen diese schmalen Scheidewände nach unten gesprengt, und vielleicht befand sich unter den größten Blasen, deren Durchmesser einen Fuß betrug, überhaupt kein Eis. Ich folgerte daraus, dass die unzähligen Bläschen, die ich anfangs unter der Oberfläche des Eises gesehen hatte, jetzt ebenfalls eingefroren waren und dass ein jedes in seiner Weise als Brennglas gewirkt und das unter ihm liegende Eis völlig geschmolzen hatte. Das sind die kleinen Luftgewehre, die dazu beitragen, dass das Eis kracht und keucht.

Schließlich setzte allen Ernstes der Winter ein, gerade

als ich mit dem Verputzen fertig war. Der Wind begann, ums Haus zu heulen, als ob ihm bislang die Erlaubnis dazu verweigert worden wäre. Abend für Abend kamen nun die Wildgänse mit hellem Geschrei und pfeifendem Flügelschlag durch die Dunkelheit geflogen, selbst als schon Schnee lag. Einige ließen sich auf dem Walden nieder, andere flogen dicht über den Baumwipfeln über Fair Haven in Richtung Mexiko. Manchmal hörte ich, wenn ich um zehn oder elf Uhr nachts vom Dorf heimkehrte, hinter meinem Haus eine Schar Wildgänse oder Enten auf dem dürren Laub herumwatscheln, nicht weit von einer kleinen Wasserlache, zu der sie gekommen waren, um zu fressen. Wenn sie weiterflogen, war das leise Quaken ihres Anführers zu hören. Im Jahr 1845 fror der Walden Pond in der Nacht vom 22. Dezember vollkommen zu – zehn Tage nach dem Flint's Pond, dem Fluss und anderen seichteren Gewässern –; 1846 am 16.; 1849 am 31.; 1850 ungefähr am 27. Dezember; 1852 am 5. Januar und 1853 am 31. Dezember. Schon seit dem 25. November lag hoher Schnee und umgab mich plötzlich mit einer Winterlandschaft. Ich zog mich jetzt tiefer in mein Gehäuse zurück und versuchte, in meiner Hütte und meiner Brust ein helles Feuer zu unterhalten. Im Freien bestand meine Beschäftigung nun darin, im Wald abgestorbenes Holz zu sammeln, das ich mit den Händen oder auf den Schultern nach Hause trug. Manchmal schleifte ich auch zwei Kiefernstämme unter den Armen in meine Hütte. Ein altes Holzgatter, das seine besten Zeiten bereits hinter sich hatte, war ein besonders guter Fang. Ich opferte es dem Feuergott Vulkan, denn Terminus konnte es schon lange nicht mehr dienen. Um wie viel wertvoller ist doch das Mittagessen für einen Menschen, der gerade noch im Schnee sein Feuerholz zum Kochen aufgestöbert, ja man kann sagen, gestohlen hat! Wie süß ihm dann sein Brot und sein Fleisch schmecken! Es gibt genug Reisig und altes Holz aller Art in den Wäldern, um viele Feuer zu unterhalten, das aber zur Zeit nicht dazu dient, die Menschen zu wärmen, sondern, wie man annimmt, das Wachstum junger Bäume behindert. Außerdem gab es das Treibholz im See. Im Lauf des Sommers hatte ich ein Floß aus Kiefernstämmen entdeckt, an denen noch Rinde war. Es war von Iren zusammengezimmert worden, die am Bau der Eisenbahn mitgearbeitet hatten. Ich zog es teilweise ans Ufer. Nachdem es zwei Jahre lang im Wasser und dann sechs Monate lang am Ufer gelegen hatte, war das Holz noch vollkommen gesund, aber so vollgesogen, dass an ein Austrocknen nicht mehr zu denken war. An einem Wintertag machte ich mir beim Schlittschuhlaufen einen Spaß daraus, das Floß stückweise über den See gleiten zu lassen. Das eine Ende eines ungefähr fünfzehn Fuß langen Stamms tug ich dabei auf meiner Schulter, das andere lag vor mir auf dem Eis. Oder ich band mehrere Stämme mit Birkenreisig zusammen und zog sie an einer längeren Birke oder Erle, die an einem Ende einen Haken hatte, über die Eisfläche. Obwohl sie mit Wasser durchtränkt und bleischwer waren, brannten sie nicht nur lange, sondern gaben auch starke Hitze. Ja, ich glaube, dass sie gerade wegen ihres Wassergehalts besser brannten, da das Pech vom Wasser gebunden wurde.

Gilpin erzählt in seinem Bericht über englische Waldanwohner, dass »die Schäden durch unbefugte Wanderer, Häuser und Zäune am Waldrand als gewaltsame Eingriffe und grobe Verletzung des alten Waldrechts« betrachtet und als *»purprestures* schwer bestraft werden« müssten, weil sie zu *»ad terrorem ferarum, ad nocumentum forestrae etc.«* (zum Verscheuchen des Wilds, zur Zerstörung des Waldes etc.) beitrügen. Mir persönlich aber lag die Schonung von Wald und Wild mehr am Herzen als den Jägern und Holzfällern, ja so sehr, als wäre ich Lord Walden höchstpersönlich. Wenn irgendein Waldstück niederbrannte oder ich das Feuer unglücklicherweise sogar selbst entfacht hatte, betrübte mich dieses Ereignis länger und stärker als die Eigentümer. Ja, es stimmte mich auch traurig, wenn die Eigentümer selbst den Wald gefällt hatten. Ich wünschte, dass unsere Farmer beim Abforsten eines Walds etwas von jener ehrfürchtigen Scheu empfinden würden, mit der die alten Römer einen heiligen Hain lichteten (*lucum conlucare*), und wie diese daran glauben würden, der Wald sei von einer Gottheit geheiligt. Die Römer brachten Sühneopfer dar und beteten: Welchem Gott oder welcher Göttin auch immer du geweiht bist, oh Hain – lass über mir, meiner Familie und meinen Nachkommen Gnade walten …

Es ist bemerkenswert, wie hoch selbst heutzutage in diesem jungen Land der Holzpreis steht, und dass dieser Preis beständiger und allgemeiner anerkannt ist als der des Goldes. Trotz aller Entdeckungen und Erfindungen geht kein Mensch einfach an einem Holzstoß vorbei. Holz ist für uns noch genauso kostbar wie für unsere sächsischen und normannischen Vorfahren. Sie machten ihre Bogen daraus, wir unsere Gewehrkolben. François André Michaux berichtete vor mehr als dreißig Jahren, dass der Preis für Brennholz in New York und Philadelphia »sich mit dem für das beste Holz in Paris bezahlten Preis beinahe deckt und ihn bisweilen sogar übersteigt, obwohl die gewaltige Metropole jährlich mehr als dreihunderttausend Klafter verbraucht und es im Umkreis von dreihundert Meilen nichts als bebaute Felder gibt«. In Concord steigt der Holzpreis stetig; es geht nur darum, um wie viel im Vergleich zum Vorjahr. Mechaniker und Handwerker, die kein anderer Anlass in den Wald locken kann, kommen mit Sicherheit, wenn Holz versteigert wird, und zahlen sogar eine große Summe für die Erlaubnis, hinter dem Holzfäller die Nachlese zu halten. Schon seit vielen Jahren versorgen sich die Menschen mit Brenn- und Bauholz aus den Wäldern. Der Neuengländer und der Neuholländer, der Perser und der Kelte, der Bauer und Robin Hood, Goody Blake und Harry Gill, der Gelehrte und der Wilde: Sie alle brauchen gleichermaßen ein paar Holzscheite aus dem Wald, um sich zu wärmen und um ihre Mahlzeiten zu kochen. Auch ich kam nicht ohne sie aus.

Jeder blickt mit einer gewissen Zuneigung auf seinen Holzvorrat. Ich mag es, meinen gleich vor meinem Fenster zu haben, und je mehr Holzscheite ich sehe, die mich an meine angenehme Arbeit erinnern, desto besser. Ich hatte eine alte Axt, auf die niemand Anspruch erhob und mit der ich im Winter an der Sonnenseite des Hauses von Zeit zu Zeit die Stümpfe hackte, die ich aus meinem Bohnenfeld gegraben hatte. Wie mir mein Helfer damals beim Pflügen prophezeit hatte, wärmten sie mich doppelt: einmal, als ich sie hackte, und noch einmal, als ich sie ins Feuer legte – kein Brennmaterial hätte mehr Wärme geliefert. Was die Axt betrifft, so hatte man mir geraten, sie beim Dorfschmied reparieren zu lassen, doch ich fertigte aus Hickoryholz selbst einen Stiel für sie an. So blieb sie zwar stumpf, aber wenigstens waren Griff und Schneide ehrlich ineinander gefügt.

Ein paar dicke Stücke Kiefernholz waren ein großer Schatz. Es ist interessant, wie viel von dieser Feuernahrung noch in der Erde verborgen liegt. Früher habe ich oft die kahlen Hügel abgesucht, wo vor langer Zeit ein Pechkiefernwald wuchs, um die kräftigsten Wurzeln auszugraben. Sie sind nahezu unverwüstlich. Selbst die dreißig bis vierzig Jahre alten Stümpfe hatten noch einen gesunden Kern, obwohl der Splint schon zu Pflanzenerde zerfallen war, wie die kreisförmigen Abschuppungen der dicken Rinde zeigten, die sich etwa vier bis fünf Zoll vom Mark des Baumes entfernt auf Bodenhöhe befanden. Mit Axt und Schaufel durchforscht man diese Mine und verfolgt das markige Magazin, das so gelb aussieht wie Rindsfett und einer Goldader tief im Erdboden gleicht. Gewöhnlich entfachte ich mein Feuer mit trockenem Laub, das ich in meinem Schuppen angehäuft hatte, bevor der Schnee einsetzte. Der Holzfäller verwendet, wenn er im Wald wohnt, fein gespaltenes Hickory dazu. Hier und da tat ich das auch. Wenn die Dorfbewohner hinter dem Horizont ihre Feuer anzündeten, benachrichtigte auch ich die verschiedenen wilden Bewohner des Waldentals durch eine Rauchsäule aus meinem Kamin, dass ich erwacht sei.

»Leicht beschwingter Rauch, ikarischer Vogel,
Im Aufwärtsflug schmelzen deine Flügel,
Schweigende Lerche, Bote der Morgenröte,

Du kreist über den Dörfern wie über deinem Nest,
Wie ein verblassender Traum, das Schattenbild einer
nächtlichen Erscheinung, die ihre Röcke rafft.
In tiefer Nacht verhüllst du mir die Sterne,
Verdunkelst mir der Sonne Glanz bei Tag.
Steig, mein Weihrauch, auf von diesem Herd,
Und bitte die Götter, dies helle Feuer zu verzeihn.«

Obwohl ich es nur selten verwendete, diente hartes, grünes, frisches Holz meinen Zwecken am besten. Wenn ich an Winternachmittagen meinen Spaziergang machte, ließ ich nicht selten ein tüchtiges Feuer brennen. Kam ich dann nach drei oder vier Stunden nach Hause, glühte es noch immer. So war mein Haus, auch wenn ich fort war, nicht leer. Ich hatte gewissermaßen einen freundlichen Hausgeist zurückgelassen. Das Feuer und ich – wir wohnten hier zusammen, und gewöhnlich rechtfertigte mein Hausgeist das in ihn gesetzte Vertrauen. Einmal aber, als ich gerade Holz spaltete, dachte ich doch daran, einen Blick durch das Fenster zu werfen, um zu sehen, ob das Haus auch nicht brannte. Soweit ich mich erinnere, war es das einzige Mal, dass ich in dieser Hinsicht wirklich besorgt war. Als ich hineinsah, stellte ich fest, dass tatsächlich ein Funke auf das Bett übergesprungen war. Sofort eilte ich ins Haus und löschte die Flamme, die bereits ein Loch so groß wie meine Hand ins Bett hineingebrannt hatte. Mein Haus stand an einem so sonnigen und geschützten Platz, und das Dach war so niedrig, dass ich im Winter fast an jedem Tag nur bis zur Mittagszeit heizte.

Die Maulwürfe nisteten in meinem Keller, knabberten

jede dritte Kartoffel an und schufen sich dort ein warmes Bett aus einigen beim Verputzen übrig gebliebenen Haaren und aus Packpapier. Denn selbst die wildesten Tiere haben es gerne genauso warm und bequem wie die Menschen und überleben den Winter nur, weil sie sich so sorgfältig darauf vorbereiten. Einige meiner Freunde taten, als ob ich zum Erfrieren in den Wald gezogen wäre. Das Tier baut sich lediglich ein Bett und wärmt dieses durch seinen eigenen Körper. Der Mensch aber hat das Feuer für sich entdeckt und schließt Luft in einen großen Raum ein, anstatt sich selbst zu berauben. Er sorgt dafür, dass in seinem Bett, wo er sich ohne schwere Kleider bewegen kann, auch mitten im Winter ein sommerliches Klima herrscht, ja er lässt sogar das Licht herein und verlängert mit einer Lampe den Tag. So gehen wir ein paar Schritte über den Instinkt hinaus und gewinnen etwas Zeit für die schönen Künste. Auch wenn ich mich lange den schärfsten Winterstürmen ausgesetzt hatte, sodass mein ganzer Körper starr war vor Kälte, kehrten meine Kräfte in der anregenden Atmosphäre meines Hauses schnell zurück, und ich setzte mein Leben fort. Selbst mit der schönsten Wohnung hat man in dieser Hinsicht den anderen wenig voraus. Es ist auch nicht nötig, darüber nachzudenken, auf welche Weise das Menschengeschlecht eines Tages zugrunde gehen wird. Ein noch etwas schärferer Windzug aus Norden könnte den Faden jederzeit mit Leichtigkeit abschneiden. Wir berechnen die Zeit nach irgendeinem kalten Freitag oder einem starken Schneefall; ein noch etwas kälterer Freitag oder noch ärgeres Schneetreiben würde der Existenz des Menschen auf der Erde ein Ende bereiten.

Im nächsten Winter benutzte ich aus Sparsamkeit einen kleinen Kochofen, denn schließlich gehörte der Wald nicht mir. Doch darin hielt sich das Feuer nicht so gut wie im offenen Kamin. Das Kochen war kaum noch ein poetisches Ereignis, sondern ein chemischer Vorgang. In dieser Epoche der Kochöfen wird es bald vergessen sein, dass wir unsere Kartoffeln einmal wie die Indianer in der Asche geröstet haben. Der Ofen hat nicht nur Raum beansprucht und das Haus mit seinem Duft erfüllt – er hat auch das Feuer verdeckt und mir darum das Gefühl gegeben, ich hätte einen Freund verloren. Man kann immer ein Gesicht im Feuer erkennen. Wenn der Arbeiter abends hineinblickt, reinigt er seine Gedanken von der Schlacke und dem Schlamm, der sich tagsüber angesetzt hat. Mir aber, der ich nicht länger vor meinem Feuer sitzen und hineinblicken konnte, kamen mit neuem Gewicht die prächtigen Verse eines Dichters in den Sinn:

»Leuchtende Flamme, möge man mir niemals nehmen
Dein teures, warmes, kräft'ges Sehnen.
Nur meine Hoffnung wurde je so hell entfacht,
Mein Glück nur sank so tief in dunkle Nacht.
Warum wurdest du von Haus und Herd vertrieben?
Du, die wir alle froh begrüßen, alle lieben?
War dein Schein denn gar zu prächtig
Für unser Leben Flämmchen, schmächtig?
Entzogst du deine rätselhafte Helligkeit
Unsrer Seele Zweisamkeit?
Nun sind wir stark und sicher an unsren Ofengittern,
Wo keine dunklen Schatten zittern.

Nicht Freud, nicht Leid wird je aus diesem Feuer
rauchen,
Dass es uns wärmt, ist alles, was wir brauchen.
An diese fest verschlossene Feuerstatt
Setzt sich die Gegenwart und schlummert matt,
Ohne Geister, die sich aus dem Feuer stehlen,
Um im Flackerlicht uns Märchen zu erzählen.«

Vorgänger und Winterbesuch

Ich überstand einige fröhliche Schneestürme und brachte manch behaglichen Abend an meinem Kamin zu, während draußen ein heftiges Schneegestöber wütete und selbst die Eule verstummte. Wochenlang traf ich auf meinen Spaziergängen nur ab und zu einen Menschen, der in den Wald gekommen war, um Holz zu fällen und es im Schlitten zur Stadt zu bringen. Mithilfe der Elemente gelang es mir übrigens, im tiefsten Schnee einen Pfad anzulegen. Der Wind blies nämlich Eichenblätter in meine ersten Fußstapfen, die dort liegen blieben, Sonnenstrahlen absorbierten und dadurch den Schnee zum Schmelzen brachten, sodass ich nicht nur einen trockenen Weg für meine Füße, sondern dank der dunklen Linie auch einen Führer in der Nacht erhielt. Wollte ich Menschen um mich haben, musste ich schon die früheren Bewohner dieser Wälder heraufbeschwören. In der Erinnerung vieler meiner Landsleute klingt noch das Lachen und Geplauder nach, das von den Anwohnern jener Landstraße, in deren Nähe sich mein Haus befand, herüberschallte. Die umliegenden Wälder waren hier und da von ihren kleinen Gärten und Häuschen durchsetzt, die damals allerdings noch mehr vom Wald verborgen wurden als heute. Ich kann mich selbst noch an Stellen erinnern, wo die Kiefern beide Seiten des Wagens gleichzeitig streiften und dass Frauen und Kinder Angst hatten, allein zu Fuß nach Lincoln zu gehen, und oft einen Großteil des Wegs laufend zurücklegten. Damals bot dieser nur schmale und vor allem von Holzfällern befahrene Weg, der die benachbarten Dörfer verband, dem Wanderer allerdings mehr Abwechslung als heute und blieb ihm länger im Gedächtnis. Wo sich jetzt vom Dorf bis zum Wald begrenzte und offene Felder erstrecken, verlief der Weg damals durch einen Ahornsumpf auf einem Fundament aus Stämmen, deren Überreste zweifellos noch jetzt unter der staubigen Landstraße zwischen der Stratten-Farm, dem heutigen Armenhaus und Brister's Hill liegen.

Östlich von meinem Bohnenfeld, auf der anderen Seite der Landstraße, wohnte Cato Ingraham, der Sklave von Duncan Ingraham, Esquire, einem Herrn aus Concord, der seinem Sklaven ein Haus baute und die Erlaubnis gab, in den Walden Woods zu wohnen – Cato Concordiensis, nicht Uticensis. Er soll aus Guinea gewesen sein. Einige können sich noch an sein Fleckchen Erde unter den Walnussbäumen erinnern, die er gepflanzt hat, um sie im Alter verwerten zu können. Doch ein jüngerer, weißer Spekulant wurde schließlich der Eigentümer, der jedoch in einem ebenso engen, schmalen Haus wohnt. Catos halb verschüttetes Kellerloch existiert noch, auch wenn nur wenige davon wissen, weil es von einem Kranz aus Fichten verborgen wird. Es ist jetzt von glattem Sumach (*Rhus glabra*) und einer der frühesten blühenden Goldrutenarten (*Solidago stricta*) überwuchert.

Gerade hier am Feldrand, aber mehr in Richtung der Stadt, hatte Zilpa, eine Schwarze, ihre kleine Hütte, wo sie Leinen für die Stadtleute spann. Ihr lauter Gesang hallte durch die Walden Woods, denn sie hatte eine kräftige, bemerkenswerte Stimme. In den Kämpfen von 1812 wurde während ihrer Abwesenheit ihr Haus von englischen Soldaten, Gefangenen auf Ehrenwort, in Brand gesteckt, und mitsamt Katze, Hund und Hühnern kam alles in den Flammen um. Sie führte ein hartes, fast etwas menschenunwürdiges Dasein. Ein alter Waldbesucher wusste noch, dass er sie einmal um die Mittagszeit, als er an ihrem Haus vorbeiging, über ihrem brodelnden Kessel die Worte murmeln gehört habe: »Ihr seid Knochen, nur Knochen!« Ich habe dort im Eichgestrüpp Ziegelsteine gefunden …

Weiter die Landstraße hinunter, rechts von Brister's Hill, wo die Apfelbäume stehen, die Brister pflanzte und pflegte, lebte Brister Freemann, »ein geschickter Schwarzer«, der einst Squire Cummings' Sklave war. Jetzt sind die Bäume alt und groß geworden, aber ihre Früchte haben noch immer einen seltsamen, mostigen Geschmack. Erst vor Kurzem entdeckte ich auf dem Friedhof von Lincoln seine Grabinschrift. Der Stein stand ein wenig schief neben den anonymen Gräbern einiger britischer Grenadiere, die beim Rückzug von Concord gefallen waren. Er trägt die Inschrift: »Sippio Brister« – *Scipio Africanus* wäre treffender gewesen – »ein farbiger Mann«, als ob er verfärbt wäre. Die Inschrift sagte auch höchst eindringlich, wann er starb. So erfuhr ich auf indirektem Weg, dass er je gelebt hatte. Mit ihm zusammen wohnte seine gastfreundliche Frau Fenda. Sie war eine Wahrsagerin, aber der harmlosen Sorte, groß, rund und schwarz, schwärzer als alle anderen Kinder der Nacht. Ein so dunkler Stern wie sie ist vorher und nachher nie wieder über Concord aufgegangen.

Weiter den Hügel hinab, links der alten Waldstraße, finden sich Spuren des Hauses der Familie Stratten. Ihr Obstgarten bedeckte einst den ganzen Abhang von Brister's Hill, war aber längst von den Pechkiefern verdrängt worden. Nur ein paar Stümpfe waren noch da, aus deren Ablegern so mancher Dorfbaum entstanden war.

Noch weiter zur Stadt hin kommt man zu Breeds Grundstück. Dieser Ort ist berühmt durch die Schandtaten eines Dämons, dessen Namen die alte Mythologie nicht kennt, der aber in unserem neuenglischen Leben eine herausragende und erschreckende Rolle spielt und dessen Lebenslauf wie der jeder mythologischen Figur verdient, eines Tages aufgeschrieben zu werden. Dieser Dämon erscheint zuerst in Gestalt eines Freunds oder eines gedungenen Knechts, um dann die ganze Familie auszurauben und zu ermorden – der neuenglische Rum. Über die Tragödien, die sich hier abspielten, soll die Geschichte zunächst noch schweigen. Erst mag die Zeit ihre mildernde Wirkung ausüben und sich das Himmelsblau darüber breiten. Eine vage und fragwürdige Überlieferung besagt, dass hier einst ein Wirtshaus gestanden habe. Der gleiche Brunnen, der das Pferd erfrischte, verdünnte den Trank des Wanderers. Hier begrüßten die Menschen einander, erzählten und hörten Neuigkeiten und setzten dann ihre Reise fort.

Noch vor zehn Jahren stand Breeds Hütte hier, war aber schon seit langer Zeit unbewohnt. Sie war ungefähr so groß wie meine. Mutwillige Jungen steckten sie – in der Nacht nach einem Wahltag, wenn ich mich nicht irre – in Brand. Ich lebte damals am Ortsrand und war gerade in Davenants *Gondibert* vertieft. Es war in jenem Winter, in dem ich mit der Lethargie zu kämpfen hatte, von der ich übrigens noch immer nicht weiß, ob sie ein Erbleiden ist – denn ich habe einen Onkel, der beim Rasieren einschläft und sonntags im Keller Kartoffeln abkeimen muss, um den Feiertag *wachend* zu heiligen – oder ob es die Folge meiner Versuche war, Chalmers Sammlung der englischen Dichtung zu lesen, ohne eine Seite zu überspringen. Vielleicht hielten meine Nerven das nicht aus. Jedenfalls war mein Kopf gerade auf das Buch gesunken, als die Feuerglocke ertönte und die Spritze, von einem Schwarm aufgeregter Männer und Jungen begleitet, in höchster Eile vorbeisauste. Ich war sofort unter den Führern, denn ich war über den Bach gesprungen. Wir glaubten, das Feuer sei sehr weit südlich hinter dem Wald – wir waren ja schon zu manchem Brand geeilt –, eine Scheune brenne, ein Geschäft, ein Wohnhaus oder alles zusammen. »Das ist bei Bakers Scheune«, schrie der eine. »Codmans Farm«, behauptete ein anderer. Da stoben frische Funken über dem Wald in die Luft, als ob das Dach eingestürzt sei, und wir schrien: »Concord, zu Hilfe!« Wagen rasten in atemberaubender Geschwindigkeit und mit schwerer Ladung an uns vorbei. Auf einem davon saß vielleicht unter anderem auch der Versicherungsagent, der verpflichtet war, dabei zu sein, selbst wenn das Feuer noch so weit entfernt war. Ab und zu klingelte die Spritzenglocke hinter uns. Und ganz am Schluss kamen, wie man sich später ins Ohr flüsterte, diejenigen, die das Feuer gelegt und Alarm geschlagen hatten. Als wahre Idealisten rannten wir blindlings weiter, bis wir schließlich an einer Straßenbiegung ein Krachen hörten, über die Mauer hinweg die Hitze spürten und zu unserem Leidwesen feststellten, dass wir angekommen waren. Die Nähe des Feuers kühlte die Hitze unserer Gemüter wesentlich ab. Erst wollten wir einen ganzen Froschteich ins Feuer gießen, doch schließlich ließen wir es brennen. Es war schon nichts mehr übrig, das es wert gewesen wäre. So drängelten wir uns also um die Spritze, gaben unsern Gefühlen durch ein Sprachrohr Ausdruck und unterhielten uns mit gedämpfter Stimme über die großen Feuersbrünste, die es auf Erden schon gegeben hat. Man denke nur an den Brand von Bascoms Laden! Insgeheim dachten wir, dass wir diesen letzten drohenden Weltbrand in eine zweite Sintflut verwandeln könnten, wenn wir nur zur rechten Zeit und mit unserer Pumpe und einem vollen Froschteich zur Stelle wären. Schließlich traten wir den Rückzug an, ohne weiteres Unheil angerichtet zu haben – zurück ins Bett und zu *Gondibert*. Zu *Gondibert* möchte ich noch anmerken, dass ich die Aussage in der Vorrede streichen würde, dass der Witz das Schießpulver der Seele sei – »denn den meisten Menschen ist der Witz etwas Unverständliches wie den Indianern das Schießpulver«.

Der Zufall wollte, dass ich in der folgenden Nacht fast zur gleichen Zeit über dieses Feld wanderte. Da hörte ich plötzlich ein leises Stöhnen, und als ich mich ihm in der Dunkelheit näherte, entdeckte ich den einzigen mir bekannten Überlebenden dieser Familie, den Erben sowohl ihrer Tugenden als auch ihrer Laster, den allein dieser Brand überhaupt etwas anging. Er lag auf dem Bauch und sah über die Kellermauer hinunter auf die noch glühende Asche und murmelte etwas vor sich hin, wie es seine Gewohnheit war. Er hatte den ganzen Tag lang im Flussbett gearbeitet und jetzt die ersten Augenblicke, die ihm selbst gehörten, genutzt, um das Heim seiner Väter und seiner Jugend aufzusuchen. Er suchte mit den Augen den ganzen Keller ab, als ob er wüsste, dass zwischen den Steinen ein Schatz verborgen sei. Aber dort war nichts als ein Häuflein Steine und Asche. Das Haus war dahin, und er sah sich an, was davon übrig geblieben war. Die Anteilnahme, die ich ihm durch meine Anwesenheit erwies, tröstete ihn, und er zeigte mir, so gut es in der Dunkelheit möglich war, den verschütteten Brunnen. Der konnte, Gott sei Dank, niemals verbrennen. Dann tastete er lange Zeit an der Mauer entlang nach dem Brunnenschwengel, den sein Vater selbst geschnitzt und eingesetzt habe, und nach dem Eisenhaken, mit dem die Last am schwereren Ende befestigt wurde – nach allem, woran er sich jetzt klammern konnte –, um mich zu überzeugen, dass dies kein gewöhnlicher Schwengel war. Ich befühlte ihn und sehe ihn noch jetzt fast täglich auf meinen Spaziergängen, denn eine ganze Familiengeschichte hängt daran.

Auf dem inzwischen freien Feld etwas weiter links, wo man den Brunnen und die Fliederbüsche sehen kann, lebten Nutting und Le Grosse. Doch nun zurück zu Lincoln.

Tiefer im Walde als alle anderen hatte sich dort, wo die Landstraße nah am See verläuft, Wyman der Töpfer angesiedelt, der seinen Mitbürgern Steingut lieferte und dessen Kinder den gleichen Beruf verrichten. Auch sie waren nicht reich an irdischen Gütern und pachteten das Land zeit ihres Lebens nur unter größten Opfern. Der Sheriff kam oft und immer vergeblich, um die Steuern einzuziehen. Da es dort sonst nichts zu verpfänden gab, belegte er, um der Formalität zu genügen, einen Holzspan mit Beschlag, wie er in seinen Protokollen berichtet.

Als ich eines Tages im Hochsommer auf meinem Feld hackte, hielt ein Mann, der eine Ladung Töpferware zu Markte fuhr, sein Pferd an und erkundigte sich bei mir nach dem jüngeren Wyman. Er habe vor längerer Zeit eine Töpferscheibe von ihm gekauft und wolle wissen, wie es ihm ergehe. Ich hatte zwar in der Bibel von Ton und Töpferscheibe gelesen, aber nie daran gedacht, dass unsere Töpfe nicht von damals unversehrt zu uns gekommen oder wie Kürbisse auf den Bäumen gewachsen waren. Darum freute ich mich zu hören, dass solch irdene Kunst früher einmal in meiner Nachbarschaft ausgeübt worden war.

Der letzte Einwohner dieser Wälder vor mir war ein Ire namens Hugh Quoil, der Major Quoil genannt wurde. Es hieß, er habe bei Waterloo mitgekämpft. Hier war er von Beruf Grabenzieher. Napoleon ging nach St. Helena, Quoil in die Walden Woods. Alles, was ich von ihm weiß, ist tragisch. Er hatte die guten Manieren eines Menschen, der viel in der Welt herumgekommen ist, und sprach so gewählt, dass viele ihn gar nicht verstanden. Im Hochsommer trug er einen weiten Überzieher, da er an *Delirium tremens* litt. Sein Gesicht war karminrot. Er starb auf der Straße am Brister's Hill, als ich gerade in den Wald gezogen war, sodass ich ihn als Nachbarn nicht erlebt habe. Kurz bevor es abgerissen wurde, besuchte ich sein Haus, das von seinen Kameraden als »Unglücksburg« bezeichnet wurde. Da lagen seine zerknitterten alten Kleider auf dem niedrigen Holzbett, als wäre er es selbst. Seine Pfeife lag zerbrochen auf dem Herd, anstelle eines am Brunnen zerbrochenen Krugs. Der Brunnen konnte übrigens nicht einmal als Symbol seines Todes gelten, denn er sagte mir einmal, dass er zwar von der Brister-Quelle gehört, sie aber nie gesehen habe. Schmutzige Spielkarten lagen auf dem Boden verstreut. Ein schwarzes Huhn, das der Verwalter nicht hatte fangen können, erwartete schwarz und schweigend wie die Nacht, ohne auch nur zu krächzen, Meister Reineke und stieg im nächsten Zimmer auf seine Stange. Hinter dem Haus zeichnete sich schwach ein Garten ab. Er war zwar angelegt, aber wegen des schrecklichen Zitterns nie von Unkraut befreit worden. Alles war mit römischem Wurmkraut und mit Kletten, die sich an meine Kleider hängten, überwuchert. Ein frisches Murmeltierfell hing ausgebreitet an der Rückwand des Hauses, die Trophäe seines letzten Waterloo; doch nun brauchte er keine Mütze und keine Handschuhe mehr.

Jetzt weist nur noch eine Vertiefung im Boden auf die Lage dieser Hütte hin. Sie ist mit Kellersteinen angefüllt; darüber wachsen auf sonniger Fläche Erdbeeren, Himbeeren, Brombeeren, Haselnussbüsche und Sumach. Eine Pechkiefer oder eine knorrige Eiche nimmt die ehemalige Kaminecke ein; und wo einst die Türschwelle war, schwankt vielleicht eine süß duftende Schwarz-Birke im Wind. Manchmal ist noch der Brunnen zu sehen, wo einst die Quelle hervorsprudelte, doch jetzt wächst dort nur trockenes, tränenloses Gras. Vielleicht wurde auch sie unter dem Rasen mit einem flachen Stein zugedeckt, als der Letzte fortgezogen ist, um erst nach langer Zeit wiederentdeckt zu werden. Eine traurige Handlung muss das sein – wenn man einen Brunnen verschließt, öffnet man eine Quelle der Tränen. Diese Kellervertiefungen, die verlassenen Fuchsbauten oder alten Höhlen gleichen, sind die einzigen Überreste eines Orts, wo einst Menschen lebten und sich plagten und auf die eine oder andere Art über »Schicksal, freien Willen und absolute Vorsehung« diskutierten. Ich kann jedoch nur eins aus ihren Schlüssen lernen: »Cato und Brister zupften Wolle«, und das ist genauso erbaulich wie die Geschichten berühmterer Philosophenschulen.

Tür, Türbalken und Schwelle sind schon seit einem Menschenleben verrottet, und noch immer wächst dort der muntere Flieder und entfaltet jeden Frühling seine mild duftenden Blüten, um von einem sinnenden Wanderer gepflückt zu werden. Einst von Kinderhänden auf dem Beet im Vorgärtchen gepflanzt, steht er jetzt abseits auf der Weide an einer Steinmauer und macht neu heranwachsenden Wäldern Platz, der letzte dieses Geschlechts und einzige Überlebende dieser Familie. Die dunkelbraunen Kinder hätten wohl kaum vermutet, dass der kleine Setzling mit seinen zwei Knospen, den sie im Schatten des Hauses in den Erdboden steckten und täglich gossen, so fest Wurzeln schlagen würde, dass er sie überleben und einmal Obstgärten zieren würde, um ein halbes Jahrhundert nach ihrem Tod dem einsamen Wanderer leise ihre Geschichte zu erzählen – noch immer so lieblich blühend und herrlich duftend wie damals im ersten Frühling. Ich betrachte noch immer gern seine zarte, milde, fröhliche lila Farbe.

Doch warum verschwand dieses kleine Dörfchen, dieser vielversprechende Keim, während Concord sich behauptete? Hatte es denn keine natürlichen Vorteile, keine Wasserprivilegien? Ach, der tiefe Walden Pond und die kühle Brister-Quelle, das Privileg, einen herzhaften, stärkenden Schluck aus ihnen zu nehmen, diente diesen Menschen nur dazu, ihr »Gläschen« zu verdünnen. Sie gehörten allesamt einem durstigen Geschlecht an. Hätten nicht Korbflechter, Besenbinder, Mattenflechter, Maisröster, Leinenspinner und Töpfer hier ihr gutes Auskommen finden können, sodass die Wildnis wie eine Rose erblüht wäre und eine zahlreiche Nachkommenschaft das Land ihrer Väter hätte übernehmen können? Vielleicht hätte der unfruchtbare Boden hier einer Degeneration vorbeugen können, wie man sie bei Menschen in fruchtbaren Gegenden antrifft. Ach, wie wenig trägt das Andenken dieser Menschen dazu bei, die Schönheit der Landschaft zu steigern! Vielleicht will die Natur mit mir als erstem Ansiedler einen neuen Versuch unternehmen. Vielleicht will sie mein Haus, das ich im letzten Frühjahr baute, zum ältesten des Dorfes machen.

Nichts deutet darauf hin, dass je ein Mensch auf dem Fleckchen Erde gebaut hat, das ich bewohne. Ich möchte wahrlich nicht in einer Stadt wohnen, die auf einer älteren erbaut wurde, deren Baumaterial Ruinen, deren Gärten Friedhöfe sind. Der Boden ist dort gebleicht und verflucht. Ehe aber so etwas nötig ist, wird die Erde selbst schon zerstört sein. Mit solchen Erinnerungen bevölkerte ich aufs Neue den Wald und sang mich in den Schlaf.

In dieser Zeit bekam ich selten Besuch. Wenn tiefer Schnee lag, wagte sich oft acht bis vierzehn Tage lang kein Wanderer in die Nähe meiner Hütte. Ich aber lebte dort so gemütlich wie eine Feldmaus, oder wie Haustiere und Geflügel, die lange Zeit ohne Futter und im Schnee vergraben überleben sollen. Oder wie die Familie eines der ersten Ansiedler der Stadt Sutton, Massachusetts, dessen Hütte im Jahr 1717 während seiner Abwesenheit völlig vom Schnee zugedeckt wurde, sodass ein Indianer sie nur an dem Loch, den der Atem des Kamins in den Schnee geschmolzen hatte, erkannte und die Familie retten konnte. Um mich allerdings kümmerte sich kein freundlicher Indianer. Es war auch nicht nötig, denn der Herr des Hauses war daheim. Schneegestöber! Wie lustig das klingt! Die Farmer kamen mit ihren Pferden nicht in die Wälder und zum Moor und mussten die schattenspendenden Bäume vor ihren Häusern fällen. Als aber die Schneekruste fest genug war, fällten sie Bäume im Moor – zehn Fuß über dem Boden, wie sich im nächsten Frühjahr herausstellte.

Im tiefsten Schnee sah der etwa eine halbe Meile lange Pfad, den ich benutzte, um von der Landstraße nach meinem Häuschen zu gelangen, wie eine ganz unregelmäßig gewundene und besprenkelte Linie aus, mit viel Platz zwischen den Tüpfeln. Denn eine Woche hindurch machte ich bei gleichem Wetter genau die gleiche Anzahl Schritte auf dem Hin- und Rückweg, indem ich bedachtsam und mit der Präzision eines Zirkels in meine eigenen, tiefen Fußstapfen trat (zu solchem Schlendrian verlockt uns der Winter), die aber oft vom Blau des Himmels erfüllt waren. Kein Wetter hielt mich je von meinen Spaziergängen oder vielmehr von meinen Streifzügen ab. Oft stampfte ich acht bis zehn Meilen weit durch den tiefsten Schnee, um eine Verabredung mit einer Buche oder einer Gelb-Birke einzuhalten oder auch mit einer alten Bekannten unter den Föhren, deren Äste sich unter dem Gewicht von Eis und Schnee bogen und die so scharfe Spitzen bekamen, dass sie wie Tannen aussahen. Ich stapfte noch auf die höchsten Hügel, wenn der Schnee schon fast zwei Fuß tief war. Bei jedem Schritt schüttelte ich dabei einen zweiten Schneefall von den Ästen. Manchmal kroch und rutschte ich auf allen vieren dorthin, wenn die Jäger schon ihre Winterquartiere bezogen hatten. Eines Nachmittags vergnügte ich mich damit, eine gestreifte Eule (*Strix nebulosa*) zu beobachten, die ungefähr fünfzehn Fuß von mir entfernt auf dem niedrigen, abgestorbenen Ast einer Weißfichte nahe am Stamm im Halbschatten saß. Sie hörte, wenn ich mich bewegte, weil der Schnee unter meinen Füßen knirschte, konnte mich aber nicht genau sehen. Wenn ich mehr Lärm machte, reckte sie den Hals, sträubte die Halsfedern und riss die Augen auf. Doch bald schlossen sich die Lider wieder, und sie nickte ein. Auch mich überkam eine Schläfrigkeit, nachdem ich sie etwa eine halbe Stunde lang beobachtet hatte. Diese geflügelte Schwester der Katze saß mit halb geschlossenen Augen da; nur ein kleiner Schlitz blieb zwischen ihren Lidern frei, wodurch sie eine halbinselförmige Verbindung zu mir behielt. So spähte sie aus ihrem Traumland heraus und bemühte sich, das verschwommene Objekt oder das Stäubchen, das ihre Träume störte, zu erkennen. Als ich schließlich noch mehr Geräusche machte, wurde sie unruhig und drehte sich träge auf ihrem Ruheplatz herum, als ob sie es nun leid sei, sich noch weiter in ihren Träumen stören zu lassen. Als sie sich dann erhob und durch die Kiefern davonflog, wobei sie ihre Flügel zu überraschender Breite ausspannte, konnte ich nicht das leiseste Geräusch vernehmen. Mehr von ihrem Gefühl für die Umgebung als von ihrer Sehkraft geleitet, tastete sie sich vorsichtig durch das Halbdunkel, auf der Suche nach einem neuen Ruheplatz, wo sie in Frieden den Anbruch ihres Tages erwarten konnte.

Wenn ich den langen Bahndamm entlanglief, blies mir oft ein schneidend scharfer Wind entgegen, denn nirgends kann er sich besser austoben. Und wenn er mir auf die eine Wange einen eisigen Hieb verabreicht hatte, hielt ich – Heide, der ich war – ihm auch die andere hin. Auch auf dem Fahrweg am Brister's Hill war's nicht besser. Ich ging nämlich, wie ein freundlicher Indianer, selbst dann noch ins Dorf, wenn der Schnee von den Feldern in großen Massen gegen die Steinmauern der Walden Road geweht war und eine halbe Stunde genügte, um die Spuren des letzten Fußgängers zu verwischen. Kam ich zurück, so hatten sich besonders dort, wo der zudringliche Nordwestwind an einer scharfen Straßenbiegung den Pulverschnee zusammengeblasen hatte, neue Schneeverwehungen gebildet. Ich stampfte munter hindurch und suchte vergeblich nach einer Kaninchenspur oder den kleinen Fußabdrücken einer Feldmaus. Doch selbst mitten im Winter gelang es mir fast immer, irgendeine wärmere, sumpfige Stelle zu finden, wo Gras und Zehrwurz ihr Immergrün zeigten und ein widerstandsfähiger Vogel schon den Frühling erwartete.

Manchmal entdeckte ich, wenn ich abends von meinem Spaziergang zurückkehrte, im Schnee die tiefen Fußstapfen eines Holzfällers, die von meiner Hütte wegführten. Dann fand ich ein Häufchen feinster Holzspäne auf meinem Herd und das Haus vom Duft seiner Pfeife erfüllt. Oder ich hörte am Sonntagnachmittag, wenn ich zufällig zu Hause war, den Schnee unter den Schritten eines schlauen Bauern knirschen, der von weither durch die Wälder zu meinem Haus gewandert war, um einen Plausch mit mir zu halten – einer der wenigen seines Berufs, die »Herren ihrer Güter« sind, der statt des Professorentalars einen Bauernkittel trug und ebenso schnell die Moral aus Kirche und Staat ziehen, wie eine Ladung Mist auf seinen Stallhof schleppen konnte. Wir sprachen von den biederen, einfachen Zeiten, als die Menschen noch bei kaltem, frischem Wetter mit klaren Köpfen um ein großes Feuer saßen. Und wenn wir keinen anderen Nachtisch hatten, dann erprobten wir unsere Zähne an der einen oder anderen Nuss, die die klugen Eichhörnchen liegen gelassen hatten. Denn die mit der dicksten Schale sind meistens hohl.

Der Mann, der im tiefsten Schnee und bei starkem Sturm den weitesten Weg zurücklegte, um zu meiner Hütte zu gelangen, war ein Dichter. Bauern, Jäger, Soldaten, Reporter, ja sogar Professoren lassen sich abschrecken. Einen Dichter jedoch hält nichts ab, denn ihn treibt die Liebe. Wer kann sein Kommen und Gehen voraussagen? Sein Beruf ruft ihn zu jeder Zeit hinaus, selbst dann, wenn die Ärzte schlafen. Meine kleine Hütte hallte von unserem lärmenden Frohsinn wider, die Wände wurden Zeugen vieler ernsthafter Gespräche, die das Waldental für seine lang andauernde Stille entschädigten. Mit meinem Haus verglichen erschien der Broadway dann ruhig und öde. In angemessenen Abständen gab es regelrechte Lachsalven, die man sowohl auf den eben gemachten als auch auf den jetzt kommenden Scherz beziehen konnte. Bei einer Schüssel dünnen Haferschleims stellten wir manch nagelneue Theorie des Lebens auf, in der sich die

Vorzüge des fröhlichen Schmauses mit der Klarheit des Denkvermögens vereinte, welche die Philosophie verlangt.

Einen anderen willkommenen Besucher möchte ich noch erwähnen, der während meines letzten Winters am See zu mir kam und einmal bei Schnee, Regen und Finsternis durch das Dorf wanderte, bis er meine Lampe durch die Bäume schimmern sah. Er verbrachte einige lange Winterabende mit mir. Er war einer der letzten Philosophen, den Connecticut der Welt geschenkt hat; der anfangs mit den Waren seiner Heimat handelte, danach mit seinem Geist. Damit hausiert er noch immer, singt Gottes Lob, obwohl die Menschen von dem Sänger nichts wissen wollen, und trägt keine andere Frucht als seinen Geist wie die Nuss ihren Kern. Er ist meiner Ansicht nach von allen lebenden Menschen der mit dem stärksten Glauben. Seine Worte und Einstellungen verraten stets, dass er die Dinge von einem besseren Gesichtspunkt aus betrachtet als andere Menschen. Er wird der Letzte sein, der sich vom Wandel der Zeit enttäuscht fühlt. Gegenwärtig hat er keine Aufgabe. Aber mag er auch jetzt verhältnismäßig wenig gelten: Wenn seine Zeit kommt, werden ungeahnte Gesetze in Kraft treten und Familienväter und Staatsmänner ihn um Rat bitten:

»Wie blind ist der, der die Heiterkeit nicht sieht!«

Ein wahrer Menschenfreund ist er, fast der einzige Freund menschlichen Fortschritts. Wie Scotts *Old Mortality* oder eher »Immortality«, der mit unermüdlicher Geduld und Zuversicht Gottes Inschrift in den Zügen der Menschen wieder ausmeißeln will, die in ihnen so entstellt ist wie ihre eigene auf den schiefen Grabsteinen. Sein großmütiger Geist umfängt Kinder, Bettler, Geisteskranke und Gelehrte. Er nimmt sich der Gedanken aller an und fügt ihnen meist noch einen weiteren Blick und verbesserten Geschmack hinzu. Er sollte eine Karawanserei an der Hauptstraße der Welt betreiben, wo Philosophen aller Länder einkehren können. Auf ihrem Türschild sollte geschrieben stehen: »Hier findet der Mensch Speis und Trank, aber nicht das Tier in ihm. Eintritt für alle, die Muße haben und ruhigen Geistes sind und sich ernsthaft bemühen, den rechten Pfad zu finden.« Er ist vielleicht der gesündeste und zielstrebigste Mensch, den ich kenne, und er bleibt sich immer treu. Früher schlenderten wir oft gemeinsam umher, plauderten und ließen die Welt weit hinter uns. Denn er fühlte sich an ihre Einrichtungen nicht gebunden, war frei geboren, *ingenuus*. Wohin auch immer wir gingen, stets schienen Himmel und Erde sich vereint zu haben, denn er erhöhte die Schönheit der Landschaft. Ein Mann in blauem Gewand, dessen würdigstes Dach das Himmelsgewölbe ist, das seine heitere Ruhe widerspiegelt. Dass er je sterben wird, kann ich nicht fassen. Die Natur kann ihn nicht entbehren.

Da jeder von uns einige gut getrocknete Gedankenschindeln hatte, setzten wir uns nebeneinander und schnitzten sie in passende Formen, wobei wir die Schärfe unserer Messer und die deutliche, gelbe Maserung der Kürbiskiefer bewunderten. Wir wateten so leise und andächtig oder ruderten so glatt, dass die Gedankenfische nicht verscheucht wurden und sich vor den Anglern am Ufer nicht fürchteten, sondern stattlich hin und her schwammen, wie die Wolken oder perlmutternen Schäfchen, die sich am Abendhimmel bilden und wieder auflösen. So durchkämmten wir gemeinsam die Mythologie, rundeten hier und da eine Legende ab und bauten Luftschlösser, für die die Erde keinen würdigen Grund bot. Du großer Seher! Du großer Erwarter! Sich mit dir zu unterhalten war wie Neuenglands *Tausendundeine Nacht*. Und wie wir drei uns unterhalten konnten: der Einsiedler, der Philosoph und der alte Siedler, von dem ich schon sprach! Da dehnte sich mein Haus und krachte in den Fugen. Ich wage nicht zu sagen, um wie viel der atmosphärische Druck auf jeden Quadratzoll erhöht wurde. Die Nähte meiner Hütte platzten, sodass sie an den ruhigen Tagen danach wieder geflickt werden mussten, um das Leck zu dichten. Doch ich hatte schon im Voraus genug Kalfaterwerg gesammelt.

Es gab noch einen anderen, in dessen Haus im Dorf ich unvergessliche Stunden verlebte und der auch mich von Zeit zu Zeit besuchte. Sonst hatte ich keine Gesellschaft.

Auch hier, wie überall, erwartete ich manchmal einen Gast, der niemals kommt. Die *Vishnu Purana* sagt: »Der Hausherr soll um die Abendzeit so lange in seinem Hof bleiben, wie man braucht, um eine Kuh zu melken, oder auch länger, wenn ihm der Sinn danach steht, und die Ankunft eines Gasts erwarten.« Ich kam dieser Pflicht der Gastfreundschaft oft nach und wartete so lange, dass eine ganze Kuhherde hätte gemolken werden können. Doch den Mann, der sich von der Stadt aus genähert hätte, sah ich nicht.

Wintertiere

Wenn die Seen fest zugefroren waren, entstanden nicht nur neue und kürzere Wege zu vielen Stellen; man hatte auch neue Ausblicke auf die vertraute Landschaft ringsum. Wenn ich den verschneiten Flint's Pond überquerte, erschien er mir, obwohl ich oft auf ihm gerudert und Schlittschuh gelaufen war, so überraschend groß und fremd, dass ich unwillkürlich an die Baffin Bay denken musste. Ringsum erhoben sich die Lincoln Hills von der schneebedeckten Ebene, doch ich konnte mich nicht erinnern, je zuvor dort gestanden zu haben. Die Fischer, die sich mit ihren wölfischen Hunden in unbestimmbarer Entfernung über das Eis bewegten, erinnerten an Robbenjäger oder Eskimos; bei Nebel wirkten sie wie Fabelwesen, von denen man nicht wusste, ob man sie für Riesen oder Pygmäen halten sollte. Ich nahm diesen Wegs übers Eis, wenn ich abends in Lincoln einen Vortrag hielt, sodass ich zwischen meiner Hütte und dem Vorlesungssaal weder eine Straße betrat noch an einem Haus vorbeikam. Im Goose Pond, der auf meinem Weg lag, wohnte eine Kolonie Bisamratten, deren Nester sich weit über das Eis erhoben, aber wenn ich vorbeiging, ließ sich keins der Tiere blicken. Der Walden war wie die meisten Seen frei von Schnee oder zeigte nur einzelne schneebedeckte Stellen. Er war mein Hinterhof, auf dem ich ungehindert herumspazieren konnte, wenn überall knietief Schnee lag und die Dorfbewohner ganz auf ihre Straßen angewiesen waren. Hier, fern von der Dorfstraße, von der ich nur in großen Abständen das Schlittengeläut herüberhallen hörte, glitt ich über das Eis und lief Schlittschuh wie auf einer großen, gut ausgetretenen Elchweide, umgeben von Eichenwäldern und feierlichen Kiefern, die sich unter der Schneelast bogen und stolz ihre Eiszapfen emporstreckten.

In Mondnächten und auch oft an Wintertagen drang aus unendlicher Ferne das hilflose, melodische Heulen einer Eule zu mir herüber. Das war ein Ton, wie ihn die gefrorene Erde hervorbringen würde, wenn man sie mit einem passenden Plektrum schlüge; die unverfälschte *lingua vernacula* der Walden Woods, die mir schließlich ganz vertraut wurde, obwohl ich den Vogel, der sie sprach, in solchen Augenblicken nie zu Gesicht bekam. Selten öffnete ich an einem Winterabend meine Tür, ohne diesen Klang zu hören. *Hu-hu-hu-hurruh-hu* erschallte er sonor, und die ersten drei Silben klangen wie *How-do-you-do*, manchmal auch nur *Huh-Huh*. Einmal wurde ich am Anfang des Winters, spätabends gegen neun Uhr, von dem lauten Trompeten der Wildgänse aufgeschreckt. Ich ging zur Tür und hörte ihr Flügelrauschen wie einen Sturm über mein Haus ziehen. Sie flogen über den See nach Fair Haven, und das Licht meiner Lampe hatte sie offenbar davon abgehalten, sich niederzulassen. In regelmäßigen Abständen ließ ihr Anführer sein Quaken ertönen. Plötzlich rief ganz in meiner Nähe unverkennbar eine Katzeneule. Mit der schrillsten, fürchterlichsten Stimme, die ich je von einem Waldbewohner vernommen habe, gab sie der Gans regelmäßig

Antwort, als ob sie – die Eingeborene – entschlossen sei, diesen Eindringling aus der Hudson Bay mit dem kräftigeren Klang ihrer Stimme zu übertrumpfen und ihn aus Concord hinauszu*huhu*en. Wie kannst du es wagen, um diese heilige Nachtzeit meine Festung zu alarmieren? Glaubst du, man hätte mich je bei meiner Wache schlafend erwischt und dass ich nicht eine genauso gute Kehle und Lunge hätte wie du? *Bu-hu, Bu-hu, Bu-huuu!* Es war eine der gellendsten Dissonanzen, die ich je gehört habe. Und doch konnte ein geschultes Ohr einzigartige Harmonien in ihr wahrnehmen.

Ich hörte auch das Stöhnen des Eises im See, meines großen Schlafgenossen, als wälzte er sich unruhig im Bett, litte an Blähungen oder Albträumen. Oder ich wurde vom Krachen des Bodens aus dem Schlaf geschreckt, als ob jemand mit seinem Gespann gegen meine Tür gerumpelt wäre. Am nächsten Morgen fand ich dann einen Spalt in der Erde, eine Viertelmeile lang und einen Zoll breit.

In mondhellen Nächten hörte ich manchmal Füchse über die Schneekruste streifen, um sich ein Rebhuhn oder ein anderes Wild zu fangen. Sie bellten rau und dämonisch wie verwilderte Hunde, als hätten sie Angst, wollten etwas sagen, verlangten nach Licht oder wären lieber richtige Hunde, um frei in den Straßen herumtollen zu können. Denn wenn wir in Jahrhunderten rechnen: Könnte die Zivilisation bei den wilden Tieren dann nicht genauso voranschreiten wie bei den Menschen? Sie erschienen mir wie rudimentäre Höhlenmenschen, die ihre Veränderung erwarteten. Gelegentlich wurde einer von ihnen vom Licht an mein Fenster gelockt, bellte mir einen füchsischen Fluch zu und verschwand.

In der Morgendämmerung weckte mich meist das rote Eichhörnchen *(Sciurus hudsonius)*, das auf dem Dach und an den Hauswänden auf und ab lief, als wäre es eigens dafür aus dem Wald hergeschickt. Im Laufe des Winters warf ich einen halben Scheffel Maiskolben, die nicht reif geworden waren, auf die Schneekruste vor meiner Tür, und beobachtete die Bewegungen der verschiedenen Tiere, die dadurch angelockt wurden. In der Dämmerung und nachts kamen regelmäßig die Kaninchen und griffen herzhaft zu. Tagsüber kamen die roten Eichhörnchen und bereiteten mir mit ihren Kunststücken viel Vergnügen. Eins kam erst vorsichtig durch die Zwergeichen angeschlichen, hüpfte in kleinen Sätzen über den Schnee wie ein vom Wind getriebenes Blatt, huschte mit erstaunlicher Geschwindigkeit und Kraft erst ein paar Schritte in die eine Richtung, wobei sich die Beinchen so unfassbar schnell bewegten, als wäre es ein Wettrennen, und lief dann wieder mit genauso vielen Schritten in die andere Richtung, wobei es insgesamt nicht mehr als fünf Fuß vorankam. Dann blieb es plötzlich mit einem drolligen Ausdruck und einem überraschenden Salto stehen, als ob alle Augen der Welt auf es gerichtet wären – denn die Bewegungen eines Eichhörnchens setzen selbst in den verlassensten Waldgegenden wie bei einer Ballerina stillschweigend Zuschauer voraus. Es verschwendete mehr Zeit mit Umsichblicken und Innehalten, als nötig gewesen wäre, um gemächlich den ganzen Weg zurückzulegen – was ich allerdings nie beobachtet habe. Dann saß es plötzlich, schneller als man »Jack Robinson« sagen konnte, hoch oben in einer jungen Pechkiefer, zog seine Uhr auf und verspottete seine imaginären Zuschauer, indem es gleichzeitig mit sich selbst und zum Universum redete – weder ich noch wahrscheinlich das Tier selbst konnten den Grund dafür nennen. Schließlich erreichte es die Maiskolben, suchte sich einen passenden heraus und huschte mit den gleichen trigonometrischen Bewegungen auf den obersten Scheit des Holzstoßes vor meinem Fenster. Von dort aus sah es mir direkt ins Gesicht und blieb stundenlang dort sitzen. Nur ab und zu versorgte es sich mit einem neuen Kolben, an dem es gierig knabberte, um ihn, wenn er halb abgefressen war, fortzuschleudern. Dann wurde es immer wählerischer, fraß nur noch das Innere und spielte mit dem Kolben; balancierte ihn lässig auf einem Holzscheit und ließ ihn schließlich zur Erde fallen. Mit einem komischen, unentschlossenen Ausdruck blickte es auf ihn hinunter. Anscheinend hielt es den Kolben für etwas Lebendiges und konnte sich nicht entscheiden, ob es den alten wiederholen, einen neuen stehlen oder fliehen sollte, wobei es im einen Augenblick den Mais betrachtete und im nächsten dem Wind lauschte. So vergeudete der kleine freche Kerl den Vormittag über manchen Kolben, bis er schließlich einen der längsten und dicksten packte, der um einiges größer war als er selbst, und ihn wie ein Tiger den Büffel in Richtung der Wälder schleifte. Wieder im Zickzacklauf, machte er so viele Pausen und ließ den Kolben so häufig fallen, als wäre er zwar zu schwer für ihn, aber doch zu gut, um ihn zurückzulassen – ein einzigartig kecker und launischer kleiner Bursche! Und so zog er mit dem Kolben in Richtung seiner Behausung ab, vielleicht zum Wipfel einer dreißig oder vierzig Fuß entfernten Kiefer, und später fand ich die Kolbenreste an den verschiedensten Stellen im Wald verstreut.

Schließlich kamen auch die Eichelhäher, deren krächzende Schreie ihnen vorauseilten, wenn sie sich aus einer Achtelmeile Entfernung vorsichtig näherten. Verstohlen und heimlich hüpften sie von Baum zu Baum immer näher heran und pickten die von den Eichhörnchen fallen gelassenen Maiskörner auf. Dann setzten sie sich auf den Zweig einer Pechkiefer und versuchten hastig ein großes Korn zu schlucken, das für ihre Kehle zu groß war und sie fast erstickte. Unter großer Mühe würgten sie es wieder heraus und verbrachten die nächste Stunde damit, es mit den Schnäbeln klein zu hacken. Es waren offensichtlich Diebe, und ich hatte wenig Respekt vor ihnen. Die Eichhörnchen aber, wenn auch anfangs scheu, bedienten sich, als wäre es ihr gutes Recht.

Inzwischen kamen auch die Schwarzmeisen in Scharen herbei, pickten die von den Eichhörnchen fallen gelassenen Maiskrümel auf, flogen auf den nächsten Zweig, nahmen sie unter ihre Krallen und hämmerten mit ihren kleinen Schnäbeln auf sie ein, als wären es Insekten in der Baumrinde, bis sie für ihre schmalen Schlünde klein genug waren. Eine kleine Schar dieser Meisen kam auch täglich, um ihr Mittagessen aus meinem Holzstoß herauszupicken oder die Krümel vor meiner Tür aufzulesen. Ihr leises lispelndes Zwitschern klang wie das Klingeln der Eiszapfen im Gras, manchmal auch wie ein helles *day-day-day* oder seltener ein metallenes, sommerliches *phe-be*. Sie waren so zutraulich, dass sich einmal eine von ihnen auf das Holz setzte, das ich auf den Armen ins Haus trug, und furchtlos an den Scheiten pickte. Auch ein Spatz setzte sich einmal für einen kurzen Augenblick auf meine Schulter, als ich gerade in einem Dorfgarten den Boden hackte, und ich fühlte mich durch dieses Ereignis mehr ausgezeichnet als durch das Tragen irgendeiner Epaulette. Mit der Zeit wurden auch die Eichhörnchen so zutraulich, dass sie mir manchmal sogar über den Schuh liefen, wenn das der nächste Weg war.

Als noch nicht überall Schnee lag und gegen Ende des Winters, als er am Südhang meines Hügels und um den Holzstoß herum bereits geschmolzen war, kamen morgens und abends Rebhühner aus den Wäldern, um bei mir zu speisen. Wohin man im Wald auch geht, flattert mit schwirrenden Flügeln das Rebhuhn auf und schüttelt den Schnee, der im Sonnenschein wie ein feiner Goldstaub herniederrieselt, von den dürren Blättern und oberen Zweigen, denn dieser tapfere Vogel lässt sich durch den Winter nicht vertreiben. Oft wird er von Schneewehen verschüttet, und es heißt, dass er »bisweilen plötzlich aus dem Flug im Schnee untertaucht, wo er sich ein paar Tage versteckt hält«. Häufig scheuchte ich die Rebhühner auch auf dem Feld auf, wo sie im Sonnenuntergang die wilden Apfelbäume leer pickten. Sie suchen regelmäßig jeden Abend bestimmte Bäume auf, wo der listige Jäger auf sie lauert. Die am Wald gelegenen Obstgärten haben darunter nicht wenig zu leiden. Trotzdem bin ich froh, wenn das Rebhuhn seine Nahrung findet. Solange es von Knospen und Quellwasser lebt, ist es ein Geschöpf der Natur.

An dunklen Wintermorgen oder kurzen Winternachmittagen hörte ich manchmal ein Rudel Jagdhunde bellend und heulend durch die Wälder streifen. Sie konnten dem Jagdinstinkt nicht widerstehen, und der Klang des Jagdhorns, der bisweilen zu mir herüberschallte, verriet mir, dass ein Mensch mit im Spiel war. Immer näher kamen sie heran, und doch ließ sich kein Fuchs auf der weiten Fläche des Sees blicken; und auch von der Meute, die ihren Aktaion verfolgte, war nichts zu sehen. Abends sah ich dann die Jäger heimkehren, die mit einer einzigen als Trophäe an ihrem Schlitten baumelnden Rute ihr Gasthaus aufsuchten. Sie erzählten mir, dass der Fuchs sich in der gefrorenen Erde in Sicherheit bringe und dass ihn, wenn er immer geradeaus laufe, kein Jagdhund einholen könne. Wenn er aber seine Verfolger weit hinter sich gelassen habe, raste er, lausche, bis sie wieder näher an ihn herangekommen seien, und kehre in sein altes Versteck zurück, wo die Jäger bereits auf ihn lauern. Oft lege er auch weite Strecken auf einer Mauer zurück und springe dann zu einer Seite hinunter. Er scheine auch zu wissen, dass sich seine Fährte im Wasser verliere. Ein Jäger erzählte mir, er habe einmal einen Fuchs gesehen, der durch das von Pfützen unterbrochene Eis geflohen und ein Stück weiter zum selben Ufer zurückgekehrt sei. Bald hätten auch die Hunde den See erreicht, dort aber die Spur verloren. Manchmal kam auch ein Rudel herrenloser Hunde an meiner Tür vorbei, umrundete wie tollwütig kläffend und heulend mein Haus, ohne von mir Notiz zu nehmen. Nichts konnte sie von ihrer Jagd abhalten; sie liefen so lange im Kreis, bis sie die nächste Fährte aufnehmen konnten, denn ihretwegen lässt ein kluger Hund alles andere im Stich. Eines Tages kam ein Mann aus Lexington zu meiner Hütte und fragte nach seinem Hund, der ausgebüxt war und schon seit einer

Woche alleine jage. Ich fürchte allerdings, dass er durch nichts, was ich sagte, klüger wurde, denn jedes Mal, wenn ich versuchte, ihm zu antworten, unterbrach er mich mit der Frage: »Und was tun Sie hier?« Er hatte einen Hund verloren, aber einen Menschen gefunden.

Ein alter Jäger mit scharfer Zunge, der einmal im Jahr, wenn das Wasser am wärmsten war, zum Baden an den Walden Pond kam und mir bei der Gelegenheit einen kurzen Besuch abstattete, erzählte mir von einem Erlebnis, das er vor vielen Jahren in den Walden Woods gehabt habe: Eines Nachmittags, als er mit seinem Gewehr die Wayland Road entlangging, hörte er das Gebell sich nähernder Hunde. Bald darauf sprang ein Fuchs über die Mauer auf der einen Straßenseite und verschwand kurz darauf über der anderen. Ein sofort abgegebener Schuss verfehlte ihn. Etwas später erschien in wilder Hetze eine alte Hündin, die mit ihren drei Jungen auf eigene Faust jagte, und verschwand bald wieder in den Wäldern. Als er spät am Nachmittag mitten im Dickicht südlich des Sees rastete, hörte er weit entfernt immer noch, wie sie bellend den Fuchs nach Fair Haven verfolgten. Ihr Gebell hallte durch die Wälder, mal von Well Meadow, mal von der Baker-Farm. Lange Zeit blieb er reglos stehen und lauschte ihrem dem Ohr des Jägers so lieblichen Konzert, als plötzlich der Fuchs vor ihm auftauchte, in einem flinken und so leisen Trab, dass das Geräusch seiner Schritte im Rauschen der Blätter unterging; ohne jede Hast, denn er hatte seine Verfolger weit hinter sich gelassen. Er sprang auf einen Stein, der zwischen den Bäumen lag, setzte sich auf die Hinterpfoten und lauschte, wobei er dem Jäger den Rücken zuwandte. Einen Augenblick hielt Mitgefühl den Arm des Jägers zurück, aber es hielt nur kurz an, und, kaum war der Gedanke gefasst, hatte er auch schon angelegt und abgedrückt – der Fuchs rollte über den Stein und lag am Boden. Der Jäger rührte sich noch immer nicht vom Fleck und lauschte nach den Hunden, die immer näher kamen und schließlich ganz in seiner Nähe den Wald mit ihrem dämonischen Geheul erfüllten. Schließlich tauchte die alte Hündin auf, schnüffelte hechelnd am Boden und stürzte sich auf den Stein. Als sie aber den toten Fuchs erblickte, stellte sie sofort wie starr vor Erstaunen ihre Hetze ein und umkreiste ihn lautlos. Allmählich kamen auch die Jungen herbei; auch sie ließ dieses geheimnisvolle Ereignis verstummen. Da trat der Jäger aus seinem Versteck hervor in ihre Mitte, und das Rätsel war gelöst. Lautlos warteten die Hunde, bis der Fuchs abgezogen war, folgten noch eine Weile dem Fuchsschwanz und verzogen sich dann wieder in die Wälder. An jenem Abend kam ein Herr aus Weston zur Hütte des Jägers aus Concord, um nach seinen Hunden zu fragen, und erzählte, dass sie seit einer Woche in den Wäldern von Weston wilderten. Daraufhin berichtete der Jäger ihm von seinem Erlebnis und bot dem Herrn das Fuchsfell zum Kauf an; der andere aber lehnte dankend ab und trat den Rückweg an. Er fand seine Hunde an diesem Abend nicht mehr, erfuhr aber am nächsten Tag, dass sie durch den Fluss geschwommen seien und in einem Bauernhaus Nachtquartier gefunden hätten. Nachdem man sie dort gut gefüttert hatte, seien sie am Morgen auch von dort wieder verschwunden.

Derselbe Jäger erzählte, dass ein gewisser Sam Nutting, der an den Felsen von Fair Haven Bären jagte und die Felle in Concord gegen Rum eintauschte, ihm berichtet habe, dort sogar schon einen Elch gesehen zu haben. Nutting hatte einen prächtigen Jagdhund namens Burgoyne – er sprach es »Bugein« aus –, den sich mein Gewährsmann manchmal auslieh. Im Kassenbuch eines alten Kaufmanns, der außerdem Hauptmann, Stadtschreiber und Abgeordneter war, fand ich folgenden Eintrag: »18. Jan. 1742/43, John Melven, Kredit für einen Graufuchs 0–2–3.« Heute gibt es diese Tiere hier nicht mehr. Außerdem stand in seinem Hauptbuch: »7. Februar 1743, Hesekiel Stratton für ein halbes Katzenfell 0–1–4 ½.« Das war natürlich eine Wildkatze, denn Stratton war im alten französischen Krieg Sergeant gewesen und hätte es für unter seiner Würde gehalten, eine weniger edle Beute zu jagen. Es wurden auch Kredite für Hirschfelle gegeben, die täglich verkauft wurden. Einer bewahrt noch das Geweih des letzten in dieser Gegend getöteten Hirschs auf, und ein anderer hat mir Einzelheiten über diese Jagd erzählt, an der sein Onkel teilgenommen hatte. Früher waren die Jäger hier eine zahlreiche und lustige Truppe. Ich erinnere mich noch gut an einen hageren Nimrod, der einem am Waldrand gepflückten Blatt wildere und melodischere Klänge entlocken konnte, als jedes Jagdhorn sie hervorbringt, wenn meine Erinnerung mich nicht täuscht.

Um Mitternacht kreuzten bei Mondschein oft Hunde meinen Weg, die in den Wäldern streunten. Sie verzogen sich aber schnell ins Gebüsch, als hätten sie Angst vor mir, und warteten, bis ich vorüber war.

Eichhörnchen und Mäuse stritten sich um meinen Nussvorrat. Rings um mein Haus standen eine Menge

Pechkiefern, von einem bis vier Zoll im Durchmesser, die im vergangenen Winter Mäuse angenagt hatten – ein norwegischer Winter für sie, denn lange Zeit lag der Schnee sehr hoch, sodass sie gezwungen waren, ihre Nahrung mit viel Kiefernrinde aufzubessern. Die Bäume hatten es gut überstanden; sie hatten im Sommer geblüht, und manche von ihnen waren, obwohl ihre Rinde ringartig abgeknabbert war, um einen Fuß gewachsen. Im nächsten Winter aber starben sie alle ohne Ausnahme ab. Merkwürdig, dass einer einzelnen Maus ein ganzer Baum zum Mittagessen bewilligt wird, bloß weil sie rundherum und nicht längs an ihm knabbert; doch vielleicht ist das notwendig, um die Bäume, die zu dicht nebeneinanderwachsen, etwas zu lichten.

Die Hasen (*Lepus americanus*) waren sehr zutraulich. Einer hatte den ganzen Winter hindurch sein Lager unter meinem Haus und war nur durch den dünnen Fußboden von mir getrennt. Er erschreckte mich jeden Morgen durch seinen hastigen Aufbruch, wenn ich mich zu regen begann, denn er stieß in der Eile mit dem Kopf gegen die Bodenbretter: *Bumm*, *bumm*, *bumm*. In der Abenddämmerung kamen die Hasen an meine Tür und knabberten an den Kartoffelschalen, die ich hinausgeworfen hatte. Ihre Farbe war der des Bodens so ähnlich, dass man sie, wenn sie ruhig dasaßen, kaum bemerkte. Wenn einer in der Abenddämmerung reglos vor meinem Fenster hockte, verlor ich ihn immer wieder aus dem Auge. Wenn ich dann abends meine Tür öffnete, hoppelten sie sofort quiekend davon. Aus der Nähe betrachtet, erregten sie nur mein Mitleid. Eines Abends saß einer nur etwa zwei Schritte von mir entfernt vor meiner Tür. Er zitterte vor Angst, bewegte sich aber nicht vom Fleck; ein armes kleines Ding, mager und knochig, mit zottigen Ohren spitzer Schnauze, kleinem Schwanz und dünnen Pfoten. Er sah aus, als wäre die Natur nicht in der Lage, noch edle Rassen hervorzubringen, und pfiffe auf dem letzten Loch. Seine großen Augen wirkten zwar jung, aber wässrig und ungesund. Ich machte einen Schritt vorwärts und – siehe da: Schon streckte und dehnte er Körper und Glieder zu anmutiger Länge und jagte mit elastischen Sprüngen über die Schneekruste, sodass bald der Wald zwischen uns lag. Nun war er das wilde, freie Tier, das seine Kraft und die Würde der Natur geltend machte. Er war nicht ohne Grund so schlank (*Lepus levipes* – Leichtfuß, wie manche meinen).

Was ist ein Land ohne Hasen und Rebhühner? Sie gehören zu den einfachsten und ursprünglichsten Geschöpfen der Tierwelt, zu jenen altehrwürdigen Familien, die das Altertum so gut kannte wie die Neuzeit. In Farbe und Substanz sind sie ein Teil der Natur selbst, den Blättern, dem Erdboden und einander am nächsten verwandt, auch wenn das eine geflügelt, das andere vierbeinig ist. Wenn man einen Hasen oder ein Rebhuhn aufscheucht, denkt man kaum an ein wildes Tier, eher an etwas so Natürliches und Vertrautes wie ein raschelndes Blatt. Das Rebhuhn und der Hase werden sich immer weiter vermehren, welche Revolutionen auch kommen mögen. Sie sind echte Urbewohner der Erde. Sollte der Wald gelichtet werden, bietet ihnen das frische Unterholz immer noch genügend Zuflucht, und sie werden zahlreicher denn je. Ein armes Land, das keine Hasen mehr ernähren kann. Unsere Wälder wimmeln nur so von Rebhühnern und Hasen. In jedem Moor sind ihre Spuren zu sehen, und überall finden sich Fallen aus Zweigen und Rosshaarschlingen, die irgendein Kuhhirt aufgestellt hat.

Der See im Winter

Nach einer stillen Winternacht erwachte ich eines Morgens mit dem Gefühl, dass mir irgendeine Frage gestellt worden war, die ich im Schlaf vergeblich zu beantworten versucht hatte – Was? – Wie? – Wann? – Wo? Doch da schaute die erwachende Natur, in der alle Geschöpfe leben, mit heiterer, zufriedener Miene zu meinem breiten Fenster herein; und auf ihren Lippen lag keine Frage. Ich erwachte zu einer Frage, die bereits beantwortet worden war, zur Natur und zum Tageslicht. Der tiefe Schnee war mit jungen Kiefern gesprenkelt, und selbst der Hügel, auf dem mein Haus steht, schien mir zuzurufen: Vorwärts! Die Natur stellt uns keine Fragen und beantwortet auch keine, die wir Sterblichen stellen. Ihr Entschluss wurde vor langer Zeit gefasst. »Oh Prinz, unsere Augen schauen bewundernd auf das herrliche, bunte Schauspiel des Weltalls und teilen es der Seele mit. Die Nacht verhüllt einen Teil dieser glorreichen Schöpfung, doch dann kommt der Tag, um uns dieses gewaltige Werk zu enthüllen, das sich von der Erde bis in ätherische Gefilde erstreckt.«

Nun denn, zur Morgenarbeit! Zuerst ergreife ich Axt und Eimer und suche Wasser, sofern das kein Wunschtraum ist. Nach einer kalten und schneereichen Nacht brauchte man schon eine Wünschelrute, um es zu finden. Jeden Winter erstarrt die flüssige und zitternde

Oberfläche des Sees, die sonst so empfindlich für jeden Lufthauch war, jedes bisschen Licht und Schatten widerspiegelte, bis zur Tiefe von einem bis anderthalb Fuß und trägt nun die schwersten Gespanne. Wenn manchmal auch noch tiefer Schnee ihn bedeckt, lässt der See sich nicht mehr vom flachen Land unterscheiden. Dann schließt er wie die Murmeltiere in den umliegenden Bergen die Augen und schlummert drei Monate oder noch länger. Wie auf einem Anger stehe ich auf der schneebedeckten Ebene zwischen den Hügeln und schneide mir einen Weg durch fußhohen Schnee, dann durch fußtiefes Eis, öffne ein Fenster zu meinen Füßen und knie nieder, um daraus zu trinken. Dabei sehe ich in das friedliche Wohnzimmer der Fische, wohin wie durch Milchglas nur gedämpftes Licht dringt und wo ein heller Sandteppich liegt, wie im Sommer. Dort herrscht ewige, wellenlose, selige Ruhe die mit dem kühlen, gleichmäßigen Temperament der Bewohner dort unten im Einklang steht. Der Himmel ist unter uns wie über uns.

Frühmorgens, wenn alles noch vor Kälte starrt, kommen Männer mit Angelruten und kärglichem Imbiss und lassen ihre feinen Schnüre durch das Schneefeld in die Tiefe, um Hechte und Barsche zu fangen. Es sind raue Gestalten, die instinktiv anderen Bräuchen folgen und anderen Autoritäten vertrauen als ihre Landsleute. Durch ihr Kommen und Gehen verbinden sie Städte dort miteinander, wo sonst keine Verbindung besteht. In wetterfesten Anzügen sitzen sie auf dem trockenen Eichenlaub am Ufer und verzehren ihre Mahlzeit. Ihr natürliches Wissen ist so breit wie die erlernte Weisheit der Städter. Sie haben nie in Büchern nach Rat gesucht, wissen viel weniger und können über viel weniger Dinge sprechen, als sie vollbracht haben. Was sie eigentlich tun, weiß niemand. Da fischt einer Hechte mit ausgewachsenen Barschen als Köder. Erstaunt blickt man in seinen Eimer, der einem See im Sommer gleicht, als wüsste er, wohin der Sommer sich zurückgezogen hat, oder hielte ihn in seiner Wohnung eingeschlossen, und woher bekommt er denn mitten im Winter überhaupt Barsche? Ah, er hat sich, als der Boden gefroren war, Würmer aus vermoderten Baumstämmen geholt und sie damit gefangen. Dieser Mann ist tiefer mit der Natur vertraut als jeder Naturforscher durch eifrige Studien, ja er selbst wäre ein geeignetes Studienobjekt. Der Forscher schält Moos und Rinde vorsichtig mit seinem Messer ab und sucht Insekten; dieser Mann legt mit seiner Axt Stämme bis zum Mark frei, wobei Moos und Rinde nur so in alle Winde fliegen. Er lebt vom Entrinden der Bäume. So ein Mensch hat eine gewisse Berechtigung zum Fischen, und ich freue mich zu sehen, wie die Natur sich in ihm offenbart. Der Barsch verzehrt den Regenwurm, der Hecht den Barsch und der Fischer den Hecht. So sind alle Zwischenstufen auf der Skala des Daseins ausgefüllt.

Wenn ich bei Nebel um den See schlenderte, amüsierten mich manchmal die einfachen Methoden, die ein ganz naturwüchsiger Fischer anwendete. Er stellte zum Beispiel Erlenzweige über den schmalen Löchern im Eis auf, sechzig bis achtzig Fuß untereinander und ebenso weit vom Ufer entfernt, befestigte das Ende der Schnur an einem Stock, damit sie nicht durch das Loch heruntergezogen wurde, legte die lockere Schnur über einen Erlenzweig, der etwa einen Fuß über das Eis ragte, und band ein trockenes Eichenblatt daran. Wurde das Blatt heruntergezogen, dann wusste er, dass ein Fisch angebissen hatte. Wenn man den See halb umrundete, konnte man solche Zweige in regelmäßigen Abständen durch den Nebel aufragen sehen.

Ach, die Hechte des Walden Pond! Wenn ich sie auf dem Eis liegen sehe oder in der Vertiefung, die der Fischer ins Eis hackt und unten mit einer kleinen Öffnung versieht, um Wasser hineinzulassen, überrascht mich ihre seltsame Schönheit jedes Mal. Wie Märchenfische kommen sie mir vor, so fremd im Leben von Concord, wie Arabien fremd für uns ist. Sie besitzen eine blendende, übernatürliche Schönheit, weit entfernt vom leichenhaften Schellfisch und Kabeljau, deren Loblied man auf unseren Märkten singt. Sie sind nicht grün wie die Kiefern, nicht grau wie die Steine, nicht blau wie der Himmel; für mich haben sie noch seltenere Farben, wie Blumen oder Edelsteine, als wären sie die Perlen, die lebendig gewordenen Steine oder Kristalle des Waldenwassers. Sie sind natürlich durch und durch Walden; selbst kleine Waldens des Tierreichs, *Waldenses.* Verwunderlich, dass sie hier gefangen werden, dass in diesem tiefen, weiten Quell, tief unter rasselnden Gespannen, Kaleschen und klingenden Schlitten, die über die Walden Road fahren, diese großen goldenen und smaragdenen Fische schwimmen. Ich habe nie einen von ihnen auf unserem Markt gesehen; er würde alle Augen auf sich lenken. Mit ein paar Zuckungen gibt dieses Geschöpf leicht seinen wässrigen Geist auf; wie ein Sterblicher, der allzu früh in die dünne Luft des Himmels versetzt wurde.

Ich wünschte mir, den lange verlorenen Grund des

Walden Pond wiederzuentdecken. Darum begann ich ihn früh im Jahr 1846, noch bevor das Eis schmolz, mit Kompass, Messkette und Senkblei zu vermessen. Viele Geschichten sind über die Tiefe oder vielmehr über die Unergründlichkeit dieses Sees erzählt worden, die jeder Grundlage entbehrten. Es ist erstaunlich, wie lange Menschen an bodenlose Tiefen glauben können, ohne sich die Mühe zu geben, sie zu messen. Ich habe bei einem Spaziergang zwei solcher vermeintlich bodenloser Seen in der Umgebung besucht. Viele glaubten, der Walden erstrecke sich bis zur anderen Seite der Erdkugel. Andere, die lange Zeit auf dem Eis gelegen und durch das trügerische Medium hinuntergeblickt hatten, womöglich noch wässrige Augen hatten und durch die Angst vor Unterkühlung zu vorschnellen Folgerungen verleitet wurden, behaupteten, riesige Löcher gesehen zu haben, »durch die ein ganzer Heuwagen passen würde« (wenn nur ein Fuhrmann da gewesen wäre), Löcher, die zweifellos die Quellen des Styx und Eingänge in höllische Regionen seien. Andere kamen mit einem sechsundfünfzig Pfund schweren Gewicht und einer Wagenladung Tau von einem Zoll Durchmesser aus dem Dorf herbei, und trotzdem gelang es ihnen nicht, auf den Grund zu stoßen. Noch wenn das Gewicht längst den Grund erreicht hatte, ließen sie immer mehr Tau hinab und versuchten vergeblich, ihren geradezu unermesslichen Wunderglauben zu ergründen. Ich hingegen kann meinen Lesern versichern, dass der Walden einen wirklichen, festen Boden in durchaus nicht unwirklicher, sondern nur ungewöhnlicher Tiefe besitzt. Ich konnte sie problemlos mit einer kräftigen Angelschnur und einem etwa anderthalb Pfund schweren Stein messen und fühlte genau, wann der Stein sich wieder vom Boden abhob; denn ich musste so lange kräftiger ziehen, bis auch unter ihm Wasser floss und ihm Auftrieb gab. Die größte Tiefe betrug damals genau hundertzwei Fuß. Da der See inzwischen um fünf Fuß gestiegen ist, wird man jetzt hundertsieben messen. Das ist eine beträchtliche Tiefe für so eine kleine Fläche, von der unsere Vorstellung jedoch nicht einen Zoll messen kann. Was, wenn alle Seen seicht wären? Würde sich das auch auf das menschliche Denken auswirken? Ich bin dankbar, dass dieser See so tief und so rein geschaffen wurde, um als Symbol dienen zu können. Solange der Mensch an die Unendlichkeit glaubt, wird er auch einige Seen für unergründlich halten.

Ein Fabrikbesitzer, der von meinen Ergebnissen hörte, hielt sie für falsch, weil nach seinen Erfahrungen mit Deichen der Sand in so steilen Winkeln nicht liegen bleibe. Die tiefsten Seen aber sind im Verhältnis zu ihrer Fläche gar nicht so tief, wie man annimmt, und würden, wenn man sie ablassen würde, gar keine besonders tiefen Täler bilden. Sie sind keine Senken zwischen den Bergen, und selbst der Walden, der im Vergleich zu seiner Fläche ungewöhnlich tief erscheint, ist im Querschnitt nicht tiefer als ein flacher Teller. William Gilpin, der sich so bewundernswert und meist auch exakt mit Landschaften beschäftigt hat, beschreibt Loch Fyne in Schottland als »Salzwasserbucht von sechzig bis siebzig Klafter Tiefe, vier Meilen Breite, ungefähr fünfzig Meilen Länge und umgeben von Bergen.« Er stellt fest: »Wenn wir diesen See unmittelbar nach der eiszeitlichen Katastrophe oder nach welchen Zuckungen der Natur auch immer, die ihn erschaffen haben, gesehen hätten, noch bevor das Wasser einströmte; als welch furchtbarer Abgrund wäre er uns dann erschienen!«

> »So hoch die stolzen Berge ragten,
> So breit und tief tat sich ein dunkler Abgrund auf,
> Ein weites Wasserbett …«

Vergleichen wir nun aber den kleinsten Durchmesser des Loch Fyne mit dem des Walden Pond, der wie erwähnt im Querschnitt schon wie ein flacher Teller erscheint, so wirkt der Loch Fyne noch viermal seichter. So viel zu den *erhöhten* Schrecken des gähnenden Schlunds von Loch Fyne. Zweifellos wird mancher »schrecklicher Abgrund«, wenn er sich entleert hat, von einem lieblichen Tal mit ausgedehnten Maisfeldern eingenommen. Es braucht allerdings den Einblick und Weitblick eines Geologen, um die ahnungslosen Landsleute davon zu überzeugen. Bei genauerem Hinsehen kann man oft die Ufer eines Ursees an den niedrigen Hügeln am Horizont erkennen; und es war keine spätere Erhebung der Ebene notwendig, um ihre Geschichte zu verheimlichen. Wie der Straßenarbeiter weiß, ist es am einfachsten, Bodensenkungen an den Regenpfützen zu erkennen. Daraus lässt sich schließen, dass die Phantasie, ist ihr Spielraum auch noch so klein, tiefer taucht oder höher steigt als die Natur selbst. Vielleicht ist auch die Tiefe des Ozeans im Vergleich zu seiner Breite nicht sehr bedeutend.

Da ich meine Messungen durch das Eis hindurch machte, konnte ich die Bodenformation mit größerer Genauigkeit bestimmen, als es in Seehäfen möglich ist, denn diese frieren nicht zu. Die große Regelmäßigkeit des Bodens überraschte mich. Im tiefsten Teil gibt es eine mehrere Morgen umfassende Fläche, die ebener ist als jedes Feld, das der Sonne, dem Wind und dem Pflug ausgesetzt ist. Auf einer beliebigen Linie schwankte die Tiefe je ungefähr hundertvierzig Yard nur um einen Fuß. Meist konnte ich nahe der Mitte den Tiefenunterschied nach jeder Richtung abschätzen: Er betrug drei bis vier Zoll auf je einhundert Fuß. Manchmal hört man von gefährlichen Löchern, die selbst in so ruhigen, sandigen Seen wie dem Walden vorkommen sollen, dabei gleicht das Wasser unter solchen Verhältnissen alle Unregelmäßigkeiten des Bodens aus. Die Regelmäßigkeit des Grundes, seine Übereinstimmung mit den Ufern und mit der Lage der umgebenden Hügel war so vollkommen, dass ein entferntes Vorgebirge sich bei den Vermessungen den ganzen See hindurch verfolgen ließ. Seine Richtung konnte durch die Beobachtung des gegenüberliegenden Ufers bestimmt werden. Das Kap ward zur Sandbank und zur Untiefe, das Tal und die Schlucht zu tiefem Wasser und zum Kanal.

Nachdem ich eine Karte vom See im Maßstab 1:2000 angefertigt und meine im Ganzen mehr als hundert Vermessungen eingetragen hatte, konnte ich eine bemerkenswerte Beobachtung machen. Als ich sah, dass die Zahl, die die größte Tiefe bezeichnete, sich in der Mitte der Karte befand, legte ich ein Lineal erst der Länge und dann der Breite nach über meine Skizze und stellte zu meinem Erstaunen fest, dass die Linie der größten Länge die Linie der größten Breite *genau* im Punkt der größten Tiefe schnitt, obwohl die Mitte des Sees fast eben war, die Umrisse durchaus nicht regelmäßig sind und bei der Messung der größten Länge und Breite die Buchten mitgerechnet waren. Da sagte ich mir: Wer weiß, ob diese Erkenntnis nicht genauso auf den tiefsten Teil des Ozeans wie auf einen See oder eine Pfütze zutrifft? Gilt nicht das gleiche Prinzip auch für die Höhe der Berge, wenn man sie als Gegenstück der Täler betrachtet? Wir wissen, dass ein Hügel nicht an seiner schmalsten Stelle am höchsten ist.

Von fünf Buchten zeigten drei – alle, die ich untersuchte – eine Sandbank quer vor ihrem Eingang, sodass die Bucht nicht nur eine horizontale, sondern auch eine vertikale Ausbreitung des Wassers ins Land darstellt. Sie ist ein Wasserbecken oder ein selbstständiger See. Die Richtung der beiden Landzungen zeigt den Verlauf der Sandbank. Auch jeder Meereshafen hat vor seiner Einfahrt seine Sandbank. Je breiter die Mündung der Bucht im Vergleich zu ihrer Länge war, desto tiefer war das Wasser über der Sandbank im Vergleich zu dem im Becken. Sind also Länge und Breite einer Bucht und der Charakter des umliegenden Ufers gegeben, so haben wir genügend Anhaltspunkte, um eine allgemeingültige Formel aufzustellen.

Um herauszufinden, wie ich nach meinem Prinzip nur anhand seines Umrisses und seiner Ufer die Tiefe eines Sees bestimmen könnte, fertigte ich eine Skizze des White Pond an, der ungefähr vierzig Morgen umfasst und wie der Walden weder eine Insel noch einen sichtbaren Zufluss oder Abfluss hat. Und da die Linie der größten Breite nahe bei der Linie der kleinsten Breite lag, weil zwei Landzungen und zwei Buchten einander gegenüberlagen, bezeichnete ich als größte Tiefe einen Punkt, der nicht weit von der kleinsten Breite entfernt war, aber noch auf der Linie der größten Länge lag. Tatsächlich befand sich die tiefste Stelle noch hundert Fuß von dieser Stelle entfernt, noch weiter in der Richtung, die ich in Betracht gezogen hatte. Sie war noch einen Fuß tiefer, als ich berechnet hatte, also sechzig Fuß. Eine Insel oder ein hindurchgehender Fluss würde dieses Problem natürlich weit komplizierter machen.

Wären uns alle Naturgesetze bekannt, so würde eine einzige Tatsache oder die Beschreibung eines Phänomens genügen, um daraus alle Schlüsse zu ziehen. Wir kennen aber nur einige wenige Gesetze, und unsere Folgerungen aus ihnen sind ungenügend, nicht, weil in der Natur Verwirrung und Regellosigkeit herrschen würden, sondern weil wir die wichtigsten Faktoren nicht kennen. Unsere Vorstellungen von Gesetz und Harmonie sind gewöhnlich von Beobachtungen abgeleitet. Die Harmonie jedoch, die sich aus einer weit größeren Zahl scheinbar einander widersprechender, in Wirklichkeit aber übereinstimmender Gesetze ergibt, ist noch wunderbarer. Die einzelnen Gesetze ähneln Blickwinkeln. Für den Wanderer ändern sich die Umrisse eines Berges ja auch bei jedem Schritt. Er sieht eine unendliche Anzahl von Profilen, obwohl die Form in Wirklichkeit immer die gleiche bleibt. Auch wenn wir einen Berg zerspalten oder durchbohren, werden wir ihn nicht als Ganzes begreifen.

Was ich über den See gesagt habe, gilt in gleichem Maße auch für die Ethik. Auch sie ist eine Lehre des Durchschnitts. Ihre Regel zweier Diameter führt uns nicht nur zur Sonne als Mittelpunkt eines Systems und zum Herzen des Menschen, sondern gibt uns, wenn wir Linien durch die Länge und Breite eines Menschenlebens ziehen, seines täglichen Verhaltens, seiner Lebenswellen bis hinein in alle Buchten und Zuflüsse, an ihrem Schnittpunkt über die Höhen und Tiefen seines Charakters Aufschluss. Vielleicht brauchen wir nur zu wissen, wie seine Ufer verlaufen, wie das umliegende Land und seine Lebensbedingungen beschaffen sind. Ist er von Bergen, von achilleischen Ufern umgeben, deren Gipfel seine Seele überschatten, kann man daraus auf eine entsprechende Tiefe in ihm schließen. Wo aber ein flaches Ufer ihn begrenzt, ist er selbst seicht. An unserem Körper verrät eine kühn gewölbte Stirn Gedankentiefe. Auch vor der Einfahrt zu unseren Buchten und besonderen Neigungen liegt eine Sandbank; und jede Neigung ist eine Zeit lang unser Hafen, in dem wir zurückgehalten werden und zum Teil auch verankert sind. Diese Neigungen sind meist nicht zufällig, sondern in Form, Größe und Richtung durch die Vorgebirge am Ufer bestimmt. Nimmt diese Sandbank durch Stürme, Sturmfluten oder Strömungen allmählich zu oder fließt so viel Wasser ab, dass sie bis zur Oberfläche reicht, so wird, was anfangs nur eine Einbuchtung am Ufer war, wo ein Gedanke vor Anker lag, zu einem eigenen See. Er steht mit dem Ozean nicht in Verbindung; in ihm schafft sich der Gedanke seine eigenen Bedingungen, wandelt sich vielleicht vom Salz- zum Süßwassersee, wird vielleicht ein totes Meer oder ein Sumpf. Entsteht vielleicht bei der Ankunft eines jeden Menschen irgendwo eine Sandbank? Allerdings sind wir so klägliche Schiffer, dass sich unsere Gedanken meist an hafenlosen Küsten verlieren, nur mit den Nothäfen lyrischer Buchten vertraut, oder aber öffentliche Häfen ansteuern, um in den Trockendocks der Wissenschaft zu liegen, wo sie für diese Welt notdürftig wieder zusammengehämmert werden und wo keine natürlichen Strömungen sie individualisieren.

Der Walden hat, soviel ich weiß, keinen anderen Zufluss oder Abfluss als durch Regen, Schnee und Verdunstung. Doch könnten vielleicht mit Thermometer und Schnur solche Stellen in der Tiefe des Sees gefunden werden, denn wo Wasser hineinfließt, wird es im Sommer am kältesten, im Winter am wärmsten sein. Als Männer im Jahr 1846/47 im See Eis hackten, wurden am Ufer einzelne Blöcke zurückgewiesen, weil sie nicht dick genug waren, um sie ordentlich auf die anderen zu schichten. Auf diese Weise entdeckten diese Leute, dass an einer kleinen Stelle das Eis etwa zwei bis drei Zoll dünner war als sonst, weshalb sie dort einen Zufluss vermuteten. Sie zeigten mir noch eine andere Stelle, die sie für ein »Leck« hielten, durch das der See einen Abfluss zur benachbarten Wiese habe. Sie fuhren mich auf einer Eisscholle dorthin, um mir das Loch zu zeigen. Es war eine kleine Aushöhlung in zehn Fuß Tiefe. Ich kann jedoch versichern, dass der See nicht »gelötet« zu werden braucht, solange kein größeres Loch als dieses auftaucht. Es ist auch vorgeschlagen worden, falls solch ein Leck tatsächlich existiert, die Verbindung zur Wiese nachzuweisen, indem man gefärbtes Pulver oder Sägespäne in die Öffnung einführt und an der Quelle auf der Wiese einen Filter befestigt, der die Teilchen auffängt.

Während meiner Messungen schwankte das sechzehn Zoll dicke Eis bei schwachem Wind wie Wasser. Man weiß, dass man auf dem Eis keine Wasserwaage verwenden kann. Fünfzehn Fuß vom Ufer entfernt betrug die größte Schwankung, die durch eine am Ufer aufgestellte und mit einer Messlatte auf dem Eis verbundene Wasserwaage gefunden wurde, drei Viertel Zoll. Mitten auf dem See war die Schwankung vielleicht noch größer. Wer weiß, vielleicht könnten wir auch eine Schwankung der Erdkruste entdecken, wenn unsere Instrumente fein genug dafür wären. Standen zwei Füße einer Wasserwaage auf dem Land und der dritte auf dem Eis, und war das Visier außerdem auf das Eis gerichtet, so machte eine noch so winzige Schwankung des Eises an einem Baum am anderen Ufer einen Unterschied von mehreren Fuß aus. Als ich zum Peilen Löcher in das Eis schnitt, fand ich drei bis vier Zoll hohes Wasser auf dem Eis, das der Schnee hinunterdrückte. Das Wasser begann aber sofort in die Löcher zu laufen, floss zwei Tage lang in Strömen hinein, die das Eis in jede Richtung aushöhlten. Das trug wesentlich dazu bei, die Oberfläche des Sees trocken zu legen, denn je mehr Wasser hineinfloss, desto mehr hob es und trug es das Eis. Wenn man ein Loch in den Boden eines Schiffes schneidet, um das Wasser herauszulassen, ist das ein ähnlicher Vorgang. Wenn diese Löcher zufrieren, es dann regnet und schließlich der Frost alles wieder mit frischem, glattem Eis überzieht, kann man unter der Oberfläche prächtige dunkle Ornamente erkennen, Eisrosetten, deren Formen an Spinnennetze erinnern. Sie entstehen durch die Kanäle, die das aus allen Richtungen ins Eis strömende Wasser gegraben hat. Manchmal, wenn das Eis mit seichten Pfützen bedeckt war, sah ich meinen eigenen Schatten doppelt. Der eine stand auf dem Kopf des anderen – einer auf dem Eis, der andere auf den Bäumen oder Hügeln.

Jetzt im kalten Januar, da Eis und Schnee noch dick und fest sind, kommt der schlaue Gastwirt aus dem Dorf, um Eis zum Kühlen seiner Sommergetränke zu holen. Wie beeindruckend, ja beinahe rührend klug er ist, jetzt im Januar der Julihitze und dem Julidurst vorzubeugen – im Wintermantel und mit Fäustlingen! Wo doch für so vieles keine Vorsorge getroffen wird! Wahrscheinlich legt er in dieser Welt keine Schätze an, die seinen Sommerdurst in der nächsten stillen werden. Er schneidet und sägt in den gefrorenen See, lüftet das Dach vom Haus der Fische und schleppt ihr ureigenes Element und ihre Luft, wie Holzbündel mit Ketten und Stöcken zusammengehalten, durch die günstige Kälte in den Winterkeller. Wie kristallisierter Azur sieht das Eis aus, wenn es in weiter Ferne über die Straße gezogen wird. Diese Eisarbeiter sind ein fröhlicher Menschenschlag, stets zu Scherzen und Späßen aufgelegt. Wenn ich zu ihnen kam, luden sie mich ein, ihnen beim Sägen zu helfen: Sie würden den Griff der Säge über dem Eis halten, ich darunter.

Im Winter 1846/47 kamen eines Morgens an die hundert Männer von arktischem Aussehen mit vielen Wagenladungen plump aussehender Ackergeräte, Schlitten, Rechen, Pflügen, Bohreggen, Rasenstechern, Schaufeln, Sägen und Harken an unseren See. Außerdem war jeder von ihnen mit einer zweizackigen Spitzhacke ausgerüstet, wie sie im *Neuengland-Farmer* oder im *Cultivator* nicht beschrieben sind. Ich wusste nicht genau, ob sie vielleicht gekommen waren, um Winterroggen oder irgendeine andere von Island importierte Getreideart zu säen. Da ich keinen Dünger sah, dachte ich, dass sie es machen wollten wie ich – Raubbau treiben –, denn der Boden hatte tief und lange genug brachgelegen. Sie erzählten mir, dass ein Landwirt, der nicht genannt werden wolle, sein Vermögen, das sich, so viel ich erfahren konnte, bereits auf eine halbe Million belief, verdoppeln wolle. Um aber jeden Dollar mit einem zweiten bedecken zu können, zog er mitten im strengen Winter dem Walden den einzigen Rock ab, den er besaß, ja die Haut selbst. Die Männer machten sich sofort an die Arbeit, pflügten, eggten, walzten und zogen Furchen, alles mit bewunderungswürdiger Genauigkeit, als wollten sie einen Musterbetrieb daraus machen. Als ich aber genauer hinsah, welche Saat sie in die Furchen streuten, begannen einige Männer neben mir plötzlich mit einem Ruck den jungfräulichen Erdboden bis auf den Sand oder vielmehr bis auf das Wasser hinab – denn es war Quellenland –, also die ganze *terra firma* herauszuholen und auf Schlitten fortzuschaffen. Da erriet ich, dass sie Torf stachen. So kamen und gingen sie Tag für Tag mit laut quietschender Lokomotive wie in einem Polargebiet. Mir erschienen sie wie ein Schwarm arktischer Schneevögel. Doch manchmal rächte sich die Squaw Walden: Einer der Knechte, der hinter dem Gespann herschritt, rutschte durch eine Spalt zum Tartarus hinunter. Der vorher so Mutige zitterte plötzlich wie ein Schneiderlein, büßte all seine tierische Wärme ein und war froh, in meinem Haus Zuflucht zu finden, wo er die Überzeugung zurückgewann, dass ein Ofen nicht zu verachten ist. Manchmal brach die gefrorene Erde auch ein Stück Stahl aus der Pflugschar, oder der ganze Pflug blieb in einer Erdfurche stecken und musste herausgehackt werden.

Ich übertreibe nicht, wenn ich sage, dass täglich hundert Iren mit Yankees als Aufsehern aus Cambridge kamen, um Eis zu holen. Sie schnitten es in Blöcke – die Methode ist ja allgemein bekannt und bedarf keiner näheren Beschreibung –, die sie auf Schlitten ans Ufer und von dort schnell auf eine erhöhte Eisplatte beförderten. Mit Enterhaken, Rollen und von Pferden betriebenen Flaschenzügen wurden sie so exakt wie Mehlfässer aufeinandergestapelt, als sollten sie das Fundament eines wolkenspaltenden Obelisken bilden. Die Arbeiter erzählten mir, dass sie an einem Tag tausend Tonnen schafften, etwa die Ausbeute von einem Morgen. Wie auf *terra firma* hatten die Schlitten tiefe Furchen in das Eis gegraben. Die Pferde fraßen ihren Hafer aus ausgehöhlten Eisblöcken wie aus Eimern. Die Arbeiter türmten die Blöcke im Freien zu Pfeilern von fünfunddreißig Fuß Höhe und ungefähr hundert bis hundertzwanzig Fuß Seitenlänge auf. Zwischen die Außenblöcke wurde Heu gestopft, um die Luft abzuhalten, denn wenn der Wind auch noch so eisig hindurchbläst, frisst er doch große Höhlungen ins Eis, lässt nur hier und da eine leichte Stütze oder einen Eckpfeiler stehen und wirft schließlich den ganzen Turm um. Anfangs sah er wie eine große blaue Festung oder die Walhalla aus, aber als die Arbeiter anfingen, grobes Wiesenheu zwischen die Spalten zu stecken, und dieses sich mit Raureif und Eiszapfen bedeckte, wirkte er wie eine ehrwürdige, moosbewachsene aus azurnem Marmor gebaute Ruine; wie die Behausung des Winters, jenes alten Herrn aus dem Almanach, der sich wohl entschlossen hatte, mit uns zu übersommern. Die Männer schätzten, dass kaum ein Viertel des Eises seinen Bestimmungsort erreichte und zwei bis drei Prozent auf der Fahrt verloren gingen. Ein noch größerer Teil dieses Eishauses hatte jedoch ein anderes Schicksal, als ihm zugedacht war. Entweder hielt sich das Eis nicht so gut, wie man erwartet hatte, oder es kam trotz aller Vorsichtsmaßnahmen zu sehr mit der Luft in Berührung – kurz, es kam nie zum Verkauf. Schließlich wurde der Rest dieser im Winter 1846/47 errichteten Eisburg, deren Gewicht man auf zehntausend Tonnen schätzte, mit Heu und Brettern zugedeckt. Obwohl sie dann im nächsten Juli wieder aufgedeckt und teilweise fortgeschafft wurde und der Rest der Sonne ausgesetzt war, blieb sie den ganzen Sommer und den nächsten Winter über stehen und war erst im September 1848 wieder ganz geschmolzen. Auf diese Weise erhielt der See den größten Teil seines Wassers zurück.

Wie das Wasser zeigt das Eis des Walden aus der Nähe gesehen eine grünliche Färbung, aus der Ferne aber hat es ein herrliches Blau und ist selbst auf eine Viertelmeile von dem weißen Eis des Flusses oder dem ausgesprochen grünen einiger Seen zu unterscheiden. Manchmal rutscht ein großer Eisblock vom Schlitten eines Eisarbeiters auf die Dorfstraße und bleibt dort wie ein großer Smaragd eine Zeit lang liegen – ein Gegenstand des Interesses für alle Vorübergehenden. Ich bemerkte, dass ein Teil des Walden, dessen Wasser grün wirkte, von derselben Stelle aus gefroren blau erschien. Auch das Wasser in den Erdvertiefungen in der Nähe des Sees erscheint erst grün und dann blau, wenn es am nächsten Tag eingefroren ist. Vielleicht hängt diese Blaufärbung mit dem Licht- und Luftgehalt des Wassers zusammen: Je durchsichtiger es ist, desto intensiver das Blau. Eis ist ein interessanter Gegenstand der Kontemplation. Man hat mir erzählt, dass in einigen Eishütten am Fresh Pond fünf Jahre altes Eis noch nichts an Qualität eingebüßt habe. Warum verdirbt das Wasser im Eimer so schnell, während es gefroren immer frisch bleibt? Der gleiche Unterschied, sagt man, bestehe zwischen den Leidenschaften und dem Verstand.

So sah ich sechzehn Tage lang von meinem Fenster aus hundert Männer wie fleißige Bauern bei der Arbeit mit Wagen und Pferden und Ackergeräten aller Art, ein Bild wie aus dem Almanach. Und jedes Mal, wenn ich zu ihnen hinüberschaute, musste ich an die Fabel von der Lerche und den Schnittern denken oder an das Gleichnis vom Sämann. Jetzt sind sie alle fort, und in weiteren dreißig Tagen werde ich vielleicht durch dasselbe Fenster auf das reine, meergrüne Wasser des Walden Pond hinausschauen, in dem sich Wolken und Bäume spiegeln, während er einsam seinen Atem in die Luft sendet. Nichts wird mehr daran erinnern, dass dort je ein Mensch gestanden hat. Vielleicht werde ich wieder einen Eistaucher lachen hören, wenn er untertaucht oder sein Gefieder putzt, oder einen einsamen Fischer in seinem Boot, das einem auf den Wellen tanzenden Blatt gleicht; der gerade dort, wo noch vor kurzer Zeit hundert Männer sicher standen, sein eigenes Spiegelbild erblickt.

So weiß ich also, dass die verschmachtenden Einwohner von Charleston und New Orleans, von Madras, Bombay und Kalkutta aus meiner Quelle trinken. Morgens bade ich meinen Geist in der wunderbaren und kosmogonischen Philosophie der *Bhagavad Gita,* seit deren Entstehen Götterjahre vergangen sind und im Vergleich zu der unsere moderne Welt und ihre Literatur kümmerlich und flach erscheinen. Ich bin überzeugt, dass diese Philosophie mit einem früheren Daseinszustand zusammenhängt, dessen Erhabenheit für unseren Verstand nicht zu fassen ist. Ich lege das Buch aus der Hand und gehe zu meiner Quelle, um Wasser zu schöpfen. Und siehe – dort treffe ich den Diener Brahmins, des Priesters von Brahma, Vishnu und Indra. Noch immer sitzt er in seinem Tempel am Ganges und liest in den *Veden* oder lebt mit seiner Brotrinde und seinem Wasserkrug zu Füßen eines Baums. Ich treffe den Diener, der gekommen ist, um Wasser für seinen Herrn zu holen; unsere Eimer klirren gleichsam am selben Quell aneinander. Das reine Wasser des Walden ist mit des Ganges heiligen Fluten vermischt. Günstige Winde treiben es fort, vorbei an der Stelle, wo einst die Märcheninseln der Atlantis und der Hesperiden lagen, am Periplus Hannos, an Ternate und Tidore und dem Persischen Golf, bis es sich in den tropischen Stürmen des Indischen Ozeans zerstäubt und in Häfen landet, von denen Alexander nur den Namen kannte.

Frühling

Wenn die Eisarbeiter große Flächen abgetragen haben, bricht der See meist früher auf, da das vom Wind bewegte Wasser selbst bei kaltem Wetter das umliegende Eis wegfrisst. Das traf in diesem Jahr auf den Walden allerdings nicht zu, denn er hatte sich schon bald wieder einen neuen, dicken Rock zugelegt. Der Walden schmilzt immer etwas später als die umliegenden Seen, denn er ist tiefer, und es fließt kein Fluss durch ihn hindurch, der das Eis erwärmen oder aushöhlen könnte. Ich kann mich nicht erinnern, dass er je im Winter aufgebrochen ist, selbst nicht im Winter 1852/53, der die Seen auf eine harte Probe stellte. Gewöhnlich beginnt er um den 1. April herum aufzutauen, acht bis zehn Tage nach dem Flint's Pond und Fair Haven, wobei das Eis zuerst an der Nordseite und an den seichten Stellen schmilzt, wo es sich auch zuerst gebildet hat. Er zeigt besser als irgendein anderes Gewässer im Umkreis den Fortschritt der Jahreszeiten an, da er von vorübergehenden Temperaturschwankungen am wenigsten beeinflusst wird. Ein einige Tage andauernder Kälteeinbruch im März kann das Auftauen anderer Seen deutlich verzögern, aber die Temperatur im Walden Pond steigt nahezu konstant. Ein am 6. März 1847 in die Mitte des Walden gestecktes Thermometer zeigte 0° Celsius, also den Gefrierpunkt an. In der Nähe des Ufers waren es 0,5° C; in der Mitte des

Flint's Pond am selben Tag 0,5° C und etwa zweihundert Fuß vom Ufer entfernt in seichtem Wasser unter fußdickem Eis 2° C. Dieser Temperaturunterschied von 2° C zwischen dem tiefen und dem seichten Wasser des Flint's Pond und die Tatsache, dass er größtenteils verhältnismäßig flach ist, erklären, weshalb er so viel früher aufbricht als der Walden. Das Eis war zu dieser Zeit an den seichten Stellen mehrere Zoll dünner als in der Mitte. Im tiefsten Winter war die Mitte am wärmsten und das Eis dort am dünnsten. Jeder, der einmal im Sommer am Ufer eines Sees gewatet ist, konnte beobachten, wie viel wärmer das nur drei bis vier Zoll tiefe Wasser in Ufernähe als weiter draußen und wie viel wärmer tiefes Wasser in der oberen Schicht ist als nah am Grund. Im Frühling übt die Sonne nicht nur durch die erhöhte Temperatur der Erde und der Luft Einfluss aus; ihre Strahlen dringen auch durch fußdickes Eis und werden in seichtem Wasser vom Boden reflektiert, erwärmen also das Wasser und bringen die Unterseite des Eises zum Schmelzen, während sie gleichzeitig direkt auf die Oberfläche wirken. Das Eis wird uneben, und die Luftblasen im Eis dehnen sich nach oben und unten aus, bis die Eisfläche schließlich ganz durchlöchert ist und während eines Frühlingsregens plötzlich verschwindet. Wie Holz hat das Eis eine Maserung, und wenn ein Stück Eis zu zerfallen beginnt, nimmt es das Aussehen einer Honigwabe an. Die Luftzellen liegen rechtwinklig zur Wasseroberfläche. Wo ein Felsen oder ein Baumstumpf aus der Oberfläche ragt, ist das Eis bedeutend dünner oder häufig durch die zurückgestrahlte Wärme sogar schon völlig geschmolzen. In Cambridge hat man, wie mir erzählt wurde, den Versuch gemacht,

Wasser in einem flachen Holzgefäß zum Gefrieren zu bringen. Dabei stellte sich heraus, dass die vom Boden des Gefäßes reflektierten Sonnenstrahlen die unter dem Gefäß und auch auf beiden Seiten zirkulierende kalte Luft an Kraft übertrafen. Wenn ein warmer Regen mitten im Winter den Schnee auf dem Eis des Walden zum Schmelzen bringt und in der Mitte hartes, dunkles oder durchsichtiges Eis zurücklässt, bleibt meist am Ufer ein etwa sechzehn Fuß breiter Streifen porösen, wenn auch dickeren Eises übrig. Er verdankt sein Aussehen der zurückgestrahlten Wärme. Außerdem wirken, wie bereits erwähnt, die Blasen im Eis selbst wie Brenngläser und bringen das Eis darunter zum Schmelzen.

Auf einem See spielen sich die Erscheinungen der Jahreszeiten in kleinem Maßstabe täglich ab. Jeden Morgen erwärmt sich das flache Wasser schneller als das tiefe und kühlt jeden Abend bis zum Morgen rascher ab. Der Tag ist ein Sinnbild des Jahres. Die Nacht ist der Winter, Morgen und Abend sind Frühling und Herbst, und der Mittag ist der Sommer. Das Krachen und Dröhnen des Eises zeigt eine Temperaturveränderung an. An einem schönen Morgen nach einer kalten Nacht bin ich am 24. Februar 1850 zum Flint's Pond gewandert, um dort den Tag zu verbringen. Dort stellte ich mit Erstaunen fest, dass das Eis, wenn ich mit dem dicken Ende meiner Axt darauf schlug, wie ein Gong in einem hundert Fuß großen Umkreis widerhallte. Ungefähr eine Stunde nach Sonnenaufgang, als der Einfluss der Sonnenstrahlen sich bemerkbar machte, begann das Eis zu krachen. Es reckte und streckte sich, gähnte wie ein erwachender Mensch unter allmählich wachsendem Lärm. Das dauerte ungefähr drei bis vier Stunden. Um die Mittagszeit hielt das Eis ein kleines Schläfchen, um gegen Abend, wenn es die Sonne nicht mehr spürte, abermals zu krachen. Bei günstigem Wetter feuert ein See mit großer Regelmäßigkeit sein Abendgeschütz ab. Nur um die Mittagszeit, wenn er viele Risse hat und auch die Luft weniger elastisch ist, verliert er seine Resonanz. Dann kann ein Schlag wohl keinem Fisch und keiner Bisamratte einen Schrecken einjagen. Die Fischer glauben, dass das »Donnern des Sees« die Fische erschrecke und sie deshalb nicht anbissen. Der See donnert übrigens nicht an jedem Abend. Es lässt sich auch nicht mit Sicherheit voraussagen, wann es geschehen wird. Wenn ich auch keinen Wetterwechsel bemerke, der See kann es. Wer hätte ein so großes, kaltes und dickhäutiges Ding für so empfindlich gehalten? Doch auch ein See ist bestimmten Gesetzen verpflichtet, denen er donnernd Gehorsam bezeugt, wenn er im Frühling so sicher wie die Knospen aufbrechen muss. Die Erde ist überall lebendig und mit Papillen bedeckt. Der größte See reagiert so empfindlich auf atmosphärische Veränderungen wie der Quecksilbertropfen in seiner Röhre.

Ich war auch in den Wald gezogen, um in aller Ruhe beobachten zu können, wie es Frühling wird. Endlich bekommt das Eis des Sees sein wabenartiges Aussehen, und ich kann meinen Absatz hineinbohren, wenn ich hinübergehe. Nebel, Regenschauer und die wärmere Sonne schmelzen allmählich den Schnee. Die Tage sind schon merklich länger geworden, und in diesem Winter brauche ich meinen Holzvorrat nicht noch einmal aufzustocken. Großer Feuer bedarf es nicht mehr. Ich suche nach den ersten Anzeichen des Frühlings, dem ersten verlorenen Zwitschern eines ankommenden Vogels, dem Piepen des gestreiften Eichhörnchens, dessen Vorräte jetzt beinahe aufgebraucht sein müssen, dem ersten Ausbrechen des Murmeltiers aus seinem Winterlager. Am 13. März war das Eis noch fast einen Fuß dick, und doch hatte ich schon das Blaukehlchen, den Singsperling und die Rotdrossel gehört. Auch als es wärmer wurde, brach das Eis nicht auf oder wurde wie in Flüssen davongetrieben. Am Ufer war es zwar bis zu acht Fuß Breite ganz weggeschmolzen, aber in der Mitte hielt es stand, wenn auch durchlöchert und so mit Wasser durchtränkt, dass man es selbst dort, wo es sechs Zoll dick war, mit dem Fuß durchstoßen konnte. Am nächsten Tag war es, vielleicht durch einen warmen Regen und Nebel, ganz verschwunden – wie weggezaubert. Einmal überquerte ich den See sogar noch fünf Tage bevor das Eis ganz verschwand. 1845 war der Walden am 1. April völlig eisfrei; 1846 am 25. März; 1847 am 8. April; 1851 am 28. März; 1852 am 18. April; 1853 am 23. März und 1854 ungefähr am 7. April.

Jeder Vorgang, der mit dem Aufbrechen der Flüsse und Seen und mit der Verbesserung des Wetters zusammenhängt, ist besonders interessant für uns, die wir in einem solch großen Schwankungen unterworfenen Klima leben. Wenn die Tage wärmer werden, hören die Menschen, die in der Nähe der Flüsse wohnen, nachts das Krachen und Dröhnen des Eises, das wie plötzliches Artilleriefeuer klingt oder als ob der Fluss seine Eisfesseln sprengte. Dann sehen sie das Eis innerhalb weniger Tage zügig davontreiben. So kriecht der Alligator aus dem Schlamm, wenn die Erde erbebt. Ein alter Mann, den ich kenne, ist ein scharfer Beobachter der Natur und scheint sie so gut zu kennen, als wäre sie erst in seiner Kindheit gebaut worden und er hätte Hilfsdienste geleistet. Nun ist er alt, könnte sich aber kaum mehr Wissen über die Natur aneignen, wenn er so alt würde wie Methusalem. Er erzählte mir – ich war überrascht, dass irgendeine Laune der Natur ihn in Erstaunen versetzen konnte, denn ich glaubte, es bestünde zwischen ihnen kein Geheimnis –, dass er eines Tages im Frühling seine Flinte genommen habe und ins Boot gestiegen sei, um sich ein wenig mit den Enten zu unterhalten. Die Wiesen waren noch mit Eis bedeckt, aber der Fluss war frei, und er kam mühelos von Sudbury, wo er lebte, zum Fair Haven Pond, den er zu seiner Verwunderung mit einer festen Eisschicht bedeckt vorfand. Der Tag war warm, und er wunderte sich, wie sich eine so große Eismasse noch behaupten konnte. Da er keine Enten sah, versteckte er sein Boot an der Rückseite einer Insel und verbarg dann sich selbst im Unterholz an der Südseite, um auf die Tiere zu warten. Am Ufer war das Eis bis zu einem Abstand von fünfzig oder sechzig Fuß geschmolzen. Dort war das Wasser ruhig und warm und der Grund schlammig, wie Enten es lieben. Er glaubte, dass sie sich schon bald einfinden würden. Nachdem er ungefähr eine halbe Stunde lang still gelegen hatte, hörte er ein dumpfes und offenbar weit entferntes, aber eigenartig erhabenes und eindrucksvolles Geräusch, wie er es noch nie gehört hatte. Es schwoll immer mehr an, ein dumpfes Rauschen und Brausen, das sich für ihn wie ein großer Schwarm Wasservögel anhörte, die sich hier niederlassen wollten. Schnell ergriff er seine Flinte und sprang auf, doch da entdeckte er zu seiner Überraschung, dass der ganze Eiskörper sich während seines Wartens in Bewegung gesetzt hatte und auf das Ufer zutrieb. Das Geräusch rührte vom Reiben des Eises am Ufer her. Erst wurde es stückweise abgebröckelt und abgespalten, dann türmte es seine Schollen zu beachtlicher Höhe am Seeufer auf, bis es schließlich zum Stillstand kam.

Endlich haben die Sonnenstrahlen den richtigen Winkel erreicht. Warme Winde vertreiben Nebel und Regen und schmelzen die Schneehaufen. Die Sonne zerteilt den dunstigen Schleier und lacht auf eine von Weihrauch dampfende rotbraun und weiß getüpfelte Landschaft herab, durch die der Wanderer von Insel zu Insel springt, während ihn das Konzert von tausend murmelnden Bächlein und Flüsschen erfreut, die in ihren Adern das Blut des Winters davontragen. Selten hatte ich größere Freude an einer Naturerscheinung als beim Anblick der Formen im tauenden Sand und Ton, der an den Seiten eines tiefen Eisenbahnhohlweges herabfloss, an dem ich auf meinem Weg zum Dorf vorbeikam. Man sieht dieses Phänomen in einem solchen Ausmaß nicht häufig, obwohl sich die Zahl frisch aufgeworfener Dämme aus diesem Material seit der Erfindung der Eisenbahnen sehr vermehrt haben muss. Das Material war Sand in allen Feinheitsgraden und in verschiedenen warmen Farben, meist mit ein wenig Ton vermischt. Wenn die Kälte im Frühjahr nachlässt, ja selbst an einem Tautag im Winter, beginnt der Sand wie Lava die Abhänge hinunterzufließen, wobei er stellenweise den Schnee durchbricht und überschwemmt. Zahllose kleine Bäche überspringen einander und verflechten sich, wodurch ein hybrides Gebilde entsteht, das halb den Gesetzen der Strömung, halb denen der Vegetation gehorcht. Beim Fließen nimmt es die Gestalt saftiger Blätter oder Ranken an und bildet fußdicke Haufen weicher Verzweigungen, die dem ausgezackten, gelappten und schuppigen Thallus einiger Flechten gleichen. Sie erinnern auch an Korallen, Leopardentatzen und Vogelfüße, an Hirn, Lungen oder Gedärme, an Exkremente aller Art. Es ist eine wahrhaft groteske Vegetation, deren Form und Farbe wir in Bronze nachgeahmt sehen, eine Art architektonisches Laubwerk, das älter und typischer ist als Akanthus, Zichorie, Efeu und Wein. Vielleicht ist sie dazu bestimmt, unter gewissen Umständen den Geologen der Zukunft Rätsel aufzugeben. Der ganze Hohlweg machte auf mich den Eindruck einer mit Tageslicht gefluteten Tropfsteinhöhle. Die vielen Schattierungen des Sandes sind auffallend reich und ansprechend. Sie umfassen die verschiedenen Eisenfarben, braun, grau, gelblich und rötlich. Wenn die flutende Masse den Graben erreicht, breitet sie sich in flachere Strähnen aus. Die einzelnen Ströme verlieren ihre halbzylindrische Form, werden allmählich flacher und breiter und vereinigen sich, sobald mehr Feuchtigkeit sie durchdringt, sodass sie schließlich eine flache Sandschicht bilden, die noch immer mannigfaltig und prächtig schattiert ist, in der die ursprüngliche Pflanzenform noch erkennbar bleibt. Schließlich werden sie im Wasser zu Sandbänken, wie sie sich an Flussmündungen bilden, und die Pflanzenform verliert sich in der Wellenform des Grundes.

Die ganze etwa zwanzig bis dreißig Fuß hohe Böschung ist an einer Seite und manchmal auch an beiden eine Viertelmeile lang mit Massen dieses Blattwerks oder »Sandbruchs« bedeckt, das Ergebnis eines einzigen Frühlingstags. Dieses Sandlaub ist deswegen so merkwürdig, weil es sich so außerordentlich schnell entfaltet. Wenn ich an der einen Seite die Böschung so träge daliegen sehe – denn die Sonne scheint zuerst nur auf die eine Seite – und an der anderen dieses üppige Laubwerk erblicke, habe ich das Gefühl, in der Werkstatt jenes Künstlers zu stehen, der die Welt und mich geschaffen hat, als träfe ich ihn bei der Arbeit an, während er gerade spielend diese Böschung schafft und in einem Übermaß an Kraft neue Ornamente verschwendet. Ich habe das Gefühl, als ob ich hier den Eingeweiden des Erdballs näher stände, denn diese sandige Überschwemmung erinnert an die verzweigten Eingeweide eines tierischen Körpers. So findet man also sogar im Sand eine Vorstufe des pflanzlichen Blatts. Kein Wunder, dass die Erde sich nach außen in Blättern ausdrückt, wenn dieser Gedanke in ihrem Innersten wohnt. Selbst die Atome haben dieses Gesetz gelernt und tragen seinen Keim in sich. Das darüber hängende Blatt hat hier sein Vorbild. *Innerlich*, ob im Erdball oder im menschlichen Körper, ist es ein feuchter dicker *Lappen*, ein Wort, das sich besonders auf Leber, Lungen und Fett anwenden lässt (λείβω, *labor, lapsus*, laufen oder gleiten; γόβος, *globus, lobe*, Lappen, Klappe und viele andere). *Äußerlich* ist es ein dünnes Blatt (engl. *leaf*) bei dem sogar das feuchte *f* zu einem *b* getrocknet ist. Der Stamm von von *lobe* (Lappen) ist *lb:* die weiche Masse des *b* einlappig oder *B* doppellappig; dazu das flüssige *l*, das sie vorwärts schiebt. Im *gl* von *globe* wird die Funktion des Rachens zu Hilfe genommen, um durch das g den Sinn des Wortes zu vermehren. Die Federn und Flügel der Vögel sind noch trockenere, dünnere Blätter. So werden wir also aus der plumpen Larve im Erdboden zum luftigen, flatternden Schmetterling. Der Erdball selbst übertrifft sich ständig und wird in seiner Bahn beflügelt. Selbst das Eis gleicht anfangs Kristallblättern, als ob es in Formen geflossen wäre, die das Laub der Wasserpflanzen in den Wasserspiegel eingedrückt hat. Auch der ganze Baum ist nur ein Blatt. Flüsse sind noch größere Blätter; die zwischen ihren Windungen liegende Erde ist ihr Fleisch und die Städte und Städtchen sind die Insekteneier in den Winkeln, die an ihren Abzweigungen gebildet werden.

Nach Sonnenuntergang hört der Sand auf zu fließen, aber am Morgen fluten die Ströme wieder und bilden zahllose neue Verästelungen. Vielleicht kann man daran beobachten, wie Blutgefäße sich bilden. Bei genauem Hinsehen bemerkt man, dass sich von der tauenden Masse zuerst ein Strom weichen Sandes absondert, dessen Spitze wie ein Tropfen aussieht, der sich dann langsam und blind wie eine Fingerspitze seinen Weg abwärts tastet, bis sich schließlich, während die Sonne höher und höher steigt und der Sand heißer und feuchter wird, der flüssigste Teil in seinem Bestreben, einem Naturgesetz zu gehorchen, dem auch der schwerfälligere Teil unterworfen ist, vom Hauptstrom abtrennt und eine eigene gewundene Rinne oder Arterie bildet, in der kleine, silberne Ströme von einem Teil der fleischigen Blätter oder Zweige wie Blitze leuchtend zum anderen springen und bisweilen vom Sand verschlungen werden. Es ist herrlich, wie schnell und mit welcher Vollkommenheit der Sand sich beim Fließen formt, indem er das beste Material, das in seiner Masse enthalten ist, dazu nutzt, die scharfen Ufer seines Kanals zu bilden. So bilden sich auch die

Quellen der Flüsse. Vielleicht ist in den Silikaten, die das Wasser absetzt, das Knochengerüst und in dem noch feineren Erdsediment und in den organischen Stoffen die Fleischfaser oder das Zellgewebe enthalten. Was ist der Mensch anderes als eine Masse auftauenden Tons? Die Fingerspitze des Menschen ist ein erstarrter Tropfen. Die Finger und die Zehen haben sich von der auftauenden Masse des Körpers an seine äußerste Peripherie fortgesetzt. Wer weiß, wie sich der menschliche Körper unter einem noch lieblicheren Himmel ausdehnen und entfalten würde? Ähnelt nicht die Hand einem Palmblatt mit seinen Lappen und Adern? Das Ohr mit seinem Läppchen oder Tröpfchen kann mit etwas Phantasie als eine Flechte, *umbilicaria*, an den Seiten des Kopfes betrachtet werden. Die Lippen (*labium* von *labor?*) sind Lappen oder Auslappungen an den Seiten der Mundhöhle. Die Nase ist offensichtlich ein geronnener Tropfen, ein Stalaktit. Das Kinn ist ein noch größerer Tropfen, in dem das Gesicht zusammenfließt. Die Wangen sind von der Stirn in das Tal des Gesichts hinuntergerutscht, wurden durch die Backenknochen aufgehalten und haben sich flächig ausgebreitet. Jedes abgerundete Läppchen eines Pflanzenblatts ist ebenfalls ein dicker erstarrter größerer oder kleinerer Tropfen. Die Zacken sind die Finger des Blatts, das in so viele Richtungen fliehen will, wie es Zacken hat. Noch mehr Wärme oder andere günstige Einflüsse hätten es dazu veranlasst, sich noch weiter auszubreiten.

So schien mir dieser eine Hügelabhang das Prinzip aller Naturvorgänge zu enthüllen. Der Schöpfer dieser Erde hat nicht mehr als ein Blatt patentiert. Welcher Champollion wird diese Hieroglyphe für uns enträtseln, damit wir schließlich ein neues Blatt umwenden können? Dieses Phänomen erfreute mich mehr als die üppige Fruchtbarkeit der Weingärten. Allerdings hat es etwas Exkrementartiges an sich, und die Zahl der Haufen aus Lebern, Lungen und Gedärmen nimmt kein Ende, als wäre die Innenseite des Erdballs nach außen gekehrt. Wenigstens wird man hierdurch daran gemahnt, dass die Erde Eingeweide besitzt und auch hierin die Mutter der Menschheit ist. Das ist der Frost, der aus dem Boden kommt; das ist Frühling. Dieses Tauen ist der Vorbote des grünen, blühenden Frühlings, wie die Mythologie der Vorbote der Dichtkunst ist. Es zeigt mir, dass Mutter Erde noch immer in den Windeln steckt und ihre Kinderfinger nach allen Seiten ausstreckt. Frische Locken bedecken die nackteste Stirn. Nichts Anorganisches ist zu bemerken. Diese Haufen Laubwerk liegen den Damm entlang wie die Schlacken eines Ofens und beweisen, dass die Natur im Inneren »unter Hochdruck« arbeitet. Die Erde ist kein Fragment toter Geschichte, wo eine Lage wie eine Druckseite über der anderen liegt, damit Geologen und Archäologen darin blättern, sondern lebendige Dichtung wie die Blätter eines Baums, die den Blüten und Früchten vorauseilen – keine versteinerte, sondern lebendige Erde. Mit ihrem gewaltigen, zentralen Leben verglichen erscheint alles tierische und pflanzliche Leben nur schmarotzerhaft. Ihre Geburtswehen werden unsere *exuviae* aus den Gräbern heben. Und wenn wir auch Metalle schmelzen und sie in die schönsten Formen gießen, können sie mich nicht so ergreifen wie die Formen, in die diese geschmolzene Erde sich ergießt. Nicht nur die Erde, nein auch ihre Institutionen sind plastisch wie der Ton in des Töpfers Hand.

Schon bald kommt nicht nur aus diesen Dämmen, sondern aus jedem Hügel, aus der Ebene und aus jeder Höhle der Frost aus dem Boden wie ein schläfriger Vierfüßler aus seinem Schlupfwinkel, wandert jubelnd dem Meere zu oder zieht in die fremden Gegenden der Wolken. Tau ist mit seiner milden Überredungskunst mächtiger als Thor mit seinem Hammer. Der eine schmilzt – der andere zertrümmert nur.

Als der Boden teilweise schneefrei war und einige warme Tage ihn etwas getrocknet hatten, war es ein Genuss, die ersten zarten Zeichen des aus der Erde hervorlugenden, neugeborenen Jahres mit der stolzen Schönheit der verdorrten Vegetation zu vergleichen, die den Winter überdauert hatte – Katzenpfötchen, Goldrute, die Spierstaude und anmutige, wilde Gräser fallen jetzt mehr auf und sind reizvoller als im Sommer, als wäre ihre Schönheit erst jetzt zu voller Reife gelangt. Und das Woll- und Katzenschwanzgras, Wollkraut, Beifuß-, Nadel- und Mehlkraut und andere Pflanzen mit derbem Stängel, diese unerschöpflichen Kornkammern, die den ersten Vögeln Nahrung bieten, sind das bescheidene Gewand, das die verwitwete Natur zunächst noch trägt. Besonders reizt mich die gewölbte und garbenartige Spitze des Wollgrases. Sie ruft im Winter den Sommer zurück und zeigt jene Formen, die die Kunst mit Vorliebe nachahmt und die im Königreich der Pflanzen dieselbe Beziehung zu dem Menschenherzen bereits bekannten Zeichen haben wie die Astronomie. Sie gibt einen uralten Stil wieder, älter als der griechische oder ägyptische. Viele Erscheinungen, die der Winter mit sich bringt, sind unaussprechlich zart, zerbrechlich und zierlich. Wir sind daran gewöhnt, dass dieser König als ein wilder, ungebändigter Tyrann geschildert wird, aber das Haar des Sommers schmückt er mit der Zärtlichkeit eines Verliebten.

Als der Frühling herannahte, kamen die roten Eichhörnchen immer zu zweit unter mein Haus. Sie liefen über meine Stiefel, wenn ich dasaß, las oder schrieb und ließen das wunderlichste Glucksen und Girren, Murmeln und Kichern hören, das ich je gehört habe; und wenn ich mit den Füßen stampfte, kicherten sie nur umso lauter, als ob sie sich über jede Furcht und Achtung hinwegsetzten und der Menschheit mit ihren Streichen trotzten. »Was fällt euch denn ein!« Sie blieben meinen Einwänden gegenüber vollkommen taub oder sahen ihre Berechtigung nicht ein und schimpften so laut, dass man ihnen gegenüber machtlos war.

Der erste Sperling des Frühlings! Mit neuer Hoffnung beginnt das Jahr! Ein leises silbernes Trillieren lassen der Singsperling, die Rotdrossel und der Hüttensänger über die noch kahlen, feuchten Felder erschallen, als ob die letzten Winterflocken klingend herunterschwebten. Was sind in solchen Zeiten Geschichte, Chronologie, Tradition oder alle geschriebenen Offenbarungen? Die Bäche stimmen Lobgesänge an und jubeln dem Frühling zu. Tief über den Wiesen segelt die Kornweihe und späht nach dem ersten schleimigen Leben, das hier erwacht. Überall ist der verklingende Ton des schmelzenden Schnees zu hören, und zusehends löst sich das letzte Eis auf den Seen auf. An den Hügelhängen flammt das Gras wie ein Frühlingsfeuer empor – *»et primatus oritur herba imbri-*

bus primoribus evocata« –, als ob die Erde ein inneres Feuer nach außen sende, um die Wiederkunft der Sonne zu begrüßen. Nicht gelb, sondern grün ist die Farbe dieser Flamme. Das Symbol ewiger Jugend, der Grashalm, strömt wie ein langes, grünes Band dem Sommer entgegen; zwar hat er mit dem Frost zu kämpfen, doch weiter und immer weiter strebend erhebt er seinen dürren Speer vom letzten Jahr in die Lüfte, während unten schon frisches Leben drängt. Er wächst so stetig, wie das Bächlein aus dem Boden sickert, ja er ist identisch mit ihm, denn wenn im Juni die langen Tage kommen und die Rinnsale austrocknen, sind die Grashalme ihre Kanäle und jahrein, jahraus trinken die Herden aus diesem nie versiegenden grünen Strom, dem der Schnitter beizeiten seinen Wintervorrat entnimmt. So stirbt auch unser Menschenleben nur bis zur Wurzel und schickt dann wieder grüne Sprossen in die Ewigkeit.

Der Walden schmilzt immer mehr. Ein etwa dreißig Fuß breiter Kanal hat sich an seiner Nord- und Westseite gebildet. Ein großes Eisfeld ist von der Hauptmasse abgebrochen. Im Unterholz am Ufer trillert der Singsperling – *olit*, *olit*, *olit* – *chip*, *chip*, *chip*, *che*, *char* – *che wiss*, *wiss*, *wiss*. Auch er hilft beim Eissprengen. Wie herrlich sind die vielen großen Wölbungen am Eisrand! Sie ähneln denen am Ufer, nur sind sie regelmäßiger. Das Eis ist wegen der letzten strengen, wenn auch nur kurz andauernden Kälte ungewöhnlich hart und gereinigt und gewellt wie der Fußboden in einem Palast. Vergeblich streicht indessen der Wind über seine durchsichtige Oberfläche, bis er das lebendige Wasser darunter erreicht. Dieses in der Sonne funkelnde Wasserband bietet einen herrlichen Anblick: Es ist das unverhüllte Antlitz des Sees, voller Lust und Jugend, als wollte es die Heiterkeit der Fische in der Tiefe und des Sandes am Ufer ausdrücken. Silbern glänzt es wie die Schuppen des *Leuciscus*, als wäre es selbst ein munterer Fisch. Das ist der Unterschied zwischen Winter und Frühling. Der Walden war tot und ist wieder zum Leben erwacht. Allerdings ging das Erwachen in diesem Jahr, wie ich schon erwähnte, langsamer vonstatten.

Der Umschlag von winterlich stürmischem zu mildem, heiterem Wetter, von dunklen und trägen zu hellen und tatkräftigen Stunden ist eine denkwürdige Krise, die sich in allen Dingen bemerkbar macht. Schließlich ist er wie mit einem Zauberschlag da. Eine Flut von Licht erfüllte plötzlich mein Haus, obwohl Winterwolken über ihm standen, der Abend sich näherte und Eisregen aus der Dachrinne tropfte. Ich schaute aus dem Fenster, und siehe da! – Wo gestern noch kaltes, graues Eis gewesen war, lag jetzt der klare See vor mir, bereits so ruhig und hoffnungsvoll wie an einem Sommerabend; und er spiegelte auch einen Sommerabendhimmel, obwohl er über ihm noch nicht zu sehen war, als stünde er mit einem fernen Horizont in Verbindung. Ich hörte aus der Ferne eine Wanderdrossel singen, die erste seit Jahrtausenden, wie es mir schien; und genauso lange werde ich dieses Lied nicht vergessen – den gleichen süßen, bezaubernden Klang wie eh und je. Oh, die Wanderdrossel an einem Sommerabend in Neuengland! Könnte ich doch den Zweig finden, auf dem sie sitzt! Ich meine genau sie und genau diesen Zweig! Er ist sicher kein *Turdus migratorius*! Die Pechkiefern und Zwergeichen an meinem Haus, die so lange die Köpfe hängen ließen, zeigten plötzlich wieder ihren alten Charakter, sahen heller, grüner, stolzer, lebensfroher aus, als hätte der Regen sie gereinigt und erfrischt. Ich wusste, dass es nicht mehr regnen würde. Man braucht nur irgendeinen Zweig im Wald, ja nur den Holzstoß anzusehen, um zu wissen, ob dieser Winter vorüber ist oder nicht. Als es dunkel wurde, schreckte mich das Trompeten der Wildgänse auf, die dicht über den Baumwipfeln flogen wie müde Wanderer, die spät von südlichen Seen heimkehrten und sich endlich schmerzvollen Klagen und gegenseitigen Tröstungen hingeben konnten. Da ich vor meiner Tür stand, konnte ich ihre Flügelschläge hören, aber als sie sich meinem Haus näherten und plötzlich mein Licht erblickten, verstummten sie und schwenkten zum See ab, auf dem sie sich niederließen. Ich ging ins Haus, machte die Tür zu und verbrachte meine erste Frühlingsnacht in den Wäldern.

Am Morgen beobachtete ich die Wildgänse von meiner Tür aus durch den Nebel. Sie segelten mitten auf dem See, etwa eine Viertelmeile entfernt, mit so viel Lärm und in so großer Zahl, dass der Walden aussah wie ein nur zu ihrem Vergnügen angelegter, künstlicher Teich. Als ich aber ans Ufer kam, stiegen sie auf ein Zeichen ihres Anführers mit lautem Flügelschlag in die Lüfte. Dann ordneten sie sich – ich zählte neunundzwanzig – in Reih und Glied, kreisten über meinem Kopf und nahmen unter regelmäßigem Trompeten des Anführers schließlich Kurs auf Kanada. Sie hofften, ihren Hunger in schlammreicheren Seen stillen zu können. Gleichzeitig stieg auch ein Schwarm Wildenten auf, die dieselbe Richtung wie ihre lärmenden Verwandten einschlugen.

Eine Woche lang hörte ich täglich im Morgennebel eine einsame Wildgans, die schreiend im Kreis umhertappte, um ihre Gefährten zu suchen, und die Wälder mit ungewöhnlichem Klang und Leben erfüllte. Im April ließen sich die Tauben wieder sehen, die zügig und in kleinen Schwärmen angeflogen kamen, und pünktlich hörte ich auch die Schwalben über meiner Lichtung zwitschern. Da das Stadtgebiet nicht so reich an diesen Sängern schien, dass es mir einige davon hätte abtreten können, bildete ich mir ein, sie gehörten jenem alten Vogelgeschlecht an, das in hohlen Bäumen nistete, bevor die Weißen kamen. Fast in jedem Klima gehören die Schildkröte und der Frosch zu den Vorboten und Herolden dieser Jahreszeit. Die Vögel singen und schwirren mit glänzendem Gefieder umher, überall sprießt und blüht es, und der Wind weht, um diese leichte Schwankung der Pole auszugleichen und das Gleichgewicht der Natur wieder herzustellen.

Wie jede Jahreszeit uns als die beste erscheint, wenn sie kommt, so wirkt der Frühlingsanfang wie die Erschaffung des Kosmos aus dem Chaos, wie die Verwirklichung des goldenen Zeitalters.

»Eurus ad Auroram, Nabathaeaque regna recessit
Persidaque, et radiis juga subdita matutinis.«

»Eurus entwich zu Aurora, zur nabatäischen Herrschaft,
Und zu dem Persergebiet, und den Höhen am Lichte des Morgens.
…

Und es erhob sich der Mensch: ob ihn aus göttlichem Samen
Schuf der Vater der Dinge als Quell der edleren Schöpfung,
Oder ob frisch die Erde, die jüngst vom erhabenen Äther
Los sich wand, noch Samen enthielt des befreundete Himmels.«

Ein einziger, milder Regen macht das Gras um viele Schattierungen grüner. So hellen sich auch unsere Zukunftsaussichten durch den Einfluss besserer Gedanken auf. Gesegnet wären wir, wenn wir immer in der Gegenwart lebten und jedes Ereignis, das an uns herantritt, zu nutzen wüssten wie das Gras, das den Einfluss des winzigsten Tautropfens verrät; wenn wir unsere Zeit nicht dazu missbrauchten, Versäumtes nachzuholen, was wir dann Pflichterfüllung nennen. Wir kleben noch am Winter, wenn es schon Frühling ist. An einem frischen Frühlingsmorgen sind dem Menschen alle Sünden vergeben. Es ist ein Ruhetag für das Böse. Solange so eine Sonne scheint, kann der schlimmste Sünder noch umkehren. Unsere eigene wiedererlangte Unschuld lässt uns die Unschuld unserer Nachbarn erkennen. Hast du deinen Nachbarn auch gestern noch als Dieb, Trinker oder Lüstling gekannt, hattest nur Mitleid oder Verachtung für ihn übrig und verzweifeltest an der Welt – jetzt in dieser ersten hellen und warmen Frühlingssonne ist sie neu erschaffen, und du triffst ihn friedlich und heiter bei der Arbeit an, siehst, wie seine schlaffen, kranken Adern sich mit stiller Freude füllen und den neuen Tag segnen, wie er mit kindlicher Unschuld den Einfluss des Frühlings empfindet, und all seine Sünden sind vergessen. Es umgibt ihn nicht nur eine Atmosphäre guten Willens, auch ein Drang nach Heiligkeit ringt, blind und vergeblich vielleicht, in ihm nach Betätigung wie ein neu erwachter Instinkt, sodass wenigstens eine Zeit lang kein gemeiner Witz am Südhang zu hören ist. Einige unschuldige, schöne Triebe brechen gerade aus der knorrigen Rinde hervor, um ein neues Lebensjahr zu versuchen, so zart und frisch wie die jüngste Pflanze. Auch er ging ein in seines Herren Freude. Warum lässt der Kerkermeister an einem solchen Tag die Türen nicht weit offen stehen? Warum entlässt der Richter nicht den Angeklagten und der Priester seine Gemeinde? Weil sie alle Gottes Wink nicht folgen und die Vergebung, die er ihnen von Herzen anbietet, nicht gelten lassen.

»Eine Rückkehr zum Guten, die sich jeden Tag in der ruhigen und wohltuenden Atmosphäre des Morgens vollzieht, bewirkt, dass wir uns mit unserer Tugendliebe und mit unserem Lasterhass ein wenig der Urnatur des Menschen annähern, wie die Sprossen des Waldes, den man niederschlug. Ebenso hindert das Böse, das wir im Verlauf des Tages tun, die kaum erwachten Keime der Tugend an ihrer Entfaltung und zerstört sie.«

»Werden die Keime zur Tugend auf diese Weise mehrfach an ihrer Weiterentwickelung gehindert, dann genügt der wohltuende Hauch des Abends nicht, sie zu erhalten. Sobald aber der Hauch des Abends nicht mehr genügt, sie zu erhalten, unterscheidet sich des Menschen Natur nicht mehr von der des Tiers. Wenn aber ein Mensch den anderen so tierisch sieht, dann glaubt er, dass dieser nie die angeborene Fähigkeit der Vernunft besessen habe. Sind das die wahren und natürlichen Gefühle des Menschen?«

»Es entspross das goldene Geschlecht, das, von keinem gezüchtigt,
Ohne Gesetz freiwillig der Treu und Gerechtigkeit wahrnahm,
Furcht und Strafe waren fern. Nicht lasen sie drohende Worte
Auf dem gehefteten Herz, nicht bang vor des Richtenden Antlitz
Stand ein flehender Schwarm; ungezüchtigt waren sie sicher.
Nie vom eignen Gebirg, um der Fremdlinge Welt zu besuchen,
Stieg die gehauene Fichte hinab in die flüchtige Woge:
Außer den ihrigen kannten die Sterblichen keine Gestade.
…
Ewig waltete Lenz und sanft, mit lauem Gesäusel
Fächelten Zephyrus' Hauche die saatlos keimenden Blumen.«

Am 29. April angelte ich in der Nähe der Nine Acre Corner Bridge vom Flussufer aus, auf Zittergras und Weidenwurzeln stehend, dort, wo Bisamratten auf der Lauer liegen. Da hörte ich plötzlich einen eigentümlichen, klappernden Ton, wie ihn Kinder mit zwischen die Finger geklemmten Holzstückchen hervorbringen, und als ich aufschaute, sah ich einen schlanken, anmutigen Falken, der bald wie ein Nachtfalke in Wellenlinien aufstieg, bald zehn bis zwanzig Fuß purzelnd niederfiel, wobei die Unterseite seiner Flügel sichtbar wurde, die wie Atlasband oder Perlmutt in der Sonne glänzte. Der Anblick erinnerte mich an die Falkenjagd und die mit diesem Sport verbundene Erhabenheit und Poesie. Merlin sollte er heißen, dachte ich, doch der Name ist nebensächlich. Es war der ätherischste Flug, den ich je gesehen habe. Er flatterte nicht wie ein Schmetterling oder schwebte wie die größeren Falken, sondern überließ sich mit stolzer Zuversicht dem Spiel der Lüfte. Immer wieder stieg er mit diesem merkwürdigen Glucksen empor und wiederholte seinen schönen Fall, wobei er sich wie ein Papierdrache um sich selbst drehte. Dann fing er sich plötzlich auf, als hätte sein Fuß noch nie festen Boden berührt. Er schien, wie er sich da so allein vergnügte, auf der ganzen Welt keinen Kameraden zu haben und außer dem Morgen und dem Äther auch keinen zu brauchen. Er war nicht einsam, doch er machte die ganze Erde unter sich einsam. Wo waren die Eltern, die ihn ausbrüteten, wo seine Verwandten und sein Vater im Himmel? Dieser Bewohner der Lüfte schien mit der Erde nur durch das Ei verwandt, das irgendwann in einer Felsspalte ausgebrütet wurde. Oder lag sein heimatliches Nest, geflochten aus Regenbogenfasern und Sonnenuntergangshimmel, gepolstert mit weichem Hochsommernebel, der der Erde entquoll, in einem Wolkenwinkel versteckt? Und befand sich sein Horst jetzt zwischen Wolkenklippen?

Außerdem machte ich einen seltenen Fang silberner

und hellkupferner Fische, die wie eine Edelsteinkette aussahen. Ach, zu diesen Wiesen habe ich mir an so manchem Frühlingsmorgen den Weg gebahnt, bin von einem Erdhügel zum nächsten, von Weidenwurzel zu Weidenwurzel gesprungen, wenn das brausende Flusstal und die Wälder in ein so reines, helles Licht getaucht waren, dass es die Toten hätte aufwecken müssen, wenn sie, wie manche glauben, in ihren Gräbern geschlummert hätten. Es bedarf keines stärkeren Beweises für die Unsterblichkeit. In solchem Licht muss alles leben. Tod, wo war dein Stachel? Hölle, wo war da dein Sieg?

Das Leben in unseren Dörfern würde bald ins Stocken geraten, gäbe es nicht die unerforschten Wälder und Wiesen ringsum. Wir brauchen die Wildnis als Tonikum – müssen bisweilen durch Sümpfe waten, wo die Rohrdommel und die Bekassine sich verstecken, und den Schrei der Schnepfe hören, den Duft des flüsternden Schilfs riechen, in dem nur einsamere, wildere Vögel ihre Nester bauen und der Nerz dicht über den Boden kriecht. Mit demselben Ernst, mit dem wir alles zu erforschen und zu lernen wünschen, verlangen wir gleichzeitig, dass alles geheimnisvoll und unergründlich bleibe, dass Land und Meer uns unerforschte und unergründete Rätsel bleiben, weil sie unerforschlich sind. Wir bekommen nie genug von der Natur. Wir müssen uns am Anblick ihrer unerschöpflichen Kraft erquicken, an ihren titanischen Formen, am Meeresstrand mit seinen Schiffstrümmern, an der Wildnis mit ihren lebendigen und modernden Bäumen, am Gewitterhimmel und am Regen, der drei Wochen lang fällt und das Land überschwemmt. Wir müssen sehen, wie unsere eigenen Grenzen überschritten werden, wie dort frei ein Leben weidet, wo wir nie hingelangen. Es freut uns zu sehen, wie der Geier sich vom Aas ernährt; wie das, was uns Ekel und Abscheu einflößt, für ihn eine Quelle der Kraft und der Gesundheit ist. In einer Grube neben dem Weg zu meinem Haus lag einmal ein totes Pferd, das mich besonders in schwülen Nächten zu einem Umweg zwang, doch der Beweis, den die Natur mir damit für ihren kräftigen Appetit und ihre unzerstörbare Gesundheit gab, entschädigte mich dafür. Es erfüllt mich mit Freude, dass die Natur so überreich an Leben ist, dass Myriaden geopfert und einander zur Beute überlassen werden können; dass zarte Geschöpfe so gelassen ausgelöscht werden können, wie man Früchte zerquetscht; dass Kaulquappen von Reihern verschlungen, Schildkröten und Kröten auf der Landstraße überfahren werden, dass es manchmal Fleisch und Blut geregnet hat! Da jeder unglücklichen Zufällen ausgesetzt ist, können wir uns denken, wie unbedeutend unser Leben ist. Der Weise wird nur die universelle Unschuld darin sehen. Gift ist letztlich nicht giftig, und Wunden, die töten, gibt es nicht. Mitleid ist kein haltbarer Boden. Es verändert sich rasch, und seine Stimme folgt keinem Schema.

Anfang Mai verbreiteten die Eichen, Nussbäume, Ahorne und manche andere Bäume, die jetzt unter den Kiefern rings um den See ausschlugen, einen Glanz über die Landschaft wie Sonnenschein. Besonders an wolkigen Tagen wirkte es, als ob die Sonne den Nebel durchbräche und hier und dort sanft die Hänge beleuchtete. Am 3. oder 4. Mai sah ich einen Eistaucher im See, und im Lauf der ersten Maiwoche hörte ich noch den Nachtfalken, die Rotrücken-Spottdrossel, die Wilson-Drossel, den Stelzenmonarch, die Rötelgrundammer und andere Vögel. Die Walddrossel hatte ich schon viel früher gehört. Auch die Phoebe war wieder da, schaute zur Tür und zum Fenster hinein, um zu sehen, ob das Haus höhlenartig genug für sie sei. Mit summenden Flügeln und eingeschlagenen Krallen, als klammerte sie sich an der Luft fest, besichtigte sie Haus und Hof. Bald bedeckten die schwefelgelben Pollen der Pechkiefern den See, die Steine und das modernde Holz am Ufer; man hätte sie fassweise sammeln können. Das sind die berüchtigten »Schwefelregen«. Selbst in Kalidasas Drama *Shakuntala* lesen wir, dass »die Bäche sich vom goldenen Staub der Lotusbäume gelb färbten«. So eilte das Jahr auf den Sommer zu wie einer, der durch immer höheres Gras wandert.

Das war mein erstes Jahr in den Wäldern; und das zweite verlief ganz ähnlich. Am 6. September 1847 schließlich verließ ich den Walden Pond.

Schluss

Ein kluger Arzt rät dem Kranken zu einer Luftveränderung und einem Ortswechsel. Dies hier ist gottlob nicht die ganze Welt. Die Rosskastanie wächst nicht in Neuengland, und die Spottdrossel hört man hier selten. Die Wildgans ist mehr Weltbürger als wir. Sie frühstückt in Kanada, isst in Ohio zu Mittag und putzt sich in einer Bucht im Süden das Gefieder für die Nacht. Selbst der Büffel hält in gewissem Maße Schritt mit den Jahreszeiten und grast auf Colorados Weiden nur so lange, bis ihn am Yellowstone grüneres, saftigeres Gras erwartet. Wir dagegen glauben, dass, sobald die Zäune niedergerissen und Steinmauern um unsere Güter errichtet sind, auch unserem Leben Grenzen gesetzt wären und unser Schicksal sich entschieden hätte. Hat man dich zum Stadtschreiber ernannt, kannst du diesen Sommer natürlich nicht nach Feuerland fahren: In das Land des höllischen Feuers wirst du trotzdem fahren können. Das Weltall reicht weiter als unsere Ansichten darüber.

Und doch sollten wir häufiger wie neugierige Passagiere über den Heckbord unseres Schiffs hinausblicken und nicht wie stumpfsinnige Seeleute während der Reise Werg zupfen. Die andere Seite des Erdballs ist nur die Heimat unseres Korrespondenten. Unser Reisen ist nur ein großes Im-Kreis-Segeln, und die Ärzte behandeln nur Hautkrankheiten. Da will einer nach Südafrika, um Giraffen zu jagen, dabei ist das sicher nicht das Wild, das er jagen sollte. Wie lange würde wohl ein Mensch Giraffen jagen, wenn er könnte? Auch die Schnepfenjagd ist ein prächtiges Vergnügen. Doch ein edleres Spiel wäre die Jagd auf sich selbst.

»Kehre dein Auge nach innen, und du findest
Tausend Gebiete deines Geistes
Noch unerforscht. Bereise sie und werde
Gelehrter deiner inneren Kosmographie.«

Was bedeutet mir Afrika, was der Westen? Ist nicht unser eigenes Inneres ein weißer Fleck auf der Karte, wenn es sich auch bei seiner Entdeckung als so schwarz wie die Küste herausstellen würde? Würden wir dort die Quellen des Nil, des Niger, des Mississippi oder eine Nordwestpassage rund um unseren Kontinent finden? Sind das die wichtigsten Probleme der Menschheit? War Sir John Franklin der einzige so verlorene Mensch, dass seine Frau verzweifelt nach ihm suchte? Weiß Mr. Grinnel selbst, wo er ist? Sei lieber der Mungo Park, der Lewis, Clark und Frobisher deiner eigenen Ströme und Ozeane. Erforsche deine eigenen höheren Breitengrade – notfalls mit Schiffsladungen voll konservierten Fleischs für unterwegs, und türme die leeren Büchsen himmelhoch als Denkmal auf. Wurden Fleischkonserven nur erfunden, um Fleisch zu konservieren? Nein, sei ein Kolumbus für völlig neue Kontinente und Welten in deinem Innern, eröffne neue Kanäle, nicht für den Handel, sondern für das Denken. Jeder Mensch ist der Herrscher eines Reiches, neben dem das Reich eines Zaren nur ein kleines Ländchen ist, eine vom Eis zurückgelassene Scholle. Und doch gibt es Patrioten, die keine Selbstachtung besitzen und das Größere dem Kleineren opfern. Sie lieben die Erde, die ihr Grab sein wird, aber haben kein Erbarmen mit dem Geist, der vielleicht ihren Ton noch beleben könnte. Der Patriotismus ist eine Grille in ihren Köpfen. Was bedeutet die Südsee-Expedition mit all ihrem Brimborium und ihren Kosten anderes als das unfreiwillige Eingeständnis der Tatsache, dass es in der Welt der Moral Kontinente und Meere gibt, zu denen jeder Mensch ein Zugang ist, obwohl sie von ihm noch unerforscht sind; dass es leichter ist, auf einem Regierungsschiff mit fünfhundert Mann Besatzung viele Tausend Meilen weit durch Schnee und Eis, durch Sturm und Kälte zu segeln, als das *eigene* Meer zu erforschen – den Atlantischen oder Pazifischen Ozean des eigenen Ich.

»Erret et extremos alter scrutetur Iberos
Plus habet hic vitae, plus habet ille viae.«

»Lass sie nur wandern und das ferne Iberien erforschen,
hier habe ich mehr Leben, sie dort mehr Weg.«

Es lohnt sich nicht, die Welt zu unrunden, um die Katzen in Sansibar zu zählen. Und doch solltest du es tun, bis du etwas Besseres findest; und vielleicht findest du ein »Symmes-Loch«, durch das du schließlich in dein Inneres schlüpfen kannst. England und Frankreich, Spanien und Portugal, die Goldküste und auch die Sklavenküste – alle grenzen an dieses innere Meer; und doch hat sich von ihren Küsten noch kein Schiff aufs hohe Meer hinausgewagt, obwohl dieser Weg zweifellos direkt nach Indien führt. Wenn du in allen Zungen reden würdest oder mit den Sitten aller Völker vertraut wärst, weiter reisen würdest als alle Forscher und dich in allen Zonen heimisch fühlen würdest; selbst wenn du die Sphinx dazu bringen würdest, ihren Kopf an einem Stein zu zerschmettern – folge auch dann der Lehre der alten Philosophen und erkenne dich selbst. Das erfordert Augen und Nerven. Nur die Geschlagenen und Flüchtigen ziehen in den Krieg – Feiglinge, die fortlaufen und in den Dienst treten. Brich auf, sofort, auf jener längsten Straße gen Westen, die nicht am Mississippi oder am Pazifik ihr Ende erreicht, die nicht nach einem viel bereisten China oder Japan führt, sondern über diese Sphäre hinaus, immer weiter, im Sommer und Winter, bei Tag und bei Nacht, bei Sonnen- und Monduntergang – ja selbst beim Untergang der Erde.

Es heißt, Mirabeau habe Straßenräuberei betrieben, »um herauszufinden, wie viel Entschlossenheit notwendig sei, um gegen eines der heiligsten Gesetze der Gesellschaft anzutreten«. Er erklärte dann, dass »ein Soldat an der Front nicht halb so viel Mut nötig habe wie ein Straßenräuber« – »dass Ehre und Religion einen wohlüberlegten und festen Entschluss nicht ins Wanken zu bringen vermögen«. Das war nach landläufiger Ansicht männlich; und doch war es ein überflüssiges, ja geradezu verzweifeltes Unternehmen. Ein vernünftiger Mann tritt oft gegen die »heiligsten Gesetze der Gesellschaft« an, wenn er noch heiligeren Gesetzen gehorcht, und kann so seine Entschlossenheit erproben, ohne von seinem Weg abzuweichen. Es führt zu nichts, eine Trotzhaltung zur

Gesellschaft einzunehmen; vielmehr sollte man mutig der Einstellung treu bleiben, die einem die Gesetze des eigenes Lebens vorgeben; und diese Gesetze werden mit einer gerechten Regierung nie in Konflikt geraten, wenn man das Glück hat, unter einer solchen zu leben.

Der Anlass, der mich in die Wälder führte, war ebenso triftig wie der, der mich zum Fortgehen bewog. Vielleicht glaubte ich, dass ich noch verschiedene andere Leben zu leben hätte und auf dieses keine Zeit mehr verwenden dürfe. Es ist merkwürdig, wie leicht und unmerklich wir einen bestimmten Weg einschlagen und für uns einen ausgetretenen Pfad daraus machen. Ich wohnte noch keine Woche am Walden Pond, da hatten meine Füße schon einen Weg von meiner Tür zum Seeufer ausgetreten; und obwohl inzwischen fünf oder sechs Jahre vergangen sind, ist er noch immer deutlich zu erkennen. Ich fürchte allerdings, dass nach mir auch andere ihn benutzt und dadurch zu seiner Erhaltung beigetragen haben. Die Erdoberfläche ist weich und nimmt leicht den Abdruck von Menschenfüßen an; und das Gleiche gilt für die Wege des Geistes. Wie abgenutzt und staubig müssen entsprechend die großen Straßen der Welt sein, wie tief die Spurrinnen der Überlieferung und Einförmigkeit! Ich wollte nie als Kajütenpassagier reisen, sondern lieber vor dem Mast und auf dem Deck der Welt stehen; und auch jetzt habe ich nicht den Wunsch, unter Deck zu gehen.

Das eine wenigstens habe ich durch mein Experiment gelernt: Wenn der Mensch sich vertrauensvoll in Richtung seiner Träume bewegt und sich bemüht, das Leben zu leben, das er sich vorgestellt hat, wird er Erfolge erzielen, die er sich in gewöhnlichen Zeiten nicht hat träumen lassen. Er wird manche Dinge hinter sich lassen und eine unsichtbare Grenze überschreiten; neue, universelle und freiere Gesetze werden sich in ihm und um ihn herum bilden, oder die alten Gesetze werden ausgeweitet und zu seinen Gunsten freier gedeutet werden, und er wird in der Freiheit einer höheren Daseinsordnung leben können. Je mehr er sein Leben vereinfacht, desto klarer werden ihm die Gesetze des Universums erscheinen. Einsamkeit wird nicht Einsamkeit, Armut nicht Armut und Schwäche nicht Schwäche sein. Hast du Schlösser in die Luft gebaut, muss deine Arbeit nicht vergeblich gewesen sein, denn gerade dort sollten sie stehen. Jetzt gib ihnen ein Fundament.

Es ist lächerlich, wenn Engländer und Amerikaner verlangen, man solle so reden, dass man von ihnen verstanden wird. So sind weder Menschen noch Pilze gewachsen. Als ob das überhaupt von Wichtigkeit wäre, und als ob es nicht außer ihnen genug Menschen gäbe, die einen verstehen. Als ob die Natur nur ein einziges Verständigungsmittel besäße, als ob sie nicht Vögel gerade so gut wie Vierfüßler, fliegende wie kriechende Geschöpfe erhalten könnte, und als ob »Hü« und »Hott«, was jeder Ochse verstehen kann, das beste Englisch wäre. Als ob die Dummheit allein Gewähr für Sicherheit leisten könne! Ich befürchte vor allem, dass meine Ausdrücke nicht extravagant genug sind, nicht weit genug über die engen Grenzen meiner täglichen Erfahrung hinausreichen, um der Wahrheit zu entsprechen, von der ich überzeugt bin. Extravaganz! Das hängt davon ab, wie eng die Grenzen sind. Der wandernde Büffel, der in anderen Breiten nach neuen Weiden sucht, ist nicht so extravagant wie die Kuh, die den Eimer umstößt, über den Zaun springt und zur Melkzeit hinter ihrem Kalb herläuft. Ich möchte an einem Ort ohne Grenzen sprechen, wie ein Mensch in einem wachen Augenblick zu anderen Mitmenschen in ihren wachen Augenblicken, denn ich bin überzeugt, dass ich gar nicht genug übertreiben kann, um auch nur das Fundament eines wahren Ausdrucks zu legen. Hat ein Mensch, der einmal Musik gehört hat, je gefürchtet, künftig extravagant zu sprechen? In Bezug auf Zukünftiges oder Mögliches sollten wir sorglos und offen leben, denn in diese Richtung sind unsere Umrisse vage und verschwommen, wie auch unsere Schatten zur Sonne hin kaum merklich zerfasern. Die flüchtige Wahrheit unserer Worte sollte immer die Unzulänglichkeit der Aussage erkennen lassen. Ihre Wahrheit wird sofort übersetzt; nur das Wortdenkmal bleibt erhalten. Die Worte, mit denen wir unseren Glauben und unsere Frömmigkeit ausdrücken, sind unklar, doch für feinere Geister sind sie bedeutsam und duften nach Weihrauch.

Warum werten wir immer von unten nach unserer dumpfsten Empfindung und preisen sie als gesunden Menschenverstand? Den gesündesten Menschenverstand in diesem Sinne hat ein Schlafender, der sich durch Schnarchen ausdrückt. Manchmal neigen wir dazu, die mit hundertfünfzig Prozent Verstand Ausgestatteten mit jenen, die nur über fünfzig Prozent verfügen, in einen Topf zu werfen, weil wir nur ein Drittel ihres Geistes zu würdigen wissen. Es gibt Leute, die auch am Morgenrot herumnörgeln würden, wenn sie je so früh aufgestanden wären. Wie ich höre, »sollen die Verse des Kabir vier Bedeutungsebenen haben: Illusion, Geist, Intellekt und die gemeinverständlichen Lehren der *Veden*«. In diesem Teil der Welt aber beschwert man sich darüber, wenn eine Schrift mehr als eine Interpretation zulässt. Wenn England sich bemüht, die Kartoffelfäule auszurotten, will nicht endlich auch jemand versuchen, die Hirnfäule auszurotten, die so viel weiter verbreitet und so viel gefährlicher ist?

Ich denke nicht, dass ich mich allzu unklar ausgedrückt habe, aber ich wäre stolz, wenn meine Ausführungen in dieser Hinsicht nicht mehr getadelt würden als das Eis des Walden. Käufer aus dem Süden beanstandeten seine blaue Farbe, die doch nur seine Reinheit beweist, als ob es schmutzig wäre, und zogen das Cambridge-Eis vor, das weiß aussieht, aber nach Algen schmeckt. Die Reinheit, wie die Menschen sie lieben, gleicht dem Dunst, der die Erde einhüllt, und nicht dem blauen Äther darüber.

Manche schreien uns die Ohren voll, wir Amerikaner und die modernen Menschen im Allgemeinen seien geistige Zwerge, verglichen mit den Menschen der Antike oder selbst jenen der Elisabethanischen Zeit. Was aber soll denn das heißen? Ein lebendiger Hund ist besser als ein toter Löwe. Soll einer hingehen und sich aufhängen, bloß weil er zu einem Zwergengeschlecht gehört? Sollte er nicht eher versuchen, der größte Zwerg zu werden, der er sein kann? Jeder sollte vor seiner eigenen Tür kehren und versuchen, zu werden, was er seiner Natur nach ist.

Warum jagen wir so verzweifelt nach Erfolg, noch dazu mit solch waghalsigen Unternehmungen? Wenn ein Mensch nicht Schritt mit seinen Mitmenschen hält, kommt das vielleicht daher, dass er eine andere Trommel hört. Er soll nach der Musik marschieren, die er hört, einerlei aus welcher Ferne und in welchem Takt. Es ist unwichtig, dass der Mensch so schnell reif wird wie ein Apfelbaum oder eine Eiche. Soll er denn seinen Frühling zum Sommer machen? Wenn die Verhältnisse, für die wir geschaffen wurden, noch nicht erreicht sind, wie könnte uns da irgendeine Wirklichkeit Ersatz bieten? Wir wollen nicht an irgendeiner falschen Wirklichkeit Schiffbruch erleiden. Sollen wir mühsam einen Himmel aus blauem Glas über uns errichten, wenn wir danach trotzdem immer noch zu jenem wahren Ätherhimmel dort oben aufblicken, als ob der andere nicht vorhanden wäre?

In der Stadt Kuru lebte einst ein Künstler, der nach Vollendung strebte. Eines Tages kam er auf die Idee, einen Stab anzufertigen. Da er sich bereits darüber im Klaren war, dass bei einem unvollkommenen Werk die Zeit eine Rolle spielt, ein vollkommenes Werk aber zeitlos ist, sagte er sich: Der Stab soll in jeder Hinsicht vollendet sein, und wenn ich mein ganzes Leben darauf verwende. Er ging sofort in den Wald, um geeignetes Holz zu finden, und während er suchte und einen Stock nach dem anderen als untauglich verwarf, verließen ihn allmählich all seine Freunde, denn sie wurden bei ihrer Arbeit älter und starben. Er aber alterte um keinen Augenblick. Die Einzigartigkeit seines Ziels und seiner Entschlossenheit und seine erhabene Frömmigkeit verliehen ihm ohne sein Wissen ewige Jugend. Da er keinen Kompromiss mit der Zeit eingegangen war, ging sie ihm aus dem Weg und seufzte nur von fern, weil sie ihn nicht besiegen konnte. Ehe er einen Stock fand, der ihm in jeder Hinsicht zusagte, war die Stadt Kuru bereits zu einer Ruine zerfallen, und er setzte sich auf einen ihrer Trümmerhaufen, um den Stock abzuschälen. Noch bevor er ihm die gewünschte Form gegeben hatte, war die Dynastie der Kandahare ausgestorben. Er schrieb mit der Stockspitze den Namen des Letzten dieses Geschlechts in den Sand und setzte seine Arbeit fort. Als er den Stab geglättet und poliert hatte, war Kalpa nicht mehr der Polarstern, und ehe er den Stab beschlagen und den Griff mit kostbaren Steinen verziert hatte, war Brahma viele Male entschlummert und wieder erwacht. Aber warum verweile ich so lange bei diesen Dingen? Als er seinem Werk den letzten Schliff gab, dehnte es sich plötzlich vor den Augen des erstaunten Künstlers aus und wurde zu Brahmas herrlichster Schöpfung. Er hatte, indem er den Stab bearbeitete, eine neue Weltordnung geschaffen, eine Welt vollkommener Proportionen, in der schönere und ruhmreichere Städte und Herrscherhäuser die verschwundenen ersetzten. Und jetzt sah er an dem Haufen der Späne zu seinen Füßen, dass das Verrinnen der Zeit eine Illusion gewesen war und nicht mehr Zeit vergangen war, als ein Funke von Brahmas Geist benötigt, um das Gehirn eines Menschen zu entzünden. Das Material war rein, und seine Kunst war rein; wie konnte das Ergebnis anders als wundervoll sein?

Welches Gesicht wir einer Sache auch geben; keins wird uns schließlich so viel nützen wie die Wahrheit. Sie allein trägt sich gut. Meistens sind wir nicht dort, wo wir sind, sondern an einer falschen Stelle. Einer Schwäche unserer Natur folgend, nehmen wir einen Zustand an und versetzen uns in ihn hinein. So befinden wir uns in zwei Zuständen zugleich und haben es doppelt schwer, aus ihnen herauszukommen. Nur in klaren Momenten sehen wir die Tatsachen – das, was ist. Sag, was du zu sagen hast, und nicht was du glaubst, sagen zu müssen. Jede Wahrheit ist besser als Ausflüchte. Tom Hyde, der Kesselflicker, stand unter dem Galgen und wurde gefragt, ob er noch etwas zu sagen habe. Da antwortete er: »Sagt den Schneidern, dass sie daran denken sollen, einen Knoten in den Zwirn zu machen, bevor sie den ersten Stich tun.« Die letzten Worte seines Gefährten sind nicht überliefert.

Mag dein Leben noch so armselig sein, nimm es an und lebe es. Weiche ihm nicht aus und schimpfe nicht darüber. Es ist nicht so schlecht wie du. Es sieht am ärmsten aus, wenn du am reichsten bist. Der Meckerer wird auch am Paradies etwas auszusetzen haben. Liebe dein Leben, so arm, wie es ist. Selbst im Armenhaus kann man vergnügte, heitere, ja feierliche Stunden erleben. Die untergehende Sonne spiegelt sich in den Fenstern des Armenhauses genau wie in denen eines Palasts, und der Schnee davor schmilzt zur gleichen Zeit. Ich wüsste nicht, warum ein ruhiger Geist dort nicht genauso zufrieden leben, genauso fröhliche Gedanken haben könnte wie in einem Palast. Die Armen einer Stadt scheinen mir oft das unabhängigste Leben von allen zu führen. Vielleicht sind sie einfach großzügig genug, um ohne Bedenken nehmen zu können. Die meisten halten es für unter ihrer Würde, von der Gemeinde unterstützt zu werden. Häufiger aber halten sie es nicht für unwürdig, sich mit unredlichen Mitteln selbst zu unterhalten – und das sollte doch als schändlicher gelten. Pflege deine Armut wie ein Gartenkraut, wie Salbei. Bemühe dich nicht so sehr, dir Neues anzuschaffen, weder Kleider noch Freunde. Wende die alten, kehre zu ihnen zurück. Die Dinge ändern sich nicht – wir ändern uns. Verkaufe deine Kleider und behalte deine Gedanken. Gott wird schon dafür sorgen, dass es dir an Gesellschaft nicht mangelt. Wäre ich wie eine Spinne mein Leben lang auf einen Winkel der Dachkammer beschränkt, so wäre die Welt für mich deshalb nicht kleiner, solange ich meine Gedanken bei mir hätte. Der Philosoph sagt: »Einer drei Divisionen starken Armee kann man den General nehmen und sie dadurch in Unordnung bringen, aber selbst dem verworfensten und gewöhnlichsten Menschen kann man seine Gedanken nicht nehmen.« Sei nicht so ängstlich darauf bedacht, fortschrittlich zu sein und dich fremden Einflüssen zu unterwerfen, die doch nur ihr Spiel mit dir treiben – das ist nur Verschwendung. Demut enthüllt wie die Dunkelheit himmlisches Licht. Die Schatten der Armut und der Niedrigkeit umgeben uns, »doch siehe da! – die Schöpfung dehnt sich vor unseren Augen aus«. Wir werden oft daran erinnert, dass, selbst wenn wir so reich wären wie Krösus, unsere Ziele sich nicht verändern, unsere Mittel im Wesentlichen die gleichen bleiben würden. Wenn deine Entwicklung noch dazu durch Armut behindert ist, du dir zum Beispiel weder Bücher noch Zeitungen kaufen kannst, so bist du auf die wichtigsten Lebenserfahrungen beschränkt und notgedrungen auf die Dinge angewiesen, die am meisten Zucker und Stärke liefern. Nahe am Knochen schmeckt das Leben am süßesten. Es bewahrt dich vor Müßiggang. Kein Mensch verliert je im Kleinen durch Großzügigkeit im Großen. Mit überflüssigem Reichtum kann man nur Überflüssiges kaufen. Man braucht kein Geld, um sich Nahrung für die Seele zu kaufen.

Ich lebe im Winkel einer bleiernen Mauer, deren Guss ein wenig Glockenmetall zugesetzt wurde. Oft dringt zur stillen Mittagszeit ein verworrenes *Tintinnabulum* von draußen an mein Ohr. Das ist der Lärm meiner Zeitgenossen. Meine Nachbarn erzählen mir von ihrem Zusammensein mit berühmten Herren und Damen und von den hohen Persönlichkeiten, mit denen sie gespeist haben, diese Dinge interessieren mich jedoch genauso wenig wie der Inhalt der Tageszeitungen. Ihre Interessen und Unterhaltungen drehen sich hauptsächlich um Kleider und Manieren, aber eine Gans bleibt eine Gans, wie auch immer man sie kleidet. Sie erzählen mir von Kalifornien und Texas, von England und Indien, vom ehrenwerten Mr. X. aus Georgia oder Massachusetts, von allen möglichen flüchtigen und vergänglichen Erscheinungen, bis ich am liebsten aufspringen und davonlaufen würde. Mir liegt nichts daran, mit Pomp und Flitter an der Spitze zu marschieren, lieber spaziere ich Hand in Hand mit dem Baumeister der Welt, wenn ich darf. Ich will nicht inmitten dieses ruhelosen, nervösen, geschäftigen, banalen neunzehnten Jahrhunderts leben, sondern mich abseits meinen Gedanken widmen, während es vorbeirauscht. Was feiern denn die Menschen? Sie alle gehören zu irgendeinem Ausschuss, und jeder erwartet stündlich von irgendjemandem eine Rede. Gott ist nur Tagesvorsitzender und Webster sein Wortführer. Ich prüfe, entscheide und richte mich am liebsten danach, was mir am anziehendsten und überzeugendsten erscheint. Ich will nicht an der Waage hängen und versuchen, mich leichter zu machen. Ich will auch keinen Fall *annehmen*, sondern den Fall *nehmen*, wie er gegeben ist. Ich will den einzigen Weg nehmen, der sich mir bietet, den Weg, auf dem keine Macht mir Einhalt gebieten kann. Ich möchte keinen Bogen bauen, bevor ich ein festes Fundament geschaffen habe. Wir sollten uns nicht auf zu dünnes Eis begeben. Festen Grund gibt es überall. Ich habe einmal von einem Reisenden gelesen, der einen Jungen fragte, ob das Moor, das vor ihnen lag, einen festen Grund habe. Der Junge bejahte. Doch sofort sank das Pferd des Reisenden bis zum Sattelgurt ein. »Du hast doch gesagt, das Moor hätte einen festen Grund?«, rief er dem Jungen zu. »Hat es auch«, erwiderte der Junge, »aber Ihr seid noch längst nicht tief genug eingesunken.« Dasselbe gilt für die Sümpfe und den Treibsand der Gesellschaft, doch wer das weiß, ist bereits ein alter Junge. Nur was in bestimmten, seltenen Augenblicken der Harmonie gesagt, gedacht oder getan wird, ist gut. Ich möchte nicht zu denen gehören, die einen Nagel in dünne Latten oder in den Verputz hineintreiben; das würde mir schlaflose Nächte bereiten. Gib mir einen Hammer und lass mich erst einmal abklopfen. Verlass dich nicht auf den Kitt. Schlage den Nagel ganz ein, bis er so fest sitzt, dass du selbst dann mit Befriedigung an deine Arbeit denken kannst, wenn du mitten in der Nacht aufwachst. Jeder Nagel sollte wie eine neue Niete im Getriebe des Weltalls sein. So trägst du zu seinem Werk bei.

Mehr als Liebe, Geld oder Ruhm wünsche ich mir Wahrheit. Ich saß an einem Tisch, wo köstliche Speisen und Weine im Überfluss vorhanden waren und wo man aufmerksam bedient wurde, aber Aufrichtigkeit und Wahrheit gab es dort nicht, also verließ ich hungrig den ungastlichen Tisch. Die Gastlichkeit war so kalt wie das

Eis, das man servierte. Das Eis war gar nicht nötig, um sie zu gefrieren. Man erzählte mir vom Alter des Weins und dem Ruhm des Weinguts. Ich aber dachte an einen älteren, frischeren, reineren Wein, an einen herrlicheren Jahrgang, den sie weder besaßen noch je kaufen konnten. Der Stil, das Haus, der Garten, die Bewirtung und Vergnügungen sind mir vollkommen gleichgültig. Ich machte dem König meine Aufwartung, aber er ließ mich in der Vorhalle warten und benahm sich wie ein Mensch, der der Gastfreundschaft unfähig ist. In meiner Nachbarschaft aber wohnte einmal ein Mann in einem hohlen Baum, dessen Benehmen wahrhaft königlich war. Ich hätte besser ihn besuchen sollen.

Wie lange werden wir noch in unseren Säulenhallen sitzen und unnütze, schäbige Tugenden üben, die von jeder Arbeit in den Schatten gestellt würden? Das ist gerade so, als begänne man träge den Tag, heuerte dann zum Umgraben der Kartoffeln einen Mann an und ginge am Nachmittag aus, um mit vorbedachter Güte christliche Nächstenliebe und Wohltätigkeit zu üben. Wohin führen der chinesische Hochmut und die flache Selbstzufriedenheit der Menschen? Diese Generation bildet sich etwas darauf ein, die letzte eines edlen Geschlechts zu sein. In Boston und London, in Paris und Rom wird eingedenk dieser alten Abstammung mit großer Genugtuung von unseren Fortschritten in Kunst, Wissenschaft und Literatur gesprochen. Und dann die Berichte philosophischer Gesellschaften und die öffentlichen Lobeshymnen auf *Große Männer*! Der gute Adam bestaunt seine eigene Tugend! »Ja, wir haben Großes vollbracht und göttliche Lieder gesungen, die niemals vergehen« – das heißt, solange wir sie nicht vergessen. Die Gelehrtengesellschaften und die großen Männer Assyriens – wo sind sie jetzt? Was für jugendliche Philosophen und Forscher wir doch sind! Unter meinen Lesern ist nicht ein einziger, der schon ein ganzes Menschenleben gelebt hat. Vielleicht sind dies erst die Frühlingsmonate des Menschengeschlechts. Mögen wir auch das verflixte siebte Jahr hinter uns haben – das verfluchte siebzehnte der Heuschreckenplage haben wir hier in Concord noch nicht erlebt. Wir kennen nur das oberste Häutchen des Globus, auf dem wir leben. Die meisten Menschen haben weder sechs Fuß tief in die Erde gegraben noch sind sie sechs Fuß hoch in die Luft gesprungen. Wir wissen nicht, wo wir sind. Außerdem verschlafen wir fast die Hälfte unseres Lebens. Und doch halten wir uns für klug und haben feste Vorschriften und Sitten. Wir sind wahrlich geistreiche Denker und aufstrebende Geister! Wenn ich auf das Insekt herabblicke, das da zwischen den Kiefernnadeln auf dem Waldboden krabbelt und sich vor mir zu verstecken versucht, und mich frage, warum es so bescheiden über sich denkt und sein Köpfchen vor mir verbirgt, der ich doch vielleicht sein Wohltäter sein und seinem Geschlecht erfreuliche Mitteilungen machen könnte, dann erinnere ich mich an den größeren Wohltäter, an den größeren Geist, der auf mich herabblickt – das menschliche Insekt.

Unentwegt strömt Neues in diese Welt, und doch dulden wir ein unglaubliches Maß an Stumpfheit. Ich brauche nur daran zu erinnern, welche Predigten man in den aufgeklärtesten Ländern noch immer zu hören bekommt. Wir haben zwar Worte wie »Freude« und »Leid«, doch kennen wir sie nur mehr von der Schwere des Psalms belastet, den wir mit nasaler Stimme singen, während wir an das Gemeine und Gewöhnliche glauben. Wir meinen, dass wir nur unsere Kleider wechseln können. Es heißt, das Britische Reich sei sehr groß und angesehen, und die Vereinigten Staaten seien eine Weltmacht. Wir sehen nicht, dass hinter jedem Menschen eine Flut steigt und sinkt, die das Britische Reich wie einen Holzspan hinwegschwemmen könnte, wenn ihr je der Gedanke käme. Wer weiß, welche Plage der Boden nach weiteren siebzehn Jahren hervorbringen mag? Die Regierung der Welt, in der ich lebe, wurde nicht wie die von Großbritannien bei einem Glas Wein nach dem Abendessen zusammengezimmert.

Das Leben in uns gleicht dem Wasser im Fluss. Es mag in diesem Jahr höher steigen als je zuvor und das versengte Hochland überfluten. Vielleicht ist gerade dieses Jahr ereignisreich und ersäuft alle Bisamratten. Es war nicht immer trockenes Land, wo wir leben. Tief in seinem Innern habe ich Dämme gesehen, die einst der Fluss bespülte, noch ehe die Wissenschaft begann, seine Überschwemmungen aufzuzeichnen. Jeder kennt die Geschichte, die in Neuengland die Runde gemacht hat, von dem starken und schönen Käfer, der aus der trockenen Platte eines alten Tisches aus Apfelbaumholz hervorgekrochen ist. Sechzig Jahre lang hatte der Tisch in der Küche eines Farmers gestanden, erst in Connecticut, dann in Massachusetts. Das Ei selbst war vor noch viel längerer Zeit in den lebenden Baum gelegt worden, wie man aus der Zahl der Jahresringe schließen konnte. Wochenlang hörte man den Käfer nagen, der vielleicht durch die Wärme eines Teekessels ausgebrütet worden war. Wer fühlt sich, wenn er dies hört, nicht in seinem Glauben an Auferstehung und Unsterblichkeit bestärkt? Wer weiß, welch herrliches, beflügeltes Leben für uns noch möglich ist, dessen Ei einst in den Splint des grünen Waldholzes gelegt, von diesem wie von einem duftenden Grab umschlossen wurde und jahrtausendelang unter den vielen konzentrischen Holzschichten des toten und ausgedörrten Gesellschaftslebens verborgen lag? Vielleicht wird ein solches Leben, das die Menschenfamilie schon seit Jahren nagen hörte, wenn sie sich an der festlichen Tafel versammelte, eines Tages unverhofft und zum Erstaunen aller aus dem alltäglichsten Möbel der Menschheit hervorbrechen, um sich endlich seiner seligen Sommerzeit zu erfreuen!

Ich sage nicht, dass John oder Jonathan das alles verwirklichen werden. Das bloße Verrinnen der Zeit wird diesen Morgen niemals erwecken. Das Licht, das uns blendet, ist für uns nur Dunkelheit. Nur der Tag beginnt zu dämmern, für den wir wach genug sind. Es gibt noch viele Tage, die ihre Dämmerung erwarten. Die Sonne ist nur ein Morgenstern.

Wenn Ihnen dieses KAMPA POCKET gefallen hat, gefällt Ihnen vielleicht auch der Lesetipp auf der gegenüberliegenden Seite.

Schicken Sie uns bitte Ihren LIEBLINGSSATZ aus einem Kampa Pocket, bei einer Veröffentlichung auf unseren Social-Media-Kanälen bedanken wir uns mit einem Buchgeschenk: lieblingssatz@kampaverlag.ch